本项研究获得国家社会科学基金项目资助

中华学人丛书

# 清季州县改制与地方社会

◎ 刘 伟 著

北京师范大学出版集团
BEIJING NORMAL UNIVERSITY PUBLISHING GROUP
北京师范大学出版社

# 目　录

# 绪　论

　　州县，是中国中央集权政府的基层政权，也是社会政治结构的重要组成部分。它一方面是中央政令的落实者，另一方面又是中央政府控制基层社会的执行者。州县制度的长期存在，说明它已成为中央集权国家统治基层社会的有效方式和有力环节。

　　在两千多年的中央集权君主统治政治结构中，州县一直是一个比较稳定的构成部分。这种稳定不仅表现为它在整个政治体制结构中的地位没有改变，也表现为它的政府组织和职能除了随着巩固中央集权的要求而更加完善外，其余没有根本性的变化。但是，到了晚清时期，在新的历史条件下，尤其是伴随着20世纪初庚子新政的启动和预备立宪的开始，州县政府的职能扩大、机构发生变革，治理方式也发生重大变化，这是中国地方制度发展进程中的重要转型。这一进程中不仅仅伴随着政治制度层面的变革，而且造成了传统基层社会中原有组织和精英的分化和重组，并促进国家与社会关系的重新建构。不了解这些问题，是很难对近代中国社会转型等问题做出透彻和更为合乎实际的说明的。

## 一、本课题研究概述

　　州县制度研究，一直是政治制度史和历史学研究中不可缺少的内容，为众多学者所重视，积累了较为丰富的研究成果。

### 1. 对清代州县制度的研究

　　对清代州县制度进行整体研究的专著首推瞿同祖先生的《清代地方政府》（法律出版社2003年）。该书是"用社会学的方法研究中国清代地方政府的实际构成及其实际运行模式的著作"①。该书从研究清代地方政府(主要是州县政府)的结构及运作模式入手,具体考察了州县政府的实际运行,尤其是非正式的"私人因素"在地方政府和政治运作过程中的地位及其对正式制度的影响,开创了对政治制度史研究的新模式和新视角。

刘子扬的《清代地方官制考》(紫禁城出版社1988年),全面阐述了清代各级地方政府的组织机构和职官设置,简明扼要地介绍了州县衙门制度,概述了清末地方官制改革的主要内容,认为"改革的重点在省一级的行政改革上",故而没有述及州县官制改革。

魏光奇的《有法与无法——清代的州县制度及其运作》(商务印书馆2010年),从州县制度的各个组成部分和州县官的职能入手,全面系统地考察了清代州县制度的存在状态和运行特征,并以"有法与无法"为理论框架,对清代州县制度的深层次矛盾进行了分析,是对清代州县制度研究的深化和发展。

蔡东洲等人著的《清代南部县档案研究》(中华书局2012年),利用四川南部县衙档案,采用专题研究的方法,分别探讨了官衙设置、基层组织、教官与劝学所、婚姻与社会等方面的问题,不仅说明了这批档案的价值,而且从一个县的角度,为我们展示了县级衙门的组织与运行状况。

台湾方面,有许炳宪的《清代知县职掌之研究》(东吴大学中国学术奖助委员会丛书1974年)一书,系统阐述了清代知县的职能、地位和在政治上发挥的功能。

在清代州县研究成果中,值得注意的是关于州县司法的研究。如那思陆的《清代州县衙门审判制度》(中国政法大学出版社2006年),具体而细致地梳理了清代州县民事与刑事审判的程序,对于深

---

① 范忠信:《代译序·瞿同祖先生与中国地方政府传统研究》,见瞿同祖:《清代地方政府》,范忠信、晏锋译,何鹏校,5页,北京,法律出版社,2003。

入了解清代州县的司法审判职能有重要的参考价值。此外，还有郑秦《清代司法审判制度研究》（中国政法大学出版社2000年）、吴吉远《清代地方政府的司法职能研究》（中国社会科学出版社1998年）、李凤鸣《清代州县官吏的司法责任》（复旦大学出版社2007年），均在相关章节中探讨了州县衙门的司法审判职能。里赞《晚清州县诉讼中的审断问题——侧重四川南部县的实践》（法律出版社2010年），以南部县档案为基础研究州县官的司法审判。另外，还有一批论文，分别从州县司法运作、司法与行政、民事与刑事案件受理等角度展开了对其司法职能行使方式和运行的研究，或者从个案角度对州县司法的具体运作进行了研究，均有参考价值。①

州县衙门的行政运行和治理方式，也是近几年来学术界关注的一个方面。许多研究成果都是从州县衙门的佐贰、胥吏入手来探讨这一问题。周保明《清代地方吏役制度研究》（上海书店2009年）一书，对清代地方吏役的生存环境及吏役制度进行了系统的研究，并揭示了这一群体与州县衙门行政运行的关系，乃至对中国官僚政治的影响。② 胡恒《皇权不下县？——清代县辖政区与基层社会治理》（北京师范大学出版社2015年），通过对县丞、巡检和佐杂官分防及其职能的考察，质疑了"皇权不下县"的观点，说明清代州县以下存在大量正式的官僚人员，他们在其管辖区内承担大量的行政事务，

---

① 柏桦：《清代州县司法与行政：黄六鸿与〈福惠全书〉》，载《北方法学》2007年第3期；邓建鹏：《清代州县讼案的裁判方式研究——以"黄岩诉讼档案"为考查对象》，载《江苏社会科学》2007年第3期；廖斌、蒋铁初：《清代州县刑事案件受理的制度与实践——以巴县司法档案为对象的考察》，载《西南民族大学学报》2008年第5期；李贵连、俞江：《清末民初的县衙审判——以江苏省句容县为例》，载《华东政法学院学报》2007年第2期；张瑞泉、朱伟东：《清末民初陕西司法改革初探》，载《唐都学刊》2003年第1期，等等。

② 关于州县吏役的学术研究成果和概述，可参见周保明：《清代地方吏役制度研究》第一章"绪论"，上海，上海书店出版社，2009。

成为县以下的行政划分。① 此外，贺跃夫《晚清县以下基层行政官署与乡村社会控制》(《中山大学学报》1995 年第 4 期)、张研《对清代州县佐贰、典史与巡检辖属之地的考察》(《安徽史学》2009 年第 2 期)、吴佩林《万事胚胎于州县乎：〈南部档案〉所见清代县丞、巡检司法》(《法制与社会发展》2009 年第 4 期)等论文也都从各自的角度分别论述佐贰、巡检的分防及其与州县官的关系，以说明清代中后期在人口增加和加强社会控制的背景下，以佐杂为代表的州县以下治理区域已开始出现。

对州县财政的研究，有美国学者曾小萍著、董建中译《州县官的银两——18 世纪中国的合理化财政改革》(中国人民大学出版社 2005 年)。该书以雍正朝的财政改革——火耗归公为中心，探究了清朝地方政府的非正式经费体系，改革的具体进展，以及朝廷与地方政府之间围绕改革所进行的博弈，揭示了皇权专制下官僚体制的特征。岁有生《清代州县经费研究》(大象出版社 2013 年)一书则从衙门、祭祀、恤政、工程、文教、清末自治等几个方面研究了州县财政问题，并就州县财政地位做了分析。其他的一些论文则分别研究了清代州县财政的亏空、储粮、办公经费等问题。②

对州县官选任和考核制度的研究，除瞿同祖、魏光奇相关著作中有所涉及外，还有艾永明《清朝文官制度》(商务印书馆 2003 年)一书，从整体上研究了清代文官制度，其中有两章论及文官的选拔与任用。肖宗志《候补文官群体与晚清政治》(巴蜀书社 2007 年)一书虽然是研究候补文官群体的，但相当部分涉及候补文官的任用制度以

---

① 胡恒：《皇权不下县？——清代县辖政区与基层社会治理》，307 页，北京，北京师范大学出版社，2015。

② 魏光奇：《清代州县财政》上、下，载《首都师范大学学报》2000 年第 6 期，2001 年第 1 期；李映发：《清代州县财政中的亏空现象》，载《清史研究》1996 年第 1 期；李映发：《清代州县储粮》，载《中国农史》1997 年第 1 期；岁有声：《清代州县衙门经费》，载《安徽史学》2009 年第 5 期，等等。

及在晚清的演变。此外还有一些论文，分别从选举途径、授官方式等方面论述了清代文官选任制度，总结了清代基层官员铨选制的特点。①

州县与基层社会的关系是近几年学术研究的热点。如张研、牛贯杰《19世纪中期中国双重统治格局的演变》（中国人民大学出版社2002年），张研《清代县级政权控制乡村的具体考察——以同治年间广宁知县杜凤治日记为中心》（大象出版社2011年），杨国安《明清两湖地区基层组织与乡村社会研究》（武汉大学出版社2004年）等。这些研究一是从基层社会入手，即从基层社会组织、宗族与家族、绅士在地方社会的角色、作用入手，考察社会与官府的关系；二是从州县政权入手，即从州县官、州县政府组织与行政运行，州县与保甲、里甲制度的关系入手进行研究。美国学者孔飞力《中华帝国晚期的叛乱及其敌人》（中国社会科学出版社1999年）一书论述了19世纪中期地方军事化所引起的地方社会结构变化，揭示了在这一过程中县级行政和地方名流之间的关系。冯贤亮《明清江南的州县行政与地方社会研究》（上海古籍出版社2015年），以个案和专题研究的方法，从疆界管理、社会治安、政治变动、水灾、命案处理等方面，具体考察了州县的作为，以说明州县行政与基层社会之间的互动关系。

相关学术论文很多，在此不一一列举。但在史学研究社会史化的总体背景之下，这一方面的研究也表现出一些新的特点：一是"眼睛向下"，关注基层社会组织演变，并着力从基层社会组织出发展现其与官府的关系。如孙海泉《清代中叶直隶地区乡村管理体制——兼论清代国家与基层社会的关系》（《中国社会科学》2003年第3期），说

---

① 李治亭：《清代基层官员铨选制考察——以〈清史稿·循吏传〉为例》，载《社会科学战线》2008年第3期；张振国：《清代文官选任制度》，载《历史教学》2008年第4期；杜家骥：《清代官员选任制度论述》，载《清史研究》1995年第2期；魏光奇：《清代州县官任职制度探析》，载《江海学刊》2008年第1期；魏光奇：《晚清州县官任职制度的紊乱》，载《河北学刊》2008年第3期，等等。

明清代中叶统治者通过保甲制度，保证了州县政府能够顺畅地对乡村行使职权，实现控制。二是关注过程和细节，从州县官个人入手揭示州县衙门的运作。如邱捷《知县与地方士绅的合作与冲突——以同治年间的广东省广宁县为例》（《近代史研究》2006年第1期）、《同治、光绪年间广东首县的日常公务——从南海知县日记所见》（《近代史研究》2008年第4期），王日根、王亚民《从〈梅令治状〉看清初知县对乡村社会的治理》（《华中师范大学学报》2008年第1期）、《从〈鹿洲公案〉看清初知县对乡村社会的控制》（《华中师范大学学报》2006年第4期）等文，利用了州县官本人的日记和政务记载，为我们具体展现了州县官的日常施政及其特征。

2. 对清末州县制度改革的研究

清末是州县制度变动和转型的时期，关于这一变革的研究成果主要有魏光奇《官制与自治——20世纪上半期的中国县制》（商务印书馆2004年）一书，对20世纪上半期的县制演变做了整体性研究，具体探讨了县制范畴内的各个结构（包括县行政和区乡行政组织、人事、县自治组织）及其沿革，同时又进一步努力发掘制度演变背后的社会势力与影响，总结出了"官治"与"自治"这一20世纪上半期中国县制改革和演变的基本脉络和特征。另外，魏光奇在《晚清的州县行政改革思潮与实践》（《清史研究》2003年第3期）一文中，梳理了晚清以来关于州县官任用、职权、考核，以及胥吏制度、财政制度改革的种种思想和建议，认为这些建议体现了推进州县行政的合理化和法治化的趋势；在《地方自治与直隶"四局"》（《历史研究》1998年第2期）一文中，魏光奇注意到清末民初直隶州县开始出现的教育、警务、实业、财务局所，认为这些局所是独立于县公署之外的地方自治的执行机构。

此外，关晓红《清季府厅州县改制》（《学术研究》2011年第9期）一文从州县改制方案的设想与确定、劝学所、巡警与劝业员设置、裁汰胥吏、地方自治等方面提纲挈领地阐述了清末府厅州县改革。

指出相对于督抚司道层面，由于人才、经费以及改革进程各种因素的制约，府厅州县官制改革虽然整体相对滞后，但不少地区官治和自治并举，仍为清季民初的政治活跃创造了条件。她的另一篇文章《清末州县考绩制度的演变》（《清史研究》2005年第3期），注意到光宣之际对州县官的考核从"大计"向以政务实绩为主要内容的"考核州县事实"的转变，从而使整个官员考核模式及其标准发生很大变化。但督抚的敷衍也使改革的效果大打折扣。

关于清末州县变革的研究大都集中在地方自治方面，其中有马小泉《国家与社会——清末地方自治与宪政改革》（河南大学出版社2001年）、汪太贤《从治民到民治：清末地方自治思潮的萌生与变迁》（法律出版社2009年）二书。前书从资产阶级自发的自治活动和清政府推进的地方自治两个层面梳理了清末地方自治运动的全过程；后书则侧重地方自治思潮的发展和自治团体的建立及其活动。论文中值得关注的是黄东兰《清末地方自治制度的推行与地方社会的反应——川沙"自治风潮"的个案研究》（《开放时代》2002年第3期）。该文从个案入手，探讨川沙地方自治的举办及官、绅、民之间的关系，从而得出结论：清末地方自治虽然从外在上导入了近代地方自治制度，但并没有改变传统的官—民关系；随着自治的进行，形成了以地方精英为中心的新的权力秩序。①

也有一些著作和论文研究了清末各州县成立的劝学所。著作有高俊著《清末劝学所研究——以宝山县为中心》（上海辞书出版社2013年），研究了江苏宝山县劝学所的组织和运作。论文有高田幸男《清

--------

①　其他论文还有王树槐：《清末江苏地方自治风潮》，载《"中央研究院"近代史研究所辑刊》1977年第6期；张玉法：《清末民初的山东地方自治》，载《"中央研究院"近代史研究所集刊》1977年第6期；沈怀玉：《清末地方自治之萌芽（1898—1908）》，载《"中央研究院"近代史研究所集刊》1980年第9期。中国大陆学者研究大都围绕某一地区的地方自治以及自治思想而展开，在此不一一列举。

末地方社会教育行政机构的形成——苏、浙、皖三省各厅、州、县教育行政机构的状况》(《史林》1996年第3期),刘福霖、王淑娟《劝学所沿革述论》(《重庆社会科学》2006年第12期),刘福森《劝学所与私塾改良》(《教育史研究》2007年第2期),汤钦飞、杨忠红《清末教育行政机构的改革》(《云南社会科学》1996年第5期)等,分别阐述了劝学所的沿革,并把它的出现作为州县教育行政机构出现的标志。此外,汪婉《晚清直隶的查学和视学制度——兼与日本比较》(《近代史研究》2010年第4期)中也论及了直隶的劝学所。

由上可以看出,清代州县制度研究虽然已有较为丰富的研究成果,但晚清州县制度的演变与变革仍然是一个薄弱环节。从中国近现代的发展历程来看,20世纪初是一个重要的转折时期。正如任达所说:"如果把1910年中国的思想和体制与1925年的,以至今天中国相比较,就会发现基本的连续性,它们同属于相同的现实序列。另一方面,如果把1910年和1898年年初相比,人们发现,在思想和体制两大领域都明显地彼此脱离,而且越离越远。"①作为中国政治体制的重要组成部分,州县制度的变革也正是发生在这一时期。这是一个以新制取代旧制,但旧制又拖住新制的新旧交替时期。州县是国家政治制度的最下级,其变革涉及的面最宽、最广,故而具有牵一发而动全身之作用,影响极为深远,需要花大力气进行深入研究。

具体表现在:第一,晚清以来,在社会变动和督抚权力扩展的情况下,州县官的职能也随之发生一定的变化,如就地正法之制的实行和州县官司法审判权的变化、州县官对教案的审理、州县"外销"的形成、办公经费的紊乱和整顿、州县官选用的变更等,都还缺乏深入的专门研究。第二,清末预备立宪时期,是州县制度发生根

---

① [美]任达:《新政革命与日本——中国,1898—1912》,李仲贤译,215页,南京,江苏人民出版社,1998。

本变化的时期，现有研究或者主要停留在清政府的制度设计层面，缺乏对这一改革的实际进程，以及州县官的职能和相关制度变化的深入分析，使我们对这场变革的实际状况认识并不清楚，故而许多方面语焉不详。第三，一定的制度体系决定一定的治理方式。州县制度变革必定会带来地方社会治理结构的重大变化，这种变化究竟会是怎样的，这是一个值得认真探究的问题。以往我们都认为晚清至新政时期，绅士的地位上升，但在这一表象的背后，又会是一种怎样的历史画卷，需要进一步做深入的专题研究。县制在中国延续了两千多年，只有到晚清时期才真正发生变化，而这种变化一直影响到民国时期。所以，只有加强对晚清州县制度演变的研究，才能真正了解近代中国政治制度的变化及其走向。

## 二、研究的问题与方向

一般来说，制度的演变有两种基本方式：一是渐变，二是突变。前者是随着社会的变化而进行的局部调整，后者往往是自上而下或者自下而上通过强力推进的变革。晚清州县制度变革同样存在这两个过程。

很多制度都有一个很长的积淀和演变过程。在这个演变过程中，既不断地重复出现过去的问题，又会有新的表现。就晚清的制度嬗变而言，19世纪60年代是个重要的节点，因为自此开始，清政府高度集中的某些权力出现下移，各省督抚的权力扩大，出现了地方性的财权、军权，从而改变了许多原有的制度，包括州县的司法、财政制度。这些变化，有的成为新政时期制度变革的本土资源，有的反过来成为改革的推动力量，也有的因积重难返而成为进一步改革的阻力。

然而晚清州县制度变革更主要的是自上而下推进的改革，这也是本书研究的重点。20世纪初，清廷决意预备仿行宪政后，就把府厅州县改革作为外官制改革的重要部分，并颇有从州县入手以推进外官制改革的意图。光绪三十二年九月二十日(1906年11月6日)的一道上谕云：

> 此次厘定官制，据该王大臣等将部院各衙门详核拟定，业
> 经分别降旨施行。其各直省官制著即接续编订，仍妥核具奏。
> 方今民生重困，皆因庶政未修，州县本亲民之官，乃往往情形
> 隔阂，诸事废弛，闾阎利病，漠不关心。甚至官亲幕友肆为侵
> 欺，门丁书差敢为鱼肉，吏治焉得不坏，民气何由而伸。言念
> 及此，深堪痛恨。兹当改定官制，州县各地方官关系尤要，现
> 在国民资格尚有未及，地方自治一时难以遽行，究应如何酌核
> 办理，先为预备，或增改佐治员缺，并审定办事权限，严防流
> 弊，务通下情，著会商各省督抚一并妥为筹议，必求斟酌尽善，
> 候旨遵行。朝廷设官分职皆以为民，总期兴养立教，乐业安民，
> 庶几播民和而维邦本，用副怀保群黎孜孜图治之至意。①

谕旨强调了州县官制改革的重要性，并提出了地方自治和增改
佐治员这一改革的方向。此后，总司核定官制大臣奕劻等在续订各
直省官制情形折中又提出："分设审判各厅以为司法独立之基础"；
"今使州县各官，不司审判，则尽有余力以治地方。又于佐治各员，
各畀以相当责任，更次第组织议事董事各会"②。就此确定了州县改
制的基本内容。

如此大规模的制度变革，其激起的社会反响是广泛而深远的，
其对近代中国政治转型的意义也是不可抹杀的。但长期以来，在晚
清史的研究中，在清末新政史的研究中，大多认为官制改革只集中

---

① 《著奕劻等续订各省官制并会商督抚筹议预备地方自治谕》，故宫博物
院明清档案部编：《清末筹备立宪档案史料》上册，472～473 页，北京，中华书
局，1979。

② 《总司核定官制大臣奕劻等奏续订各直省官制情形折》，《清末筹备立宪
档案史料》上册，504～505 页。

在中央和省级，较少涉及州县制度变革。或者认为州县改革只停留在纸面上，故而普遍不被看好，继而产生改革只在直隶等少数地方推行的误识。州县制度变革难以走入研究视野的重要原因是资料收集不易，记载零散；全国州县数量多，难以窥见全貌。

现在，随着档案的开放、清末报刊资料的大批影印和报刊数据库的建立，使我们有机会接触到更多的原始资料，对问题的进一步了解也就有了可能。如学界普遍认为清末巡警集中于省城与商埠，较少向州县发展。但通过对清末报刊和资料的挖掘，我们发现，当时全国相当数量的州县先后举办警政并设立巡警局，尽管许多名不符实，甚至弊端丛生，但近代警察制度发展到州县已是不争的事实，而那么多地方所发生的反警政事件也正是社会对该制度的反弹。

既然州县制度变革在晚清史中具有如此重要的地位，既然资料的大量出版增加了研究的可行性，那么，我们有必要也有可能在这方面做一些探索。当一段历史或事件在我们面前还是模糊不清的时候，探究它的本来面目就应该成为研究者追求的目标。因此本书提出的研究问题就是：晚清州县制度究竟发生了怎样的变化？这些变化究竟给地方治理及其社会带来怎样的影响？

任何变革都不只是制度的设计，其实施过程和实现的程度在很大程度上决定了变革的成效。瞿同祖在研究清代地方政府时很明确地指出："在讨论地方政府的功能时，必须将它们由行政法典及政府命令规定的功能与它们实际执行的功能区别开来。"[1] 黄宗智则提出了历史研究应注意"表达性现实"与"客观性现实"既可能一致，又可能背离的问题。[2] 两位前辈都提醒我们在研究时要十分注意一个问题：纸面上的规章条文并不等于实际落实的情况。所以"那些纸面上

---

[1]　瞿同祖：《清代地方政府》，2 页。

[2]　黄宗智：《中国革命中的农村阶级斗争——从土改到文革时期的表达性现实与客观性现实》，《中国乡村研究》第 2 辑，70 页，北京，商务印书馆，2004。

规定的东西到底落实了多少"应是研究的旨趣所在。

有两个因素与制度变革的面貌和进程密切相关。第一,制度变革的参与者自身的利益在很大程度上会影响制度的建构。这里涉及人的选择问题,人的选择受利益左右,同时也受人的观念、习惯的支配,还会受朋友、各种社会关系的影响。所以,制度背后的"人事"是研究制度变革不能不关照的问题。

第二,旧制度自身会成为一种潜在的制约力量。一方面,制度是互相联系的体系,一项制度的变革会影响、牵扯到其他制度,而每个方面的制度变革常常是不配套的,所以,没有来得及变革的旧制度会影响正在创建的新制度;另一方面,就是建立新制度的人,自己脑海中也存在原有的制度模型,常常会自觉不自觉地受脑海中的制度模型的影响。所以,旧制度不可避免地会对新制度发生潜在的影响。

正因为此,我们在研究州县制度变革时,就不能仅仅从章程条文出发,而是应该从"人事"和新旧制度的纠葛中来把握其变革的趋势和特征,也就是需要采取一种"动态过程"取向的研究方法。而这也正是研究中的难点所在。

为解决这一问题,首先应该在资料上下功夫,既注意官方的各种报告、汇报,也注意利用地方志、报刊资料、时人记述。注意分析与比较,从事物的内在关联中把握历史的真实面貌。由于任何制度都是一定的人的活动产物,因此,制度的设计与制度的实行是有距离的。所以,在运用和分析史料时,特别要注意"当事人"的种种议论和行为,还要注意收集"当时人"的评论和反响,以使分析、评价更好地接近历史的本来面目。也就是把注意力移注于"过程"和"情境"的探讨,前者注重从三个层面进行探讨,即中央的制度设计、各省的筹备和推行措施、各地实施的进展情况;后者则要关注当时的背景以及相关人事,以探讨晚清州县制度变革的各个面相及其与社会的互动关系。

其次，在研究思路上注意处理整体性趋势和个案的差异及关系。清代有 100 个以上的普通州和 1200～1300 个普通县①，州县改革不仅受各地自然环境、经济水平，以及财力、人力的限制，也受州县官本人认知、能力，以及所在省的总督巡抚个人认识和推行力度的制约，故而各地差异很大。受资料的限制，我们无法把每个县，甚至大部分县的情况搞清楚，即便找到了个别州县的材料，但能否说明全国性的问题，尚待商榷。

但是我们认为，一方面，清王朝是一个中央集权的政府，地方听命于中央，即便是一些"渐变"的变化，也有一个从个别地方向其他地方推进的过程。而清末大规模的州县制度改革，更是自上而下推进的。为了督促和加快改革，中央各部门都建立了册报制度，并将各项改革列入州县官的考成。虽然各地情况不一，进展不同，但从中我们也能大致了解各地改革的进展情况。同时，在朝廷的一再斥责下，各地都在有先有后地推进着各项事业，其中有应付、虚报，也有实干，并不断依照中央要求加以整顿，朝着划一的方向发展。这是一个基本的趋势，它使这一时期的州县在体制上具有了与以前不同的面貌，这是无法回避的事实。另一方面，在整体体现变革趋势的同时，不同地方在具体落实时也会因各种情况而表现出不同的面貌。这就需要我们在考察中央政府的制度安排、考察各个省的推行措施的同时，通过大量的州县实例来展现制度改革的实际情况。这些实例都是个别的，但能够使我们从中看到历史的个案与细节。与此同时，许多个案放在一起，也在一定程度上体现了当时的总体风貌。

最后，在方法上注意从社会角度来观照州县制度变革。因为任何变革都是权力和利益的调整，会引起社会各方面的反响，尤其是作为政治体制最基层的州县变革，是社会治理方式的重大调整。一

---

①　瞿同祖：《清代地方政府》，5 页。

个基本的史事是，清末的最后十年，也是地方社会的震荡时期，迭起的"民变"就是这种震荡的最直接表现。事实上，如果仔细分析，便可了解大多数民变的原因都来自普通民众的利益受损，而造成民众利益受损的直接原因，则是改革所造成的利益不公。这种现象提示我们，清末州县制度变革绝不是简单的走过场，或者只是纸面上的改革，而是实实在在、或多或少地发生了改变。从社会这个角度分析州县治理方式变化对地方社会的影响，地方社会对改革的反应和冲突，也可以有助于深入了解和分析改革的实际情况。

在章节安排方面，除第一章作为全书背景，概括介绍州县治理的内容和路径、晚清议改州县体制的言论外，其余各章依据清末州县制度改革的先后顺序展开。虽然 19 世纪后半期州县制度已经发生了一些变化，但都是局部的。20 世纪初的州县制度变革，一开始并没有全盘的制度设计和安排，而是因应时代的变化和需要，增设劝学所和巡警局这样的新机构。直到 1907 年直省官制通则颁布后，州县制度改革才被纳入外官制改革的整体方案之中，开始了以设立审判厅和"恤刑狱"为标志的司法改革，以及筹办城镇乡和府厅州县的地方自治。而以设置劝业公所和劝业员为标志的经济职能的改革，不仅起步晚，而且成效不彰，所以和州县财税变化合并叙述。最后一章，则叙述了州县官的选任和考核等相关制度的变革。

清末州县制度变革涉及的面很宽，其中不仅包含 19 世纪后半期以来州县制度的嬗变轨迹，还有 20 世纪初预备立宪改革后对新制度的建构。所以如果不对这两个方面进行研究，是难以深入和全面了解晚清社会转型的整体面貌的。本书力图在这方面有所阐述，但由于能力有限，加以涉及面太宽，所以重点仍在 20 世纪初的制度变革方面，19 世纪后半期的局部调整只在部分章节有所论述。还有很多问题没有涉及，期待学术界的进一步研究与深入。

# 第一章　清代州县治理与晚清改制之议

　　州县是地方行政的最小单元，包括隶于府的普通州（也称散州）、普通厅（散厅），隶于府及直隶州的县。瞿同祖先生依据 1899 年编纂的《清会典》统计，全国有散州 145 个，散厅 75 个，县 1303 个。州县各设知县、知州（散州）、同知（散厅）等正印官负责治理各自辖区，另有州同、州判、县丞、主簿、吏目、典史、巡检等佐杂。① 但州同、州判、县丞、主簿并不普设。一方面，州县的行政事务繁多；另一方面，州县的行政机构极为精简，这样，就必然会出现一个以州县官为中心的正式的与非正式的制度体系，以维系行政运作，并达到对地方社会治理的目的。"任太繁、法太密"、胥吏之害、"治官之官多"、"治事之官少"是州县运作中的几大问题，也成为近代以来州县制度改革的目标。关于州县制度及其运作，瞿同祖《清代地方政府》（法律出版社 2003 年）和魏光奇《有法与无法——清代的州县制度及其运作》（商务印书馆 2010 年）中均有具体而深入的论述，本章只是在他们研究的基础上，从州县治理的角度，就有关问题进行概括和补充。

## 第一节　州县治理的内容与路径

　　治理，现代汉语解释为统治、管理。但治理比管理有更进一步

---

　　①　瞿同祖：《清代地方政府》，9～10、17～18 页。

的内涵，即附有"过程、方式"的动态含义。因此，"治理"可以更进一步理解为，它是通过行政权力的实施，达到统治与管理的过程和方式。中央政府对基层社会的控制是通过州县的治理达成的。换句话说，中央政府通过州县官的地方治理将朝廷意志传达到基层。关于州县官的职权，《清史稿》云：

> 知县掌一县治理，决讼断辟，劝农赈贫，讨猾除奸，兴养立教。凡贡士、读法、养老、祀神，靡所不综。①

概括起来可分为四大类：征税、司法、维护治安，以及教育、赈灾、救济等社会公共事务。这种职权的特点，如汪辉祖所言，是"天下治权，督抚而下，莫重于牧令，虽藩臬道府，皆弗若也。何者？其权专也"②。关于各类事务的具体内容，有关著作中均有介绍，这里关注的是这些职权是如何实施的，以及实施过程中与乡民之间发生关系的渠道和施政方式。

### 一、赋税征收

州县征收的赋税包括地丁、漕粮和其他杂税，其中漕粮主要在山东、河南、湖南、湖北、江西、江苏、安徽、浙江等省征收。地丁各地皆有，但数额、税率皆有不同，主要依据《赋税全书》的规定征收。③

征收赋税是州县官的主要职责。"夫任土作贡，国家之常经；抚字催科，有司之专责。"④州县官必须保证在一定的限期内足额完成

---

① 《清史稿》卷116，志九十一，职官三，3357页，北京，中华书局，1976。

② 汪辉祖：《学治臆说》，105页，沈阳，辽宁教育出版社，1998。

③ 瞿同祖：《清代地方政府》，233、223页。

④ 《河东总督田文镜条列州县事宜》，席裕福辑：《皇朝政典类纂》卷247，职官十，1页，沈云龙主编：《近代中国史料丛刊续编》第91辑，台北，文海出版社，1974—1982。

赋税的征收，否则将会受到相应的处罚。但对作为"一人政府"的州县官来说，单凭一己之力是无法完成征收任务的，必须依靠胥吏、里甲长，或各种代办人，并按一定的程序来征收。①

以州县官赋税征收中最重要的地丁的征收为例，每到开征地丁之时，州县先由有关房科编造实征册，按都图里甲列出应纳粮户花名及征收数额；然后再由里长照式每甲编一手折长单，"凡征钱粮，必须各里预造实征册，使排年、里长知一里应征银米总数，并花户一岁应完银米撒数，而督催之"②。

随即要将缴税凭证交到花户手中，并敦促花户在规定期限内完缴，这就是"催征"③。《澄城县志》记载的征收程序是：

> 四乡编户各十里，里各十甲。每里里长一人，催收本里田赋，十甲轮流值年，值年之甲由粮石较多之户充当。每年六月初一日为新旧里长交换之期（交换期限定六月者半年交替，则旧里长交粮簿于新里长，庶不致遗失粮名）。每年正月开卯，先由里长截封，扯出粮票，始向本粮户征收（先扯票后向粮户征收，自免里长侵吞之弊），故举新里长之甲出帮银若干（名曰倍数），以备里长截封及花红之用。每月三卯（逢八日卯期）按卯封纳。每里有里差（名曰总催）一人帮助里长催征滞纳之户，里书一人掌各里粮簿（邑里书系房科人兼办，俗名内书手）。此法不知始于何时，沿用已久。④

由材料可知，参与催征的不仅有里长，还有里差、里书等人，

---

① 瞿同祖：《清代地方政府》，223～233 页。
② 黄六鸿：《福惠全书》卷6，钱谷部，9页，光绪癸巳刻本。
③ 魏光奇：《有法与无法——清代的州县制度及其运作》，211页，北京，商务印书馆，2010。
④ 《澄城县附志》之三，经政志，赋税，5页，民国十五年（1926 年）铅印本。

但各地参与催征的代理人各不相同。雍正年间河东总督田文镜就发现，各地征粮"有用差役分里坐催者，有用里书甲总历年不换者，有用花户为催头责令听比者，名难悉数，法皆不善"①。就是一县之中也不一样，光绪时有人记载：

> 一县之中，承催钱漕之差名目甚多，有总头，有总总头，有都差，有图差，有保差，有帮办之差，有垫办之差，有比较上堂代受枷责之假差。如此等众，皆指望百姓积欠丁漕以养身者也。

> 近来各州县，更有委派官亲家丁，带领勇役下乡，分催钱漕，倚势作威，异常骚扰。②

在湖北，还产生了一种用钱买来的"催役"，他们揭票下乡，除向粮户索要酒食供给外，每票勒索钱数百文至数千文，稍不遂意，便以抗粮报官。③

然后就是收缴。康熙年确定了一个"自封投柜"制度，其办法如黄六鸿记载：

> 计区里之多寡以设柜，每柜一人掌之，宜于各房科择老成谙练者若干名，四季轮充，以掣名签而定人，以掣柜签而定所守，俾皆不能以意得。其收银之法，柜吏每日早堂时，舁柜至收所，时刻不得擅离。将司颁校准等子公置案上，听纳户不时完纳。其盛银封袋用绵纸双层糊裱，制成三寸阔、四寸长封袋，

---

① 《河东总督田文镜条列州县事宜》，《皇朝政典类纂》卷247，职官十，12页。

② 王邦玺：《缕陈丁漕利弊户口耗伤情形疏》，葛士濬辑：《皇朝经世文续编》卷32，户政九，14、15页，光绪十四年图书集成局印行。

③ 朱寿朋：《光绪朝东华录》，总1701页，北京，中华书局，1958。

上刊一定字样。纳户完粮时,买此袋持至柜所,自将官等称准银数,柜吏止看明银色纹足,不许执等代称。纳户自封袋口,柜吏于银袋上填明某图里某人,完纳某项某限银若干,某年月日、某字、第几号,收役某人,随照式登记流水收簿,眼同纳户穿连入柜,随填串票付纳户收执。①

乡民数十里或百余里赴城投纳,都要经由柜书的核算,而柜书常常会溢额取盈,收取搬脚之费、票号之费等,各种舞弊手段也是名目繁多。②

由于征粮关系朝廷之正供,所以清朝形成了一套严密的制度,包括预给易知由单,按照粮户册名,依定章核算;征收之时,粮户持单照数投柜,换给印票,以防备与钱粮征收有关的各色人等从中贪污舞弊,保证国家赋税的征收。钱粮征收是关系州县官考成的要事,所以他们要注意提防粮差的捏报和绅衿的包揽,下乡时要携带粮册,召集民间闲谈,于无意中询问完粮情况,随手注册,然后分卯比催;如有两忙逾限拖欠者,则张贴告示;如发现弊端,立即严办。③

**二、司法审理**

州县正印官独任司法之责,主要包括如下五个方面:

一是查勘检验:民事案件如争田土坟山之案,常须勘丈;刑事案件如命盗重案,亦须履勘。斗殴案之验伤,命案之验尸检骨,州县官更须亲身为之。

二是缉捕人犯:命案、盗案、匪案等重案发生后,州县官均须于缉捕期限内缉获人犯,如逾期限,例有处分。命案缉凶,盗案缉

---

① 黄六鸿:《福惠全书》,卷6,钱谷部,4页。

② 朱寿朋:《光绪朝东华录》,总1702页。

③ 刚毅:《催科》,《牧令须知》卷1,12页,沈云龙主编:《近代中国史料丛刊》第1辑,台北,文海出版社,1966。

盗,固有捕官(典史或巡检)为之,但州县官仍负重责。

三是管押或监禁人犯:通常州县官把微罪人犯交班房管押,重罪人犯交监狱监禁(班房和监狱如今之看守所,所囚人犯为未结案者)。

四是审理词讼:民事案件(如户婚田土案件)及轻微刑案,州县官常予调处和息,重大刑案则必须受理审讯。审讯后,笞杖罪案件应予堂断,徒罪以上案件只能定拟后审转。

五是执行判决:笞杖罪案件,州县自理,堂断后州县官即可执行;军流徒罪案件待审转结案后,州县官须依法发配或接收人犯。至于斩绞重案,无论立决或监候,亦常须州县官执行。①

在司法职能方面,州县官实是集法官、检察官、警官、验尸官、典狱长的职能为一体。那么,他是如何行使此项职能的呢?

依上所述,一般民事案件和轻微刑案,州县官可自行了断,但必须逐月造册报告上司,并接受上司审查。命案、盗案、匪案等重案,由州县官缉捕、审讯后转审。在这个过程中,其周围还有些人能够直接参与司法活动:首先是胥吏。各州县都有一个数目不等的书吏群,对应中央六部,分吏书、户书、礼书、兵书、刑书、工书六类。其中户书、礼书和刑书都可参与州县司法活动。具体而言,户房书吏承办田土、房宅、钱债等案件;礼房书吏承办婚姻、继承、坟山等案件;刑房书吏则参与承办人命、盗贼、斗殴、奸情、叛逆等重要刑事案件。②

其次是幕友。州县官左右都有一些幕友,其中最重要的是钱谷和刑名幕友两类,他们都有办理词讼的权力,但以刑名幕友为重。瞿同祖说:"一般说来,涉及财产、借贷、商业交易等纠纷的民事诉

---

① 那思陆:《清代州县衙门审判制度》,14页,北京,中国政法大学出版社,2006。

② 那思陆:《清代州县衙门审判制度》,32页。

讼，不管是否发生斗殴，都被委托给钱谷师爷处理；而涉及斗殴、诈欺、婚姻、墓地争议、立嗣等案件及其他涉及亲属间的案件，不管是否牵涉借贷或财产权问题，一般都委由刑名师爷处理。杀人和盗窃案则只能由刑名师爷专理。"①

"师爷处理"，实际是参与相关案件的审理程序，包括：先为阅读诉状，拟写官批；签差传唤，拘提被告及干证；安排审讯日期；审讯中在堂后听审，提出审判建议；遇有徒罪以上必须审转之案，代拟一个判决意见。② 幕友在州县官的"法官"这一角色担当中充当了重要的参谋作用。

快手、捕役职在侦查缉捕、传唤人证，即执行拘提、传唤、拘捕、看押、解犯、勘验、行刑、侦查等差事，地位低贱，亦容易为非作歹。因此，"慎选捕役、厚给工食"成为州县官驾驭他们的手段。

> 驾驭黠捕要自有法。捕役原系无赖之徒，多与盗贼通气坐地分赃。州县官务遵定例，于本衙门他役工食量为并给。差缉之时，另给盘费；获盗之日，又按所获名数给以重赏。如怠玩延挨则将其家属监禁勒比，不获不已，不全获不已。夫既有工食盘费以资其用，而不至于匮乏；又悬重赏以鼓舞其志，而使之有所希冀；复监比其家属，以系恋其心而使之不敢在外逍遥。如是而犹有不获之盗、不结之案？③

可见州县官虽是"一人政府"，但他手下有一个办事群体。这些人或承州县官之命办差，或为州县官断案当参谋。依靠他们，州县官才能同时承担诸如法官、警察、典狱、验尸等各种职能。

---

① 瞿同祖：《清代地方政府》，161 页。
② 瞿同祖：《清代地方政府》，161～166 页
③ 《河东总督田文镜条列州县事宜》，《皇朝政典类纂》卷 247，职官十，13 页。

处理刑名是州县官的重要职责,其工作要受上级部门的严格监控:"如该地方官自理词讼,有任意拖延,使民朝夕听候,以致费时失业,牵连无辜,小事累及妇女,甚至卖妻鬻子者,该管上司即行题参。若上司徇庇不参,或被人首告,或被科道纠参,将该管各上司一并交与该部从重议处。"同时,州县官必须每月将自理事件的审断情况,逐件登记,按月造册,申送知府、直隶州知州查核,"其有逾限不结、蒙混遗漏者,详报督抚咨参,各照例分别议处"①。

## 三、社会治安

治安亦是州县官的重要责任,其内容主要是防范窃、盗、匪,维护一方平安。但要维持一地治安,州县还必须依靠佐杂、营汛、捕快,以及保甲组织。

兼有治安之责的佐杂包括佐贰(州同、州判、县丞、主簿)、吏目、典史和巡检。其中,吏目、典史承担捕捉盗贼、管理监狱、解押犯人之职责,巡检设于关津险要之地,"捕盗贼,诘奸宄"②,分防佐贰对所辖区域均有治安之责。

清代各省绿营分"标""协""营""汛"四级。其中"营"在有的省设于府、直隶州,有的省设于县,其下则分汛而驻。如安徽芜湖,是商业繁盛之地,驻有芜采营,光绪二年(1876 年)时设参将 1 员、千总 1 员,驻芜湖县。把总 2 员,驻防当涂、繁昌两县。外委千总 1 员、外委把总 1 员、额外外委 5 员,分驻各汛地。计有马战兵 24 名,步战 36 名,守兵 262 名。③ 清政府要求每有地方抢劫重案,州县官要会同营员缉拿,并令州县于月终将营汛有无获案据实详报督抚备查。"倘州县营汛互相瞻徇情面,于获案时捏报协获,均照瞻徇

---

① 《钦定大清会典事例》(光绪朝)卷 817,刑部,刑律诉讼,1 页,上海,商务印书馆光绪戊申初版。

② 魏光奇:《有法与无法——清代的州县制度及其运作》,41 页。

③ 《芜湖县志》卷 21,武备志,1~2 页,民国八年石印本。

例参处。"①

州县政府的衙役,是一群为官府服务的职役,也负有一定的治安职能。如马快或步快的职责是巡夜、执行传唤及逮捕;捕役则缉捕盗贼;民壮负责传唤民事诉讼的被告和证人,同时也会协助拘捕盗贼。②

保甲是州县官实施治安治理的最重要的制度安排。"保甲,就是清朝统治者所推行的最为重要的基层统治体系中的一大组成部分。"③

> 一州一县城关各若干户,四乡邨落各若干户,给印信纸牌一纸,书写姓名、丁男、口数于上,出则注明所往,入则稽其所来。面生可疑之人,非盘诘的确,不许容留,违者治罪。十户立一牌头,十牌立一甲头,十甲立一保长。若邨庄人少,户不及数,即就其少数编之。无事递相稽查,有事互相救应,保长、牌头、甲头,不得借端鱼肉众户,违者治罪。④

州县官的职责是整顿并监督保甲,即"于朔望查点地保之时严加训饬,或乘公务下乡之便到处提撕,更出其不意,轻骑简从,亲往缉查"⑤。并通过保甲长对保甲簿的定期修正改动来把握辖区内人口变动及流动情况。保长由旧任保长推荐或公举产生,按期轮换,同

---

① 《钦定六部处分则例》卷41,盗贼上,14页,沈云龙主编:《近代中国史料丛刊》第34辑。

② 瞿同祖:《清代地方政府》,101~102页。

③ 萧公权:《中国乡村:论19世纪的帝国控制》,张皓、张升译,55页,台北,联经出版事业股份有限公司,2014。

④ 《钦定大清会典事例》(光绪朝)卷785,刑律贼盗,2页。

⑤ 《河东总督田文镜条列州县事宜》,《皇朝政典类纂》,卷247,职官十,13页。

时要取得州县官的认可，给予执照，"凡里正、保长皆给与戳记"①。

保甲本质上是一种编户方式，目的是通过编户联保，建立起缉查违法者，特别是稽查强盗土匪的治安组织网络，达到治安的目的。② 嘉庆年间规定，保甲如有窝留逆犯没有报告，经地方官捕获，窝藏之家即与叛逆同罪，其同牌十户一并连坐。③ 为防止里长甲长容隐之弊，法律严令里长甲长等取具连名互保甘结，如有来历不明踪迹可疑者，倘已经具结，查出后将出结之里长甲长按律连坐，本犯罪轻者，里长等之罚亦轻；本犯罪重者，里长等之罚亦重。目的使"庶群知警惕，不敢轻易容隐在逃逆匪"④。还要每月保障出具无事甘结，报明州县；州县按季加具印结，报明道府，道府按册检阅，年底报明院司。如有违例，由上司查明提参，从重议处。⑤

当然，保甲的这种功能在实践中很难达到统治者期望的效果。但我们也看到，一旦地方发生社会动荡，朝廷又会令各地整顿和强化保甲，以达到维护社会稳定的目的。嘉庆年间，川楚一带发生白莲教起义，朝廷诏令各省州县办理保甲。湖南宁乡知县王余英制定保甲条规，强调"保正各将所管都内居民铺户查计清楚"，牌头将所管十家人口姓名年岁作何生理各填牌内，转交甲长汇付保正照誉循环簿，送县盖印。"牌头确查十家内如有窝赌窝娼窝贼私宰等事，立即协同保甲据实指名具禀，以凭拘究"；遇有形迹可疑者，须"留心盘诘"。还立十家新牌示，不许停留匪类窝藏盗贼，并连环保结存案。⑥

---

① 包世臣：《说保甲事宜》，《安吴四种》卷28，6页，同治壬申刻本。

② 瞿同祖：《清代地方政府》，252页。

③ 刘锦藻：《清朝续文献通考》卷25，户口一，7760页，上海，商务印书馆，1936。

④ 刘锦藻：《清朝续文献通考》卷25，户口一，7761页。

⑤ 《钦定大清会典事例》（光绪朝）卷785，刑部刑律盗贼，2页。

⑥ 《民国宁乡县志》，故事编第六，兵备录下，524～525页，湖湘文库编辑委员会：《湖湘文库》甲编，长沙，湖南人民出版社，2009。

承平之时，保甲的这种连环保结的功能必定会松弛。与此同时，随着"摊丁入地"的推行，里甲制的废弛，保甲的功能也发生变化。他们承接衙役的职能，成为衙门差役职权在基层社会的最末端，因此《文献通考》将其称为"在民之役"，表明他们既是以平民身份为官府服役之意，也表明他们实为州县衙门差役的延伸。

> 地方一役最重，凡一州县分地若干，一地方管村庄若干。其管内税粮完欠，田宅争辩，词讼曲直，盗贼生发，命案审理，一切皆与有责。遇有差役所需器物，责令催办；所有人夫，责令摄管，稍有违误，扑责立加。终岁奔走，少有暇时。乡约、里长、甲长、保长，各省责成轻重不同，凡在民之役大略若此。①

由此而言，虽然保甲成效不佳，但由于它的特殊功能，所以并不像里甲那样废而不用，而是在不断整顿中延续，成为州县官实现治理的工具。沈彤指出："保甲之设，所以使天下之州县，复分其治也。州县之地广，广则吏之耳目有不及；其民众，众则行之善恶有未详。保长甲长之所统，地近而人寡，其耳目无不照。善恶无所匿，从而闻于州县。平其是非，则里党得其治，而州县亦无不得其治。"②州县通过保甲，"统一诸村，听命于知县，而佐助其化理者也"，"如身之使臂，臂之使指，节节而制之，故易治也"。③

州县治安，重在"防"和"治"。实际上，一旦州县境内发生形同"盗""匪"一类的重大案情时，州县官则会动用各个方面的力量加以

---

① 《清朝文献通考》卷 21，职役一，5045 页，上海，商务印书馆，1936。
② 沈彤：《保甲论》，贺长龄辑：《皇朝经世文编》卷 74，兵政五，保甲上，2 页，沈云龙主编：《近代中国史料丛刊》第 74 辑。
③ 刘淇：《里甲论》，贺长龄辑：《皇朝经世文编》卷 74，兵政五，保甲上，1 页。

围剿。雍正时期，广东普宁县发生豪族抗粮事件，知县蓝鼎元即刻发出檄文："本县已经移营，再委大弁，多带兵丁，县尉统领三班人役丁壮二三百人，前往围搜擒捕。保正乡兵，奋勇先登，不知汝等何以待之？若汝只以闭寨不出为高，谓可负隅久延，则本县传令约保，唤出力作农民，以铁锄三百，掘倒城墙，去汝保障。"①在这个事件中，蓝鼎元移调营汛、派遣捕役、调动保正乡兵，甚至力图动员青壮农民，对抗粮豪族形成强大威慑力量。当然这只是个案，但从中我们也看到，在乡村治安中，一旦发生大案重案，常常是各种力量共同配合的，其中州县官的掌控调度起关键作用。

州县官维持社会治安的主要职责，是严加防范，随时查拿匪犯盗贼。因此，"凡乡镇集市人烟辐辏商贾云集之地"，都要责成地保稽查，路捕巡缉。为防止地保、路捕有包庇纵容行为，州县官还要亲自下乡访查，并密访绅士父老。② 如有逃脱要犯，要将该犯年貌籍贯详细开明行文通缉，各州县一面差捕追缉，一面填写印票分给各乡总甲访查。③

当然，这套治安体系并不是总是运转自如的，营汛会因自身的腐败而涣散，在围剿盗匪中发挥不力；捕快常因扰民而为人们诟病；保甲随着时间的推移会形同虚设。种种问题，都会使地方无法解决各种治安问题，尤其是在重大盗匪案件的解决方面无能为力。

**四、社会公共事务管理**

州县官有着广泛的社会公共事务管理职责。光绪年刚毅所作《牧令须知》中谈到州县官的居官之责："设学校，宣圣谕，邀集绅耆，讲求水利，编查保甲，建立社仓，开垦荒田，即山泽园圃之利，鸡

---

① 《鹿州全集》，435 页，厦门，厦门大学出版社，1995；转引自王亚民：《从〈宰惠纪略〉看晚清知县的乡村治理》，载《东方论坛》2010 年第 2 期。

② 栗毓美：《缉捕》，《牧令书辑要》卷 9，36 页，《续修四库全书》第 755 册，史部职官类，上海，上海古籍出版社，2002。

③ 何耿绳：《捕缉》，《牧令书辑要》卷 9，41 页。

豚狗彘之畜，亦皆为之经画；鳏寡孤独废疾亦皆为之养赡。"①州县官通过各方面的治理措施，把基层社会生活纳入国家规定的轨道之中，从而达到治理与控制的目的。

慈善和救济。州县都有一个由州县官负责的常平仓，以便春天青黄不接时将粮食平价出售给本地百姓，秋季再用春季售粮回收的资金重新低价买粮补充。饥荒时，贫民也可以从常平仓借粮，收获后无息偿还。②

此外还有义仓与社仓，或数户共建一仓，或每族或族中每房各设一仓，社长由州县官"访各乡之好善富户主持之"③。光绪初年陕西大灾，巡抚谭钟麟即饬各州县访求正绅，敦请并刊刻告示，劝谕正绅出而襄事，并强调"不必以干预为嫌"④。每年秋季绅耆劝人捐谷时，要手持州县官设立的印簿登记捐户姓名、捐谷数量，择老成殷实者为出纳，设立四柱册登记明晰，由州县官核实转报。⑤

州县还设有善堂，如收鳏寡孤独废疾贫民的普济堂（也有的地方称政先堂、体仁堂、广仁堂、养济院等），收养弃婴的育婴堂，实行义葬的锡类堂，等等。多数为绅士经管，州县官监督。州县官要慎选堂长等管理人员；对收养之人进行点验注册后发给腰牌，不得听任书役代报；对口粮发放、院内管理、经费使用等随时进行核查。⑥

赈济饥荒。州县官必须对辖区内发生的灾荒及时报告。首先是勘灾，即调查灾情，要求亲履田亩，勘准分数轻重。其次是报灾，

①　刚毅：《居官》，《牧令须知》卷 1，3 页，沈云龙主编：《近代中国史料丛刊》第 65 辑。

②　瞿同祖：《清代地方政府》，263 页。

③　朱：《作吏管见》，《牧令书辑要》卷 4，筹荒上，9 页。

④　谭钟麟：《筹办陕省荒政情形疏》，葛士濬辑：《皇朝经世文续编》卷 39，户政十六，1 页。

⑤　彭世昌：《荒政全策》，葛士濬辑：《皇朝经世文续编》卷 39，户政十六，13 页。

⑥　栗毓美：《普济堂并育婴堂条约》，《牧令书辑要》卷 6，保息，4～7 页。

即遵照例限，详细开列受灾的都图庄圩，详报上司。再次是审定被灾人户，申请发仓，设厂向灾民施粥，并注意防范不法商人乘机抬高粮价，如有囤积居奇者，"许人举发"。最后还要负责开渠筑堤修葺城垣，以工代赈，"令小民得力役之资以为糊口之计"①。

上述这些工作，有的地方由村长登记、乡绅核对，再派专员审查。② 但州县官更多地被要求亲力而为：

> 地方遇有水旱霜雹蝗虫等灾，必宜速勘速报。如灾民饥溺，迫不及待，一面倡捐买米散敖以救民命，一面详情委查发饷赈救……或请发仓谷以平市价，或请借籽种，或劝富平粜，或散借粮食，秋收归还。安贫宜先保富，保富正可济贫，全在牧令尽心经理。③

在整个办赈过程中，如果州县官不尽职和发生贪腐行为，亦会受到严惩。《大清会典》雍正年定：

> 州县官将小民疾苦之情不行详报上司，使民无可控诉者，革职永不叙用；若已经详报而上司不接准提达者，将上司革职。至于赈济被灾之民，以及蠲免钱粮，州县官有侵蚀肥己等弊，致民不沾实惠者，照贪官例革职拿问。督抚布政使道府等官不行稽察者，俱革职。④

教育和教化。州县官主持"县试"以选拔童生，筹集捐款设置"义

---

① 彭世昌：《荒政全策》，葛士濬辑：《皇朝经世文续编》卷 39，户政十六，13～18 页。
② 瞿同祖：《清代地方政府》，269 页。
③ 刚毅：《荒政》，《牧令须知》卷 1，16 页。
④ 《钦定大清会典事例》(光绪朝)卷 750，刑部吏律公式，1 页。

学"，监督"乡约"，倡导礼仪、改良风俗。"教化大抵节俭忠厚为要"，迎神赛会婚丧奢侈之类在所必禁，淫赌之类在所必惩。①

教化是思想控制的手段，它通过州县官、里长、乡约、族正，把朝廷意志贯彻到乡、到里、到族，从而实现控制的目的。有人论曰：

> 天下之治始乎县，县之治本乎令。……朝廷垂意为县矣，勤勤于必得其人，得人矣又虑以一邑之大，民之众，上与下不相属，政令无与行威，惠无与遍，虽谨且廉，而其政不举，于是里有长，乡有约，族有正，择其贤而才者授之，然后县令之耳目股肱备也。县令勤于上，约与正与长奉于下，政令有与行矣，威惠有与遍矣，族之人有一善则其正劝之一族矣，里之人有一善则其长劝之一里矣，乡之人有一善则其约劝之一乡矣。有一不善，则斥之一族矣，斥之一里矣，斥之一乡矣。既已如此，县令于政理之暇又时召见此三人者，面问百姓疾苦，人情向背，而以考吾政。优优怡怡，劳来而益委重之，以乐平其心而警其怠，宣上之德意于民。民皆曰：上之爱我如此也，上之期我以君子善人如此也，吾日见乡里风俗之美也。②

这是州县官依靠里长、乡约、族正实施教化的过程，目的是"教以孝弟忠信和睦乡邻约束子弟之道"③。所以州县官还有一项"教民""化民"的职责。

首先是宣讲圣谕。州县官应亲历而为，"每遇朔望两期，务须率

---

① 姚文枬：《今之牧令要务策》，葛士濬辑：《皇朝经世文续编》卷21，吏政六，18页。

② 张望：《乡治》，《保甲书》卷3，9页，《续修四库全书》第859册，史部政书类，上海，上海古籍出版社，2002。

③ 程含章：《与所属牧令书》，《牧令书辑要》卷6，16页。

同教官佐贰杂职各员亲至公所，齐集兵民敬将圣谕广训逐条讲解，浅譬曲喻，使之通晓"。四外乡村不能兼到者，则在大乡大村设立讲约所，"选举诚实堪信素无过之绅士充为约正"进行宣讲，州县官则要不时亲往查督。①

其次是宣讲有关法律，教民知法。雍正三年（1725年）谕刑部，"欲使民知法之不可犯，律之无可宽，畏惧猛省，迁善而远过也。但法律包举甚广，一时难以遍谕"，故要求将大清律内所载斗杀人命等律逐条摘出，疏解详明，通行各省，令地方官刊刻散布于大小乡村，处处张挂。②

乾隆十年（1745年）又进一步要求将有关谋故斗杀、刨坟奸盗等类事关伦常风化的法律条文，除刊发告示分发各州县外，还要各乡约正于每月朔望宣讲圣谕之后，"务必实心宣谕劝诫，使之家喻户晓，戒惧常存"③。

清代规定乡间的"乡饮酒礼"，不仅有一定的礼式，而且也要宣讲律令。乾隆二年（1737年）议准："酒席座次，悉依定式陈设，并刊刻礼节，临期分给宾傧执事人等，遵照行礼，其应读律令，即开载于礼节之后，令读者照例讲读。"并要求州县官稽查监看，如有违条越礼，依律惩治，即答五十。④

再次是引导约束社会风俗。乾隆年间的巡抚陈宏谋要求各州县将地方风俗利弊刊示晓谕，分发各乡约社长，令其转告附近村民。还要求州县官每遇因公下乡路过村庄时，都要传齐村民，将示内内容谆切面谕询问情况，"遵从者奖之，不率者戒之。其有孝弟廉节乐善任恤之人，询得其实，或给匾额，或当众称许，或量赏银米，或

① 《河东总督田文镜条列州县事宜》，《皇朝政典类纂》卷247，职官十，11页。

② 《钦定大清会典事例》（光绪朝）卷749，刑部吏律公式，5页。

③ 《钦定大清会典事例》（光绪朝）卷749，刑部吏律公式，5页。

④ 《钦定大清会典事例》（光绪朝）卷768，刑部礼律仪制，6页。

给帖免差，或详请优奖，以示风厉"①。

对地方节烈孝义之事，州县官应随时访闻，对符合条件者请旌表，对未合年例者，州县官则要行维持保护之道，"平日留心采访，某村有节孝义士某人，巡历经过，不妨亲加存问，并传集本村本家之人当面晓谕，念其情之可悯，奖其事之难能，相劝亲族，留心扶持照看，不可图产欺凌。年例未符，官先给一匾额，以待旌表；贫穷者酌给米布，以示优恤"。如此做法，达到"乡民见官重节义，人自知节义之当重"的目的②。

在教化的过程中，州县官还被告诫要善于依靠绅士：

> 为政不得罪于巨室，交以道，接以礼，固不可以权势相加。即士为齐民之首，朝廷法纪不能尽喻于民，惟士与民亲，易于取信。如有读书敦品之士，正赖其转相劝戒，俾官之教化得行，自当爱之重之。③

在州县官的地方治理中，"抚民"是重要方面，它不仅关系地方的社会稳定，也是国家对社会控制的直接体现。但"抚民"包括的工作非常广泛，很多事务在州县官的考核体系中难以直接呈现，所以"抚民"工作做得如何，常常与州县官的重视程度有关。光绪二十一年(1895 年)任山东惠民知县的柳堂认为："亲民之官，必须教养兼施，方可以正人心而厚风俗；然欲兴教化，必先端士习，欲端士习，必先立学校。"故上任后就整顿义塾，并推广阖境乡学，刊刻圣谕俚歌十六条发至各校，责成塾师宣讲圣谕。这种将圣谕宣讲纳入义塾

---

① 陈宏谋：《广化海》，《牧令书辑要》卷 6，13 页。
② 朱：《作吏管见》，《牧令书辑要》卷 6，20 页。
③ 王凤生：《绅士》，《牧令书辑要》卷 6，25 页。

的做法被山东巡抚赞为"创举"①。

但对更多的州县官而言,其做事"惟以钱谷簿书为重,而于兴利除弊、禁暴安良、农桑学校、人心风俗诸务漫不留心。官之于民,照例文告之外,既无余事"②。"抚民"在这些州县官的施政过程中常常被置于无足轻重的地位。

## 第二节　州县官与各方关系

### 一、中央对州县官的控制

#### 1. 选任与问责

中央对州县官的控制有两个主要渠道,一是牢牢掌握州县官的人事任免权。州县官的提名选拔权分属于吏部和督抚。一般来说,吏部选缺多为中、简缺,每月按班次依次选用,以掣签定缺予以分发。外补缺即督抚题调缺数少于吏部选缺数,但多为要缺与最要缺。然而,无论题补还是调补,都必须按照吏部规定的程序和规定进行,且必须上奏报告,由吏部核复。如吏部认为有与例不合者,可议驳并将该督抚议处。③ 无论铨选还是保举,当选州县官还要由吏部就任官条件进行审核,"别其流品""观其身言""核其事故""论其资考""定其期限""密其回避""验其文凭",查验合格之人方能领凭赴任。④对州县官行政实施监督的是府、道、两司、督抚,如一旦发现州县官有玩忽职守、贪赃枉法等行为,或者因政绩突出而需要奖赏,都要由督抚或题参,或上奏请旨定夺,而具体负责议叙处分事宜的则

---

① 柳堂:《宰惠纪略》卷1,23、25页,《续修四库全书》第884册,史部政书类,上海,上海古籍出版社,2002。

② 焦友麟:《奏请核实疏》,葛士濬辑:《皇朝经世文续编》卷20,吏政五,2页。

③ 艾永明:《清朝文官制度》,79、84页,北京,商务印书馆,2003。

④ 郭松义、李新达、李尚英:《清朝典制》,264~265页,长春,吉林文史出版社,1993。

是吏部考功清吏司。可见州县官的人事任免权集中于中央。

二是通过严格的问责处分制以保证州县官严格按照中央政令实施政务。在清朝的中央集权皇权体制下，一切政令来源于中央。中央政令下达到各省督抚，督抚再下达给各级地方政府，州县是最后的具体执行者。州县定期以各种册报形式将执行情况上报给上级官府，接受上级官府的监督。州县官行政的依据是各种法令、法典、则例等法规体系，这些法规对州县官履职的程序、内容、方法都做了详细的规定，确定州县官是贯彻中央政令的责任主体。也就是说，州县官对州县治理的好坏承担全部责任，无论哪个方面工作出了问题，都会受到相应的处罚。《大清会典》中列举的官员的行政处罚是：

一曰罚俸。其等七（罚其应得之俸，以年月为差，有罚俸一月，罚俸二月，罚俸三月，罚俸六月，罚俸九月，罚俸一年，罚俸二年之别）。

二曰降级。留任者，其等三（就其现任之级递降，即照所降之级食俸，仍留现任，以级为差，有降一级留任，降二级留任，降三级留任之别）。调用者，其等五（视现任之级实降离任，以级为差，有降一级调用，降二级调用，降三级调用，降四级调用，降五级调用之别）。

三曰革职。其等一，留任者，别为等焉（革职之等，在降三级调用之上；革职留任者，其等在降三级留任之上，与降一级调用同等）。

凡降调而级不足者，则议革。……凡处分至革职则止焉，甚者曰永不叙用。……革职有余罪，则交刑部。①

---

① 托津等编：《钦定大清会典》(嘉庆朝)卷8，吏部，1～2页，沈云龙主编：《近代中国史料丛刊三编》，第64辑。

钱粮关系朝廷正供，也是州县官的主要职责。乾隆有谕："向来经征不力，州县皆例有处分，而认真督催，使应征钱粮年清年款，亦系地方官分内应为之事。"①朝廷对钱粮从征收到交纳的每一个环节都设置了对州县的问责。如州县钱粮必须在一定期限内按一定数量完成，如有拖欠，则按拖欠数额受相应处罚：州县官欠不及一分者，停其升转，罚俸一年；欠一分者降职一级，二分者降职二级，如欠四分，除降职四级外，还令戴罪催征；欠五分以上者革职。②未完钱粮必须在一年内完缴。如果州县官在钱粮征收中有挪用或谎称民欠者，私加火耗、私派加征者，则革职拿问。③ 如有绅衿、衙役包揽钱粮之弊，该管地方官没有查出，罚俸一年；如州县官对完粮之民勒令不许填数或不给印票者，则革职拿问。如有各种抗粮事件，州县官必须一面详报上司，一面严行拘拿追比，如有瞻徇容隐，则照徇庇罪议处。④ 仓米被窃，不行查察，按行窃次数分别处分。如失察被窃一次，罚俸六个月；二次者罚俸九月；三次者，罚俸一年；四五次者，降一级留任。⑤ 钱粮征收后，州县官必须造报奏销钱粮册，且必须在规定期限内完成上交。如有拖延，则按时间长短分别给予罚俸、降级处分；如有数目错误或遗漏者，亦要罚俸一年。⑥ 钱粮如有亏空，不仅州县官本人按照亏空数额接受从罚俸到革职的处分，其上司也要接受分赔、罚俸的处罚。⑦

司法和社会治安关系社会稳定，中央在赋予州县官司法审理职权的同时，还要求其承担相应的司法责任。一旦州县发生盗贼，捕役必须在一定期限内捕获，"每一案之盗，于例限一年之内拿获过

---

① 刘锦藻：《清朝续文献通考》卷1，田赋考一，7500页。
② 《钦定大清会典事例》（光绪朝）卷107，吏部处分例，1页。
③ 《钦定大清会典事例》（光绪朝）卷107，吏部处分例，2页。
④ 《钦定大清会典事例》（光绪朝）卷107，吏部处分例，3页。
⑤ 《钦定大清会典事例》（光绪朝）卷83，吏部处分例，1页。
⑥ 《钦定大清会典事例》（光绪朝）卷107，吏部处分例，4、5页。
⑦ 《钦定大清会典事例》（光绪朝）卷109，吏部处分例，1～3页。

半，免其治罪；其不及半者，一名笞三十，按名叠加"；"承缉各官务期必获盗首，如限内不获盗首，虽获盗过半，于免罪之外仍罚俸一年"；三限不能拿获，降一级调用。①州县官若因害怕盗案参处而"讳盗不报"（不报或隐匿案情），也要受到相应的处分：州县官革职，道府同知通判失察者，降二级调用；徇庇者，降三级调用；督抚失察，降一级留任。②

在审案方面，亦规定必须在一定期限内审结。如寻常命案，统限六个月完结。其中州县限三个月审完上转府州，府州限一月半解臬司，臬司限一个月上转督抚，督抚限一个月咨题。盗案及斩绞立决命案并一切抢劫杂案，统限四个月完结。其中州县限两个月审理完毕解府州，府州二十日解臬司，臬司二十日解督抚，督抚二十日提咨。如州县官迟延超期，逾限不及一个月的，罚俸三个月，逾限一月以上，罚俸一年。③

就是诸如户婚田土等州县可以自行审断的案件，同样也严格规定必须在二十日内审完并填注循环册簿，以供该管知府直隶州查核，如有违限，照迟延不结例议处。④

灾荒和救济工作也有各种规定和处罚。如报灾期限，必须不出九月下旬，如州县官迟报半月以内者，罚俸六月；一个月以内者，罚俸一年；超过一个月，则降一级调用；逾限两月以外者，降二级调用；逾限三月以外怠缓已甚者，革职。⑤在赈恤方面，要求州县官查明养济院贫孤人数、年貌并造册，随时报明上司，并每年亲赴点验，如发生冒领支粮者，州县官降一级调用。⑥

---

①　《钦定大清会典事例》（光绪朝）卷785，刑部刑律贼盗，3页。

②　《钦定大清会典事例》（光绪朝）卷785，刑部刑律贼盗，3页。

③　《钦定大清会典事例》（光绪朝）卷122，吏部处分例，1、5页；另参见李凤鸣：《清代州县官吏的司法责任》，45页，上海，复旦大学出版社，2007。

④　《钦定大清会典事例》（光绪朝）卷122，吏部处分例，2页。

⑤　《钦定大清会典事例》（光绪朝）卷110，吏部处分例，1页。

⑥　《钦定大清会典事例》（光绪朝）卷110，吏部处分例，1～2页。

州县官有管束书役之责，如有书役舞文弄法、招摇撞骗、包揽词讼、侵欺钱粮情事，府州县不行查出，照徇情例降二级调用。①另外，如发生乡绅奴仆冒充书役、衙役犯赃、滥留民壮等事，地方官均应查明革除，如有包庇之事，均要受罚俸乃至革职处分。如有长随家人招摇弄法、倚势逞凶等事，官员降一级调用，致酿人命者，降二级调用。如果有差役等设立班馆，私置刑具各情事，一经发觉，地方官都会因纵容而从重治罪，其失察之上司也一并严加议处。②

总之，清代法令中对州县官的行政问责涉及州县职能的各个方面，上面所举只是其中的很少部分。钱穆说："中国的政治制度，相沿日久，一天天地繁密化。一个制度出了毛病，再订一个制度来防制它，于是有些却变成了病上加病。"③对州县官的问责和相关行政处罚制度就是循了钱穆所说的这条规律。

平心而论，问责制作为行政管理和防止官员渎职腐败的一种手段，是积极的、必要的。问题在于，清代的州县问责制并没有有效遏制州县的种种问题，钱粮征收中的亏空、加征，司法审断中的逾期、隐匿，对吏役的纵容、舞弊等，是每一个朝代都反复出现的问题，原因究竟在哪里？

一方面，清代对州县官的问责制是在皇权专制体制内运行的。清代掌握州县官员行政处分权的是吏部，提起参劾的是督抚，实行监督的是督抚、两司、道、府。一旦州县官被问责而上级官员没有及时查出，都要接受失察的处分。在没有其他制约力量的情况下，这种官员连带问责制实际上已将各级官员的利益联结在一起，其结果，必定使监督和问责成为"因人而异"的行为。上级官员可以因彼此之间的利益关系而拖延不报，或者化大为小、化有为无；也可以

---

① 《钦定大清会典事例》(光绪朝)卷98，吏部处分例，1页。
② 《钦定大清会典事例》(光绪朝)卷98，吏部处分例，2～5页。
③ 钱穆：《中国历代政治得失》，174页，北京，生活·读书·新知三联书店，2001。

因个人好恶决定参处对象，致使看似严密的问责制度在执行中漏洞百出。

另一方面，州县问责制本身的严苛和烦琐，使州县官行政时不能不产生规避风险的心理。如钱粮征收中屡禁不止的"官垫民欠"现象，就是因为州县"规避处分"所为，有的地方还让书差垫欠。但这样做又带来挪移和书差加倍取偿的弊端，朝廷不得不又制定条文对州县官"从严议处"。① 到头来，种种规避手段花样百出，问责越来越细，腐败现象却越来越多。

2. 循例与违法

黄宗智曾说："经验证据表明，清代的县官（以及清代一般的官方话语）把自己描述为一个通过言传身教进行统治、通过教谕调解平息纠纷的高度道德主义的地方官，但他们在实践中更像严格适用制定法并遵循常规化程序的官僚来行事。"②在日常工作中，他们循例进行常规化工作，每年在规定时间依据《赋役全书》规定的税率征收地丁银和其他税收；每月有六至九天受理民事诉讼，随时受理人命、盗贼等重大案件，并须先事勘查；其他还有编查户口、维持治安、管理驿站、修缮水利、灾荒赈济、管理常平仓和济贫机构、设立社学义学、主持县试、举行祭祀活动、劝农桑、防火等日常行政工作。③

当然，由于各地情况不同，也由于州县官个人勤惰、能力的不

① 《钦定大清会典事例》（光绪朝）卷107，吏部处分例，6页。
② 黄宗智：《学术理论与中国近现代史研究》，黄宗智主编：《中国研究的范式问题讨论》，125页，北京，社会科学文献出版社，2003。
③ 相关内容在瞿同祖《清代地方政府》一书中有详细介绍，参见《清代地方政府》7、8、9章。另外，邱捷《同治光绪年间广东首县的日常公务——从南海知县日记所见》（载《近代史研究》2008年第4期）一文通过杜凤治的日记，具体探讨了南海知县的常规化工作，并指出作为首县，知县还承担了省城治安、城市管理、中外交涉的事务。

同，他们对常规事务也会有所侧重，或者只是敷衍了事。① 光绪年间任山东惠民知县的柳堂是一位在常规化工作方面做得比较好的州县官。他认为："为政之难也，盖兴一利即有一弊，一有不察，则善政转为虐政。是以作州县官，必时时与乡民接见，乃可得外间一二真情，而一切衙门弊端不至茫无闻知矣。"他的治理风格是对各种弊端严加整顿。原县中羁押犯人十余人分作六班，为种种需索提供便利，他改设候审公所，将有罪、无罪分作两室分别看管。他还整顿书吏漕粮征收中的舞弊行为，将节省之钱用以生息，以作宾兴之用。他整顿吏治，设立限簿，将门丁书役严加管束。原先惠民捕役不仅数量多，而且鱼肉乡里，他实力整顿，不仅大加裁撤，还令其执行任务时必带腰牌。王判镇集上斗级操纵杂粮买卖，他令革驱逐，另立新章，使营利者无计可施。惠民治河任务繁重，他"招父老问民间疾苦，金以徒骇河淤塞水不顺"，"遂决意谋所以濬之"。他勘察河段，为防止包工首事渔利，又选择绅士成立河工局主持其事。② 应该说，柳堂是一位能干事的官员，故而得到时人称赞："柳君以名进士知县事宰惠民者五年，上下之交孚，官民之誉洽，政成废举，始量移去。"③

州县官的常规工作必须循例而行，如果违背法令，或者治理不当，都会受到相应的惩处。但瞿同祖先生早就指出："许多法律法规并未真正被实施，或多或少流于形式。这一问题几乎在行政的各个方面都显露出来。"④法令没有严格得到执行，一方面是有些法令本来就与实际不符，或者难以执行；但更值得注意的是，有的州县官

① 瞿同祖先生指出，"那些不管履行与否对州县官政治生涯无足轻重的职责，或者无法作为衡量官员政绩标准的职责，都或多或少地被官员们轻视"，如道德教化、劝课农桑、灌溉等。参见《清代地方政府》，280页。

② 柳堂：《宰惠纪略》卷1，13页；卷2，4页；卷2，7页；卷3，7页；卷4，16、18页。

③ 柳堂：《宰惠纪略》卷1，3页

④ 瞿同祖：《清代地方政府》，333页。

知道有法，但却有意不按照法令去行事。

如光绪七年(1881年)有御史奏称广西州县遇有命案，州县官闻知凶手在逃难缉，必先设法阻拦，虽有报告，也置之不闻。如凶手家中颇有资产，则勒令出钱了事，以使夫役分肥。如果凶手无力出钱，则勒令邻居等凑办。如遇有死者亲属不肯私了，亦只将凶手打死，"计免处分而已"。如果涉及盗案，则令事主改报被窃；如事主据实呈报，则勘验差缉中一任丁役从中需索，更有将事主责押者，甚至教唆盗犯捏故反诬，"以为销案之计"。如报案者愤而上控，则府道以上皆每递一呈，衙门需费三四金，或五六金，而控后只会落得"饬该州县查复"的结果，所以"鲜有上控，而上司亦遂以无事安之"①。我们无从核查史实，但光绪二十二年(1896年)仍有人奏州县"每遇劫案，安然无事，甚至百姓报劫，逼令改窃"②的情况发生，说明这种情况并不是个案，而是反复出现、屡禁不止的现象。本来，州县讳匿命盗案件，或者遇有劫案逾期不报，都要受到相应的问责和处分，但州县官之敢于铤而走险，目的就是"计免处分"。

在吏治方面，法令规定不许佐杂受理地方词讼，而州县巡检典史等常常营求审案，州县则"徇情滥委"，他们"以馈送之多寡为事理之曲直"，以致"贫民畏佐杂如虎狼"。③

法令对州县延聘幕友、使用长随都有严格规定，但光绪二年(1876年)御史奏报州县积弊时就指出，往往州县尚未到任，而幕友举荐已多，州县不察其贤，而碍于情面用人，"道府所荐者既受，则藩臬所荐者不能不受，督抚所荐者更不敢不受"。一旦这些人聘为幕友，则"勾结本地绅士，私行纳贿，颠倒案内之是非，播弄腾翻前任之款目"。而州县碍于情面，往往任其所为。长随则往往勾结上司

---

① 朱寿朋：《光绪朝东华录》，总1152页。
② 朱寿朋：《光绪朝东华录》，总3916页。
③ 朱寿朋：《光绪朝东华录》，总1585～1586页。

门丁，求其推荐，而州县对上司所荐不敢推辞，长随则又以上司所荐而罔所顾忌，抵任后也是事事生端。甚至不肖州县为谋得好缺，走上司之门路，"专用能干家丁为之借贷以行馈献"，等谋得好缺，则将此家丁派以管事。①

在钱粮征收方面，有纵容书役、催役、柜书任意加索钱文者②，有擅挪公款提用者③。而四川蓬溪县知县则纵令局绅滥支浮销，而县衙置买器具均取给于局。④

在灾荒救济方面，法令对上报限期和赈灾的规定不可谓不严，但无奈"州县奉行不力，玩视民瘼，甚至讳饰捏报，借端取巧，灾区虽已查明，并不照例停征，反致追呼愈迫"⑤。灾后勒罚也是频频出现的现象。光绪十二年(1886 年)，广西贺县知县在当地被灾以后，"并不加意抚循，任意妄为，苛派勒罚"，受到革职处分。⑥

事实说明，尽管法令严酷和繁密，但仍然不断发生州县官无视王朝法令的事。其原因如上所说，是监督制度和问责制本身的局限，使州县官存在规避和侥幸心理。另一个重要原因在于，州县官是一人政府，围绕他形成了正式的和非正式的两重关系，前者是佐杂、吏役，后者如幕友、长随。他们听州县官指挥，但又会以各自的利益影响州县官，形成各种"成规"。这种成规是由种种关系造成的，它常常超越法令，成为州县官场中处理问题的原则。⑦ 光绪二十一年(1895 年)发生的参劾江西巡抚德馨案就是一个典型例子。在这个案例中，巡抚衙门门丁吴子昌是一个核心人物，他内和朱姓幕友、外与元泰仁钱号联手，凡部选或序补官员到任，必须向他们献纳方

① 朱寿朋：《光绪朝东华录》，总 264 页。
② 朱寿朋：《光绪朝东华录》，总 1588、1702 页。
③ 朱寿朋：《光绪朝东华录》，总 1710 页。
④ 朱寿朋：《光绪朝东华录》，总 1803 页。
⑤ 朱寿朋：《光绪朝东华录》，总 1737 页。
⑥ 朱寿朋：《光绪朝东华录》，总 2155 页。
⑦ 瞿同祖：《清代地方政府》，331～336 页。

得安居其所。与吴子昌狼狈为奸的何其坦，亦为巡抚所喜，由佐杂充当巡捕，署新建县，题补馀干县，又调署南昌首县，还兼充文报、电报等局差，一年之内连升三级。万载县知县周凤藻素性贪婪，以族人为门丁，署中火食、幕友脩金皆索诸门丁，纵容门丁为恶。又将族人推荐到省城首县为门丁，使其长住省中，既不断向该州县通报各署消息，又与各署之劣幕及不法家丁串通，遇有控案，常以重金请托得免。①

在这个案例中，我们看到了一幅以官员私人奴仆为核心的互相勾结、无视王法的图景。这种种违法行径往往又是贯穿在他们"循例"的常规化工作之中的。如果看一看一些当过州县官的个人笔记、日记，发现他们并不是全然无视王法的，他们的多数施政方法和过程，仍然是在法令许可的范围之内的。但是，这些施政过程往往又离不开官员出于维护个人权力和利益的种种选择，离不开各种正式和非正式的私人关系。正是这种选择和关系催生了种种违法行为，这是皇权专制的官僚制度本身造成的恶果。

**二、上级官府对州县官的监督**

在各省的官制体系中，州县官为亲民之官，其余府、道、督抚均为管官之官，都负有对州县官的监督之责。其中府与州县的关系最为密切。乾隆朝任巡抚的陈宏谋将知府称为"州县之领袖""知州知县之总汇"。州县各项工作都必须编造册簿上报，知府是第一审核人，如发现不合例之处，则发回令其修改重报。在司法审判中，凡徒刑以上重案，州县审判后必须由知府进行复审后审转。对于可以自行处理的案件，州县官也必须每月将审理和结案情况上报到府。与此同时，凡是州县所做的一切工作，知府都有监督之责：

---

① 张之洞：《查明德馨参款折》，苑书义主编：《张之洞全集》卷38，1021～1203 页，石家庄，河北人民出版社，1998。

为知府者，或奉院司之科条，董督僚属，或酌郡邑之利病，细与兴除。所属州县，掌印正官，及佐领合属，一切大小官员，有用刑不当者，持己不廉者，政不宜民者，怠不修政者，昏不察奸者，涂饰耳目者，虚文搪塞者，前件废格者，阿徇权势者，差粮不均者，催科无法者，收解累民者，窃劫公行者，奸暴为害者，风俗无良者，教化不行者，仓库不慎者，狱囚失所者，老幼残疾失养者，听讼淹滥者，桥梁道路不修者，荒芜不治、流移不招者，衙役纵横不禁者，属官如是，知府皆得以师帅之。师帅不从，知府得以让责之；让责不改，知府得以提问其首领吏书；提问不警，知府得以指事申呈于两院该道。①

知府随时巡查所属州县，发现问题可发出指示并令其整改，可提问调查并向两院巡道汇报。所以对上级部门而言，"欲辨州县之贤否，必专责成于知府"②。

清代分管一地的道有守巡道与分巡道之分，原来分别为按察使、布政使的副官。乾隆十八年(1753年)，上谕令其停止兼衔，"职司巡守，以整饬吏治、弹压地方为任"，定为正四品，并使"知府以下悉其统辖"。③ 道成为知府之上的一级官员，其巡察纠举、察吏安民，职责广泛。陈宏谋说，守巡两道"凡一路之官吏不职，士民不法，冤枉不伸，奸蠹不除，废坠不举，地粮不均，差役偏累，衣食不足，寇盗不息，邪教不衰，土地不辟、留移不复，树畜不蕃，武备不修，城池不饬，积贮不丰，讼狱不息，教化不行，风俗不美，游民不业，鳏寡孤独疲癃残疾之人不得其所，凡接于目者，皆得举行；听于耳

---

① 陈宏谋：《五种遗规·从政遗规》卷上，明职，42页，中华书局四部备要本。

② 朱寿朋：《光绪朝东华录》，总77页。

③ 《清朝文献通考》卷78，职官二，5577页。

者，皆得便宜。应呈请者呈请两院施行，应牌札者牌札各州县条议"①。守巡道负有察举州县一切事务之责，所察问题，或上达两院督抚，或牌札州县条议改进。守巡道还有稽查府州县衙门书吏之责，如有包揽词讼、侵欺钱粮等事，即可访拿治罪。如发现守巡道不行查出，则将面临罚俸、降级处分。②

特别在司法方面，守巡道要核查州县词讼号簿，审查案件是否依法定期审结，是否所有案件都登记在册。③ 此外，还成为直隶州、直隶厅的上级复审单位，即一般徒罪以上案件经州县审判后由府复审，再转报按察司，而直隶州直隶厅一切案犯则要由道复审并转按察司。有的距省较远的州县，要由该管巡道"审勘加结转报"④，故有的守巡道兼有按察使衔。

晚清以来，随着"就地正法"权的下放，守巡道成为重要死刑案的复审层级，凡州县报获持刀抢劫、形同谋反等重犯，如系道府同城，即由该管道府就近亲提审讯；如非同城而距省近者，由省遴委道府大员前往提讯，果系赃证确凿，即"禀请在本地正法"⑤。

总督巡抚是一省行政之最高长官，"三晋民物，分治于州县，总治于府，监临于守巡道，统属于布政司，弹压于按察司，而本院则拊绥之者也"⑥。督抚拥有州县官的提名选拔权，即除吏部掌握的选缺之外，督抚握有对要缺和最要缺的题补、调补、委署、保举之权，也就是在这些缺出时，督抚可在一定范围内拣选人员，题请补用。

督抚对州县官负有监督之任，在三年大计之时，对州县官员出考具题，依业绩给所属官员定出卓异、供职、举劾三个类别，报送

① 陈宏谋：《五种遗规·从政遗规》卷上，明职，41页。

② 《钦定大清会典事例》（光绪朝）卷98，吏部处分例，1页。

③ 《钦定大清会典事例》（光绪朝）卷817，刑部刑律诉讼，1页；瞿同祖：《清代地方政府》，194页。

④ 《清史稿》卷144，刑法三，4215页。

⑤ 朱寿朋：《光绪朝东华录》，总1288页。

⑥ 陈宏谋：《五种遗规·从政遗规》卷上，明职，35页。

吏部。① 督抚行使监督权的重要体现就是奏劾权，但凡发现州县官有漕粮浮收、亏短交代、讳匿命盗案件、擅挪公款、虚报灾荒、吏治不严等情事，即可上折奏请严处，经吏部议叙后定罪。同样，对做出显著成绩的州县官，督抚亦可奏请奖励。

藩臬两司分别主管一省钱粮和刑名，但也会参与州县官题调缺的选拔与考核。如有缺出，两司可提出建议，由督抚题请。三年一次的大计中，知府考核州县，填注考语后报道员复核，道员转藩司，藩司汇总复核加考语，再转交督抚汇报吏部。② 此外，州县需要将钱粮、刑名有关事务按期造册分别报藩臬两司，两司则有督催、审核、监察之责。③

总之，在州县官施政过程中，要受到府、道、督抚、两司的监督，但在现实中，常常会变通或察而不举。道光年间就发现道府衙门对于控告州县及控告吏胥而牵涉本官者，往往仍发回该州县官办理了事。朝廷不得不重申严饬各道府对于所属被控之案，"务即亲行提讯"，不得发回该州县。④ 光绪六年（1880 年）有御史奏，各省督抚凡遇奏参之案，往往耽延年月，希图避重就轻，化有于无。山西永济县知县征收钱粮时发生收多报少之事，从事情发生到巡抚奏请开复，时间一年过半，即便要其赔缴，也因时间太久而难以做到。朝廷为此下令，凡有奏参之案，督抚必须在半年之内将实情奏报。⑤

制度在现实中往往难以得到严格执行，与这种制度本身有关。朝廷为了强化这种监督体制，确定了各级官员互相连带的问责制，"属员犯有贪婪劣迹，该管上司失察不行揭报，经督抚先行查出参

---

① 《钦定大清会典》(嘉庆朝)卷 8，吏部，10 页。

② 苗月宁：《清代两司行政研究》，120~125 页，北京，中国社会科学出版社，2012。

③ 魏光奇：《有法与无法——清代的州县制度及其运作》，25 页。

④ 刘锦藻：《清朝续文献通考》卷 135，职官二十一，8952 页。

⑤ 朱寿朋：《光绪朝东华录》，总 963 页。

奏,同城之知府、直隶州知州降二级调用,司道降一级留任。不同城之知府、直隶州知州降一级留任,司道罚俸一年"。也就是说,如果上级对下级、长官对属员的违法劣行不能及时察举,则会受到降级等失察处分。① 这种制度看起来很严酷,但在中央集权的皇权体制下,反而会使官员因利益攸关而结成共同体,以大事化小,小事化无,或者拖延的办法予以对付,致使上级官员对州县官的监督流于形式,也无法从根本上解决州县官员的贪腐行为。

### 三、州县官与佐杂

州县佐杂,包括州同、州判、县丞、主簿(也称佐贰)、吏目、典史(也称首领官)、巡检、少尹、驿丞、仓大使、税课司大使、闸官、河泊所管等(也称杂职官)。② 其中,吏目和典史负责掌管监狱、捕捉盗贼等事,一般州县各有一员。其余杂职官各司其职,他们和佐贰、巡检一样,不是每个州县都设的。

佐贰官中有一部分负有特定职责,如粮马、水利、巡捕、典狱等事,但大部分只是承担一些不确定的职责,并且常常是受州县官委派办事,如到偏远地区收税,督办钱粮征收,逢灾荒之年参与仓谷粜粮。③ 雍正时巡抚田文镜说,如四乡分粜,离城较远,又多同日开粜,"官势难分身,不得不委诸佐贰教职"④,故瞿同祖先生将佐贰称为知县助理。

值得注意的是有一部分佐贰有分防之责。《清会典》云:

州佐贰为州同、州判,县佐贰为县丞、主簿,所管或粮,

---

① 《钦定六部处分则例》卷4,举核揭参劣员,11页;艾永明:《清朝文官制度》,244页。

② 瞿同祖:《清代地方政府》,17~18页;魏光奇:《有法与无法——清代的州县制度及其运作》,37页。

③ 瞿同祖:《清代地方政府》,19~25页。

④ 《河东总督田文镜条列州县事宜》,《皇朝政典类纂》卷247,职官十,12页。

或捕，或水利。凡府州县之佐贰，或同城，或分防。其杂职内之巡检，皆分防管捕，或兼管水利。①

也就是说，有的佐贰与县令同城，但也有一部分分驻县城之外的一定区域。有学者统计，嘉庆朝分驻于县城之外的佐杂官至少有1400名（包括900余名巡检）。② 分防佐贰主要承担辖区内稽查弹压的治安职责，也有协同监收钱粮之任。定例开征钱粮，恐有浮收之弊，必令佐贰各官协同监收，如无佐贰之州县，即令学正教谕记单开报本管道府查考。③

晚清时期，由于治安防卫的需要，常常对佐贰分防做出调整。如光绪三十四年（1908年）山东巡抚奏称：山东登州自烟台开埠、威海议租以后，登州府所属十州县门户洞开，黄县龙口地方已有英商设立行栈，地当冲要，故奏请将已成闲散的蓬莱县县丞移驻龙口，改为黄县分防县丞。④ 这是因口岸开放需要加强控制而移驻县丞。

同年，东三省总督徐世昌等奏请在奉天复州长兴岛添设州判一员，原因是该岛距州一百四十里，四面临海，巍然独存，住户逾二千，人口一万五千，而"地方官向不过问，视同甄脱，何以保存"，亟应在该岛设治镇抚。⑤ 所以长兴岛州判之设，既有加强镇抚之需，更有加强海防之义。

此外，还有因铁路开通就近稽查弹压需要而移驻佐贰。如光绪

---

① 《钦定大清会典》（嘉庆朝）卷4，吏部，3页。
② 胡恒：《清代佐杂的新动向与乡村治理的实际——质疑"皇权不下县"》，《新史学：清史研究的新境》第5卷，158页，北京，中华书局，2011。
③ 此为光绪五年云贵总督岑毓英奏折中提到，见《光绪朝东华录》，总811页。
④ 刘锦藻：《清朝续文献通考》卷135，职官二十一，8958页。
⑤ 《东三省总督徐奏请添设州判要缺并酌移州县治所折》，上海商务印书馆编译所编纂，华东政法大学法律史研究中心点校整理：《大清新法令》（点校本）第2卷，232页，北京，商务印书馆，2011。

三十年(1904年)河南巡抚陈夔龙以许州所辖之繁，城镇铁路开通，请将同城之州判移驻该镇，"就近稽查弹压"①。

因人口增加而移驻佐贰。如光绪三十一年(1905年)两江总督端方奏请将青浦县主簿移驻黄渡镇，荆溪县主簿移驻梧山，皆因"户口繁庶，匪徒出没，征粮缉捕均多不便"②。

上述地方移驻佐贰，皆为强化对新发展地区控制的需要，同时也扩展了这些佐贰的征粮和治安权限。

再看巡检。巡检一般设置于关津要隘或离州县城较远的繁华市镇，负责缉捕盗贼、稽查奸宄等事，有自己的官署和管辖的区域。巡检常会充当知县了解下情的耳目。如湖北江夏设有四个巡检司，"盖以四境辽阔，知县不能日遍历于乡村，故以耳目寄之四人，各察其所分治之地以告于知县，岁有丰歉，田有肥硗，民有秀顽，俗有美恶，皆其耳目所闻见。知县复从而审察之，则巨细无遗，可以不劳而理"③。巡检还会受州县官之命处理具体事务，这一情况一直到清末都存在。如在江苏句容县，宣统年发生窑户借发腰牌之际向窑工索要钱财，有不愿交者，则将草棚烧毁之事。窑户要巡警局前往协同弹压，巡警局了解情况后移牒县令，要求究办。县令认为："该窑户等要结长警，请派役队，无非狐冒虎皮，为吓诈取财计，种种违犯，法所难宽。"除要求将钱追回外，还要求巡检就客民有无户册和烧毁客棚数切实复查。④

晚清时期，为强化地方治安和控制，巡检仍在不断增添、移驻、裁改。如光绪八年(1882年)江苏巡抚卫荣光奏，太湖厅所辖之洞庭东山孤屿湖中，后山之下杨湾村为江浙水道通衢，"非驻扎一官不足

---

① 《政务处议复各督抚裁汰冗官折》，《大清新法令》(点校本)第2卷，199页。
② 《政务处复奏江苏省裁改职官折》，《大清新法令》(点校本)第2卷，202页。
③ 《江夏县志》卷1，图说志一，15页，光绪七年重刊本。
④ 许文濬：《蔡子安等禀》，俞江点校：《塔景亭案牍》，48页，北京，北京大学出版社，2007。

以保卫闾阎",将东山司巡检移驻于此,"俾资巡缉而重地方"。①

尤其到清末,西南边疆改土归流,为加强治理,遂增设巡检。宣统元年(1909年)四川总督奏请在雅安府属清溪县黄木厂添设巡检,"专司抚驭汗(汉)夷,缉匪保教等事",配衙役二名,仵作一名,学习仵作一名,弓兵八名,并添建衙署。② 后又在西昌县添设普威巡检一员,"管理汉夷狱讼暨兴学屯垦各事"③。而宁远府盐源县阿所拉地方因治安恶劣,巡检"职微权轻,既无理民之责,防捕亦等虚文",故请将巡检升改为抚夷通判,定名盐边厅,仍隶宁远府管辖。④ 云贵总督李经羲因滇西土司交界地方治安形势严峻,"自非添设流官分司治理不足以专责任",故请添设知州一缺并巡检二缺。⑤

上述调整的巡检中,有的因地处偏远而在缉捕等权限之外又增加了保教和兴学屯垦等行政职责。

清廷禁止佐杂单独处理地方词讼事件⑥,但在实际中又认可他们在特定情况下参与词讼。其中有几种类型,第一种是典制规定的,如规定只有在正印官"公出"时,佐杂可承担查验、代验、监决等职责。⑦ 第二种是授权的,即在特定情况下,经上级授权,佐杂可受理奸拐、邪教、窃盗、赌博、户婚、田土等案件。第三种是"默许"

---

① 刘锦藻:《清朝续文献通考》卷135,职官二十一,8957页。

② 《四川总督赵尔巽奏请添设清溪县黄木厂巡检折》,载《政治官报》第530号,宣统元年三月初二日,11页。

③ 《又奏请添设西昌县普威巡检员缺片》,载《政治官报》第901号,宣统二年三月二十五日,14页。

④ 《吏部会奏遵议川督奏夷地紧要请将巡检改升厅治折》,载《政治官报》第955号,宣统二年五月二十一日,5页。

⑤ 刘锦藻:《清朝续文献通考》卷135,职官二十一,8955页。

⑥ 《钦定吏部则例》规定:佐杂人员不准理地方词讼,遇有控诉到案,即呈送印官查办者无庸议,如擅受而审理者,降一级调用,失察之印官罚俸一年。其因擅受而致酿人命者,佐杂官革职,失察之印官降一级留任。若印官规避处分匿不揭报,即照违命例革职。见该书卷47,审断上,8页。

⑦ 魏光奇:《有法与无法——清代的州县制度及其运作》,42~43页。

的，或者因为一县内讼事繁杂，或者由于地方偏远，地方官常常默许分防佐贰巡检处理民间细故等讼事。① 总的来讲，尽管佐杂参与司法在客观上是存在的，但他们素质差、地位低，如果过多地参与诉讼，会导致大量违法乱纪现象出现，所以朝廷对他们的这一权力是严格防备和限制的。

以上事实说明，在人口增加、州县官事务繁忙的情况下，州县官对一些或偏远或繁盛之地常常有鞭长莫及之势，朝廷为加强治理，遂有巡检、佐贰分防之制。这种制度安排在一定程度上拓展了州县官的权力链条，强化了对偏远或繁盛之地的控制和治理。

但这种制度又是有局限的。第一，巡检、佐贰并不是每个州县都有设置。据瞿同祖先生依据 1899 年《清会典》统计，全国仅有 32 个州同，35 个州判，345 个县丞，55 个主簿。也就是说，仅不足一半的州设有州同、州判，仅不足三分之一的县设有县丞、主簿②。在社会不断变化发展的情况下，仅靠佐杂分防加强治理的作用是有限的。

第二，佐贰、巡检权轻位卑，起到的治理效果有限。"权轻"，即他们除被委以特定职责外，大多数的职责并不确定，更多是协助州县官、受州县官的委派做事。"位卑"，指在职官系列中，他们处于最低等级。一般州同从六品，州判从七品，县丞八品，主簿九品，巡检从九品，而典史则未入流。同治二年（1863 年）有一道上谕：

> 王宪奏，边陲地方紧要，请将陇西县丞仍改为漳县知县一
> 折。甘肃巩昌府属之漳县，于道光九年改为陇西乡，设立县丞，
> 归并陇西县管辖，原为因时制宜起见。兹据王宪奏称，漳邑原

---

① 在这方面，胡恒《皇权不下县？——清代县辖政区与基层社会治理》一书中有详细论述，见该书 188~193 页，北京，北京师范大学出版社，2015。

② 瞿同祖：《清代地方政府》，23 页。

设县治，距陇西七十里，西南接洮州岷州，东南接岷州宁远，延袤三百余里，毗连皆系边要地方，辽阔自裁。并陇西改设县丞后，书吏刁诈，盗贼出没，土棍强横，有非县丞所能治理，且该处旧有盐井课项攸关，甘省回逆傗扰河州狄道等处，均与漳邑旧治相去非远，尤非县丞所能筹办各等语。陇西界临边徼，复近回氛，练勇筹防在在均关紧要，该藩司籍隶漳县，于该处地势情形所筹尚为明晰，见值满目兵焚地方凋敝之际，所有改官定制苟与时事有裨，不妨量为变通。①

这段话说明：(1)该县县丞有一定的管辖区域，即由漳县改的陇西乡；(2)县丞职能是有限的，所以在治理方面显得无能为力，不得不撤销分防县丞，改设为县治。

清末也有这种情况。如云南永善县副官村地方，为水陆交通、商民辐辏、五方难处、词讼纠纷之地，原来只设县丞治理，然"权轻位卑，期难镇摄"，而县令距此地近六百里，实有鞭长莫及之势，于是经云贵总督奏请，将副官村县丞裁撤，改设知县一员，与永善县分地而治。②

增设佐贰、巡检是为加强和便于治理的考虑，而裁撤佐贰巡检则是因为他们位卑权轻，不足以达治理效果，两种情况都暴露出在社会经济变化的背景下州县基层社会治理的局限与困境。光绪三十三年(1907年)直省官制通则颁布时，奕劻等不得不表示：

> 至于县丞巡检各官，既不准受理民事，又初无一定责成，虽号分防，几同虚设，以致民生坐困，吏治不修，而其原则仍

---

① 刘锦藻：《清朝续文献通考》卷135，职官二十一，8957页。
② 《吏部议复云贵总督奏请升镇雄州为直隶州暨添设知县等折》，《大清新法令》(点校本)第2卷，243~244页。

由于官制之未尝完备。①

由此确定了通过官制改革，增设职能部门、建立基层自治组织以改变这种治理结构的基本方向。

### 四、州县官与幕友、胥吏

幕友，也称幕宾、师爷，是州县官施政的重要助手。几乎每一个州县官都离不开幕友，时人杨象济说：“今县令之难为者，以一县之大，盗贼、水火、钱粮、谳狱、兵刑、差役、应供、迎送之繁，责之一人，则事之不举者必多，是所值使然。”又说：“夫令以千里远来之人，民情风土非所索习，而寄权于幕宾之手，宜其事之不治。”②职务繁重和不了解当地情况，是州县官需要幕友襄助的主要原因。幕友协助州县官处理案件审理和钱粮征收等方面的事务。确切地说，是在这些事务的处理中担当咨询参谋、审核文件、草拟决定等方面的工作，是州县官身旁出谋划策的重要人物。此外，幕友还可纠正州县官的缺失，州县“远来守土，情形不习，或偏于气质，或囿于识见，或偏听家人，或误信书吏，全赖幕友烦心苦口而勷襄之”③。正因为如此，州县官一般对幕友待之以宾，尊之以师，强调“宾主砥砺相借”。幕友在州县衙门中有较高地位。

幕友一般由亲属、朋友或同僚推荐，经州县官面试聘用，需要有一定的文化专业知识。所以州县官被告诫要“慎延幕宾”，注意选择“品行端洁、学问优长，既历练于事情，更精卓于识见者”；业务方面要在刑名钱谷方面“熟练精细者”④。

---

① 《总司核定官制大臣奕劻等奏续订各直省官制情形折》，《清末筹备立宪档案史料》上册，505 页，北京，中华书局，1979。
② 杨象济：《拟策七》，盛康辑：《皇朝经世文续编》卷 27，吏政十，4 页，沈云龙主编：《近代中国史料丛刊》第 84 辑。
③ 陈文述：《答问幕友》，盛康辑：《皇朝经世文续编》卷 27，吏政十，9 页。
④ 《河东总督田文镜条议列州县事宜》，《皇朝政典类纂》卷 247，职官十，15 页。

由于幕友了解本地情况，具有刑名钱谷方面的专门知识，所以容易发生幕友把持政务，或者幕友与书吏勾结等情事。清政府也作出种种规定，如不许上司向州县官勒荐幕友；不许幕友借端出外、任意出入衙署；不许幕友"树党盘踞"。如有发生幕友勾结徇私滋弊情事，道府州县都要负失察处分。① 州县官负有对幕友的监督之责。

胥吏主要指州县衙门六房的书吏和三班的衙役。② 书吏掌管文书案牍，衙役则是州县政令的传达者和执行者。就州县而言，胥吏是不可缺少的，但胥吏之害又是一个难以解决的痼疾。原因就在于州县政府事务繁多，而各种事权又集于州县官一人，不得不借助于一批胥吏去完成各种事务。但从清朝州县政府的建构来说，正式官员编制很少，而大量的胥吏则成为编制外的人员。他们没有官职，没有固定的薪水，只能在公务活动中需索，由此产生种种腐败行为和严重的吏治问题。时人鲁一同认为，胥吏必不可裁，原因一是"法密"，官不能尽知，必问之吏，"吏安得不横法，安得不枉乎"；二是"治事之官少，治官之官多"，致使各种公文遍达，"县令一身两手，非有奇才异能，而常身任数十倍之事"，势必会依靠胥吏，"胥吏乃始攘臂纵横而出乎其间"。③

胥吏既不可缺，但又容易滋生腐败问题，所以任何一个州县官都有管理和约束胥吏之责。《钦定州县事例》中告诫："官有胥吏原以供书写而备差遣，其中虽不乏勤慎之人，然衙门习气，营私舞弊者居多，苟本官严于稽察，善于驾驭，则奸猾者亦皆畏法而敛迹，否

① 详见魏光奇：《有法与无法——清代的州县制度及其运作》，121～122 页。

② 六房指吏、户、礼、兵、刑、工房，为州县衙署组织，亦称房科，其办事人员为书吏；三班指皂班、壮班和快班，为衙役的总称。瞿同祖列为四班：皂班、快班、民壮、捕班。此外还有门子（门卫）、禁卒（狱卒）、仵作（法医）、库卒（金库看守）等。见瞿同祖《清代地方政府》3、4 章，书中对胥吏的职能、收入、陋规索取等都有全面深入的研究。

③ 鲁一同：《胥吏论一》，盛康辑：《皇朝经世文续编》卷 28，吏政十一，4 页。

则纵恣无忌，虽勤慎者亦且相率而效尤，此胥吏之不可不防也。"①防治之法首在"除弊"，即要认识到"一役有一役之弊，一事有一事之弊"，故国家制定了一系列严密的法律，对胥吏种种违法行为进行处罚。② 对于地方官而言，则有约束、察弊之责，如有失察、纵容等行为，也要受罚。因此，管好胥吏是州县官履职的一个重要组成部分。

光绪二十五年(1899 年)，新任山东惠民知县柳堂上任伊始，就决心力除积弊，将门丁严加约束，并出牌示，与门丁书吏约法三章：

> 凡有词讼差票，量道路之远近定票传之速迟。署内立有限簿，随时稽查，到限务要送审，以候讯断。倘逾期不送，抑或空禀搪塞，定即开单严比，照例惩办。所有从前一切不经名目勒索钱文，概行裁汰。嗣后如有书役假门丁名向乡民需索钱文者，准其来宅门呼冤，本县自有处治。③

捕役也是州县官必须严加管束的对象。每一个县都有数量不等的捕役，如山东惠民，多至七八十名，少也有五六十名，各个时期不等。有总捕，名注卯册；有散捕，未登册者，"大约皆无业游民与宵小无赖之徒"，经常以捕盗为名，骚扰乡里。知县柳堂整顿捕役，在捕总中择一人为总捕，择年富力强散捕三十名分派四乡，每人都详注卯簿，给腰牌一块，写明年貌，以备稽察，并出示告知乡民，凡捕役下乡缉贼，除有批票外还要核对腰牌年貌。④

为了防止胥吏贪污舞弊、危害乡里，有的州县官也采用了一定

---

① 《河东总督田文镜条列州县事宜》，《皇朝政典类纂》卷 247，职官十，15 页。

② 具体内容可参见周保明：《清代地方吏役制度研究》，309～337 页。

③ 柳堂：《宰惠纪略》卷 1，9 页。

④ 柳堂：《宰惠纪略》卷 2，7 页。

的办法。柳堂试图通过定期限对违犯规定者加以处罚，以民告来强化监督，通过发腰牌等办法对胥吏加以控制，但结果正如瞿同祖先生所说，州县官无论是对书吏的监督，还是对衙役等人的控制，实际上都难以达到真正的效果。其背后反映的是州县衙门制度的不合理。

此外，州县衙门还有一群州县官的私人仆役，即长随、门丁。他们由州县官自行招募，为州县官私人服务。他们监督进出官署的人员，负责公文的收发和衙门内的上传下达；参与审讯中的各种准备、勘验；在征税中参与催收、解运等工作。总之，虽然他们地位低贱，但是却可以参与州县衙门的所有公务，依靠与州县官的私人关系，常常介入各种贪赃枉法活动，为非作歹。虽然清政府制定了法令对他们的行为严加限制，并确定了州县官的监督之责，但实际中常常是无效的。①

### 五、州县官与绅士

瞿同祖先生指出："士绅是与地方政府共同管理当地事务的地方精英。"他们地位优越，享有社会、经济和法律的特权。作为本地人，他们熟悉地方情况；作为有一定地位和特权的人，他们常常会在民众中取得信任而成为代理人。相反，州县官则为外来者，对地方情况知之甚少，因而需要向绅士了解情况。②《钦颁州县事宜》中说，"绅为一邑之望士，为四民之首在。绅士与州县既不若农工商贾势分悬殊，不敢往来；而州县与绅士亦不若院道司府体统尊严，不轻晋接"，州县与绅士交际自不可少，"地方利弊可以采访，政事得失可以咨询，岁时伏腊讲射读法之余，可以亲正人而闻正言，上有

---

① 关于这方面的具体情况，可参见瞿同祖《清代地方政府》、魏光奇《有法与无法——清代的州县制度及其运作》、周保明《清代地方吏役制度研究》等书。

② 瞿同祖：《清代地方政府》，282、305 页。

裨于吏治，次之有益于身心"。① 王凤生《绅士》有论：

> 为政不得罪于巨室，交以道，接以礼，固不可以权势相加。
> 即士为齐民之首，朝廷法纪，不能尽喻于民，惟士与民亲，易
> 于取信。如有读书教品之士，正赖其转相劝戒，俾官之教化得
> 行，自当爱之重之。偶值公事晋见，察其诚笃自重者，不妨以
> 其乡之有无盗贼，民居作何生业，风俗是否醇漓，博采周咨，
> 以广闻见。至于观风奖励书院膏火、乡试宾兴，或捐资以厚赠
> 遗，或筹款以增产业，务期培养寒畯，文运日兴。②

州县官不仅在钱粮征收、社会治安和公共事务中要依靠绅士，还要在其他行政事务中注意联络和使用绅士。光绪二十五年(1899年)任山东惠民知县的柳堂在治理河工中，鉴于以往首事把持包工借以渔利的弊端，在城中设河工局予以改革，选择公正绅士经管收钱、包工等事宜。他还与绅士协商，成立调夫局，分段防汛，于适中之镇设立防汛总局一处、分局五处，选择绅士驻局。③

但绅士毕竟是官员之外的一支力量，他们经常也会做出种种营私和不利于官府的事情，因此，朝廷和上级官员也总是不断告诫州县官要注意防范绅士。《钦颁州县事宜》中将"以礼法绳之"作为州县官对绅士的"待之之道"。如绅士有凭借门第、倚恃护符、包揽钱粮、起灭词讼、出入衙门、武断乡曲者，必严加惩处。④ 王凤生也说，绅士"若干谒以私，即推而远之。无论衿绅，必不容其袖递禀呈，关

---

① 《河东总督田文镜条列州县事宜》，《皇朝政典类纂》卷 247，职官十，16 页。

② 王凤生：《绅士》，《牧令书辑要》卷 6，教化，25 页。

③ 柳堂：《宰惠纪略》卷 4，18、2 页。

④ 《河东总督田文镜条列州县事宜》，《皇朝政典类纂》卷 247，职官十，16 页。

说词讼，倘敢非分滋事，藐视官长，甚以呈词诋毁，当众谩言，一经尝试，必加意整饬，明正其非，决不可任其得意扬眉，以启他日加凌之渐。最无状者，轻则戒饬，重则详革，必锄非种，以育真才，斯足服士心而崇众望"①。刚毅提醒新到任的州县官说："莅任之初，于地利民情山川形势诸多未谙，必须博访周咨，集思广益，故绅士不可不见。然绅士品性不同，结交更当留意。"②

总之，州县官必须注意对绅士作为有所限制，防止他们权势扩张并威胁官权。雍正朝蓝鼎元任职朝阳知县时，记载了当绅衿拒不交纳军食时的对付之法："纳者甚众，而一二顽梗衿监且笑其愚，余密遣差役捕致之，每日必有一二登堂者，计新旧积欠累累总列一单。问之曰：'若肯完乎?'多浮词支饰，余曰：'噫！汝真不可化之士矣！今欲详革汝贡监，则功名可惜，吾不忍也。请暂入狱中少坐，不论今日明日，今夜明夜，但粮米全完，即出汝矣。'"③这一次，蓝鼎元全然没有以礼待之，而且毫不留情采取了将拒不交粮的衿监羁押的强制性手段。

## 第三节　晚清州县体制改革之议

### 一、19 世纪的州县改制言论

州县是中央集权皇权统治的基础，然而，州县制度不合理所导致的种种弊端也不断招致人们的批评，并提出改进的建议。④ 但大多数都只在如何防止书差、监羁、讼棍、盗贼，以及催科、交代等

---

① 王凤生：《绅士》，《牧令书辑要》卷 6，教化，25 页。

② 刚毅：《莅任》，《牧令须知》卷 1，6 页。

③ 蓝鼎元：《五营兵食》，《鹿洲公案》卷上，5 页，沈云龙主编：《近代中国史料丛刊续编》第 41 辑。

④ 具体情况可参见魏光奇：《晚清的州县行政改革思潮与实践》，载《清史研究》2003 年第 3 期。

积弊的层面上展开，只有少数士人官员开始从体制角度思考问题。

道光乙未（1835年）举人鲁一同是较早从体制角度进行思考的一位。他说："天下之断然自弃于恶，又不能不用，用之则卒有害必无幸者，在内为宦官，在外为胥吏。"他认为，当时多数人提出的防止胥吏之弊的方法，是用严刑以威之，额数以裁之，但事实上胥吏并不畏刑，但胥吏又必不可裁，原因就是"法密也"，"法密官不能尽知，必问之吏，吏安得不横法，安得不枉乎？"又说：

> 天下之患，盖在治事之官少，治官之官多。州县长吏丞簿尉，治事之官也，州县以上皆治官之官也。天下事无毫发不起于州县……自道府以上益尊，且贵事不足分州县之毫发，为州县者，必以公文书遍达之，不合则遽委，而仍属之州县。故一县之事得府道数倍，得布政按察又数倍，得巡抚总督又数倍。县令一身两手，非有奇才异能而常身任数十倍之事，势必不给，不给不已，胥吏乃始攘臂纵横而出乎其间。[①]

为减少治官之官，鲁一同提出如下两点建议：第一，加重知府之权以统州县，将道、按察使合并于布政使。他认为，今天下之弊，是知府徒拥虚名，应加重其权，以制所属州县，上可直接将详察所属情况专达于天子。督抚掌盐漕军政兴革大事，布政使掌州县之事，但不得越府而苛责州县，如此一来，可减少治官之官，使州县胥吏之数减，长吏之权伸。第二，增佐贰分州县之权，使其成为州县官左右提挈。鲁一同指出，州县虽设有县丞、主簿、少尉等，但事实上，州县官催科问胥吏，刑狱问胥吏，盗贼问胥吏，仓监驿递皆问胥吏，"彼丞若簿尉之权乃不如一横吏"。州县官之所以宁以其权与

---

① 鲁一同：《胥吏论一》，盛康辑：《皇朝经世文续编》卷28，吏政十一，4页。

吏而不与丞簿尉，"其意以为丞簿尉易掣吾肘，而胥吏惟吾欲为"。所以他建议每县增佐贰二三人，由长吏董其成，使佐贰得指挥胥吏，胥吏不敢为所欲为。①

与鲁一同主张不同，道光末年冯桂芬主张在州县恢复乡职，他说：

> 今州县设佐，注：四五人，拨二三人分治各乡，至都图则有地保、地总司民事，其流品在平民之下，论者亦知其不足为治也。于是保甲之法，十家一甲长，百家一保正，一乡一保长。然率视为具文，诏书宪檄络绎旁午而卒不行，间行之而亦无效。军兴以来，各省团练民勇，有图董，有总董，大同小异，顾行之转视保甲为有效，然则其故可思也。地保等贱役也，甲长等犹之贱役也，皆非官也。团董绅士也，非官而近于官者也。惟官能治民，不官何以能治民？保甲之法，去其官而存其五四递进之法，不亦买椟而还珠乎？吾甚不解。②

冯桂芬借顾炎武的话指出"大官多者其世衰，小官多者其世盛"，故主张增设乡职，驻城各图满百家公举一副董，满千家公举一正董，四乡各里也保举一人。这些乡职不为官，不设署，以本地土神祠为公所，可调处民间争讼，指引缉捕、劝导征收。同时满五千家设一职官巡检，为正副董的上级。如是则使亲民之小官多而达治民之目的。

同治年丁日昌在条陈整顿书吏时指出，书吏之所以敢于弄权而弊不止，是因为"任太繁而法太密也"，官之任事多者四五年，少者

_____

① 鲁一同：《胥吏论二》《胥吏论三》《胥吏论四》《胥吏论五》，盛康辑：《皇朝经世文续编》卷 28，吏政十一，6～13 页。

② 冯桂芬：《复乡职议》，《校邠庐抗议》，12 页，上海，上海书店出版社，2002。

不过二三年，而书吏则能久任其职。"官于律例不过浅尝辄止"，而"书吏则专门名家，各有所司"，所以"以视同传舍之官，而驭世长子孙之吏，是欲丢弊而不能"。况且"人多财薄，以有限之辛工，养无限制之书吏，若奉公守法，则其势将不足以自存"。他主张设律科，凡书吏必通过三考始得充任，并且"士类皆得入选"；书吏有升转之阶，可获保荐之资格。也就是通过考试录取，将其纳入"官"的行列，提高书吏的素质和地位，使"人既不以书吏薄之，彼亦庶知自爱"①，最终达到吏治的目的。

上述主张虽然都是从改革胥吏之弊出发，但多少都触及州县体制中的一些根本性问题："治官"之官多，而"治事"之官少，所以主张减少省行政层级，恢复乡职；州县官事繁法密，所以主张增加佐贰，以为辅佐；州县胥吏之弊难以禁绝，所以主张将胥吏纳入职官系统。虽然这些主张都是从"防胥吏之弊"出发的，但解决的方法已不仅仅是强化惩处、加强管束等治标手段，而是力图从体制改革角度解决问题，是重要的突破。

值得注意的是，这些主张的思想来源仍然是中国传统的三代和汉代之制。冯桂芬在《复乡职议》中认为，周制有州长、党正、族师、县正、鄙师等乡官；汉制十里一亭，亭有长，十亭一乡，乡有三老、啬夫、游徼。三老掌教化，啬夫职听讼收赋税，游徼循禁盗贼，"以乡人为之，亦皆官也"，而"隋文帝一切罢之，盖亦一时矫枉过正之举"。为今考虑，当"折衷周、汉之法"。② 鲁一同亦以汉代之制说明"汉之盛，太守上有刺史，以六百石而刺二千石，近于小加大"，所以主张加重知府职权，使之有升降州县官员等权力，然后才可将守

---

① 丁日昌：《条陈力戒因循疏》，盛康辑：《皇朝经世文续编》卷18，吏政一，22～23页。

② 冯桂芬：《复乡职议》，《校邠庐抗议》，12页。

巡道撤去。① 虽然上述主张从整体上无法突破清朝的整个皇权官僚体制，但已初步揭示了州县体制改革的基本方向，成为 20 世纪初州县改革的本土思想资源。

及至甲午战争以后，民族危机加重，维新变法思潮兴起，"变官制"是维新派变法主张中的重要内容。康有为在《上清帝第二书》中说："天下之治，必自乡始。而今知县，选之既不择人望，任之兼责以六曹。下则巡检、典史一二人，皆出杂流，岂任民牧？上则藩臬道府，徒增冗员，何关吏治？"他主张从三个方面对州县进行改革：第一，学习汉朝太守领令长之制，唐代节度兼观察之条，每道设一巡抚，上通章奏，下领知县。知县升为四品。第二，知县之下分设功曹、决曹、贼曹，金曹，以州县进士分补其缺，其余诸吏皆由诸生考充。第三，州县之下设三老为乡官，各由民举。② 也就是去省，实行道—州县两级制，州县分曹治事；州县之下设置乡官。这是在 19 世纪以来改革思想基础上的进一步发展和明确化。

与此同时，随着西方和地方自治思潮的引入，从 19 世纪后半期开始，一些人提出了州县设立议院和地方自治的主张。陈炽说：

> 各府州县应仿外洋议院之制，由百姓公举乡官，每乡二人，一正一副，其年必足三十岁，其产必及一千金，然后出示晓谕，置匦通衢，期以三月，择保人多者用之。优给俸薪，宽置公所，置贤者一人为之首，开会散会，具有定期，每任二年，期满再举。邑中有大政疑狱，则聚而咨之；兴养立教，兴利除弊，有益国计民生之事，则分而任之。③

① 鲁一同：《胥吏论二》，盛康辑：《皇朝经世文续编》卷 28，吏政十一，6 页。

② 康有为：《上清帝第二书》，汤志钧编：《康有为政论集》上册，133 页，北京，中华书局，1981。

③ 陈炽：《乡官》，《庸书》内篇卷上，9 页，光绪二十二年刻本。

显然，这一主张已吸取了新的思想资源，提出了州县体制的新建构方案。州县实行地方自治的主张经当时许多有识之士的宣扬，成为一种强劲的社会思潮，对改革的发生和发展方向发生着重大影响。①

**二、20 世纪初年的州县改制议论与试行**

20 世纪初新政开始后，州县制度改革仍然是许多人议论的话题。光绪二十七年（1901 年），张之洞、刘坤一上筹议变法整顿中法折，其中多有涉及州县制度改革的内容，如"去书吏"，改为稿生，以生员充之；"去差役"，试办警察；"改选法"，统归外补。② 这些意见试图将原有书吏改为州县衙门正式人员，以警察取代差役，将州县官的任用权下放到省，其中包含了一些新的因素。

关键性的体制变革意见则是随着预备立宪的开始而出现的。光绪三十二年七月（1906 年 8 月），出使各国考察政治大臣戴鸿慈等上奏请改定全国官制以为立宪预备折，提出学习日本，从官制改革入手，以为预备立宪基础。提出当前州县行政的问题是上而层级太多，"凡经五级而政事始达于政府"；州县内"以一人而治彼数百人之事，绝无佐理之人，无论才具各有长短，亦且日力必多不给"③。提出的改革方案，一是减少层级，裁守道及知府直辖州两级，以州县直辖于督抚；二是在州县署中实行"分曹治事"，即分设内务、警务、收税、监狱四部，每部"各设专官"；三是实行地方自治，各县设县议会，以司立法，立一参事会以辅助长官之行政，官治与自治参半，乡为完全之自治；四是司法行政分立，各县设裁判所，其下分四区，

---

① 关于 19 世纪末 20 世纪初的地方自治和议院思想，在汪太贤《从治民到民治：清末地方自治思潮的萌生与变迁》（北京，法律出版社，2009 年）中有深入论述。

② 朱寿朋：《光绪朝东华录》，总 4741～4747 页。

③ 《出使各国考察政治大臣戴鸿慈等奏请改定全国官制以为立宪预备折》，《清末筹备立宪档案史料》上册，376～379 页。

各设区裁判所。虽然其中有的内容，如减少层级、增置辅佐官等，延续了19世纪以来的改革思想，但这一次却是从宪政的目的出发，更是着眼于司法、行政分离，着眼于地方自治，故而从根本上超越了以往的任何改革主张。

次日，戴鸿慈等还奏请设置官制编制局以改定全国官制，获得上谕批准。编制局立即紧锣密鼓开会讨论。不几日，报章舆论就传出外官制改革的消息。关于州县行政改革的内容为：改知县为四品，"每县分设四科，曰警务科、理财科、审判科、农务科，如钱谷兵刑旧制，各设专员分理。各科视知县亦界以实缺，以下再设乡官数员佐理各科之事"①。五日后《申报》又报道改定内外官制，其中府州县照原议，"各县官厅均设四部：内务、警务、收税、监狱，分曹授职"②。

同时，载泽等会奏厘定官制宗旨，称"更张必分乎次第，创制贵合乎时宜"，确定"就行政司法各官以次厘定，此外凡与司法行政无甚关系各衙门一律照旧……行政司法厘定当采用君主立宪国制度"③。宗旨确定先以立宪国行政司法分立为原则改革官制，行政改革变得紧迫起来。

但朝廷官员对如何改、何时改等问题远没有形成一致意见，表示担忧、主张缓办者大有人在。他们或曰"州县以下分设乡官，举措一乖，不肖绅衿倚势鱼肉，则舆情必壅"④，或担心"州县僚佐各职所费甚巨"⑤，故主张官制不宜多所更张。极端者如胡思敬，将州县设辅佐各员斥为"徒为此纷纷扰扰，乱人耳目，骇人听闻，暮四朝

---

① 《京师近信》，载《申报》1906年9月19日，第2版。
② 《本馆接会议改定内外官制专电》，载《申报》1906年9月24日，第2版。
③ 《泽公等会奏厘定官制宗旨折》，载《申报》1906年9月25日，第4版。
④ 《翰林院侍读柯劭忞奏更改官制不能仓卒折》，《清末筹备立宪档案史料》上册，410页。
⑤ 《御史叶芾棠奏官制不宜多所更张折》，《清末筹备立宪档案史料》上册，447页。

三，曾何补益"①。

也有的提议官制改革可先从州县做起。御史史履晋上折认为州县权力太多，"今日之州县能有此才具否？即有此才具，能有此精力否？"他主张"不如为州县多设佐贰，条分缕析，各任一门，辅以乡官，以立地方自治之基础，而州县总其成"②。大学士孙家鼐同样认为官制改革当从州县做起，他说："州县者，天下之根基也，乡邑者，又州县之根基也，乡邑治而州县治，州县治而天下治矣。"主张由督抚先在辖内慎选循良，先试办乡邑地方自治。③

议论纷纷之中，光绪三十二年九月十九日（1906 年 11 月 5 日）厘定官制大臣致电各省督抚，就省与地方官制改革方案征求意见。其中州县改革的方案是："府州县各设六品至九品官，分掌财赋、巡警、教育、监狱、农工商及庶务，同集一署办公。别设地方审判厅，置审判官，受理诉讼；并画府州县各分数区，每区设谳局一所，置审判官，受理细故诉讼，不服者方准上控于地方审判厅。每府州县各设议事会，由人民选举议会，公议本府州县应办之事。并设董事会，由人民选举会员，辅助地方官，办理议事会所议决之事。俟府州县议事会及董事会成立后，再推广设城镇乡各议事会各董事会及城镇乡长等自治机关。以上均受地方官监督。"并说："以上办法由各省督抚酌量推行。"④这个方案的特点是：依据君主立宪国制度，在州县实行行政与立法、司法分离的原则；改变州县官的独任制，设

① 《吏部主事胡思敬陈言不可轻易改革官制呈》，《清末筹备立宪档案史料》上册，434 页。

② 《御史史履晋奏改革官制宜先州县后京师并先立议院后立内阁折》，《清末筹备立宪档案史料》上册，460 页。

③ 《大学士孙家鼐奏改官制当从州县起并请试行地方自治折》，《清末筹备立宪档案史料》上册，461～462 页。

④ 《厘定官制大臣致各省督抚通电》，侯宜杰整理：《清末督抚答复地方官制电稿》，中国社会科学院近代史研究所近代史资料编辑部编：《近代史资料》总76 号，51～52 页，北京，中国社会科学出版社，1989。

置专官分掌各项事务，同署办公。同时州县和城镇乡成立议事会、董事会，实行地方自治。

次日上谕称："方今民生重困，皆因庶政未修，州县本亲民之官，乃往往情形隔阂，诸事废弛，闾阎利病，漠不关心。……兹当改定官制，州县各地方官关系尤要，现在国民资格尚有未及，地方自治一时难以遽行，究应如何酌核办理，先为预备，或增改佐治员缺，并审定办事权限，严防流弊，务通下情，著会商各省督抚一并妥为筹议。"①上谕一方面肯定了州县官制改革必要，另一方面又限定了改革的方向，同时要求各省督抚发表意见。

对于州县官制改革这一问题，督抚回电中除云贵总督丁振铎没有表示异议外，其他督抚均表示难以一律施行。最主要的理由是增州县佐治员一是会带来财政之困，二是人才难寻。河南巡抚还算了一笔账，全省 107 个厅州县，如每县添佐官 5 员，审判厅官 1 员，谳局区官约 4 员，共须添官 1070 员，增费 210 余万。督抚们还认为，教育尚未普及，民气未开，选举未能马上进行，州县改革宜从缓举办，莫如先从教育、办法政学堂训练候补人员、变通铨政做起。②或如湖广总督张之洞所言，"似宜听州县量力延访委员"，"宜就现有各衙门认真考核，从容整理，旧制暂勿多改，目前先从设四乡谳局，选议绅、董事入手，以为将来立宪之始基"③。

督抚们的担心不是没有道理的，但他们又是州县改革的具体操办者，其态度决定改革难以一下子铺开。在这种局面下，光绪三十三年(1907 年)清廷颁布直省官制通则，确定了改制的初步方案：州

---

① 《著奕劻等续订各省官制并会商督抚等筹议预备地方自治谕》，《清末筹备立宪档案史料》上册，472 页。

② 督抚的言论见侯宜杰整理：《清末督抚答复地方官制电稿》，《近代史资料》总 76 号，53～89 页。

③ 《湖广总督来电》，侯宜杰整理：《清末督抚答复地方官制电稿》，《近代史资料》总 76 号，82、86 页。

县设佐治各员，并分期设立府州县议事会董事会、地方审判厅；在实施上，则让东三省先行开办，直隶、江苏择地先为试办，其他省可由督抚体察情形，分年分地请旨办理。①

行动较快的是直隶。光绪三十一年（1905年），直隶总督袁世凯鉴于"若官智不开，何以责民"的考虑，遴派实缺州县无论选补先赴日本游历三个月；同年直隶学务处颁布《劝学所章程》，定各州县设劝学所；警察制度在州县陆续建立；光绪三十二年（1906年），试办天津县地方自治。

东三省由于新建省制，所以当时主要集中在总督巡抚的权力划分和衙署规建方面。对于府州县，也重在建制，并对州县与府、厅的关系做了调整，即有的府不设首县，知府自理地方，以道为监督；而边疆和重要地方仍由府辖县，但府的权力有所加重。②

江苏省的官制改革则主要集中于清理积弊、裁并局所方面，在州县层面的推进缓慢。③

总之，1906—1908年，州县改革主要集中在设劝学所、举办巡警方面，相关情况将在各章中具体分析。大规模的州县改制则是在1908年钦定宪法大纲颁布以后。有两个原因直接推动和加快了州县的改革：一是1906年11月中央官制方案奏定后，新设和改组的各部很快完成了新官制的建设。④ 为加强中央集权，各部又很快制定了相应的省级对应部门的官制，这样，省级行政部门——布政使司、

---

① 《总司核定官制大臣奕劻等奏续订各直省官制情形折》《各直省官制先由东三省开办俟有成效逐渐推广谕》，《清末筹备立宪档案史料》上册，503～511页。

② 《东三省总督徐等会奏遵议东三省设立职司官制及督抚办事纲要折》，载《东方杂志》1907年第6期，286页。

③ 关晓红：《清季外官改制的试办与成效》，载《史学月刊》2011年第11期。

④ 各改组部奏定官制的时间是：民政部，光绪三十二年十二月；度支部，光绪三十三年三月；陆军部，光绪三十三年四月；法部，光绪三十二年十二月；农工商部，光绪三十二年十二月。新设的邮传部于光绪三十三年六月奏定官制。另外，学部官制是光绪三十二年闰四月奏定的。

提法使司、提学使司、巡警道、劝业道先后完成了调整和增设的工作。① 三司两道成立后，一方面秉承上级部门的指令实施各项新政措施，另一方面又接受督抚的直接领导，使州县改革的推进有了具体的责成部门，有利于州县改革的加快进行。

二是光绪三十四年八月初一日（1908 年 8 月 27 日）预备立宪逐年筹备事宜清单的公布，使州县改革有了具体的时间表。这个筹备清单以九年为限，采取了上下结合、同时并举的方针，即上层的中央一级改革与各省地方改革同时筹备举办。民政部、法部先后制定地方自治、各级审判厅等章程；各省设置筹备处、自治研究所，各项工作均进入紧锣密鼓的筹备阶段。州县的各项改革也有了具体的时间表：审判厅采取先省城商埠后各州县的方法；地方自治采取先城镇乡后府厅州县，先繁盛地方后偏僻地方的顺序推进，并允许各省督抚就各自地方依据情形先行举办或实行变通。在朝廷的压力之下，先前强调财政困难和人力不足的督抚不得不加快筹备，促使宣统年间州县改革的步伐大大加快。

---

① 其中各省提学使司是裁学政后于 1906 年成立的。提法使司中，除东三省于 1907 年设立外，其余省提法使司由按察使司改设，各省提法使于 1910 年任命。巡警道和劝业道为新增部门，各省于 1907—1910 年陆续设立。布政使司是原有部门，但职能略有调整。刘伟、彭剑、肖宗志：《清季外官制改革研究》，47～82 页，北京，社会科学文献出版社，2015。

# 第二章　从学官到劝学所：
# 州县教育管理体系的转变

在清末州县改革中，最早建立的机构是劝学所。它统辖一邑之学务，劝导办学，同时又对学校实施管理之责，被视为教育行政机关。关于劝学所，学术界已有一些研究成果，近年来，有两本著作依据档案，采用个案研究方法，具体分析了一个县劝学所的成立、组织和运作。一部是蔡东洲等著的《清代南部县衙档案研究》(中华书局 2012 年)第三编第二章，另一部是高俊著的《清末劝学所研究——以宝山县为中心》(上海辞书出版社 2013 年)。两部著作为我们深入了解劝学所的组织和运作提供了具体的样本。但从整体来看，现有研究主要还是偏重于章程条文的分析和制度层面的考察。实际上，劝学所出现之时，也是清政府推行新政和宪政改革之际，任何一项具体的改革都是整体改革的一个组成部分，会受诸多改革的牵连。与此同时，作为州县改革的一项成果，劝学所的设立又会给乡村社会带来具体而深刻的影响。因此，对劝学所的研究需要将制度和组织层面的考察和各地的实施状态结合起来，进一步探究劝学所在那个时代所具有的独特的功能特征及其演变，探究随着学堂兴起而出现的绅士及乡村治理变化。

## 第一节 学堂兴起与劝学所的设置

### 一、学堂兴起与教育行政机构的出现

在传统中国，州县以下基层社会的"乡学"是由书院、社学、义学组成的。萧公权先生指出，清代书院的性质最初是私人的或半官方的，由乡绅或在当地供职的官员所设立。社学则是乡村社区的学校，主要吸收本乡年十二以上、二十以内子弟入学。义学于康熙中后期在朝廷的命令和提倡下开始出现，目的是为无力上学者提供学习机会。上述"乡学"都是在地方官和绅士的合作和努力下创办的。[①]这些学校的经费来自富绅的捐助，有时官府也给予一定的补助，有的书院、社学、义学都有自己的田地，用收取的租金作为学校经费。除此之外，乡村中还存在大量由家族、家庭、个人或村民联合设馆招徒的私塾。私塾一般规模较小，以乡绅担任塾师，往往都要向学生收取一定的学费（有的地方可以收取实物）。"乡学"中的社学、义学、私塾带有启蒙学校的特点，但从整体看，都是整个科举教育中的一环，所学内容不出儒家经典。随着时间的推移，社学、义学的"冒滥"日益严重，大多有名无实甚至消失。[②] 与此同时，私塾则有一定程度的发展。

清代州县虽设有教谕、学正、训导等教职（亦称学官、教官），但他们主要受省学政大人的领导，负责监督指导官办的州县学校的学生。[③] 实际只是负责管理以参加科举考试为目标的生员，并不涉及乡学，并不是州县教育管理部门。

---

① 萧公权：《中国乡村——论 19 世纪的帝国控制》，276～284 页。

② 萧公权具体论述了社学、义学的消失情况，并分析其原因是：官府为加强控制和维护安全而关闭社学、地方官的态度冷淡、乡村普遍贫困。参见《中国乡村——论 19 世纪的帝国控制》，296～298 页。

③ 瞿同祖：《清代地方政府》，21 页。

近代中国的新式学堂出现在洋务运动时期，但作为朝廷政策予以提倡和推行，则是在甲午战争以后。这一时期的新学堂不仅数量少，而且主要集中于通商口岸和商埠之地。光绪二十七年（1901年）张之洞、刘坤一上变法奏议三折，提出参酌中外情形、酌拟设学堂办法：在州县建立从蒙学、小学校，到高等小学校的学校体系，童子八岁入蒙学，十八岁高等小学校毕业后作为附生，进入设于府的中学校学习。①实是提出了在州县推行基础教育的问题。

清廷宣布实行新政后，多次下诏兴办学堂。光绪二十七年八月（1901年9月）上谕要求"将各省所有书院，于省城均改设大学堂，各府厅直隶州均设中学堂，各州县均设小学堂，并多设蒙养学堂"②。光绪二十九年（1903年）颁布的《奏定学堂章程》中，更是具体提出每府设中学堂，州县量力酌办，城镇乡设高等小学堂，每百家以上之村设初等小学堂的要求③。光绪三十一年八月（1905年9月），清廷在停止科举谕中，又明确提出"多建学堂，普及教育"问题，并责成各省督抚实力通筹，"严饬府厅州县赶紧于城乡各处遍设蒙小学堂，慎选师资，广开民智"④。普及教育、广设学堂，成为清末新政的既定国策，这一举措极大地推动了新式教育向州县的发展。

为适应新式学堂发展和管理的需要，一些省先后设立省级教育行政机构。光绪二十七年六月（1901年7月），湖广总督张之洞设立湖北全省学务处，设总办二员，委员八员。⑤第二年直隶设置学校司，下分专门教育、普通教育和编译三处，设督办一员，各处总办

①　朱寿朋：《光绪朝东华录》，总4730页。

②　《八月初二日上谕》，《大清新法令》（点校本）第1卷，9页，北京，商务印书馆，2010。

③　《中学堂章程》《高等小学堂章程》《初等小学堂章程》，《大清新法令》（点校本）第3卷，191、204、219页。

④　《八月初四日上谕》，《大清新法令》（点校本）第1卷，32页。

⑤　张之洞：《札委学务处总办等》，苑书义主编：《张之洞全集》卷146，4108页。

三员。① 湖南学务处亦于该年成立，"所有省城大学堂以至各府厅州县之中小蒙养学堂，并省城已设之农务工艺学堂，现设之武备学堂，统归该处督率稽核"②。此外，还有广东、山西、四川、山东、江苏、江西、安徽、甘肃、陕西等省先后设置学务处。③ 1903 年颁布的《奏定学堂章程》总纲《学务纲要》中提出："各省府厅州县遍设学堂，亦须有一总汇之处，以资管辖，宜于省城各设学务处一所，由督抚选派通晓教育之员总理全省学务，并派讲求教育之正绅参议学务。"④正式将学务处作为新式教育的主管部门。而原来主管科举的学政则随着科举制度停废，日益处于边缘和尴尬的地位。1905 年，学部正式建立，成为中央教育行政管理部门。⑤ 1906 年，学部奏请各省废学政改设直省提学使司，设提学使一员，"统辖全省地方学务，归督抚节制"，提学使司成为统一的直省教育行政机构。

清廷发展新式教育的目标是"各省府厅州县遍设学堂"。学堂在州县得到发展是在 20 世纪初年。正是在这个过程中，州县新式教育的主管部门应运而生。有一则史料叙述了江苏宝山县新式学堂诞生以及学务机关出现的情况：

> 吾邑兴学发端于清光绪二十九年，其时只一县学堂耳。经三十年而至三十一年，三年之间，各厂渐有一二蒙学之设置，其各厂之经理学堂事务者，名曰学董，大都以原有厂董兼之。

① 袁世凯：《省城设立学校司片》，《袁世凯奏议》中，598 页，天津，天津古籍出版社，1987。

② 《光绪二十八年五月十九日留任湖南巡抚俞廉三片》，《光绪朝朱批奏折》第 105 辑，505 页，北京，中华书局，1995。

③ 徐文勇：《两广学务处沿革考略》，载《历史教学》2008 年第 18 期；另据《东方杂志》《秦报》《南洋官报》等统计。

④ 《学务纲要》，《大清新法令》（点校本）第 3 卷，114 页。

⑤ 关于学部的建立，关晓红在《晚清学部研究》中有详细的论述，参见《晚清学部研究》，65～87 页，广州，广东教育出版社，2000。

而居中驭外，实以县学堂为全县学务之一机关。迨三十二年，仿上海通州制设学务公所，公举邑绅董理其事，虽非法定机关，略含行政意味。于是县学堂与各蒙学之界限乃渐分划，各厂之蒙学亦渐遍设。各学董对于本地方学堂之筹画经费、任用教员、受学务公所之指挥监督，学务公所乃代县学堂而为全县学务之一机关。①

宝山县经历了从县学堂兼管全县学务到设置学务公所的演变，直至1906年学部颁布劝学所章程后，宝山学务公所遵章改设劝学所。这从一个侧面反映，州县教育行政机构是适应兴学的需要而出现的。

各地州县学务机构的建立不在少数。四川学务处成立后，于1905年札各府州县，要求各府、厅、直隶州设立"综核所"，州县设立"学务局"。② 两广学务处成立期间，亦有一些县成立学务公所，设所长一员，还设文案、会计、查学、内外董事各员。提学使司成立后，要求已成立学务公所全部改为劝学所，原所中各员得力者派充各区劝学员。③ 浙江一些州县也设立了学务公所，1906年学部章程奏定后，巡抚张曾敭札饬各属一律改为劝学所。④

---

① 月鑫：《辛亥年劝学所学事一览序》，载《宝山共和杂志》1912年第5期，3页。宝山县的"厂"原为粥厂，产生于康熙九年(1670年)，当时为赈灾在境内设了9个厂，每厂皆有厂董一二人和图董一二人助理事务。乾隆嘉庆道光年间发展成14厂，并逐步取代"乡"成为地域之称。参见高峻：《清末劝学所研究——以宝山县为中心》，30页，上海，上海辞书出版社，2013。

② 蔡东洲等：《清代南部县衙档案研究》，410页，北京，中华书局，2012。

③ 《通饬改设劝学所》，载《北洋官报》1906年第1116册，本国新闻，11页。

④ 《通饬遍设劝学所》，载《北洋官报》1906年第1143册，各省新闻，9页。

## 二、劝学所的设置

以目前所看到的资料而言，最早以"劝学所"作为州县学务机构之名的，是直隶。《清史稿》有云："劝学所之设，创始于直隶学务处。时严修任学务处督办，提倡小学教育，设劝学所，为厅州县行政机关，仿警察分区办法，采日本地方教育行政及行政管理法，订定章程，颇著成效。"①严修热心办学，先后担任直隶学校司、学务处督办，并两次赴日本考察学校教育及教育行政管理，劝学所是他借鉴日本经验后提出的当属无疑。但说 1905 年 8 月，严修令直隶学务处"于各府直隶州特设劝学所，以次至所属城坊村镇劝谕设学"，将劝学所视为严修的命令，则是将历史过程简单化处理了。因为无论是学校司还是学务处，都是总督直接统辖的机构，其督办各项学校事务必须"大事上之总督，小事由司酌核办理"②，令州县办劝学所这么大的事，必须先请示总督并得到批示后方能下达命令。1905年《北洋官报》刊登有一封直隶总督袁世凯饬学务处札：

> 照得直隶学务开办有年，惟天津一县较为兴盛，此外各属大半虚文搪塞，规制不完，刁绅劣董则把持公款，以死相持。无识愚民则造作谣言，视为畏事。虽有查学之员分投演说，但员数无多，去留无定，安得家喻而户晓之应。于各府直隶州特设劝学所，以次至所属城坊村镇，劝谕设学，统计地方之学费，强迫及岁之儿童。须知士子非入学无以进身农工商业，非入学无以成业，凡民非入学无以谋生，富民非设学无以长子孙而惠乡里。东西各国普及教育之制，及市町村分担经费之由，尤必瘏口哓音，殷殷劝导。此项励学人员如何遴派，公费如何核定，

---

① 《清史稿》卷 107，选举二，3144 页。

② 《直隶新设学校司章程》，朱有瓛等编：《中国近代教育史资料汇编——教育行政机构及教育团体》，33 页，上海，上海教育出版社，1993。

应否与查学员暨讲习所联为一气，分任权责，仰学务处条议章
程，呈候通饬切实遵行。①

此材料说明，严修赴日考察后有了在州县设劝学所的提议，得
到直督袁世凯的首肯。在此之前，直隶有的州县已有学务公所之设，
但推广学务的阻力不小，现改为"劝学所"，就在于州县学务的推广
还须大力宣传劝导。"劝谕设学，统计地方之学费，强迫及岁之儿童
（入学）"是劝学所的主要职责。

四个月后，学务处拟定章程上呈。袁世凯立即作出批示，认为
所拟章程"查照日本明治初年学制，极合过渡时代教育办法，又斟酌
本地情形，用意善候"，要求立即将章程排印并通饬各属遵行。但已
不仅仅是"各府直隶州"，而是"各府直隶州县"，并将建立劝学所列
为各地方官的考成内容。学务处在拟订实施办法时则提出请总督饬
各府厅直隶州于三个月内开办劝学所，以为所属州县模范，各州县
则在六个月内开办，并要求各地在筹办劝学所时先开教育讲习科。②

直隶学务处制定各属劝学所章程共有 10 条，分别确定了劝学所
的组织和职能。

在组织方面，定劝学所为府厅州县全境学务总汇，设总董一员，
"以本籍绅衿年三十以外，品行端方，曾经出洋游历或曾习师范者为
合格"，由地方官选择，禀请学务处札派。总董"综核各区学事"。

各属划分学区，以城关为中区，所属村坊集镇三四千家为一区，
少则两三村，多则十余村，皆依据所辖地方之广狭酌定。每学区设
一劝学员，"以本区土著之士绅夙能留心学务者为合格"，由总董选
择，禀请地方官札派。劝学员于本管区内任调查、筹款、兴学事项，

---

① 《督宪袁饬学务处条议各府直隶州特设劝学所章程札》，载《北洋官报》
1905 年第 764 册，文牍录要，2～3 页。

② 《直隶学务处呈续拟各属劝学所办法文并批》，载《北洋官报》1905 年第
894 册，文牍录要，2 页。

商承总董拟定办法，劝令各村董或村正副切实举办。劝学所应开教育讲习所，吸收各区劝学员参加，研究学校管理法、教育学，奏定学堂章程，一月毕业后赴本区任事，以后每月会集一次，地方官和总董必须到场。劝学员还要记劝学日记，由总董汇核。

劝学所的职能，首先是"劝学"。章程要求"按户劝学"，即劝学员要调查学龄儿童并随时登记在册，挨户劝导，说明学堂的目的是培养学童之道德，学童入学不仅对谋生治家大有裨益，而且可以强健身体。每年两学期以劝募学生之多寡定劝学员成绩优劣。

其次是"兴学"。此为学堂董事之责，但须与劝学员会议后决定。即计算学龄儿童数后确定应设初等小学数；根据各村人家远近确定学堂地址；查明哪些庙宇乡社不再祀典可归学堂之用；确定学堂班次、人数，划定学童入学学校；商定课程、延聘教师、选用司事；稽查功课及款项；设立半日学堂。

再次是"筹款"。劝学所经费主要来源于"各处不入祀典之庙产""迎神赛会演戏之存款""绅富出资建学""酌量各地情形令学生交纳学费"。章程明确规定："学堂经费皆责成村董或村正副就地筹款，官不经手。"劝学员随时稽查并报告劝学所，由总董总其责，每年两学期之末由劝学所造具表册，汇报地方官，并榜示各区，以昭核实。

最后是"开风气""去阻力"。劝学员要随时访有急公好义之绅耆，请其襄助学务；访有胜任教员之人，随时延聘；选择本区适中之地，组织小学师范讲习所或冬夏期讲习所；组织宣讲所阅报所；介绍好学之士入本府师范学堂或本城传习所学习；已有志愿自费出洋留学者，可介绍于学务处。对于阻挠学务之劣绅、地棍、愚民，劝学员查出后通知劝学所禀明地方官分别办理。①

该章程确定了以本地绅士、本地经费办本地教育的主旨，同时

---

① 《直隶学务处各属劝学所章程》，载《东方杂志》1906 年第 1 期，18～21 页。

又明确劝学所"一切事宜由地方官监督"，即总董、劝学员由地方官札派，劝学所各项工作要向地方官请示汇报，地方官对劝学所各员奖惩可提出意见并禀明学务处。

直隶通饬各府厅州县设立劝学所一事很快在其他省产生积极效应。福建泉、龙、漳、永四属绅商学生五百余人，公禀省宪，请仿直隶例于学务处分派视学员外，另设劝学所，由绅筹款自办学堂，并公选安溪高等小学堂长林君为监督，驻扎漳州，按月轮往四属，厘定学章、考察勤惰。①

山东历城县令以乡间欲设学堂，皆因不谙管理教育之法，未能相合，特禀上宪，在县城内设劝学所一处，"凡乡间欲立学堂可赴劝学所详询一切办法，教员欲习教育新法者亦可赴所学习"。巡抚杨士骧以此法简便易行，遂饬通省一律照办。②

在浙江嘉兴府，先是有秀水绅士陶惺存等开会集议筹办劝学所，公举陶君为总理，改振秀书院为劝学所，并讨论了简章、经费和划区问题。接着，嘉兴县绅士也集议在嘉兴县学堂成立劝学所，投票公举钱敏甫为总理。第一次会议就讨论决定抽丝酒税和单串票厘为办学经费。③

上述劝学所有的是官府下令举办，有的则是当地绅士自发设立，在功能上并不完全一样。福建漳州地方劝学所更接近直隶办法，为推广学务的机构；山东历城县则是把劝学所作为教育的咨询和培训机构；而浙江秀水劝学所成立后，更偏向于筹措教育经费。然而无论职责偏重什么，各地劝学所的出现都说明州县新式学堂的发展需要设立教育行政管理机构予以指导。

光绪三十二年（1906年）四月，学部奏请裁撤学政，改设直省提

---

① 《禀请仿设劝学所》，载《北洋官报》1905年第880册，各省新闻，4页。
② 《通省设立劝学所》，载《北洋官报》1906年第1019册，各省新闻，9页。
③ 《嘉秀分设劝学所》，载《北洋官报》1906年第1094册，各省新闻，10页。

学使司，并着眼于"地方官应办之学务，统系不定则推诿恒多，权限不明则侵轶可虑……尤重在教育行政与地方行政之机关各有考成"的考虑，规定各厅州县均设劝学所，划分区域劝办小学，以期逐渐推广普通教育。①

不久，学部奏定《劝学所章程》，定"各厅州县应于本城择地特设公所一处，为全境学务之总汇，即名曰某处劝学所"。章程许多内容与直隶学务处所颁章程相仿，但也有一些改进的内容：

第一，定总董由县视学兼充，"综揽全县学务"。此前直隶学务处时期，已建立查学制度，查学员由学务处领导，分府或直隶州巡视下属各县学务。② 但直隶劝学所章程并没有要求州县设查学员。现在，部颁章程确定每县必设视学，这就确立了学部视学、省视学、县视学的三级视学制度。在省视学查验各州县筹款兴学情况时，由视学兼总董将各区情形向省视学详述。

第二，定各属地方一律设立宣讲所，遵照从前宣讲《圣谕广训》章程，延聘专员，随时宣讲。村镇地方亦应按集市日期派员宣讲。宣讲内容包括《圣谕广训》，教育宗旨（忠君、尊孔、尚公、尚武、尚实五条谕旨），以及学部颁布宣讲之书，国民教育、修身、历史、地理、格致等浅近事理，白话新闻。宣讲员由劝学所总董延访，呈请地方官札派，以师范毕业生及与师范生有同等之学力、品行端方者为合格。宣讲一切章程规则由劝学所总董经理，受地方官及巡警之监督。③

学部章程颁布后，各地劝学所陆续设置。在直隶，大兴县令杨

---

① 《学部政务处奏议请裁撤学政直省设提学使司折》、《学部奏陈各省学务官制折并清单》，《大清新法令》（点校本）第 2 卷，175～181 页。

② 汪婉：《晚清直隶的查学和视学制度——兼与日本比较》，载《近代史研究》2010 年第 4 期。

③ 《学部奏定劝学所章程》，朱有瓛等编：《中国近代教育史资料汇编——教育行政机构及教育团体》，60 页。

大令热心兴学，以四乡学务尚未发达，非设法讲求不足以广培植，在大兴学堂设劝学所一区，并分派劝学员亲临四乡，竭力劝导。①

在浙江，处州府青田县姚大令筹办劝学所，以日本师范毕业生王观澜为总董，借育婴堂房屋开办。所定学区以城关为中区，以村庄市镇四五千家为一区，少则两三村，多则十余村。②

在江西，进贤县罗大令会商教谕，在明伦堂设立总所一处，名曰进贤中区劝学所，以为全邑学务之枢纽，遴选总董及劝学员，一面编就劝学白话连同部颁章程各印千本，发交劝学员携赴各乡随处演说。③

总之，学部章程发布后，一些地方的劝学所在官方的主持下创办，但由于地方官的态度不一，进展有快有慢。在安徽省，1906 年提学使司成立，同年成立的劝学所只有 3 所，第二年发展到 34 所，1908 年又增加 12 所，至 1909 年达到 52 所。④ 江西提学司 1909 年年初还札饬各府厅州县迅即会绅开办劝学所。据称，当时江西只有 11 个州县札派了总董，各属或因视学总董未易其人，或因经费猝难筹办，彼此互相观望。为此，学司要求各属劝学所必须于 1909 年上学期前一律禀报成立。⑤

据宣统元年（1909 年）学部统计，全国厅州县已经设有劝学所

---

① 《大兴设立劝学所》，载《北洋官报》1906 年第 1216 册，畿辅近事，7 页。

② 《青田县劝学所成立》，载《北洋官报》1907 年第 1441 册，新政纪闻，11 页。

③ 《进贤劝学所之成立》，载《北洋官报》1907 年第 1528 册，新政纪闻，12 页。

④ 《清末安徽省劝学所》，朱有瓛等编：《中国近代教育史资料汇编——教育行政机构及教育团体》，80 页。

⑤ 《本署司札催各府厅州县迅即会绅务将应设劝学所照章兴办并选合格绅裕呈请派委限于本年上学期一律禀报察核由》，载《江西学务官报》1909 年第 1 期，文牍，3～5 页。

1588 个，总董 1577 人，劝学员 12066 人①，可知大部分州县都设立了劝学所。

## 第二节　劝学与筹款

### 一、劝学所与州县基础教育

学部章程规定，劝学所的职能主要是劝学、兴学、筹款、开风气四个方面，但这都是章程中的规定，我们需要进一步了解的是：劝学所究竟是怎样履行这些职能的？实际上，各地劝学所成立之时，乡村社会对新学堂不仅不了解，还有一种本能的对立："目下学堂所以不能遍立，学生所以不能加多之故，其原因在于乡愚无知。一谓学堂为从洋教，一谓学堂为破纲常，一谓学堂无科第功名，种种谣言，所以各处办学欲由公款拨一学费而不从，欲由公所借一校舍而辄阻，既成立各学堂，学生亦遂以日少一日。"②在这种情况下，要按学部要求，很快建立起一个基础教育体系，其困难可想而知。

清末州县的学校有三种类型：官立（全部官款办学）、公立（地方筹集资金办学）、私立（个人出资办学）。一般官立学堂集中在城镇，各学区所办者多为公立学堂。劝学所"兴学"的主要办法是划分区域。之所以要划分学区，按学部的说法，是因为"东西各国兴学成规，莫不分析学区，俾地方自筹经费，自行举办。事以分而易举，故能逐

---

① 各省劝学所数：直隶 152，奉天 42，吉林 18，黑龙江 17，山东 106，山西 89，陕西 81，河南 102，江宁 32，江苏 25，安徽 53，浙江 76，江西 48，湖北 68，湖南 63，四川 145，广东 86，广西 80，云南 86，贵州 65，福建 46，甘肃 75，新疆 33。见《各省劝学所统计表》，朱有瓛等编：《中国近代教育史资料汇编——教育行政机构及教育团体》，94～95 页。

② 《又札昭平县令整顿学堂速建劝学所筹助女学经费文》，载《政治官报》第 132 号，光绪三十四年二月初十日，13 页。

渐普及，教育盛兴"①。划分学区有利于筹款办学。从划分区域而言，部颁章程确定了以三四千家为一区，"因所辖地方之广狭酌定"的基本原则，但由于中国各地情况很不相同，在划分区域上有各自不同的处理方法。如河南郏县劝学所于1907年年初成立，将城乡各保划定区域，全境共分东、西、南、北、中五大区，各区之中又分六个至八个小区，全县共计36区。各大区各设一总劝学员，小区各设一劝学员。② 直隶深州是将州内划分为中、南、东、西、北五区，每区有劝学员一人。③ 山西徐沟县则将东西两属划为八区，劝学所"为全境学务之总"，"总核各区之事务"，每区设一劝学员，由总董开单，县令札委。④ 在江苏宝山县，风气开通较早，1903年以后学堂已增至36所，于是依据原来的14厂划分为14学区，每区或八九图，或数十图不等，每区除原有厂董外，另设学董一人或二人担任兴学筹款之责。劝学所成立后，复将原14学区组成四个联区，每联区又分三至四个学区，每联区置劝学员一人。⑤

学区划定后，各区劝学员周历各乡村，婉言善导。河南郏县劝学所特制定《劝学浅说》，针对乡民的各种疑虑，用白话予以解答。比如将高等小学堂解释为旧之书院，由各保出资财捐设的学堂如同旧之私塾，就地筹款及由闲款改设的学堂如同旧之义塾。学校体操即古者六艺射御遗意，并称学堂读书仍会以六经四书为主，旁及子

① 《学部札各省提学使分定学区文》，朱有瓛等编：《中国近代教育史资料汇编——教育行政机构及教育团体》，63页。
② 《郏县禀设立劝学所教育会情形及劝学浅说文》，载《河南教育官报》1907年第26期，本省学务报告，238页。
③ 《提学司详深州劝学所劝设学堂一百三十六处恳请立案暨刊登官报文并批》，载《北洋官报》1906年第1268册，文牍录要，3～5页。
④ 《山西徐沟县郭令拱宸为筹办劝学所禀请立案文》，载《北洋官报》1908年第1825册，公牍录要，7页。
⑤ 《呈本县王纬辰大令文》，《宝山县劝学所光绪三十三年学事一览》，17页，上海，上海公益印刷所光绪三十四年印行。

史；蒙学、初等学堂毕业后入高等小学堂，毕业即旧之秀才；说明停科举后舍学堂无进身之阶。① 这些劝说将学堂与旧之书院、私塾等比附，目的是打消人们的疑虑，具有一定的针对性。

直隶深州直隶州劝学员劝学情况很有典型性。光绪三十二年四月（1906 年 5 月），新任知州胡宾周到任，下车伊始，就要求各村遍立初等小学，限一个月报齐，但各乡多观望不前。知州又要求各村八月初一一律开学，除派劝学员下乡劝导外，还抽调了师范速成毕业生 90 名、传习师范生 40 余名一同前往。劝学员分投各区，挨次抽查。每至一村，竭力苦劝，几有哑不能言者。到八月末，已成立者方达到十之六七。②

学部章程强调各属地方一律设立宣讲所，由劝学所总董延访师范毕业生或与师范生有同等学力者为宣讲员，或由地方小学教员担任。吉林制定劝学宣讲试办章程，省设劝学宣讲总公所，每学区设立宣讲所，宣讲员由总公所罗致热心人士申请提学使委派。③ 而在江苏宝山县，是于劝学所内设讲习部，推举宣讲员实行宣讲，并先从各区市镇入手，再推广至乡村，每学区每月宣讲一次。宣讲时由学董招人听讲。④ 在湖北黄陂县，省视学在考察中发现，该县宣讲所的运作还算正常，"听讲者下午及夜间人数颇多，可望日趋发达"⑤。但同时省视学也发现，就全省而言，各州县已设之宣讲所大

---

① 《劝学浅说》，载《河南教育官报》1907 年第 26 期，本省学务报告，239～240 页。

② 《提学司详深州劝学所劝设学堂一百三十六处恳请立案暨刊登官报文并批》，载《北洋官报》1906 年第 1268 册，文牍录要，3～5 页。

③ 《吉林劝学所宣讲所试办章程》，载《吉林教育官报》1908 年第 1 期，学制，1、7～8 页。

④ 《劝学所讲习部宣讲简章》，载《宝山劝学所光绪三十三年学事一览》，章程，6 页。

⑤ 《省视学纪鸿调查黄陂学务情况报告》，载《湖北教育官报》1910 年第 1 期，报告，1 页。

半有名无实，讲员多不称职，用费多则百贯，少则亦六七十贯，"实属虚縻"①。

劝学所是一邑学务的总汇之处。江苏宝山县规定劝学员每月之末星期日至劝学所会集一次，商订改良各事。② 报载浙江宁波府奉化县劝学所开会提议事件有：请中学堂董事公推明年监督；提议作新女校如何筹办；劝学所教育会分设问题；是否增加租价为婴堂设幼稚园保姆院经费；各乡名实不符之学堂如何整顿、私塾如何改良、陋劣之蒙馆如何淘汰；各乡村董如何筹款以补助学堂；学堂教科书价目太贵，应否筹款补贴；庙产办学；转请地方官督催各乡将迎神赛会演戏等款提充本地办学经费。③ 可见，办学兴学和筹款是劝学所讨论的两大主要问题。事实上，劝学所的这种定期会议也会出于各种原因流于形式。在浙江象山，光绪三十三年(1907 年)遵定章设立劝学所，并定每月定期会议，然由于经费无著，每次与会者甚少。④

劝学所成立后，在兴学方面做了许多工作，取得了可观的成绩。如前面提到的直隶深州直隶州，经过劝学员的努力，三个月内共办起初等小学堂 136 处，学生 4100 多名。⑤ 阜城县令马丙炎曾于光绪三十一年(1905 年)游历日本，有感于日本富强深得学校之功，热心办学。在他的支持下，劝学所将全县划分四个学区，定每区立初等小学堂 20 处，还设一初级师范，招收正课 60 名，附课 10 名；一传

---

①　《省视学曾林整顿各州县学务通弊条陈》，载《湖北教育官报》1910 年第2 期，报告，5 页。

②　《宝山县劝学所简章》，载《宝山县劝学所光绪三十三年学事一览》，章程，5 页。

③　《劝学所会议问题》，载《北洋官报》1909 年第 2224 册，新政纪闻，11 页。

④　《象山县志》卷 14，教育考，37 页，民国十五年铅印本。

⑤　《提学司详深州劝学所劝设学堂一百三十六处恳请立案暨刊登官报文并批》，载《北洋官报》1906 年第 1268 册，文牍录要，3～5 页。

习科，三个月毕业，以为教员之准备。① 据广东提学司光绪三十四年(1908 年)的教育统计，此时该省已有中学堂 27 所，学生 3058 人；高等小学堂 136 所，学生 7973 人；两等小学堂 538 所，学生 27246人；初等小学堂 705 所，学生 25796 人。② 以下是湖北提学司对全省1903—1908 年中小学、蒙养院等学堂的统计：

表 2.1　湖北 1903—1908 年中小学堂及蒙养院统计

| 年份 | 类别 | 中学堂 | 高等小学 | 两等小学 | 初等小学 | 蒙养院 | 半日学堂 | 女子学堂 | 合计 |
|---|---|---|---|---|---|---|---|---|---|
| 光绪二十九年 | 官立 | 2 | 5 | | | 1 | | | 8 |
| | 公立 | | | | | | | | |
| | 私立 | | | | | | | | |
| 光绪三十年 | 官立 | 2 | 7 | | | 1 | | | 10 |
| | 公立 | | | | | | | 1 | 1 |
| | 私立 | | | | | | | | |
| 光绪三十一年 | 官立 | 2 | 11 | | | 1 | 1 | | 15 |
| | 公立 | | | | | | | 4 | 4 |
| | 私立 | | | | | | | | |
| 光绪三十二年 | 官立 | 10 | 96 | | 736 | 2 | | 2 | 846 |
| | 公立 | | 9 | | 236 | | 4 | 10 | 259 |
| | 私立 | | 12 | | 107 | | | | 119 |
| 光绪三十三年 | 官立 | 14 | 90 | 17 | 1128 | 9 | 5 | 2 | 1265 |
| | 公立 | 3 | 2 | 8 | 148 | 4 | 4 | 6 | 175 |
| | 私立 | | 1 | 4 | 22 | | | | 27 |
| 光绪三十四年 | 官立 | 16 | 95 | 15 | 1050 | 2 | 22 | 10 | 1210 |
| | 公立 | 7 | 11 | 10 | 518 | 10 | 1 | 6 | 563 |
| | 私立 | 1 | | 6 | 155 | | | 2 | 164 |

资料来源：《湖北教育官报》1910 年第 1 期，统计，1 页。

--------

① 《阜城县马令丙炎禀自立劝学所以来办理学务情形文并批》，载《北洋官报》1907 年第 1385 册，公牍录要，6 页。

② 《前司蒋编造光绪三十四年广东教育统计表呈请学部查核文》，载《广东教育官报》1910 年第 2 期，报告，1～2 页。

表中统计数字包括省城，但大多数学堂当在各府厅州县。不可否认，这些数字包含很多浮夸成分，但也可以看出州县学堂发展的大致趋势。1906年之后，是各类中学、小学的发展时期，这与劝学所的设立及其劝导兴学有很大的关系。就湖北而言，官立学校在中小学中占主导地位，但在办学经费紧张的情况下，提学使要求从宣统三年（1911年）起，所有官办初等学生不足40名或办理无效者，即改为公立学堂，由地方筹集款项办学。①

实际上，由于各地风气不同，不少民众对学校并不积极；也由于各地经费并不宽裕，教员准备不足，各地学校处于屡兴屡废的状态。山西徐沟县劝学所成立时，有官立、公立、私立学堂8处，每处学额多则40人，少则20人，合计入学授业者不过300人。"以言推广则财力不继，以言整顿则模范空存，乡村市镇既乏担任经费之人，儿童父兄复昧义务教育之旨。"②一些学校已处于难以为继的状态。1908年直隶沙河县虽报告设初等小学70余处，然劝学所总董调查后发现，合格者实属寥寥，经费皆东拉西扯，无的款可靠，故一值旱潦，纷纷解散。就教员而言，该县初等小学教员多为耆老儒类，鄙视新学，即便有劝学员加以开导，但冲突之事时有发生。③　新城县四乡初等小学禀明立案的有五六十处，但一年以后多属有名无实，各学堂人数一二名、三五名不等，多者亦不过十余名；教员虽在教授，但管理一仍故旧，只有重新整顿、合并办学。④　就是办学数量较多的湖北，进入宣统年，也不断归并学堂。如黄陂县原有东西南

---

①　《本司详督宪整顿各府厅州县学务办法文》，载《湖北教育官报》1911年第2期，文牍，7页。

②　《山西徐沟县郭令拱宸为筹办劝学所禀请立案文》，载《北洋官报》1908年第1825册，公牍录要，8页。

③　《沙河县劝学所总董刘鸿俊禀办本年第一学期学务情形文并批》，载《北洋官报》1908年第1870册，公牍录要，7页。

④　《新城县学董田书麟等禀学台报告学务情形暨接办劝学所事宜文并批》，载《北洋官报》1908年第1635册，公牍录要，7～8页。

北四路官立高等小学堂,宣统二年(1910年)省视学调查时发现,各学堂原设学额60人,现在均未达到人数,故合并成一所。① 省视学对黄州府及各属州县的考察中也发现,"现办初等可观者固多,而有教员无学生者有之,有学生无教员者有之,甚至教员学生俱无者亦有之。不惟虚耗公款,实属贻误学务"②。

劝学所不仅要劝办学校,还有对已办学校的管理之责,包括调查学舍、调查儿童之数、分派教员、核定课程、核定考试办法、订购分发教材等。关于这些职责,蔡东洲等在《清代南部县衙档案研究》第三编第二章中有详细介绍,此处不再赘述。③ 这里补充江苏宝山劝学所的两则史料,以便具体了解劝学所教学管理的日常工作:

> 史料一:致广福学堂教员左华宝、左华街两君函:
>
> 径启者,初十日吴君士翘自贵学堂调查学务归,述及贵学堂课程一切尚称合法,学生二十九人亦不为少。惟据述午后一点十分钟应上习字课,而华街先生一点三刻许尚未到校,如此则非特对于学生失课程表之信用,且教员未到校则学生不免在校外喧哗,更易遭社会之评论。且云华街先生授习字课,只高坐教桌,以圈点数字了事。鄙意似当巡视各生运笔之合法与否,随手纠正之。凡此皆于学校之发达及学生之进步甚有关系,希斟酌而改良之。④

---

① 《本司札黄陂县改良学务文》,载《湖北教育官报》1910年第2期,文牍,12页。

② 《省视学曾林整顿各州县学务通弊条陈》,载《湖北教育官报》1910年第2期,报告,2页。

③ 蔡东洲等:《清代南部县衙档案研究》第三编第二章,447~477页。

④ 《致广福学堂教员左华宝、左华街两君函》,载《宝山县劝学所光绪三十三年学事一览》,函牍,24页。

史料二：会同考试县属高等小学毕业办法

一、遵部定毕业考试章程，由地方官学务官教育会人员莅堂考试。

一、命题以所授主要各学科课本为限，计分经学、历史、地理、理科、算学五科。经学试经义一题，历史、地理、理科、算学，每科试条对二题。经义拟请地方官命题，各条由学务官及教育会正副会长拟定。

一、经义最优者得二十分，历史等四科最优者每条各得十分，五科共合一百分，与学期积考分平均数相加，再平均计算，以平均数之多寡分别毕业等第。

一、初十日会考罗杨公立两等小学堂；十二日会考县立高等小学堂；十五日会考吴淞公立两等小学堂。每日均自上午八点钟至下午五点钟止。

一、试卷均由会考毕业人员公同阅看。

一、积考统计分数均由会考人员公同核算，照章以八十分以上为最优等，七十分以上为优等，六十分以上为中等。

一、毕业考试之后，及格者除发给分数等第文凭外，由地方官申请提学使详督抚宪咨明学部，照章给奖。①

史料一是对教学纪律和教学方法的管理指导，史料二则是关于高等小学毕业生毕业考试的实施办法。劝学所履行学堂与教学管理的依据是学部的各种章程，但同时又结合了本地情况。从中可以看出，宝山县劝学所的工作是到位的。

私塾改良也是劝学所的重要职责。私塾本是"学校未兴，举国儿童就学之地"，但"其课本则四子五经，其成效则背诵章句"，"成法

---

① 《附会同考试县属高等小学毕业办法》，载《宝山县劝学所光绪三十三年学事一览》，函牍，29页。

相沿，牢固不拔"①，无论学习内容还是教学方法，皆与学堂格格不入。自新政以来，改良私塾呼声渐起，社会中私塾改良会之类的组织也渐有出现。1903 年，清政府颁布初等小学堂章程，定"凡有一人出资独力设一小学堂者，或家塾召集邻近儿童附就课读，人数在三十人以外者，及塾师设馆召集儿童在馆授业在三十以外者，名为初等私小学，均遵官定章程办理"②。这实是提出了改良私塾课程和教授方法、将私塾纳入学堂体系的目标。

一些地方的劝学所在劝学过程中已开始实施私塾改良。光绪三十四年(1908 年)，河北滦州乘暑假之机，在各学区开办传习所，令塾师入学学习，请高小初小教员和京、津、保肄业各生教授，期限半月，由州考试后发给文凭。还设改良研究分会，以相互切磋。派劝学员赴各村私塾予以劝导，演习新教授法。促使原私塾增添新的课程，渐除从前旧习。③ 宣统元年(1909 年)，河南提学司制定改良私塾章程，明定各属劝学所为改良私塾机关，要求各地在调查基础上，分三步改良私塾：第一步，塾师入师范研究所；课读经，用新颁教授法；课国文，用学部审定教科书。第二步，加课算术、体操。购置黑板、设讲台，学生面教师坐；按期举行年考、期考。第三步，加课格致、历史、地理、修身，均用部定教科书；实行初等小学一切规则。分别改名为公立小学或私立小学。还制定了劝学员劝导的方法和奖励办法。④ 学部认为此章程对普及教育不无裨益，又便于实行，遂通饬各省仿行。之后，学部又制定《改良私塾章程》，其第一条确定私塾改良的宗旨是"以私塾教授渐期合法，并补助地方教育

---

① 沈颐：《论改良私塾》，载《教育杂志》1910 年第 12 期，社说，119 页。

② 《学堂章程·初等小学堂章程》，《大清新法令》(点校本)第 3 卷，219～220 页。

③ 《滦州劝学所总董刘兰圃禀学台按区开办传习所情形恳祈备案暨登杂志官报文并批》，载《北洋官报》1908 年第 1837 册，公牍录要，6～7 页。

④ 《学部通咨各省查择京师及河南省改良私塾章程切实办理文附章程》，《大清新法令》(点校本)第 7 卷，154～158 页。

为宗旨"，还具体提出了改良课程和教授方法的要求。①

但是在具体的实施过程中，由于州县兴学学款奇拙，所以借私塾改良为扩大新学之途径，成为具体操办者的指导思想。浙江象山县令程鏻就认为，县城官立两等小学开办数年岁糜千余金，而学生不过十余人，"与其广劝立学用力多而求效难，不如改良私塾用力少而收效易"，所以他要求劝学所"分乡立员以为宣讲并兼调查，分赴各塾调查教法，指示改正，期收整齐划一之效"。还在城内设师范传习所，通知城乡各塾师来所讲习，延聘师范毕业生教以管理教授诸法，给予修业证书，第一期报名注册者 60 余人。② 在湖北嘉鱼县，依据河南章程略加修改，也制定了三步推进之法，但第一步中舍去了塾师入师范研究所一条，第三步中只定加修身课。同时，由劝学员对本学区各私塾进行劝导，对成效大者给予奖励，还对私塾教员改良有成效者实行奖励。三步改良完成的私塾即转为初等小学堂。③而在有的县，则采取了更为简便的办法。如湖北钟祥县，就是将私塾全部作为简易识字学塾，发给教科书，责令照章教授。④

私塾改良是州县兴学的一个组成部分，虽然各地办理情况不尽一致，大量私塾仍然延续下来，但也有一批转向蒙学和初级教育。这一切都在一定程度上动摇了传统乡村的儒学地位。

## 二、劝学所与办学经费

筹款是劝学所的重要职责。学部章程规定，劝学所办学经费来

---

① 《学部通行京外学务酌定办法改良私塾章程文》，载《教育杂志》1910 年第 8 期，教育法令，54～56 页。

② 程鏻：《批劝学所王绅予衮禀》，《浙鸿爪印》上卷，9 页，沈云龙主编：《近代中国史料丛刊》第 80 辑；《上各宪改良私塾整顿学堂添设蒙学禀》，《浙鸿爪印》下卷，3 页；

③ 《嘉鱼县视学郑滦调查学务情形报告》，载《湖北教育官报》1910 年第 5 期，报告，3 页。

④ 《本司札钟祥县整顿学务文》，载《湖北教育官报》1910 年第 7 期，文牍，11 页。

源主要是四个方面：迎神赛会演戏之存款，绅富出资建学，禀请地方官奖励，令学生交纳学费。由于各地情况不同，实施的情况也各不一样。

公款公产是劝学所经费的主要来源。如江苏青浦县劝学所拟订的章程中，经费来源主要是经学务处拨与兴学之需的地方公款、各区公产公款及一切闲杂款项。① 广东情况要复杂一些。广东的公款分家族公款和地方公款两大类，地方公款又有书院学租、义塾学谷、宾兴（乡试学子卷费）、局款等名目。所属又不尽相同，有城乡公有者，有一乡或数乡公有者。所办之公益又不止教育一项，以致出现"城与乡争，乡与乡争"的情况。为平息事端，提学使令各属劝学所调查公款，以地方公款办公学，家族公款办族学，分别由地方官授权的城乡村堡管款绅董和各族管款族董管理，由劝学员检查填表，由总董依据各地款之多寡和各地情况确定提款、拨款数目，并强调"所提款项概交绅士管理，官司只任保护，概不经手"②。

在湖北，州县劝学所经手的学款，包括官拨与自筹两部分。官拨主要的是赔款改学堂捐③，以及科举停废之后的关涉科举的旧有之款，如宾兴及印卷膏火等，全数提归劝学所。自筹款则比较复杂，一部分是各地书院学田等收入划归学款者，以及收取的学费，为"公款"；其余主要是捐税。捐税又分两种情况：一是地方原来就收取的捐税中划拨一部分作为学款，如许多州县都有的戏捐、肉捐等；二

---

① 《青浦县劝学所草案》，载《申报》1907 年 2 月 6 日，第 3 张第 17 版。

② 《前司蒋呈缴督宪调查公款兴办学堂禀文》，载《广东教育官报》1910 年第 6 期，文牍，152～153 页。

③ 20 世纪初，清政府将庚子赔款的大部分分摊各省偿还，湖北派至 120 万两白银，其中摊至州县的 60 万两白银，主要出自丁漕、串票等加派。光绪三十一年十二月，湖广总督张之洞奏请将州县赔款捐全数免解，"留充本地办理学堂之用"，更名为"赔款改学堂捐"，由各地"随粮带征"。应解赔款由省另就土膏捐、签捐、铜币盈余加提。见张之洞：《改州县赔款捐留办本地学务折》，苑书义主编：《张之洞全集》卷 65，1689 页。

是因办学经费不足而呈请就地新抽的捐税，如蕲水县的粉捐、武昌县的布捐、应城的中人捐等，各地所收不同，由"各处经收，就地拨付"。劝学所对经费有管理和使用分配权，除须将使用情况造册报送地方官查核外，每月还要将出入各款张贴门首公示。①

就一个县来看，如湖北蕲水县劝学所经费，包括赔款捐、铺捐、公产田租、粮户房经承津贴学款、肉捐、戏捐等，实际收入一万四千余串；支出除劝学所视学、总副董、稽核等薪水外，主要用于高等小学及各官、公、私立初等小学，女学，宣讲所的经费和津贴，实际支出一万六千余串，不敷二千余串。为弥补不足，提学司拟订章程，要求该劝学所整顿学校，核减经费，收回应归而未归的学田款、提取税契，整顿肉、戏两捐。②

但在更多地方，公款公产本来有限，唯有通过各种因地制宜的"开源"办法解决经费。甘肃州县劝学所经费除各区公款、公产和捐款外，其他筹款途径还包括劳力捐、积蓄捐（使各村人民每日自积一钱，置之于家，按月或按学期即各将所积聚之总数捐作学堂经费）、婚祭捐（婚祭之时照其之分位令出多少捐数）、出产捐、迎神赛会之款、契约捐（立契约之时按照中人代笔之费酌加几成捐作为学堂经费）等。并强调，"各区人民自行筹集、自归各村董事收掌，为本区学事之用"。劝学员则随时稽查报告于劝学所，每年两学期之末由劝学所造具表册汇报本地方官，并榜示各区。③

举办各种捐税是劝学所筹款和弥补办学经费不足的主要途径。实际上，许多地方往往因地制宜，举办了名目繁多的办学捐税。如

---

① 《省视学曾林整顿各州县学务通弊条陈》，载《湖北教育官报》1910 年第 2 期，报告，1 页。

② 劝学所补助给私立学堂的名为"津贴"。《本司札蕲水县整顿学务条目文》，载《湖北教育官报》1910 年第 1 期，文牍，18～20 页。

③ 《奏定劝学所章程详解》，载《甘肃教育官报》1909 年第 4 期，文牍，17～19 页。

四川璧山县除学田一项外,又增草纸捐分助学堂。① 直隶蓟州劝学所虽已成立,但"向无底款",高等小学堂、师范学堂款又不敷,故而诸董联名具文州牧,提议在城内荒闲官地创办羊市,抽取税项充劝学所及办学经费。② 在直隶衡水县,劝学所虽已设立,然款项支绌,"既无富商可捐,又未便苛派",县令与绅董再三磋商,决定利用当地词讼较繁的特点,将呈状每张加收公费制钱 250 文,保结限状每张加收制钱 50 文,由承发房卖取状纸后直接将加收的钱交劝学所。③ 望都县在"劝捐无术"的情况下,也利用该地"民情好讼"之特点,定状纸每张 100 文外加制钱 250 文,保结限状收制钱 50 文,充劝学所经费。④ 清苑县也援照各州县成案,定每状纸一张酌加当十铜圆 15 枚作劝学所各中高小学堂经费。⑤ 宁河县鉴于各项筹款已搜罗告尽,只得搜求利之自然,想到境内还有十数道沟,每逢夏季雨涝之时,皆可出鱼一二万斤,共得鱼二三十万斤,每斤抽制钱一文,由承包人交纳鱼蟹捐,以此就地筹款兴学。⑥

至于学生缴纳的学费,只占劝学所办学经费的一部分。如湖北钟祥县,定每年每名公办高等小学生交学费 8 串,该学堂共 61 名学生,年收学费 480 串,加上当地所收的布厘、猪捐、盐捐等,仍

① 《璧山县详增草纸捐费归入三处学堂暨学田遵交劝学所管理一案》,载《四川教育官报》1907 年第 11 册,公牍·批,5 页。

② 《蓟州何牧则贤拟设羊市抽说借充劝学所等费文》,载《北洋官报》1907 年第 1467 册,公牍录要,7 页。

③ 《衡水县俞令兰元禀酌收状纸公费充劝学所常年经费文并批》,载《北洋官报》1908 年第 1625 册,公牍录要,7 页。

④ 《望都县胡令寿兰禀学台抽捐状纸充劝学所经费文附规则五条并批》,载《北洋官报》1908 年第 1856 册,公牍录要,6～7 页。

⑤ 《清苑县告示》,载《北洋官报》1909 年第 2286 册,文告要,8 页。

⑥ 《宁河县张令继信详学台劝学所筹办鱼蟹捐款文并批》,载《北洋官报》1908 年第 1884 册,公牍录要,7 页。

不敷用，故由劝学所另拨官款 600 串为补助公学经费。①

1906 年学部章程规定了劝学经费"官不经手"的原则，即"劝学员于本管区内调查筹款兴学事项，商承总董拟定办法，劝令各村董事切实举办，此项学堂经费，皆责成村董就地筹款，官不经手"②。广东提学使对此的解释是："筹款兴学系指地方公款而言，而所应办者以初等小学及半日学堂为限。"③"官不经手"实际是指官府不承担和不经手各州县基础教育中各公立学校的办学经费，其经费主要由各地自筹，官府对经费收取与支配负有监督管理之责。

虽然规定官不经手基础教育中公立学堂的经费，然而学务为地方官考成所系，插足和挪用办学公款并非难事。如在湖南，据谘议局整顿全省教育的议案反映，因学部要求地方官办官立小学一所作为模范，于是有些地方官将原有书院学田等一切公款强行提取一半作为官立小学经费，"至各乡村办理小学与否，经费有无，官概不过问"。基于这种现象，谘议局要求各县劝学所会同自治公所清理公款，并将属于各乡的公款公产划拨出来以充推广乡学之用。④

再如湖北随州，学款主要来自签捐、铺捐、票捐、柜费、宾兴膏火等项。按规定，这些钱每年都要提取全部或部分作为办学经费。然"非被官署移挪，即遭户书亏塌"，致使各项钱款每年均不足数，累计历年欠款一万七千余串，劝学所每有需款之时，"问州署则云户书未缴，问户书则云钱存州署。彼此交推，上下其手，以致积久不

---

① 《本司札钟祥县厘定公立两等学堂办法文》，载《湖北教育官报》1910 年第 7 期，文牍，13 页。据笔者所见资料，湖北省州县公立学校所收学费在 6～8 串。

② 《学部奏定劝学所章程》，朱有瓛等编：《中国近代教育史资料汇编——教育行政机构及教育团体》，60 页。

③ 《前司沈拟订劝学所新旧章程对照表通饬遵照文》，载《广东教育官报》1911 年第 3 期，文牍，103 页。

④ 《学司吴详复抚部院遵将奉发谘议局呈赍全省教育议案逐条考核加具按语开折呈复文》，载《湖南教育官报》1909 年第 9 期，文牍，8、12 页。

能清结"①。

宣统元年(1909年)，湖北省视学员考察发现，各州县办学经费管理混乱，"有仍归官管而绅士未知收支数目者，有交归绅管而官不过问者，甚至有交县库书经管任意把持者"。为此，提学使拟定整顿办法，将学堂捐和州县绅收各款统合成"赔款学堂经费""原案学堂经费""推广学堂经费"三类，存入指定的殷实铺户，然后核定收支，"官任收款支款，绅任取款用款"，各项由绅征收的款项按月由经管绅董结清数目，连同账簿送地方官与劝学所后转发铺号，并"随收随发，不得拖延时日"②。显然，湖北提学使试图通过这种办法，将拨款、公款、自收办学捐税纳入一个系统，分别责任，由官权统一支配。

确定"官不经手"的目的，是防止吏役之侵蚀和官府之挪用，并以此化解举办基础教育经费不足的难题。但是在"官治"的统合之下，必然又会在不同程度上受到官权的侵蚀。

值得注意的是，在"官不经手"的原则之下，形成了劝学所"筹款"和"办学"合一的管理模式。劝学所不仅要承担管理各种高等、初等小学堂，半日学堂，实业与师范学堂的职责，还要负责筹措举办各种公立学堂、半日学堂的经费。这种管理模式延伸了劝学所的职权，也使劝学所在经费筹措的过程中成为绅、民矛盾的焦点。

---

① 《本司札随州清厘学款整顿学务文》，载《湖北教育官报》1910年第2期，文牍，23页。

② 《省视学曾林整顿各州县学务通弊条陈》，载《湖北教育官报》1910年第2期，报告，1页；《湖北学司高详定各厅州县收支学款章程折》，载《湖南教育官报》1909年第4期，京外学务汇录，1～3页。

## 第三节 官督绅办与功能转变

### 一、官督绅办的运行特征

关于清末州县劝学所的研究，一般教育史著作皆称为"教育行政机构"。但是，劝学所成立之时，正是清末宪政改革推进之际，各个方面的改革同时铺开，加以人员准备不及，经费筹措困难，致使劝学所从成立到运行，都不是一个简单的教育行政机构，而是有着自身的特点和时代的印记：从其行政运行的角度而言，是"官督绅办"；从其组织功能的角度而言，在宣统三年（1911 年）学部改订劝学所章程颁布之前，它虽为官治机构，但兼有自治特点，又兼办自治学务，其性质介于官治与自治之间；之后，它转为完全的官治机构。这种功能的转化，反映了清末州县基础教育管理体制的演变。

作为统辖州县教育的行政机构，劝学所设总董和劝学员。光绪三十二年（1906 年）学部奏陈各省学务官制中确定劝学所总董的资格为"本籍绅衿年三十以外、品行端方、曾经出洋游历或曾习师范者"①；劝学员亦要"选择本区土著之绅衿品行端正、凤能留心学务者"②，即由本地士绅担任。然而各地劝学所成立后问题不少，有的地方总董、劝学员敷衍塞责，久不到任，办学毫无成效，甚至有的地方出现劝学员绅"借官差以拘拿平民""属令地方官用刑追逼""苛罚多金"等种种劣行。所以次年学部曾札各省提学使，"务当慎选廉明厚道之绅士充当"③。后来各省在整顿劝学所时对学部章程做了一些

---

① 《学部奏陈各省学务官制折并清单》，《大清新法令》（点校本）第 2 卷，181 页。

② 《学部奏定劝学所章程》，朱有瓛等编：《中国近代教育史资料汇编——教育行政机构及教育团体》，60 页。

③ 《学部札各提学使劝学所办学员绅务当慎选文》，朱有瓛等编：《中国近代教育史资料汇编——教育行政机构及教育团体》，65 页。

变通处理，更强调选用新学人员充任总董。如河南明确规定总董资格为：出洋留学毕业者；师范学堂毕业及中等以上学堂毕业者；虽非学堂出身，曾于学务有经验者。劝学员则为以上三项资格之一，或"身列校庠，夙能留心学务者"，"乡望素孚，能为公益之事者"①。实际上，从部分省教育官报的有关资料看，多数劝学所总董和劝学员还是旧绅士。据《福建教育官报》对光绪三十三年（1907 年）劝学所的统计，时有总董 26 人，其中出身举人、贡生、拔贡等旧有功名的9 人，拥有旧功名但又接受师范教育的 9 人，师范学堂毕业的 8人。② 据《湖北教育官报》对光绪三十四年（1908 年）劝学所的一份统计，总董 58 人中，除身份不明的 5 人外，其余均为贡生、附生、举人、廪生、训导等出身。③ 至 1909 年止，安徽省共有劝学所 52 所，总董中除 5 名师范学堂毕业、1 名留日学生、6 名资格不明外，其余40 名是廪生、贡生、举人、教谕、训导、州同、州判等出身。④

劝学所作为教育行政机构，执行上级赋予的教育行政事务。职权包括：调查境内无论官私公立各学堂；办理学务各款；延聘教员、招考学生、增减学额、改良教科各事宜；调处本境学务之讼争。⑤学部还制定章程，规定劝学总董如无官职者，照章给予七品职衔，并由地方官酌量给予薪水，禀报提学使核办。⑥ 这就把劝学所纳入

---

① 《河南抚院通饬各属修订劝学所章程文》，朱有瓛等编：《中国近代教育史资料汇编——教育行政机构及教育团体》，77 页。

② 《福建劝学所统计表》，载《福建教育官报》1909 年第 14 期，报告，10～11 页。

③ 《湖北省劝学所统计表》，载《湖北教育官报》1910 年第 7 期，统计，2～4 页。

④ 《清末安徽省劝学所》，朱有瓛等编：《中国近代教育史资料汇编——教育行政机构及教育团体》，80 页。

⑤ 《河南通饬各属拟订劝学所总董权限专章文》，朱有瓛等编：《中国近代教育史资料汇编——教育行政机构及教育团体》，74 页。

⑥ 《学部奏续拟提学使权限章程折附片并清单》，《大清新法令》（点校本）第 2 卷，182 页。

到中央学部—省提学司—州县劝学所的教育行政体制之序列。

但劝学所工作要受州县官和省视学的双重监督考察。首先是州县官的监督。学部章程明确规定，凡劝学所一切事宜"由地方官监督之"。"官督"的含义是："一则在求地方行政之统一，一则因教育情事与地方经费不能分离，必由地方官总其纲要，由劝学所人员随时体察地方情形陈述意见以辅之施行，则学事方易整理日兴。"①由此形成以劝学所为载体的"官督绅办"的运行特征。②

在实际运行中，州县官的监督主要表现在如下几个方面。

一是对总董和劝学员人员的选拔。劝学所总董的产生有两条途径：或由地方绅士公举后由县令禀请提学使札派，或由县令选派并提请提学使札派。究竟采取何种途径，要视绅士力量和官府介入劝学所事务的程度而定。

在一些绅士力量本来就比较强的地方，总董由公举产生。如江苏青浦县劝学所的前身是奉省学务处之命办的学务公所，后遵部章改为劝学所。该所制定的章程中，确定总董"行投票法每年公举一次"，再禀地方官"详请札派"；有关教育立法事宜归教育会，劝学所主持教育行政，特别强调凡地方学务公款由"本所派员经理"；各区公产公款"由各区劝学员报告总董参酌办理"；劝学所年终财务报告除造册报告外，还要分发各区。③ 可见青浦县劝学所的独立性较大，表现出较浓的自治色彩。

但在有的地方，这种公举却变了味。如直隶提学司鉴于不少总董未能称职，令各属总董由地方学界中人就游绅及曾习师范者投票公举。长垣县令则预先察访六人榜示，并制定投票规则，定必须是

① 《奏定劝学所章程详解》，载《甘肃教育官报》1909 年第 4 期，杂志，15 页。

② 当时就有此提法，如吉林府劝学所章程称："本所遵照部章官督绅办为教育行政辅助之机关。"(《吉林官报》1909 年第 5 期，公牍辑要，10 页)

③ 《青浦县劝学所草章》，载《申报》，1907 年 2 月 6 日，第 3 张第 17 版。

警董(亦系学界人内派充)、劝学员、各教员、举贡廪增附生，才有资格参与选举。选举时每人在选票上填写三人，以得票多者为当选。①

一旦发生意见分歧或互相争执之时，往往是"由地方官访查乡望素孚者"，禀请提学使札派。如江西瑞安绅学两界因总董一席党派纷歧，甚至开会大打出手。后经知府调停，并援引部章，由官方遴选中立派绅士王某接办，方平息事端。② 虽然部章规定劝学所总董以本籍绅衿为主，但还是出现地方官兼任的情况。如浙江湖州，经提学使札派，以张燕南太守为府劝学所总董兼乌程县视学，县令蔡源青为归安县视学。③

而在很多州县，地方办理劝学所并不十分积极，只是在学部的一再催促、提学使多次下文的情况下方有所行动。由于劝学所由州县官筹设，官府权力能够更方便地插手劝学所人事。如福建提学使札闽侯两县县令，限日筹设劝学所，总董由县令直接"遴选合格绅衿"，禀候提学司札派。④ 而在河南巩县，设立劝学所一切事务均由补用知县张文炳操办，总董由其自行选择；虽然他又称以后可遵章公举，但"公举"人数必须多名，再由县令"覆加面试，严定去留"⑤。宣统二年(1910年)广东谘议局提出整顿学务议案，要求劝学所总董

① 《长垣县朱令佑保禀投票公举劝学所总董文附规条并批》，载《北洋官报》1907年第1407册；公牍录要，6～7页。

② 《瑞安学界之怪现象》，载《申报》，1910年3月2日，第1张后幅第3版。

③ 《湖州劝学所成立》，载《北洋官报》1907年第1336册，新闻录要，9页。

④ 《本司札闽侯两县设立劝学所并选举总董县视学员》，载《福建教育官报》1909年第21期，文牍，5页。

⑤ 《补用知县张文炳奉委办理巩县学务情形文》，载《河南教育官报》1908年第30期，本省学务报告，269页。

"变官选为公选"①；贵州也是"大都总董之选派或由地方官之保荐"②。这说明在相当多的地方，这种由官府主导的"官选"一直存在。

二是对劝学所工作的监督。劝学所设宣讲所，宣讲事项由地方官和劝学总董随时稽查。劝学所就学务绘制的各项表册，每半年一次交由地方官申报提学司衙门。如果发生问题，则经提学使下札，由县令进行整顿。如宣统二年（1910 年），湖北各州县在提学使的督催下，纷纷整顿劝学所。钟祥县令查劝学所"并无驻所缮书，据表开二名，一在所办公，一在初等小学办公，均属挂名领薪"，故而下令裁撤多余人员，由总董县视学另选一人驻所，监理发教科书事。③

三是对经费使用的监督。各州县官核定劝学所经费总数及开支项目，对经费使用情况严加查实；劝学所筹款经费每年要造具表册汇报本县地方官。如湖北黄梅拣选补用知县余震查该县劝学所账目后，发现前会计员漏报 880 余串，遂集绅公议，责令原会计缴钱 400 串，其余请免追缴，禀报提学使后未得允准。提学使令由现任县令分作六年流摊弥补。④ 一般来说，劝学所经费必须在开支项目内支出，并列出详细开支表悬挂所内，按月照表开支，如果有特别需要支出的款项，必须禀请县令批准。

四是对劝学所人员的奖罚。如章程规定，劝学所若有功效，随时记功，年终按记功之多寡，由州县官禀明提学使予以奖励；并规定劝学员只管学务，不能干预其他政事，否则，州县官一旦发现，

① 《前司沈奉督宪札核议咨议局整顿学务议案列加按语文》，载《广东教育官报》1911 年第 2 期，文牍，55 页。

② 《本司通饬各属遵照谘议局议案改良劝学所办法文》，载《贵州教育官报》1911 年第 3 期，文牍，14 页。

③ 《本司札钟祥县整顿学务文》，载《湖北教育官报》1910 年第 7 期，文牍，9 页。

④ 《本司批黄梅县查双绥会同拣选补用知县余震禀督算劝学所账目请示由》，载《湖北教育官报》1910 年第 7 期，文牍，45 页。

即禀报提学使下令撤退。如湖北古城县劝学员谢朝纶"干预讼事，县传有案，殊失学员资格"，县令令其撤退。①

由此可见，地方官的监督主要着眼于劝学所工作任务的完成。湖北省提学司的札文称"劝学所宜完全独立以成教育行政体裁"②，明确劝学所在学务范围内的工作有一定的独立性，由此形成"上下相维，官绅相通，借绅之力以辅官之不足"③的运行特征。

"上下相维，官绅相通"，是指州县官与劝学所在办学上要负连带责任。每有学部下达办学任务，提学使都会令州县官会同总董及劝学员绅先事筹款，克日开办，并将办理情况呈候提学使核夺；如办理逾期或有不当，州县官则被提学使详请总督巡抚处分，总董则由提学使考核撤职。④ 办学过程中，省视学调查到州县学堂问题，也由提学使下札到县，再由县令督同劝学所遵照办理。反过来，劝学所办学中遇到问题，亦常寻求官府支持。如遇有造谣生事、塾师禁阻学生入学堂等阻挠学务者，劝学所查出，可禀明州县官分别办理。遇有筹款困难，亦会要求"由官辅助公立乡学"。如浙江鄞县劝学所每年需经费 2400 余元，现有经费不敷用，县令特批准将该县岁科两届考试费除一半解省外，余下全数拨充劝学所。⑤ 吉林农安县四乡公立学堂，由本地学董筹款，因风气未开，款乃无著，致纷纷解散。经劝学所禀请，县令同意，教员薪水概由官府补给，按月补

① 《本司札古城县遵办通学并撤退总劝学员文》，载《湖北教育官报》1910年第 4 期，文牍，30 页。

② 《本司札蕲水县整顿学务条目文》，载《湖北教育官报》1910年第 1 期，文牍，21 页。

③ 《前司蒋详报遵札筹备议草及派员赴谘议局与议文》，载《广东教育官报》1909年第 3 期，文牍，70 页。

④ 《本司札府厅州县尅期筹款举办中等初等实业学堂文》，载《湖北教育官报》1910年第 1 期，文牍，10 页。

⑤ 《考费准拨劝学所》，载《北洋官报》1908年第 1616 册，新政纪闻，12 页。

助，并每校给予 40 两津贴。① 由此也体现了"官绅通力合作"办基础教育的一面。

其次，劝学所工作还要受省视学的监督考察。各省提学使下设省视学六人，他们承提学使之命令，分区巡视各府厅州县。省视学多由曾习师范或出洋游学、曾充当学堂管理者，或教员积有劳绩者充任，由提学使选拔并请督抚札派。② 省视学考察各学校对学部奏定章程、提学使批檄规则的实际施行情况，劝学所和学区的办理情况和学务状况，总董办学是否胜任，地方官绅对办学的态度方法，教员、经费、学生人数及学籍成绩、校舍、课程管理及教科书等。省视学每视察一地均要写成报告，并于每年暑假和年终赴省报告。③

省视学的监督考察在提高州县办学成效方面起到积极的作用。清末《湖北教育官报》刊载大量提学司札州县整顿教育和经费文，基本都是依据省视学的调查报告做出的，如提学司札蒲圻整顿劝学所文：

> 为札饬事，据省视学禀称，该县劝学所劝学员五人，并未实行劝学，亦且长不到所，每月薪水八串，夫马六串，似近乾薪。拟请严加限制，由地方官及县视学考查，凡未实行劝学者，即扣发薪资夫马，以节靡费。④

除省视学外，还有县视学。光绪三十二年学部章程规定劝学所

---

① 《农安县令禀陈学务情形文并批》，载《吉林官报》1909 年第 3 期，公牍辑要，4 页。

② 《学部奏陈各省学务官制折并清单》，《大清新法令》（点校本）第 2 卷，180 页。

③ 《前司王详报改定省视学员章程文》，载《广东教育官报》1910 年第 3 号，文牍，67 页。

④ 《本司札蒲圻县整顿劝学所文》，载《湖北教育官报》1910 年第 2 期，文牍，25 页。

设县视学一人，兼充学务总董。县视学需要巡察各乡村市镇学堂，予以指导劝诱。① "有稽查劝学所账目之权，有指挥劝学所司役之权，有商同地方官撤派初等教员之权"，如"有阻抗或滋闹情事许即禀请核办"；还要于每学期将各地学务情况向提学使报告一次。② 由此可见，视学则是受上级指派考察监督办理学务的。

之所以以视学兼总董，江苏教育总会对此的解释是，在厅州县地方自治未成立以前，"犹虑地方狃于官治之习惯，非官不足以统率各区，以县视学兼充总董，所以重其权也"③。这种制度安排本身就体现出"以官治统率自治"的意图。但此时的视学不是拟设的州县行政中作为县令属官、纳入国家政府行政系列的视学员，而是受省提学使直接领导并"禀承地方官视察其境内学务，专理关系学事之事务者也"④。福建提学使批示福清县令："该令有地方教育行政之权，应即督饬县视学员先行周历辖内各学堂，认真调查，倘有教员借学图利或办理未能合法者，务须破除情面，据实指禀，以凭核办。"⑤ 说明县视学的工作也受州县官督饬。

但总董与视学的职责不同。总董需要综核各学区之事务，筹措办学经费，巡视办学情况，推广新式学堂，负责宣讲事宜，化解办学纠纷。⑥ 可见总董的工作以统筹和掌理一县之学务为主。

总董与视学不仅职责各有侧重，就是身份也不相同。江苏教育总会就认为"县视学明明为官，总董为绅，以一人兼之，权限不明"，

---

① 《学部奏陈各省学务官制折并清单》，《大清新法令》（点校本）第2卷，181页。

② 《本司札钟祥县整顿学务文》，载《湖北教育官报》1910年第7期，文牍，9页。

③ 《江苏教育总会通告各劝学所教育会研究职务问题文》，载《教育杂志》1910年第2卷第3期，21页。

④ 庄俞：《敬告地方视学员》，载《教育杂志》1909年第13期，171页。

⑤ 《批福清县邱令禀》，载《福建教育官报》1909年第7期，文牍附批，4页。

⑥ 蔡东洲等：《清代南部县衙档案研究》，429～434页。

视学与总董应分作两人，"以县视学为佐治官，专任视学；以总董为执行部长，联络劝学员劝学"①。甚至有提学使也认为"劝学所职务与自治机关原属相通"，而"县视学属官制性质，自应归官厅之委任"，"现行兼任之制混而为一"，只能是新官制未颁布和自治职未推广之前的暂行之官制。②

由于各地普遍把视学视为"官"，而直省新官制迟迟未能颁布，州县视学官陷于难产，所以随着各地劝学所的成立，一般是先札委总董再令其兼任视学。如河南省就强调，"总董兼视学，每年于正月加札一次"③。但也有一些地方出于划分权限的考虑，将视学、总董分作两人，总董由县令选拔，视学则由提学使札派。④ 湖北就是将视学与总董分设的省份。⑤ 据宣统二年（1910 年）竹山县拟定的劝学所出入数目，包括视学年薪 360 串，总董年薪 192 串，劝学员年薪72 串，其余还有司事、杂役。⑥ 这条材料说明，视学与总董都从县劝学所领薪水，但视学地位在总董之上。在该省整顿学务的各种官方文件中，我们也看到了县视学的身影。如嘉鱼县视学的调查学务报告中，提出了该县"校风嚣张"、初等小学国文修身等课教授不合

---

① 《江苏教育总会通告各劝学所教育会研究职务问题文》，载《教育杂志》1910 年第 3 期，21 页。

② 《本司奉督宪批据饶平县詹树声等禀学董资格限制偏枯核议详复文》，载《广东教育官报》1911 年第 1 期，文牍，31 页。

③ 《河南通行各属拟订劝学所总董权限专章文》，朱有瓛等编：《中国近代教育史资料汇编——教育行政机构及教育团体》，76 页。

④ 如 1910 年湖北长阳劝学所总董考职北上，提学使即要求县令另举总董，而视学则由学司遴员另札委派。参见《本司札长阳县整理劝学所文》，载《湖北教育官报》1910 年第 3 期，文牍，26 页。

⑤ 该省提学司札钟祥县整顿学务文中有"总董黄锡龄自以精神短少，颇有退志"，"县视学万锡恩查学切实，办事精勤"的话，说明该省并未遵用以视学兼总董，但现在还未查到湖北为何这样设置的材料。参见《本司札钟祥县整顿学务文》，载《湖北教育官报》1910 年第 7 期，文牍，9 页。

⑥ 《本司札竹山县奖撤各教员并追缴各捐款文》，载《湖北教育官报》1911 年第 2 期，文牍，20 页。

规范、学款奇拙等问题，提出改进建议并列出表格，分别提交劝学所、地方官，并上达省提学司。① 宣统二年十二月（1911 年 1 月），湖北提学司提出了一个整顿各府厅州县学务办法，定"总董经理学款，视学考察学务及规划进行方法"，"视学报告业经提学司衙门核准者，总董不得固为掣肘"②。这是从制度上正式将总董、视学权限区分开来。而贵州直至宣统二年（1909 年），劝学所总董兼视学者也仅十之二三。③

视学制度本身是官治的一种表现，然而由于这一时期劝学所职能包含了自治学务，所以视学兼总董这一制度在实践中职权混淆，也充分说明了这种制度设计本身的缺陷。

## 二、官治与自治的纠结

我们看到，清末宪政改革的目标之一是实现府厅州县和城镇乡的地方自治，而以本地之财办本地之学是地方自治的重要内容之一。光绪三十四年（1908 年）清政府公布的《城镇乡地方自治章程》第三节"自治范围"的第一条，就是"本城镇乡之学务，中小学堂、蒙养院、教育会、劝学所、宣讲所、图书馆、阅报社，其他关于本城镇乡学务之事"④。但由于地方自治的全面推进是 1908 年以后的事，所以劝学所成立之时，就被赋予了办理地方学务之责。即分为若干学区，各设劝学员。劝学员可由总董自行选拔，并"俾各地方自筹经费"，

---

① 《嘉鱼县视学郑滦调查学务情形报告》，载《湖北教育官报》1910 年第 5 期，报告，1～5 页。

② 《本司详督宪整顿各府厅州县学务办法文》，载《湖北教育官报》1911 年第 2 期，文牍，4 页。

③ 《本司通饬各属遵照谘议局议案改良劝学所办法文》，载《贵州教育官报》1911 年第 3 期，文牍，16 页。

④ 《宪政编查馆奏核议城镇乡地方自治章程并另议选举章程折并单二件》，《大清新法令》（点校本）第 1 卷，154 页。

自行举办本地教育。① 对此，吉林劝学宣讲所明白宣称："劝学所原为州县地方自治之一端。"②后来广东提学司也称："劝学所原章劝学员职务多自治范围之事，而总董权限又以兼充县视学而有行政性质。"③可见初期劝学所具有办理自治学务的职能。

清末劝学所是借鉴日本经验设立的。当时日本已逐步形成官办和自治两个层次的办学体制，町村为自治单位，办理包括小学校在内的公共事业，经费来自町村协议费，由町村会议决；府县县立学校经费则来自府县地方税。④ 清末劝学所创办之时，地方自治尚未开始。对此，学部后来解释说，光绪三十二年（1906 年）颁布《劝学所章程》时，《地方自治章程》和《地方学务章程》尚未颁行，"所有地方教育事宜均归办理，在当日固可收统筹兼顾之功"⑤。以劝学所办理自治学务，在当时的历史条件下当属自然之事。

而清末劝学所则是以官督绅办的机构办理自治学务，故而在运行中出现官治与自治混杂不清的问题，核心则是劝学所到底应为官治机构还是自治机构。对此，社会中亦有不同见解。河南教育总会正副会长曾咨请提学使，要求划清地方官与劝学所权限，即"以强迫立学责之州县，以调查学科责之总董，学务办法得由总董条上于州县，不肯为，得以上达于学司权衡其是非"⑥。企图通过明确划分各

---

① 《学部札各省提学使分定学区文》，朱有瓛等编：《中国近代教育史资料汇编——教育行政机构及教育团体》，63 页。

② 《吉林劝学宣讲所试办简章》，载《吉林教育官报》1907 年第 1 期，学制，1 页。

③ 《地方学务官治自治职制对照表》，载《广东教育官报》1911 年第 1 期，附篇，10 页。

④ 郭冬梅：《日本近代地方自治制度的形成》，107～116、155～156 页，北京，商务印书馆，2008。

⑤ 《学部奏改订劝学所章程折》，朱有瓛等编：《中国近代教育史资料汇编——教育行政机构及教育团体》，91 页。

⑥ 《河南教育总会正副会长李、郑咨陈筹备普及改良事宜文》，载《河南教育官报》1909 年第 17 册，本省学务报告，428～429 页。

自责任以定权限，以劝学所为专门管理学务的官治机构。湖南谘议局在整顿教育议案中则主张专委教育之责于劝学所，采用学官之制，将总董作为学务专官；县之公产公款由劝学所统一理财全权。① 也主张将劝学所作为官治机构，以使之有权有责。广东谘议局则提出"选举劝学所总董案"，明确要求"变官选为公选"，以便"对于自治机关更觉联络"，即更偏向于将劝学所定为自治机构。②

当时也有人看出了劝学所权限功能的不够清晰之处，撰文指出，劝学所应为"地方自治所设之一机关，其职权自以教育行政为限"，而教育经费应为自治经费之一部分，即应由议事会遵章筹集，非劝学所所得过问。③ 劝学所应是自治学务的执行机关。

与此同时，随着地方自治的逐步开展，集筹款、办学、管理诸种职权于一身的劝学所与自治团体之间也必然会产生矛盾。天津县是县自治举办最早的地方，光绪三十四年（1908 年）天津县议事会申提学使，依据城镇乡地方自治章程和总督袁世凯的批示，认为"普及教育除中学堂以上应由官管辖外，其余各男女小学堂及宣讲所均由该会（议事会）筹议推行"，提出议董两会与劝学所划清权限办法四条："官立公立私立各男女小学堂统由劝学所经理"；"议事会对地方学务有议决事件，照章移知董事会请由会长交劝学所施行"；"办学公款归董事会经理"；劝学所经费须做出预算数目报告董事会，并交由议事会核准后方照章支领报销。④ 也就是说，劝学所执行对学校的管理之权，议事会为地方学务的议决机关，董事会为劝学所经费

① 《学司吴详复抚部院遵将奉发谘议局呈责全省教育议案逐条考核加具按语开折呈复文》，载《湖南教育官报》1909 年第 9 期，文牍，4、8 页。
② 《前司沈拟订劝学所新旧章程对照表通饬遵照文》，载《广东教育官报》1911 年第 3 期，文牍，102 页。
③ 沈颐：《论劝学所不负筹款之责》，载《教育杂志》1910 年第 9 期，94 页。
④ 《天津县议事会申学台划清议董两会与劝学所权限办法文》，载《北洋官报》1908 年第 1836 册，公牍录要，6 页。

的管理机关。天津县议事会拟订的这个办法把办学议决权与执行权、办学经费的管理与使用权分开，劝学所成为自治学务的执行机构。

本来部定章程规定劝学所总董负有筹款之责，劝学所对全境学款有查核、管理之责，所以在天津县劝学所看来，议事会议定办法与部章有不合之处。双方经过讨论，对办法略加增改，形成正式文本提交提学使。修改的办法中，将议事会关于学务议决事件由原来"由董事会移知劝学所"改为"移知本县知县请由知县交劝学所施行"；在"办学公款归董事会经理"一条中，强调"以后学务逐渐扩充，须由董事会担任筹款之责"①。

天津县是清末第一个自治县，其议事会和董事会的权限与后来清政府颁布的《府厅州县地方自治章程》不同，拥有较大的自治权（详见本书第六章）。上述划分权限的办法是符合地方自治和自治学务的原则的，但由于当时地方自治尚在筹办之中，所以只是个案而不具普遍性，但也反映了当时州县基础教育管理体制改革的方向。

此时，随着地方自治的推进，客观上需要对"自治学务"做出明晰的划分。宣统二年十一月（1910 年 12 月）资政院、学部会奏的《地方学务章程》是一个关于自治学务的章程。其第一条规定："地方学务，由府州县及城镇乡自治职按照地方自治章程及关于学务之法令办理。府厅州县自治职对于地方学务应有之职权，在府厅州县自治职成立以前，由各府厅州县劝学所行之。"

这个自治学务章程有四个值得注意的地方：一是明确府厅州县和城镇乡自治职的办学职责，即各级议事会、参事会、董事会、乡董为地方学务的责任者，府厅州县自治职办理府州县中学堂、高等小学堂、初等小学堂、中等初等实业学堂在内的"公用学堂"；城镇乡分学区或结成乡学连合会举办包括初等小学堂、简易识字学堂、

---

① 《天津县议事会申学台重订议董两会与劝学所划清权限办法文》，载《北洋官报》1909 年第 1986 册，公牍录要，6 页。

蒙养院等在内的"公用学堂"。

二是城镇乡依据人口和就学儿童之数划分学区，地处偏僻或财力薄弱的乡则组成乡学连合会。在地域上，它连合二乡以上全部或一部设立。在组织上，它由各乡之议员组成协议会。在职能上，它协议本会经费之筹集处理，教育基本财产、积存款项的设置及增加，初等小学堂及其他教育事业之设置及废止，代办他处委托教育事件，本会学区之分合。乡学连合会下亦可划分若干分区。

三是设置学务专员。学务专员称学务员长或区学员，即府厅州县及城镇乡之分三学区以上者、乡学连合会连合二乡以上者，得设学务员长；学区下有分区者，设区学员。学务专员由府厅州县或城镇乡议事会公推曾办学务具有经验者担任。在府厅州县者，由地方官委任；在城镇乡者，由董事会或乡董申请地方官委任。府厅州县学务专员执行议事会或参事会议决的教育事件，执行各公立学堂及其他教育事业的设置及设备、地方学务之经费、学龄儿童和各项图表的调查编制。城镇乡乡学连合会学务专员执行城镇乡议事会议决之教育事件，以及包括本地方学区划分、学童调查、入学、劝导、学务经费、小学堂的学额学级授课分配等事。学务专员在议事会开会时，得到会陈述意见，但不得列议决之数；任期三年。

四是明确地方学务的经费来自两个方面：一方面，捐助学务经费、公费、学费、盈余及岁入酌增之款等，此为府厅州县城镇乡和乡学连合会的"基本财产或积存款项"；另一方面，由本区域内义务人承担城镇乡、乡学连合会地方公用学堂设立及维持经费。"义务人"即在本区域内居住和流寓者、有不动产者、营业者。其负担的款目定率及征收办法由议事会议决，呈请地方长官及监督官府核准施行。总之，自治学务的设立及维持之经费，"以在本区域内之义务人负担之"①。

这个章程正式确定了自治学务的范围和施行办法。在自治学务中，议事会、府厅州县的参事会是地方学务的议决机关，学务专员是执行者。然而地方学务章程公布之时，地方自治正在展开，所以很难判断究竟在多大层面上开始施行。但在经济和教育发展比较好的江苏宝山县，一位劝学所视学兼总董留下了如下宝贵的记载：

> 及城镇乡地方自治章程既发布，始以本城镇乡学务首列于自治范围。宣统二年八月，本省咨议局又有实行初等教育方法案之议决，以城镇乡自治公所负设置初等小学之义务，而余亦适以是时被举接任所事。而吾邑各城镇乡自治亦渐于辛亥春夏间一律成立。尝谓自兹以往，劝学所之责任渐轻，各城镇乡之义务渐重，教育之推广庶几其近矣。顾自治萌芽，百端待理，各公所犹或未遑专引学务为己任，且劝学所固仍处督促进行之地位，故余与内部办事之暇，仍以视学为兢兢……一年之间，各学堂视察凡四次。②

一方面，随着城镇乡地方自治的开展，自治公所承担了设置初等小学的义务，劝学所的办学职责有变轻之势；另一方面，由于自治初建，自治公所还没有专以地方学务为己任，劝学所仍然需要督促学务之进行。这正是地方自治兴起而导致劝学所功能转变的写照。

在自治学务确定的同时，劝学所的定位问题又凸显出来。1911年1月学部奏《改订劝学所章程》，认为将所有地方教育事宜均归劝

① 《资政院学部会奏地方学务章程》《学部奏订地方学务章程施行细则折》，朱有瓛等编：《中国近代教育史资料汇编——教育行政机构及教育团体》，82～91页。

② 月鑫：《辛亥年劝学所学事一览序》，载《宝山共和杂志》1912年第5期，4～5页。

学所有所不当，"在当日固可收统筹兼顾之功，在今日转致有权限不清之虑"。经通盘筹划，定"劝学所为府厅州县官教育行政辅助机关，除佐理官办学务之外，在自治职未成立地方，对于自治学务有代其执行之责；其在自治职已成立地方，对于自治学务有赞助监督之权"。在这个前提下，章程大大强化了劝学所的官治色彩，规定劝学所"佐府厅州县长官办理学务"，"劝学所设劝学员长一人，禀承该管长官办理劝学所一切事务"，"劝学所应办事务，须经该管长官核定，所有文件以长官名义行之"。劝学员长和劝学员由地方官任命，即"劝学员长及劝学员由该管长官就本籍合格士绅保选若干员，开具履历清单，申请提学使派充，并报部立案"。同时，将职衔范围扩大到劝学员，即劝学员长及劝学员原无官职者，均得分别给予七、八品职衔，且任期以三年为满。①

在经费方面，明确规定"劝学所经费，由该管长官筹定，申请藩学两司公核，报部立案"；"府厅州县办理学务一切经费，得由该管长官委任劝学所经理"，即一方面，作为官治机构，劝学所经费由州县筹定；另一方面，办理学务一切经费仍由劝学所经理。这样，劝学所以官款办官办学校，没有了筹款之责。

面对原来劝学所官治和自治学务互相纠葛的问题，这个章程正式将学务分为自治学务与官办学务两个部分。劝学所是辅佐地方长官办理官办学务的机构，具体而言就是负责"官立学堂及其他教育事业之设置及稽核"、官办学务经费之核算及有关事项。而地方自治学务，则由府厅州县及城镇乡自治职承担。②

在实践中，一些自治发展较快的地方，纷纷依据部章划分两者

---

① 《学部奏改订劝学所章程折》，朱有瓛等编：《中国近代教育史资料汇编——教育行政机构及教育团体》，91～94 页。

② 《资政院学部会奏地方学务章程》《学部奏订地方学务章程施行细则折》，朱有瓛等编：《中国近代教育史资料汇编——教育行政机构及教育团体》，82～90 页。

权限。如宣统三年(1911年)，湖北江陵改劝学所总董为劝学所长(劝学员长)，"其所办事务，须由该县长官核定"。这时劝学所的职权包括：(1)官立学堂及其他教育事业之设置及稽核；(2)官办学务经费之核算；(3)本地学龄儿童之稽核；(4)对学龄儿童之父兄为应受义务教育之劝导；(5)官立学堂学额、学级、授课时间之分配；(6)官立学堂教员之进退；(7)官立学堂之建筑及设备；(8)关于学堂管理、教授指导改良事件；(9)关于学堂考试、学务图标及统计之编制；(10)私立学堂及私塾改良之认定等。① 也就是将其经费核算、教员进退、学堂管理等职权限定在"官办学务"的范围内，并对自治学务兼有赞助监督权。浙江提学司也通饬各属将劝学所总董一律改为劝学所所长，仍兼县视学，并责成各地方官延访公正勤慎明晓学务之合格人员详请提学使派委，不再举行地方公举。②

经过这一改制，府州县和城镇乡学务分成了官办学务与自治学务两个层次，与此相适应，劝学所的官治色彩得以强化。这时的劝学所不仅接受地方官的监督，而且必须秉承长官委任办理事务，正式被纳入州县行政体系之中。但是由于大多数省地方自治尚未完全成立，所以仍然由劝学所代行自治学务职权。

劝学所出现以后，州县旧有教职仍然存在了一段时间。③ 其重要原因是1906年起虽然停止科举考试，但是各种旧有科举人员仍大量存在。清政府为了解决他们的出路问题，又制定章程，允许生员

---

① 江陵县教育志编纂领导小组编：《江陵县教育志》，35、37页，荆州地区新华印刷厂承印，1984。

② 《实行改订劝学所新章之手续》，载《申报》1911年4月14日，第1张后幅第3版。

③ 州县一般有经制和复设教职各一员。1904年，直隶总督袁世凯奏拟将教职二缺裁一；安徽、河南拟裁复设教职缺。吏部复议先是没有同意，后又提出"逐渐裁减"之法，即如有复设教职缺出，即行停选，三年裁半。参见《吏部奏拟将教职逐渐停选折》，载《东方杂志》1905年第12期，220～221页。

考职①，致使新制初建，而旧制难以一举消除。另外，由于科举停废，州县原有教职权力缩小，在一些地方出现教职虚设的情况。宣统二年(1910年)，吉林巡抚上折称，吉林教职向用直隶人铨选，由于官闲地僻，额缺久悬，几同虚设，要求将全省府州县教授、教谕、训导缺出一律停止铨选。吏部复议时认为，"生员考职孝廉方正一切甄别保送事宜，皆系教官专责，若全行裁撤办理尚多窒碍"，只同意吉林量予变通，而他省裁撤教职应暂从缓议。②

与此同时，由于劝学所是教育行政机关，而各种文牍皆达于州县官，新政繁兴，州县官常有顾此失彼之虞。鉴于此，安徽提学使请仿照新颁官制章程设立州县学务佐治官，居住州县署中，遇有学务事与州县官共同商量。③ 浙江提学使鉴于"地方官平日于学务既少经验，所用幕友胥吏更少谙习学务之人"，禀请委派各府学务佐治员，作为省教育行政机关之分寄，并帮同地方官办理学务文牍。④

总之，清末州县劝学所既要承学部、提学使之命担负教育行政之责，又要接受州县行政的监督与管理；而旧有教职的继续存在，又使新旧职能并存；加之一些地方学务佐治员的陆续设立，又出现架构重叠的情况。曾任浙江象山知县的程龢抱怨道："中国每举一事，不察收效如何，必先增设多官，厚其廪饩。即以学界论，如已设劝学所、教育会矣，又有县视学，又有省视学，近更有部视学，

---

① 政务处制定的章程中"生员考职"一项规定：准各州县会同教官遴选保送生员，由督抚会同学政考试录用，规定额数，一等以巡检用，二等以典史用。参见《政务处奏酌拟举贡生员出路章程折》，《大清新法令》(点校本)第2卷，382页。

② 《吏部奏议覆吉抚奏请裁教职各缺停止铨选折》，《大清新法令》(点校本)第8卷，390页。

③ 《安徽前升学司沈请设学务佐治官详文》，载《湖南教育官报》1909年第4期，京外学务丛录，4页。

④ 《浙江学司支委派各府学务佐治员呈报抚宪文》，载《湖南教育官报》1909年第11期，京外学务丛录，14页。

更有所谓学务佐治员。学界之官相望相逾，非虚糜廪禄，即滋扰地方，何尝有裨学务毫末哉!"①

## 第四节　新学堂与地方社会

### 一、传统儒学思想控制功能的弱化

萧公权在《中国乡村：论19世纪的帝国控制》一书中，把乡学作为帝国思想控制的工具：

> 无论清朝皇帝们对学问和儒学的个人态度如何，他们都看到了地方学校是思想控制的有用工具。因此，他们鼓励设置某些类型的地方学校，并且把它们全部置于政府严密的监督之下。他们认为，地方学校的任务应该是将"钦定儒学"的影响扩展到士大夫群体之外的人身上，而且或许还能帮助从中培养出一些人，来为清朝的统治服务。②

具体的手段包括课程安排取决于科举考试所涵盖的内容，官方挑选并指定教科书，禁止出版未经批准的书籍，确定士子的行为指南等。

控制是传统社会治理的目的，所以，从另一个角度而言，乡学也是实现乡村社会治理的途径之一。它为乡村社会提供了覆盖面广泛的学校体系，满足了民间社会普通子弟识字和学习的要求，是开放的科举体系的最基础环节；它以官方所认定的课程和教学体系，浸润着广大乡村学子的心灵，使他们顺从皇帝和官府；它依靠乡村富户和士绅的财力、人力支持，在为自身服务的同时，也为广大乡

---

①　程稣：《上座师学部唐尚书书》，《浙鸿爪印》下卷，22页。

②　萧公权：《中国乡村：论19世纪的帝国控制》，284～289页。

民服务，不仅提升了绅士的地位，而且有利于化解矛盾，达到乡村的和谐。

然而，随着清末新学的兴起和传统乡学的衰落，"学"的控制和治理功能都随之发生改变。旧有乡学之所以能够起到控制和治理的作用，是通过国家建立统一的教育目标、课程、教科书等手段，即"钦定儒学"达到的。新式学堂办起来以后，建立国家控制下的学校、课程、教材体系的宗旨并没有改变，但是内容却变化了。

就中小学校教育的培养目标而言，1903 年的《学务纲要总目》中是这样表述的：

> 京外大小文武各学堂均应钦遵谕旨，以端正趋向、造就通才为宗旨，正合三代学校选举德、行、道、艺四者并重之意。
>
> 大小学堂理原一贯，惟各学堂各有取义：家庭教育、蒙养院、初等小学堂，意在使全国之民，无论贫富贵贱，皆能淑性知礼，化为良善。高等小学堂、普通中学堂，意在使入此学者通晓四民皆应必知之要端，仕进者有进学之阶梯，改业者有谋生之智能。①

虽然总体目标是要使培养的学生"上知爱国，下足立身"，一切行为举止皆"纳之于规矩之中"，但也顺从近代教育潮流，明确提出了"造就通才""德行道艺"四者并重的培养目标。

就课程设置而言，中学堂教授科目有修身、读经讲经、中国文学、外国语、历史、地理、算学、博物、物理及化学、法制及理财、图画、体操。

高等小学堂教授科目是修身、读经讲经、中国文学、算术、中国历史、地理、格致、图画、体操。另视地方之情形，可加授手工、

---

① 《学务纲要总目》，《大清新法令》(点校本)第 3 卷，91 页。

农业、商业等科目。

初等小学堂教授科目是修身、读经讲经、中国文字、算术、历史、地理、格致、体操，并可视地方情形，加图画手工之一科目或二科目。①

尽管都有读经讲经课程，但无论如何，一个注重德、智、体各方面要求的课程体系初步确立起来了。

此外，在教科书方面，学部采取两条腿走路的办法：一方面，成立编译图书局，编辑了《简易识字课本》《国民必读课本》等针对幼童和贫困失学者的教材；另一方面，对社会编写教材进行审定。②1906 年，学部公布第一次审定的初等小学、高等小学、中学教科书书目，包括学生用书和教师用书，涵盖了初等小学、高等小学、中学各学科。从编写与出版者看，有直隶学务处、湖北官书局、南洋官书局等官方学务、出版机构，更多的则是商务印书馆、文明书局等社会出版机构。③

新的课程体系和教科书，都有利于改变和塑造学生的价值观和知识体系。那么，各地是否遵照学部要求设立课程、使用审定教科书呢？应该说，基本得以落实。在湖北嘉鱼县视学编写的调查官立高等小学、附设初等农业学堂事实表中，列出了所开科目和使用教材情况，如修身，用蒋智由编、学部审定的《修身》教科书；国文，用学部审定教科书；历史，用商务印书馆出版的《最新中国历史》；算学，用曹汝英编《数学》上；地理，用学部审定商务印书馆本《地理》；英文，用帝国文读本；格致，教授博物、生物、动植物各科，

---

① 《中学堂章程》《高等小学堂章程》《初等小学堂章程》，《大清新法令》（点校本）第 3 卷，192、206、221 页。

② 参见关晓红：《晚清学部研究》，377～384 页，广州，广东教育出版社，2000。

③ 《学部第一次审定初等小学教科书凡例附书目》《学部第一次审定高等小学暂用书目凡例附书目表》《学部审定中学暂用书目表》，《大清新法令》（点校本）第 3 卷，499～503、508～515、515～517 页。

参用各种理科教科书；图画，用汪恪年编《图画临本》；体操，有柔软、哑铃、球、竿等项目，用《普通体操》教科书。[①] 湖北省还规定，劝学所应划拨一款作为垫买教科书之用，各学堂按名到劝学所领书，学期中零星向学生收回书价；边远州县可在适中之地共同组织一购发机构，代领转发教科书。[②] 尽管有的地方也出现"学科多有与部章计年程度相隔悬殊"，"扼于经费，未广购教科书"[③]的情况，但总体而言，新式学堂无论在课程设置、授课方法还是教科书使用上，皆有了一番新气象。

上述改变对学生的影响是深远的。新的课程体系和教材带来了新的思想和观念，其培养目标不再仅仅为了当官，也是为了谋生。加以各种学堂迅速扩充，教师人数不够、程度不齐，这一切因素综合在一起，带来了一个不为人们察觉的深刻影响：人们对学堂、对教师的敬畏之心逐渐淡化，于是各种学潮不断出现。

宣统二年(1910年)，在湖北嘉鱼县高等小学堂中，就接连发生三起"学潮"。第一次，借文学教员评定分数有意增减之名，学生聚众滋闹，视学前来劝导后方才停息。第二次，一平日成绩较优之学生至教室，请将另一学生算式中笔误一数准予更正，一些学生即纠众停堂，任情谩骂。第三次，由于一次下堂学生立正时，胡教员未即时答礼，学生即纠众停堂，开会演说。视学前来请各生面谈劝导三个小时，学生仍强词夺理，痛诋教员。在这些事件的背后，不仅有学校管理废弛的原因，还有当地绅衿的身影。当学校处理和开除学生之时，该绅即面加申斥，要求取消，管理员只得勉强照办。一

---

① 《嘉鱼县视学郑滦调查学务情形报告》，载《湖北教育官报》1910年第5期，报告，5页。

② 《本司详督宪整顿府厅州县学务办法文》，载《湖北教育官报》1911年第2期，文牍，9页。

③ 《省视学曾林整顿各州县学务通弊条陈》，载《湖北教育官报》1910年第2期，报告，3页。

名县视学的报告说，"近日鄂省各学堂学生动因细故结众罢课，肆意要挟"，可见这种现象不是个例。①

经历过科举停废和学堂兴起这一变化的山西乡村士子刘大鹏在日记中说："学堂之害，良非浅鲜，自学堂设立以来，不但老师宿儒坐困家乡，仰屋而叹，即聪慧弟子，亦多弃儒而就商。凡入学堂肄业者，莫不染乖戾之习气，动辄言平等自由，父子之亲，师长之尊，均置不问，为父兄者知其悖谬，不愿子弟入学堂，遂使子弟学商贾。"②这不仅仅是牢骚之语，也是道出了部分实情。新学堂培养下青年学生思想观念的转变，反映以乡学为维系的儒学权威开始消解。一旦作为权威的儒学开始消解，人们对儒学的敬畏之心也就开始淡化，也就意味着乡学对乡村社会的控制力开始削弱了。

**二、劝学绅董与官、民关系**

随着州县学堂的发展和劝学所的出现，各州县社会中出现了一个劝学绅董群体。他们主要由劝学所总董、各学区劝学员组成。单就1909年学部的统计而言，全国有劝学所1588个，总董1577人，劝学员12066人。③ 此外，还包括各学区中负责筹款办学的村董。学界一般认为，在清末新政中，随着兴办学堂、地方自治、州县行政改革等的开展，绅士由体制外进入体制内，地位上升。但历史是复杂的，在劝学所建立和学堂发展使一部分绅士地位提高的同时，他们的身份也在变化，开始转变为亦绅亦官的"双面人"，而这些，都直接影响了他们与官、民的关系。

瞿同祖在《清代地方政府》一书中指出："士绅是与地方政府共同

---

① 《嘉鱼县视学郑滦调查学务情形报告》，载《湖北教育官报》1910年第5期，报告，1～2页。

② 《退想斋日记》1907年9月13日，162页，太原，山西人民出版社，1990。关于科举停废对乡村士子的影响，关晓红有深入的研究，参见《科举停废与近代中国社会》，北京，社会科学文献出版社，2013。

③ 《各省劝学所统计表》，朱有瓛等编：《中国近代教育史资料汇编——教育行政机构及教育团体》，94～95页。

管理当地事务的地方精英。与地方政府所具有的正式权力相比，他们属于非正式的权力。"他们的权力虽然也源于传统的政治秩序，但又是地方社群或公众的首领，在增进地方福利中扮演了积极角色。①

但劝学绅董则不同。学部章程规定给予劝学所总董七品职衔，并强调"必勤慎无误满三年者，由提学使详请督抚咨明学部，给予执照并咨吏部注册"②。他们虽然还没有被纳入正式官员的行列，但经过官府的札委，却具有了正式的权力，成为半官半绅或亦官亦绅的"双面人"。正是这种身份，使他们扩展了活动的空间。

本来，"劝学"为"启发开导，令人人知教育"之意，方法是挨户劝导、婉言劝导，不可强迫。学部章程还明确规定劝学所总董与劝学员、各村学堂董事"均为推广学务而设，不准于学务以外干涉他事"③。但自1908年清政府公布以九年为期的逐年筹备立宪清单后，各类学堂的举办皆有期限，州县官和劝学所的办学压力不断加大，有的州县官就授予劝学绅董强迫之权。如宣统元年(1909年)吉林农安县令以学风未开，劝导未必有效为由，拟用强迫之法，令开学时每区务须足额；如有不令子弟入学者，劝学员可罚其父兄出教员一个月的薪水。④ 甚至有地方"劝学员及学董所至之处，亟于求效，有请县官差提者，有自写拘票请地方官用印拘提严比者，有乡人违犯禁令，由学董令罚兴学经费者"。以致河北省深州知州惧激成变故，以此去职。⑤ 可见所谓"强迫之权"，即借助官权甚至动用官权达到

---

① 瞿同祖：《清代地方政府》，282、297 页。

② 《学部奏续拟提学使权限章程折附片并清单》，《大清新法令》(点校本)第 2 卷，180 页。

③ 《学部奏定劝学所章程》，朱有瓛等编：《中国近代教育史资料汇编——教育行政机构及教育团体》，61、63 页。

④ 《农安县寿鹏飞禀陈学务情形文并批》，载《吉林官报》1909 年第 3 期，公牍辑要，3 页。

⑤ 《调查直隶教育报告总说》，载《吉林教育官报》1908 年第 5 期，调察，10 页。

办学目的。

更重要的是，劝学绅董还具有经手学堂学款的权力，其中不仅包括使用，还包括就地筹集。

与传统士绅自行捐资办学不同，劝学绅董筹集学款的权力来自官府的赋予。湖北提学使曾说："中国人民程度尚低，办捐各事时时必需官力。绅董既代官长之劳，官长应视为自己之事。"①依赖官力成为劝学所筹集学款的原则。吉林农安县劝学所筹资困难，禀请县令在原公租基础上每垧地再加收一百文，专归四乡学堂为常年经费。县令还明示劝学所："乡学开办各费除有庙产之区稍可变价抵补外，余仍须责成各该区另行设法。"②即劝学所在筹款上可因地制宜、自行设法。更重要的是，劝学所自筹学款的收取与使用都缺乏明晰的规范。村董负责收款，又定总董和劝学员有筹款之责，有确定收取何种捐款的权力；各种款项总核权在劝学所，由总董将收款拨给各学区各乡办学。这样，总董、劝学员、村董都可插手学款。到后来，有的地方甚至有"教员兼充承办各捐事"，称为"办捐董事"。各种彼此挪移、有名无实、中饱私囊，或筹款多而办学少的腐败之事屡起不绝。③

一般来说，地方自治教育应把教育行政权与经费使用权分离，由议事会和董事会等自治机构掌握教育经费预算和分配权，并实行监督。但清末地方自治刚刚起步，无法做到这一点。州县官虽然对劝学所经费有监督权，但也主要是核定收捐项目、审理收支账册，无法也无力监督其经收过程。这种教育行政权与筹款权的合一，加

① 《本司札蕲水县整顿学务条目文》，载《湖北教育官报》1909 年第 1 期，文牍，27 页。

② 《农安县寿鹏飞禀陈学务情形文并批》，载《吉林官报》1909 年第 3 期，公牍辑要，4 页。

③ 《省视学曾林整顿各州县学务通弊条陈》，载《湖北教育官报》1910 年第 2 期，报告，3～4 页。

大了劝学所在办学事务上的独立性。

正是这种既赋予权力又缺乏制约的制度安排，使官、民双方都对劝学绅董保持警惕与怀疑态度，从而一下子把他们推到了矛盾的风口浪尖上。在宣统二年（1910年）江西宜春发生的一起大规模乡民毁学事件中，当地图保认为事发原因是"劝学所绅董卢元弼等恃势横行，逼捐太甚，百货均要抽捐"，且对尚未认捐者"分禀府县究追"，甚至还有"禀县抽分图捐及加抽米捐之议"，故而引起乡民愤恨，"意欲将其杀害泄忿"。

其实，官方也认为卢元弼任劝学所总董后，"编引党类，为各乡劝学绅董筹捐劝学所教育分会经费，巨细靡遗，所有柴、米、纸张、杂粮、菜蔬等项，凡民间所用，几乎无物不捐"，抽捐太苛。[1] 就清末而言，随着新政的开展，各项捐税层出不穷。从根子上说，劝学所抽税权来自国家的赋予，劝学绅董则是这项权力的执行者。同时，清末缩短预备立宪期限，各项措施加快推进，办学堂也不例外，地方每每因办学不力而受到上司的斥责甚至处罚。在这种压力下，劝学所只有通过加捐这一条途径筹措经费。由此角度看，在这起事件中，劝学所总董卢元弼成了国家权力的替罪羊。

随着兴学的展开，各地不断发生毁学事件。在这些事件中，劝学所、新学堂及其绅董都处于首当其冲的地位。民众视其为"官绅勾结"，甚至喊出"毁学杀绅"的口号[2]，而官方也将这类事件的原因归于劝学绅董。学部札各省提学使文中说，各地打毁学堂之案层见叠出，固然由于民智未开，但也是劝学员"不谙事理，一味操切从事"，

---

① 宜春全县154图，图捐即每图每年捐钱20串。参见《江西巡抚冯汝骙奏宜春县乡民抗捐仇绅聚众攻城折》，中国第一历史档案馆、北京师范大学历史系合编：《辛亥革命前十年间民变档案史料》上册，352～356页，北京，中华书局，1985。

② 张振鹤、丁原英编：《清末民变年表（下）》，《近代史资料》总第50号，85页，北京，中国社会科学出版社，1982。

"倚势作威"所致。① 在浙江象山县担任知县的程鉌说的话很能代表地方官员的看法："办学之人又往往满口公益，一腔私利，非刮公款以饱私囊，即任私人以充要职，其甚者假兴学大题以鱼肉乡里，胁制官长，转为害马。试观年来各省民乱，无不先毁学堂，几视学堂与教堂无二。"②在他们眼中，这些绅董与衙门中的"吏"几无二致。

劝学所执掌了教育的行政权力，在运作中也常常带上了衙门作风。广东提学使整顿学务文说，"访闻各属绅士或新旧交讧，或党派各出，或各图席位，或互争公款，以至借学排抵"，甚至称他们为"学界败类"③。而各地劝学所冗员、冗费的存在也是一大问题。如湖北长阳县劝学所就有视学、总董、副董、绅董、司账、缮书、写票、查核、催租、催捐、厨丁、伺应等十余人，而真正办事者不过三人。④ 此外，还有办事不力的问题。根据湖北省视学的报告，该省不少州县劝学所虽早经设立，但有名无实、敷衍了事，"正绅虽多，或因总董未能常川驻所，不免推诿；或因外界多方牵制，难于实行；或因尚未得人，争端纷起；或因洁身自爱，不欲理繁"，故而教育系统"极为涣散"，甚至还有劝学所将历年报销学款留有余地，私自挪用。⑤ 可见，从整体上看，在官府眼中，劝学绅董的形象不佳。

不仅是官方，社会对劝学绅董也常有非议。广西谘议局整顿教育议案就直接称："劝学所总董多地方滥劣绅士充之，彼视为普通局

---

① 《学部札各学使劝学所办学员绅务当慎选文》，朱有瓛等编：《中国近代教育史资料汇编——教育行政机构及教育团体》，65 页。

② 程鉌：《上座师学部唐尚书书》，《浙鸿爪印》下卷，22 页。

③ 《本司奉督宪札饬整顿学务通行遵照文》，载《广东教育官报》1911 年第 1 期，文牍，19 页。

④ 《本司札长阳县整顿劝学所文》，载《湖北教育官报》1910 年第 3 期，文牍，26 页。

⑤ 《省视学曾林整顿各州县学务通弊条陈》，载《湖北教育官报》1910 年第 2 期，报告，1 页；《本司札长阳县整理岁入岁出各款文》，载《湖北教育官报》1910 年第 3 期，文牍，23 页。

所一席位，安所识为学务者。"广西提学使认为谘议局此种提法是非失当，而学部札饬则承认："该省谘议局议案所指各弊，亦各省办学之通病。"①

就劝学绅董而言，他们虽然具有双重身份，但毕竟未被纳入正式官员的行列，所以有的时候也会继承传统士绅的品格，有意识地与官府处于对立地位。由于劝学所经手的学款包括官府拨给和自筹两个部分，所以学款常被官府挪用、占用或根本不到位。以湖北谷城县为例，该县常年学款八千串，县官立高等小学堂用四千至五千；而选举事务所、调查局、议事会董事会等项及县署杂项开支又复挪移学款一千串上下，致使除官立学堂外他类学堂及私塾皆无津贴。②在这种情况下，劝学绅董与地方官常起冲突。如在江西遂安，因县令不照规定拨给经费，当地管理学堂校长等联名具呈提学使，称县令"有心玩误"，要求提学使饬令州府查明给予严厉处分。③

在身份上，劝学绅董也常常会自觉或不自觉地把自己与"官"加以区分。在州县办学中，县视学承担检查监督之职，地位在劝学绅董之上。在劝学绅董眼里，视学是"官"，故而会对视学持排斥态度。1910 年，江苏丹徒学界因不满县视学任用私人，要求罢免，另行选举。先是提议于县令，不得反应，遂向提学使控。不料提学使札文仍旧留办，激起进一步激愤，遂会议俟县议事会成立一并揭示，径禀学部核办。④ 在镇江，全体学界也以视学员营私窃位，众望不

① 《学部札饬准广西提学使呈明谘议局整顿全省教育议案仰即查照文附抄议案》，载《贵州教育官报》1911 年第 6 期，文牍，5、1 页。

② 《本司札谷城县整顿学款文》，载《湖北教育官报》1910 年第 1 期，文牍，30 页。

③ 《严查县令捺阻学费》，载《申报》，1910 年 3 月 9 日，第 1 张后幅第 3 版。

④ 《丹徒学界对视学员之恶感》，载《申报》，1910 年 3 月 23 日，第 1 张后幅第 4 版。

孚，拟联名提学使撤销委札，另行公举。①

劝学绅董虽然借劝学所进入体制内，但是，他们在取得一定权力的同时，并没有真正地被纳入官僚体制，所以在不同的人群那里，他们被赋予了不同的形象：在官府的眼中，他们虽然是"绅"，但被赋予了一定的权力，是办具体事务的人员，与"吏"无二义；而在民的眼中，他们又与官府勾结，被视为借学捐恃强压民之一族；而就他们的自我认同而言，是"绅"而不是"官"。这种情况说明，清末的基层政治改革不仅仅只是制度建构，还必然会带来社会结构的变化，其中最主要的是乡村士绅的地位变化及其与官、民关系的变化。士绅被赋予一定的权力，引来官、民对他们的警惕与不满，"劣绅"的形象在不满中被泛化并逐步成为一种社会认同，乡村士绅的地位在制度上上升的同时，又在社会认同上开始滑向低谷。

本来传统绅士是乡村治理的重要力量。他们"作为一个居于领袖地位和享有各种特权的社会集团，也承担了若干社会职责。他们视自己家乡的福利增进和利益保护为己任。在政府官员面前，他们代表了本地的利益。他们承担了诸如公益活动、排解纠纷、兴修公共工程，有时还有组织团练和征税等许多事务。他们在文化上的领袖作用包括弘扬儒学社会所有的价值观念以及这些观念的物质表现，诸如维护寺院、学校和贡院等"②。所以，在一般情况下，官与绅之间合作大于冲突，民对于绅认同居于首位，共同达到治理的目的。但在清末办学过程中，随着劝学绅董的出现，官方既赋予其权力，又对其保持警惕；民对其由认同转向不满。乡村治理的稳定局面开始被打破。

---

① 《教育会集议视学员之不职》，载《申报》，1910年3月25日，第1张后幅第4版。

② 张仲礼：《中国绅士——关于其在19世纪中国社会中作用的研究》，李荣昌译，48页，上海，上海社会科学院出版社，1991。

# 第三章　从保甲团练到巡警：
## 州县治安体系的变动

晚清以来州县治安体系的变动，经历了从保甲团练到警察建立的过程。关于晚清的保甲团练，学术界已有丰富的研究成果。① 这里关注的重点是考察晚清以来保甲团练的新变化，以及这种变化对基层社会治安带来的影响。

新政推行以后，州县警察制度建立，成为新的维持社会治安的力量。学界普遍认为清末警察集中于省城，较少向州县发展。但通过对清末报刊和资料的挖掘，我们发现，当时全国相当数量的州县先后举办警政并设立巡警局，尽管许多名不副实，甚至弊端丛生，但近代警察制度发展到州县已是不争的事实。但目前学界对清末警察制度的研究大都停留在省城商埠，对州县情况关注不够。② 或者

① 相关著作有孔飞力《中华帝国晚期的叛乱及其敌人：1796—1864 年的军事化与社会结构》(中国社会科学出版社，1990 年)，杨国安《明清两湖地区基层组织与乡村社会研究》(武汉大学出版社，2004 年)，张研、牛贯杰《19 世纪中期中国双重统治格局的演变》(中国人民大学出版社，2002 年)，萧公权《中国乡村：论 19 世纪的帝国控制》(台湾联经出版事业股份有限公司，2014 年)等。

② 相关研究著作有韩延力、苏亦工等《中国近代警察史》(社会科学文献出版社，2000 年)，万川《中国警政史》(中华书局，2006 年)，黄晋祥、邹丽霞《晚清的警政》(群言出版社，2005 年)等。论文有王家俭《清末民初我国警察制度现代化研究》(《台湾师范大学历史学报》1984 年第 10 期)；此外，20 世纪 90 年代以来发表相关论文百余篇(详见苏全友：《90 年代以来近代警政研究综述》，载《周口师范学院学报》2006 年第 1 期)。

说，关注的主要还是制度层面的建设，对其施行的实际状况和影响则探究不深。实际上，州县巡警的设立已在一定程度上改变了基层社会的治理模式，引起绅士地位的进一步变化，并引发了各地的"反警政"群体事件。那么，这一切究竟是怎样发生的？探讨这一问题，将有助于对清末改革的深入认识。本章力图从纷乱的材料中，梳理州县巡警建立的脉络，展现各地的不同面貌，并进一步探讨州县警察制度的建立给乡村社会治理带来的深刻影响。

## 第一节　保甲与团练

### 一、晚清的保甲

在州县的治安体系中，保甲具有举足轻重的作用，它"稽查奸宄，肃清盗源"，被统治者视为"整顿地方良法"①。关于晚清的保甲，人们常有"废弛"之认识，其实，无论朝廷谕旨还是官员奏报中，"废弛""视为具文"都是常用语，但"废弛"并不等于不存在，否则就无法解释 18 世纪中叶以后保甲取代里甲承担税收的事实。②

实际上，保甲是一套包含编户、联名互保等一系列措施在内的制度体系，其治安功能就是建立在这一套由人户和共同承担责任原则编就的网络基础之上的。但制度设计本身，即每户悬挂门牌登记入册制度比较烦琐。嘉庆时湖南华容县令力行保甲，"按户亲查接牌标对，按簿考稽，种种烦重，而随时随地旁参互证之处，极用周详"，用了两年多时间始将一县牌册告成。保甲被地方官认为是费力又费钱的事，除非有十分的必要，在一般情况下，大多数并不十分卖力。咸丰元年(1851 年)，监察御史宗稷辰就以嘉庆年间自己父亲

---

① 刘锦藻：《清朝续文献通考》卷 25，户口一，嘉庆四年谕，7757 页。

② 萧公权先生认为，里甲的税收功能由保甲来承担在 18 世纪中叶已经开始了。参见《中国乡村：论 19 世纪的帝国控制》，75 页。

花费两年余始成华容保甲编牌造册的事例提出，州县保甲不彰，是州县大者数十万户，小者数万户，逐户编查，必耗时数年，以致"州县其劣者多事观望，其贤者亦惧处分钱粮命盗不误己为循分"，保甲成为额外负担，所以"行保甲必先得贤牧令"，并使州县久任。① 张之洞也曾指出，地方办理保甲不力，原因是"惟各州县应办之事，如钱粮词讼缉捕堤工等类，非止一端，其于保甲事宜，未能专心贯注。且必须经费，必须随时按户清查，又防衙胥地保借此扰民，以故据禀报则举行，考实效则殊少"②。

因此，随着承平日久，地方常常视保甲编户造册为具文。所以准确地说，保甲废弛，主要就是保甲编户和联名互保制度的废弛，保甲治安功能弱化。而造成这种状况的原因，主要在于编户制度的烦琐。但另一方面，随着保甲取代里甲的税收功能，保甲"名存而实变"，即演变成一个地域单位，导致"地方""地保"这类负责催征的"乡官"的产生③。

但在当时的历史环境下，保甲绝不是完全无用的，尤其是发生动乱和社会不安定之时，保甲常常会在一定时期、一定地区被不断提出和整顿，成为维系社会治安的有力工具。④ 晚清时期，社会动荡尤甚，朝廷鉴于"近年州县等官往往履任逾年，未曾编查乡甲，或

---

① 宗稷辰：《请实行保甲疏》，葛士濬辑：《皇朝经世文续编》卷 68，兵政七，1～2 页。

② 朱寿朋：《光绪朝东华录》，总 4340 页。

③ 在晚清的地方志中，"保""图"已然成为地理上的区划单位。关于"地方""乡保"，萧公权有很好的论述，参见《中国乡村：论 19 世纪的帝国控制》，78～82 页。

④ 萧公权指出，保甲体系先天不足，但面对社会矛盾、政治动荡带来的困难，它不是一个完全不能运转的制度。在一些地方，一些官员有能力使保甲体系运作起来并表现出相当程度的作用。参见《中国乡村：论 19 世纪的帝国控制》，69～75 页。

仅于城厢造册，虚应故事"①，多次谕令各省整顿保甲制度。所谓"整顿"也就是重新强化联牌编户和联名互保的制度，强化其"稽查奸究，肃清盗源"的治安功能。

及至光绪二十四年(1898年)，仍有上谕称："各省办理保甲章程非不详备，迭经谕令从严稽查，率皆视为具文，并未将现在情形详悉复奏，殊属因循废弛。自此次申谕之后，各该督抚务当严饬地方官，于保甲一事实力举行，以期民情固结，奸究无从匿迹。"②虽然整顿保甲的整体效果不佳，但并不排除有的地方官努力通过保甲来强化治安。光绪六年(1880年)，扬州保甲总局制定保甲章程，强化保甲巡查之责，凡旅馆、寺院客寓人员必须严加盘查、登记，城内常年设立十家更灯制度，按户轮值，城外往来船只人员不得在夜晚登陆。③ 光绪九年(1883年)，因"教匪遗漏"，湖广总督密札各州县一律编查保甲。宜昌东湖县令发布告示，要求实力编联十家牌，严密稽查，除刷印门牌册籍发交城乡保正按户填注外，还分饬委员绅士督同经理。填注之法是："无论居民铺户客店巷庙一律填牌注册，不准遗漏一户，凡户内大小丁口人人开列，亦不准遗漏一人。"编联之法是：每户缴门牌一张，照牌填写姓名、年岁、事业、人数，张贴门首，每十户填给十家牌一张，亦按照填注给牌头之户张挂；仍将牌填户照由保正甲长注入册籍，缴县以凭，县令随时按户抽查。凡牌内十户之中如有一户容留匪犯，以及行窃聚赌、私铸、私宰、窝顿私盐一切作奸犯科之事，准牌户之九家禀控究办，如隐匿不报，则一并连坐。④ 光绪二十四年(1898年)，直隶拟订办法编查保甲，

① 《清穆宗实录》卷140，同治四年五月庚申，《清实录》第48册，315页，北京，中华书局，1987。进入光绪朝后，仅据《光绪朝东华录》所看，光绪三年、四年、十三年、二十四年、二十五年都有上谕令各省整顿保甲。参见刘彦波：《晚清两湖州县行政研究》，128～129页，华中师范大学博士学位论文，2010。

② 朱寿朋：《光绪朝东华录》，总4196页。

③ 《扬州保甲章程示》，载《万国公报》1880年第572期，191页。

④ 《编查保甲示》，载《万国公报》1883年第747期，19页。

采取变通之法，或分乡择派绅董，或按村设立首事，清查户口，挨户悬牌，并以三五村庄，或十余村组成联庄，到十月，各州县奏报均已一律举办。①

晚清时期的保甲有个明显的特点，即开始参用绅士。一般来说，在此前的保甲中，绅士是被排除在组织领导之外的。《福惠全书》有云："凡十家长保正长，俱选之庶民，不及青衿衙役。以青衿有妨肄业，衙役善作奸也。其乡绅、举、贡、监文武生员在本甲居住者，不必编入十家之内，以不便悬门牌，令十甲长稽查。凡乡绅只需开具姓名籍贯官职，附编本甲之后。"②时人在论及保甲时说："今之乡保，贱役也，例不使绅士为之，充其任者皆愚弱无能之徒。官长鞭挞、胥吏鱼肉之，不复比于人。数其所执掌，不过迎送官吏、催夫顾夫，及杀盗重事报明本官而已。"③保甲为贱役，绅士不屑一顾，这是一方面的原因；还有另一方面的原因，即清廷有意在保甲体系中给予绅士以某种豁免权，同时又规定他们必须受保甲组织控制，有利于实现乡村中绅士与民众之间的平衡。④

但在晚清时期，一些官绅逐渐认识到需要利用绅士推行保甲。早在咸丰三年（1853年），胡林翼在制定剿匪条例时就明确指出：

> 保甲团练须用士用民也。近年保甲团练人人言之，亦人人行之，然文告徒烦，实政无补，牌籍空设，良莠不分。其交给上司差役分发各乡者，徒资讹索，尤为浮伪。夫十室之邑必有忠信，三人同行厥为我师，一邑之中岂无二三明白正派之绅士？虚心访之，实心求之，委令下乡带同册籍，每到一村，先于此

---

① 朱寿朋：《光绪朝东华录》，总4262页。
② 《福惠全书》卷21，保甲部，8页。
③ 刘揆：《乡保论》，《沔阳州志》卷11，艺文志，疏论，8页，光绪二十年刊本。
④ 萧公权：《中国乡村——论19世纪的帝国控制》，84～85页。

村访彼村之正人才人，有衣食、有顶戴；人到后村又访前村之
人，廉得其实，加以委任，官为给礼，注名于册，责以保固乡
里之义，谕以分别良莠之机，付以防捕救援之法，隆之以礼，
尤必须董之以威，虽欲不肩其任不可得矣。①

胡林翼为何提出选拔绅士参与保甲？很大程度上是因为保甲长
素质低下，致使保甲乱象丛生，"充之不择人，遇之不以礼，徭役征
索，悉在其身，胥吏又从而陵轹之，猾者乃与胥吏比以困齐民"②。
参用士人有利于扭转保甲长素质低下的弊端。但由于保甲长被视为
"官役"，为绅士所不齿，所以胡林翼要求地方官亲自下乡访求绅士，
优之以礼，由官加以委任，由此开创了联络并委任绅士编查保甲
之风。

至 20 世纪初，虽然清廷大力推行警察制度，但保甲制度仍然在
一些州县重建。之所以继续推行保甲，按这些州县官的说法，是各
项新政皆"惟财与才"，而地方贫瘠，风气未开，乡愚往往少见多怪，
只有就保甲成法略加变通。③ 或者认为"乡愚无知，以为保甲则无非
保护村庄守望相助，巡警则深恐遇有军务调遣从征，故仍循保甲之
名以安民心"④。

这些地方办理保甲基本都延续了 19 世纪后半期以来的做法，注
重使用绅士。光绪三十年(1904 年)，直隶宣化县县令办理保甲，"责
令公举公正绅董二三人，或有功名或无功名但取家道殷实人品端正

---

① 胡林翼：《启陈剿盗十三条》，葛士濬辑：《皇朝经世文续编》卷 69，兵
政八，12 页。

② 王柏心：《寓政》，盛康辑：《皇朝经世文续编》卷 80，兵政六，1 页。

③ 《署密云县陈令雄藩请办保甲禀并批》，载《北洋官报》1903 年第 185
册，文牍录要，3 页；《密云县举行保甲说》，载《北洋官报》1904 年第 275 册，
专件，2 页。

④ 《涞水县朱令办理山后各村保甲情形禀并批》，载《北洋官报》1904 年第
217 册，文牍录要，4 页。

为众人所钦服者，使之总理其事"①，直接使用绅董总理保甲。与宣化不同的是，密云县是在县城建立保甲总局，由两学官总其成，由其选荐绅士中"纯正识时务者五六人为襄理"；将全县城郭以外地区分成十二乡，每乡设绅董，由总局绅士择访；每乡分若干保，由绅董选择保正；再由保正选择甲总，形成保甲总局（学官、绅董）—乡（绅董）—保（保正）—甲（甲总）的架构。该县县令还制定优礼保甲绅董的条规："凡公正绅衿举充保正甲总，遇有保甲事宜，本县接见必优礼相待，如保甲有应商各绅及饬办饬查之事，自必用谕相约，以示优重。"②随着新政的开展，绅士活动范围扩大，借助绅力推行保甲，既可以提升保甲长的素质，又便于筹集所需款项。

但借助绅力办保甲并不等于放任绅士权力的扩张。光绪二十九年（1903 年），山东巡抚周馥鉴于该省教堂林立，矿路繁兴，欲图保护防卫，必须先行保甲之法，制定办法五条，通饬各属一律举办。其第一条就是"各州县择要设立保甲局，遴选素孚乡望之绅士充为局董，随时见官，面商境内应办事宜"，此外还有"本境如有窝匪拳盗之家，准绅随时访察报官拿办"；"平民教民细故争执由局董邀集两造亲族妥为调处"，"凡有教堂教士处所加意保护以期安辑无事"；"开办学堂及劝农通商惠工采矿诸端，或应延师教导，或应集资设立公司，地方官会同局董妥筹举行，其余应缴税课等项应行报官者，恐官民隔绝滋弊，亦准由局董代报"；"民间户婚田债纠葛事件，并准先由局董评理，免致成讼，其所需保甲局费即在抽税项下酌提百分之十，留作局中办公之资"③。显然，保甲局绅董拥有治安、民事

---

① 《宣化县谢令办理保甲情形禀并批》，载《北洋官报》1904 年第 215 册，文牍录要，3 页。

② 《密云县举行保甲说》（附章程），载《北洋官报》1904 年第 275 册，专件，1～3 页；《密云县保甲条规》，载《北洋官报》1904 年第 293 册，专件，1～2 页。

③ 《举办保甲》，载《北洋官报》1903 年第 44 册，时事纪要，6～7 页。

调处、参与举办新政、参与诉讼等广泛的权力。御史王祖同立即上奏，认为山东变通保甲，"举地方公事尽以委之绅士，其弊必至"，"绅士之狡黠者或借官势以鱼肉乡民，或挟众势以抗拒官长"，要求立即停止。政务处议复后认为"地方应办各事，责成州县认真经理，即有借资绅士之处，亦应慎重遴选，严定功过，随时稽察，毋得事事授权绅士，致成尾大不掉之势"，并乘势提出，治内以举办警察为先，俟警察办成，保甲即可包举于其中。① 借用绅力，同时又害怕绅力滋长形成尾大不掉之势，反映了清廷对于绅权的复杂心理。

晚清时期整顿保甲还有一个重要特点，即州县保甲局开始设立。保甲局出现在光绪中叶，如前面提到的江苏扬州府。再如湖北汉阳府，光绪十二年（1886年）制定编查保甲章程通饬各州县一体举办，亦在城中设立一保甲总局，二分局。总局由道札委同知通判分辖，由府督办；分局一正一副，由绅士充任，负责清查簿册、补换门牌等事，还要随时查访，十日将情况汇报总局一次。② 保甲局的设置，加强了官府对于保甲的领导与管理。

到20世纪初，一些地方的保甲局更注重吸取团练经验，扩充武装力量。如直隶密云县在县治设保甲总局，由县令主裁，由两学官董其成，附有练勇局，每届冬天出丁巡夜。此外，还在十二乡建立了一个严密的保甲编制和守望制度。确定十家一牌，十牌一甲，十甲一保，但可按照村庄远近进行调整，村庄相距远者五家亦可编为一牌。册籍中要把出身、籍贯、家主、丁口、田亩、雇工经商等各项填写清楚。各户要准备一件武器，如火枪、刀剑、木杖等，如遇执仗抢夺者，同甲同牌人户各持器械同往缉拿。如有窝留贼匪、私招赌博等情，同牌之人必须禀报牌头、甲总拿送迅究，如有隐瞒不

---

① 《政务处议复御史王祖同请停止齐晋两省保甲乡社事宜片》，载《北洋官报》1903年第63册，奏议录要，2～3页。

② 《汉阳府保甲录》卷上，1～2页，光绪癸巳（1893年）刻本。

报者，则九家一并治罪。此外，每逢冬季盗匪多发之际，各牌要建立哨房，各户轮流瞭望。①

宣化县除在城中设保甲总局外，还令各村村正副大户乡约人等分牌立长，就地筹款设立保甲局，酌雇乡勇，自相稽查，自相保护。② 涞水县分为山前山后两片区域，由于山后地区距离较远，盗贼频发，于是在山后 113 村办理保甲，建立保甲局 7 处，就地筹款，按村挑选民兵，置备抬枪火枪，各局共有民兵 555 名。无事之时民兵各安生业，夜则分班巡查。每逢朔望则各局合操一次，以分优劣。③

从材料来看，这一时期的保甲局在功能上又有了进一步的发展。一方面，它加强了官府对于保甲的管理；另一方面，它又是一个掌管武装力量，实施巡查、保卫的机构。这个机构的设立不仅使保甲的治安功能大大强化，而且使保甲拥有了防守地方的功能。

值得注意的是，在新的历史条件下，有的县还赋予保甲一些新的职能。光绪三十年(1904 年)，宣化县令有感于"州县虽为亲民之官，而情睽势格，其中相去不啻如隔九重"，于是创立"新法"，将城中保甲总局作为通民情之地。县令召集保甲各员到保甲总局相对晤谈，"讲论民间之疾苦，时势之艰危，暨向来官民隔阂、痛痒不相关诸事废弛之积习"。还谕令以后地方有应兴应革之利害之事，绅民讨论后，可赴城中保甲总局告知，绅董可径达官听。④ 密云县确定保甲绅董、保正、甲总的权限也十分广泛："凡民间雀角鼠牙，原可排

---

① 《密云县保甲条规》，载《北洋官报》1904 年第 290 册，专件，1～2 页；第 293 册，专件，1～2 页。

② 《宣化县谢令办理保甲情形禀并批》，载《北洋官报》1904 年第 215 册，文牍录要，3 页。

③ 《涞水县朱令办理山后各村保甲情形禀并批》，载《北洋官报》1904 年第 217 册，文牍录要，3～4 页。

④ 《宣化县谢令办理保甲情形禀并批》，载《北洋官报》1904 年第 215 册，文牍录要，3 页。

难解纷，化大事为小事，息小事为无事"；"稽查户口，防拿盗匪，凡属地方之公利公害，非关一家一人之私愤私便，均准办理"；此外还有挨传各户在村外隙地路旁栽种树木、修理桥梁等职责。① 保甲承担了地方一部分公共事务。

总之，从现有的材料来看，即便晚清时期朝廷不断下旨要求整顿保甲，但整齐划一的保甲制度并没有建立起来。但另一方面，由于持续的内忧外患，一些地方匪患、盗贼猖獗，为强化治安，保甲制在一些地方官的努力之下，得以恢复和发展。但晚清时期的保甲已不是传统保甲制的重复，也不是简单地恢复保甲编户制度，而是任用绅士、设立保甲局，强化了保甲的治安和防卫功能。由于资料有限，我们无法进一步了解这时保甲在治安、防卫方面的实际效应，但保甲制度的上述变化却是实际存在的。

**二、晚清的团练**

团练是一种兵、民结合的基层武装力量。正如咸丰二年(1852年)孙鼎臣在请办团练疏中说的，是"用民为兵"，"以本处之民守本处之地，以本地之资供本地之用，有且守且耕之利，无增兵增饷之烦"，古已有之。② 晚清大规模发展团练则是在咸丰初年，原因是太平天国的兴起，单靠清军力量已无力镇压，朝廷不得已任命团练大臣，令各地办理团练。咸丰三年三月(1853年4月)上谕称：

前有旨令各直省仿照嘉庆年间坚壁清野之法办理团练，令武英殿刊刻明亮、德楞额筑堡御贼疏、龚景瀚坚壁清野议，及示谕条款，颁发通行。复令将本年两次谕旨一并刊刻，冠诸简端。本日据惠亲王等奏业已刊版刷印，装成样本进呈。著即颁

---

① 《密云县举行保甲说并章程》，载《北洋官报》1904 年第 284 册，专件，1～2 页。

② 孙鼎臣：《请责成本籍人员办理团练疏》，盛康辑：《皇朝经世文续编》卷 81，兵政七，28 页。

发各直省督抚，广为刊布，督同在籍帮办团练之绅士实力奉行，各就地方情形妥为布置。但期守卫乡间，不必拘执成法。团练壮丁亦不得远行征调，保民而不致扰民，行之日久方无流弊。一切经费均由绅民量力筹办，不得假手吏役。如地方官有借端科派、勒捐等弊，即著该督抚据实严参。至各省所保绅士人数众多，其中办理不善，不协乡评及衰老不能任事者，该地方官查明即令毋庸管理。至近贼地方，绅民团练尤须官兵应援，方足以资捍御。统兵大臣暨该督抚等务当相度缓急，拨兵策应，俾兵民联为一气，庶众志成城，人思敌忾，蠢兹小丑不难克期荡平也。①

这条上谕确定了团练"守卫乡间，不必拘执成法"，但又"不得远行征调"，"一切经费均由绅民量力筹办"等原则，团练成为"官督绅办"的地方武装。如江苏武阳，咸丰三年（1853年）太平军攻陷南京，先有在籍广州知府余保纯设保卫局，集诸绅为守御，但规模未具。后在籍浙江布政使汪本铨等奉旨办团练，城内设团练局，内外坊厢有分局十四，择绅耆有威望者主之，募集洲勇、练勇、帮勇。并严行保甲，十户为一牌，户出丁夜巡。② 团练在剿办太平天国、捻军等起义中起到重要作用。

太平天国军兴以后，作为应对内忧外患的有效工具，团练并没有消失，而是随着社会危机的加重屡屡复兴。如江苏青浦县志记载：

青浦创办团练始于咸丰十年，乱平遂撤。光绪十年法越战事，二十年中日战事，均奉督抚札饬举办民团，不久仍撤。二

---

① 《清文宗实录》卷87，咸丰三年癸丑三月庚戌，《清实录》第41册，148页，北京，中华书局，1986。

② 武阳是武进和阳湖两县的合称，同在府城常州。《武阳团练纪实》卷1，4～5页，光绪十四年刻本。

十四年德据胶州湾，防务紧急，知县汪瑞曾奉江督刘坤一札饬，举办团练，惟略变按户抽丁旧制，专募年富力强者操习刀矛枪炮，略以军法部勒。城乡先后设局，城设总局，正副团长各一人，乡设分局，团长一人，全邑团勇二百五十人。二十六年以京津拳乱，续募一百八十名。二十九年知县田宝荣续议章程十条，除县署团勇二十名外，分设城乡二十八处，每处团勇十二名至十名、八名不等。裁汰老弱，实存团勇二百五十六名，仍照向章联络营汛，按期操演。三十年春东省日俄战事起，奉令整顿团练成局，添募团勇三十名，各乡亦增局，添募有差。①

可见，团练的复起和扩大，都与内外战事有关，即通过团练应对危机，通过守望相助达到自保身家的目的。

晚清团练的基本模式是团、保结合。曾国藩曾说："保甲之法，实为弭盗良策。弟意办团与保甲名虽不同，实则一事。近人强为区别，谓操练技艺、出队防剿者，即名团练；不操技艺、专清内奸者，即名保甲。不知王荆公初立保甲之时，本曰民兵，本尚操练，与近世所谓办团者初无二致。"②

胡林翼抚鄂之时，要求各地举办保甲团练，也说："举办团练，所以御外侮；清查保甲，所以除内患。寓保甲于团练，则内患除而外侮御，法良意美，实为目前第一要务。"他在湖北蕲州推行的办法是：在五乡中遴选妥实正绅设立正副团总，由团总结保团佐，由团佐结保十长，由十长结保团勇。团总、团佐、十长分别对应保长、甲长、牌长。③ 这样，以保甲清查户口实行联保，从内部清除隐患；以团练训练团丁，以应对外部敌患；内外结合，强化应对各种紧急

---

① 《青浦县续志》卷 10，兵防，7 页，民国二十三年刊本。
② 《复丁稚璜中丞书》，盛康辑：《皇朝经世文续编》卷 81，兵政七，35 页。
③ 《八年二月十四日札蕲水令》，《胡文忠公遗集》，卷 9，批牍，13 页，沈云龙主编：《近代中国史料丛刊》第 89 辑。

事件和防患的力量。

团练与保甲本各有专责，这一时期曾胡等人之所以特别强调二者的结合，是具有深意的。从当时的情况看，如果仅仅训练团勇，在兵力有限的情况下，要清除匪患，是很难办到的。但如果与保甲结合，通过建立乡兵的办法，建立从最基层开始的内外结合、层层联系的防卫系统，则可以有效克服上述弱点。况且，团练与保甲结合，"有事为团练，无事为保甲，贼退省分行之，可以招集流亡、兴复义社等仓，所以善后于己事。远贼省分行之，可以稽查奸究，杜绝外来窥伺，所以防患于未然"①。如此既能在应对各种突发事件上通过基层军事力量弥补官兵的不足，又能使团练不脱离本地本土，便于善后恢复，一句话，可以大大增强应对动乱和治安的力量。

安徽六合县的团练，就是这种"寓保甲于团练之中"的典型。该县在旧制十家为牌、十牌为甲的基础上，以牌甲多寡为率编团练，每团二三保、四五保。由团总负责各牌甲编查户籍造册。每户给门牌一面，每牌长给十家牌一面，每甲长另给一牌。各户如有搬迁、外出或归来，牌长查明告知甲长团长，在牌册注明。每团择本团一人为团总，四人为团副，责以守备本团及联络各团之事，平时督同甲长牌长稽查奸细，训练壮丁，修饬守备。此外每户年十六至六十岁以内男丁，二人出壮丁一名，五人出二名，七人出三名。壮丁平时耕种，有警则团。每团要设卡，路口设立望楼，每甲壮丁分两班，一班据守本村要地，一班赴救。② 在这种模式中，若干保成为一团，形成团总—甲长—牌长的防卫系统。

光绪年间，这种团保结合的模式一直有延续。光绪十年（1884年）顺天畿东各州县就是通过编保甲以成团练，户出一人备一械，每

① 孙鼎臣：《请责成本籍人员办理团练疏》，盛康辑：《皇朝经世文续编》卷81，兵政七，29页。

② 《六合保卫团练章程》，盛康辑：《皇朝经世文续编》卷82，兵政八，17～21页。

十户为一牌，设牌首一人；十牌为一甲，设甲长一人；十甲为一团，设团总、副总各一人。无事则昼夜巡察，严绝窝藏匪类之家，有警则鸣锣集众。①

光绪二十五年（1899 年），总督张之洞在湖北整顿保甲团练，提出"保甲为本""官督绅团""量力练丁""自筹经费""团保相辅"的方针，令所有大小乡村一律查清保甲，每村设保董一人，择其端谨有身家有体面者充之，专管编核户口、稽察匪党、查禁窝户、劝导愚民等事；其寻常催征句摄公事，仍用向设之保正办理。其一村不满三十家者，附入邻近之保董经管。并将盗案易破、窃案稀少、会匪不能萌芽作为州县官考课的内容。张之洞通过设置保董的做法，使保董负责户口、治安，原保正只负责催征。保董的职能专一，可进一步强化保甲的治安功能。与此同时，四乡酌分数团，设正副团首各一人；数十村合为一团，以本籍年在二十四岁以下身材健壮、性情朴实、无过犯者充之，每三日在本乡操练一次，每月团首校阅一次，每三个月各团合操一次。还要在本村要隘高处设一瞭望更棚，若一村盗匪窃发，立即放枪鸣锣，或就寺庙鸣锣，远近递传，各村保甲合力四面截拿，团首练长等即率丁追击。②

当然，在实践中，尤其当形势不是那么严峻的时候，无论团还是保，都极易涣散。江苏安东县各牌乡民在光绪十七年（1891 年）就建立了团练会，但到 1900 年知县吴瞻莪发现各团已散漫无稽，于是另委派总团董，督饬各牌团丁训练。1906 年改编为堡防，每防丁五十，"有警则齐集防守，无事则散处为农"。宣统三年（1911 年）巡警建立，堡防全部改成预备巡警，专守地面，以保治安。③

团保结合，以保甲为基础，将牌、甲、保结合到团练之中，练

---

① 周金章：《通饬顺天畿东各州县编查保甲示》，葛士濬辑：《皇朝经世文续编》卷 68，兵政七，11 页。

② 朱寿朋：《光绪朝东华录》，总 4340～4342 页。

③ 《安东县志》卷 4，保甲，11 页，民国二十年铅印本。

丁出之于户，寓兵于民，一旦有警，则可集合起来成团，大大强化了基层的治安力量。这种模式重在守卫乡土，但地方常常还会出现一些突发事件，需要有一支随时可以调遣的武装力量予以应对，这样，有的地方的团练逐渐形成为一种自成系统的武装力量。光绪三十年(1904年)署理云贵总督丁振铎奏请办理云南团练，认为云南地远辽阔，"土会各匪骚动"，"非厚集兵力难资控制"，在省城设立团练总局，以藩司总理团务，道员坐局会办；分边地、腹地设立团哨，边地以六十五员为一班，腹地五十五员为一班，每属练十班，编为两营，以厅州县为管带、知府为督带、道员为统领。① 各团营哨遇有军事可就近调拨。丁振铎期望以这种方式克服"防营积弊太深，难遽挽回"的局面，加强防务力量。但不及三年就发现，挑练以来"恶劣绅董借以营私指派勒摊，雇债顶替，弊端百出，虽经随时整饬，究难一律禁绝"，只用改良之法去其瑕垢实为不易，只有全部改为巡警。②

实际上，无论保甲也好，团练也好，其兴废均与形势、与州县官的偏好和努力程度密切相关。虽然朝廷督饬督抚、督抚督饬州县举办团练保甲，但州县官的态度不尽一致，"徒事粉饰""纸上空言"者不少，"一遇匪警，无非请兵弹压，为一时苟安之计"。到20世纪初，内外形势更为严峻，江苏巡抚描绘当时局面是："今日枭匪势同流寇，兵至匪去，兵去复来，在弁勇则徒应征调之烦，在州县亦作张皇之举。"在这种情况下，非整顿团防别无他法。于是长洲县令仿各处救火会办法，编练团练分为常团、预团两种。常团设定额度，挑选精壮，勤加训练，用以随时调拨，应对各种突发事件。预团则以每十家出二丁之数组织，酌期操演，用以守望乡土。江苏巡抚通

---

① 《署云贵总督丁等奏滇省办理团练请敕立案并准保奖折》，载《北洋官报》1904年第216册，奏议录要，2~3页。

② 《滇督丁奏酌就团练改办警察折》，载《北洋官报》1907年第1312册，奏议录要，3页。

饬各属仿办，还要求集款购置洋枪，允诺"如遇匪众逞凶拒捕，准予格杀勿论"①。常团已然成为常备的武装力量。

保甲作为维系基层社会治安的工具，是通过编户联保、举发奸宄来达到目的的，但难以应对较大规模的动乱。在这种局面下，团练乘势而起，成为重要的防卫力量。保甲与团练的结合，通过"团"把分散的"丁"结合起来，既作用于内部防查奸宄，又以团的形式应对外患，内外结合，层层联系，在一定时期内有效地强化了地方的治安与防卫力量。

过去，绅士在乡村社会的作用更多是通过参与社会公共事务来实现的。现在，借助于团练，绅士拥有了乡村社会的军事防卫力量，地位得以提高，在社会治理中的作用显著加强。尤其是团练与保甲的结合，使防卫与治安融为一体。原来保甲编册由官府控制，现在户出壮丁，壮丁数量和人员的选拔、操练、调动，均由团总负责，保甲直接成为团练的一个组成部分，绅士对乡村社会的控制力大大增强。

借助于团练的军事力量，绅士在社会事务中的参与范围进一步扩展。如咸同年间，河间地方办有团练五团，不仅在应对匪乱时"互相援应"，而且参与征粮，"每遇春秋两时，则民各备其租银而集于其团长，而总输于县官"，五团之间互相稽察，某团后输者有罚，"于是踊跃争先，不烦催租之吏"②。其他一些地方也不时有团练"设局""催征"，或者干预司法等事件出现。

但我们也要注意，这些事例都是一时一地的行为，代表这些绅士借助团练扩张权势的事实，但不能仅凭这些具体事例得出乡村社会绅权通过团练已经取代官府权力的结论。因为其一，许多州县都

---

① 《通饬各属举办团练》，载《北洋官报》1908 年第 1675 册，新政纪闻，11 页；《电禀办理团练情形》，载《北洋官报》1909 年第 1997 册，新政纪闻，11 页。

② 王应孚：《团练论下》，盛康辑：《皇朝经世文续编》卷 81，团练上，10 页。

出现团练，但并非每个州县都建立了团练，特别是那些边远之地，或者乡绅力量不够活跃，或者由于内外危机带来的压力并不严重，对办团练并没有十分的迫切感。其二，如前而言，晚清时期州县团练常常是屡兴屡废的，它的兴起常常与外在压力有关。如1908年江苏巡抚陈启泰通饬各州县兴办团练，就是因为"各属枭匪猖獗，各州县纷纷到省请兵防护"，但"殊无余兵可拨"，所以要求各属招募民壮，认真教练，俾资捍卫。① 1909年浙江象山县令程稣实行团练，是因为该县三面环海，海盗处处可以登陆，而协标兵已裁去五成，仅存百数十名，不敷分布。于是会商绅士举办团练，实行守望相助之法。② 所以也有很多州县的团练都没有成为常设机构，虽然有参与催收等行政行为，但都是一时的、个案的。

尽管晚清团、保结合，但从功能上讲，保甲与团练还是有差别的。保甲是国家在基层社会建构的一种组织制度，而团练则是应对危机的一种手段。绅士借助团练扩大了权势，但如果说有绅士借此在乡村社会控制中起决定作用的现象出现，那也只是就某个特定时间、某个特定地方而言的，整体上不应估计太高。

## 第二节　州县巡警的建立

### 一、直隶州县巡警的初创

西方警察制度和警政思想是在晚清时传入中国的。20世纪初，随着清政府新政改革的开启，一些官员也提出办警察的建议。光绪二十七年(1901年)，张之洞、刘坤一在《江楚会奏三折》中提出"去差役"的同时，建议外省仿办警察，"当于繁盛城镇，采取外国成法，

---

① 《通饬各属兴办团练》，载《北洋官报》1908年第1638册，军政，11页。
② 程稣：《呈送颜方伯整顿地方情形折》，《浙鸿爪印》下卷，禀启类，6页。

并参酌本地情形，先行试办，以次推行"①。

光绪二十八年(1902 年)，湖广总督张之洞在武昌裁撤保甲局，"酌采外国章程"设立警察，以武昌知府梁鼎芬为总办。募练警察步军 550 名，马军 30 名，清道夫 202 名。②

同年，直隶总督袁世凯在保定创办警务局，下设分局五所，各有巡兵 64 名。③ 又在天津接收各国联军占据后设立的都统衙门，将保定筹练巡警两千人调津。④ 袁世凯的做法得到朝廷的首肯，于 10 月 17 日颁布上谕："袁世凯奏定警务章程，于保卫地方一切甚属妥善，著各直省督抚仿照直隶章程，奏明办理，不准视为缓图，因循不办。"⑤之后，各省省城商埠地方先后开办巡警，并向州县推广。

光绪三十一年(1905 年)，清政府设立巡警部。它的成立有利于推动警察制度的发展建设。

直隶是最早推行警察制度的地区。1905 年前后，一些州县就陆续设立巡警。但据该年 8 月袁世凯的奏报，各州县虽有 90 多处禀设巡警，"而大半有名无实"，惟天津作为通商巨埠，办理颇有成效，于是制定章程，先从天津四乡办起，以为各属模范。确定将天津四乡分为东西南北四路，每路设一巡警局，局下分二至三区，海河一带分四段设四局，共计八局十七区。每局约万户上下，每区三千户左右。依据村庄之大小定警兵之多寡。殷富之区按五十户出一名。荒僻之区百户出一名，定巡警七百二十四名。所需经费以地方本有之青苗会、支更费及迎神赛会、演戏中提取充用。经费责成绅董负责，官不经手，但按月稽查。巡警挑齐后，由巡官在本区适中之地，

---

① 朱寿朋：《光绪朝东华录》，总 4743 页。

② 《省城创办警察折》卷 56，苑书义主编：《张之洞全集》，1475～1476 页，石家庄，河北人民出版社，1998。

③ 《创设保定警务局并添设学堂拟定章程呈览折》，廖一中、罗真容整理：《袁世凯奏议》中，604 页，天津，天津古籍出版社，1987。

④ 《恭报抵津日期接收地方情形折》，《袁世凯奏议》中，620 页。

⑤ 朱寿朋：《光绪朝东华录》，总 4935 页。

按日调集区内巡警讲授警察及操练各法，两个月毕业，以后每星期调集一次。①

这是最早的州县警察章程。它首先提出了巡警局之下划区治理的办法，使"区"成为管理警察、户口的一级单位。在袁世凯的督催下，直隶州县巡警陆续设立。

表 3.1　直隶 1904—1907 年部分州县设立巡警情况

| 县名 | 时间 | 办理情况 | 经费 | 资料来源 |
|---|---|---|---|---|
| 高邑 | 1904 年 | 试练巡警 10 名，在署前设局练操 | 自行捐廉办理 | 《北洋官报》1904 年第 434 册 |
| 宁河 | 1904 年 | 在芦台镇设立巡警局 1 所，遴选绅董平殿魁经理局务，设巡官、巡记各 1 名，挑选巡兵 30 名，分作三班，昼夜站岗巡街 | 加收席捐制钱三文，内抽一半设巡警 | 《北洋官报》1904 年第 435 册 |
| 故城 | 1904 年 | 八乡一镇设分所 9 处，由村众公举绅士一二人董其事，由各村甲长首事举保体质强壮无嗜好者充当巡兵，每乡三五十或六七十不等；在城中适当之地设总公所 1 处，分所 3 处 | 常年经费由该镇铺商捐输，其余各乡以旧有青苗会款举办 | 《北洋官报》1904 年第 442 册、532 册 |
| 抚宁 | 1904 年 | 雇募马勇 12 名，携带快抢，常年分路警察，实力巡缉，以辅保甲之不足 | 县令捐廉举办 | 《北洋官报》1904 年第 445 册 |
| 沧州 | 1904 年 | 城关设总局分局各 1 所，巡兵 50 名，知州为正巡官总理一切 | 城关商贾量力劝捐，款由绅董经手 | 《北洋官报》1904 年第 499 册 |
| 易州 | 1904 年 | 募巡勇 30 名、马巡勇 10 名，由距城十里以外、三十里以内各村庄由村正副挑选年力精壮无疾病嗜好土著良民取举保结任充 | 由木炭行、布行、粮行、钱行按铺捐钱 | 《北洋官报》1904 年第 506、507 册 |

① 《直隶总督袁奏拟定天津四乡巡警章程折》，载《东方杂志》1905 年第 10 期，内务，178～180 页。

续表

| 县名 | 时间 | 办理情况 | 经费 | 资料来源 |
|---|---|---|---|---|
| 清苑 | 1904 年 | 在县第一巨镇张登设立总局，札委该巡检督同绅董轮流驻局布置一切，大村巡兵 8 至 12 名，小村 4 至 6 名。已办数十村 | 每亩酌量摊钱，按四季收取，择存殷实富商之家，作为局中一切之用 | 《北洋官报》1904 年第 532 册 |
| 乐亭 | 1904 年 | 将城内原有铺勇改为巡兵，另添募数十名，共 40 名，城中设立总局 1 所，巡官以汛官张敬承充之；分局两处 | 城关内外大小各铺以及烟馆客店一律捐资，视生意之大小定捐数之多寡 | 《北洋官报》1904 年第 466、467、468 册 |
| 赞皇 | 1904 年 | 城内先设巡警两局，知县为正巡官，设练勇 14 名、马巡 4 名。四乡以更夫改为巡警，约 40 户设一巡警 | 城内巡警口粮由各铺户店户酌量捐给；四乡经费照更夫旧章捐办 | 《北洋官报》1904 年第 482 册 |
| 宁津 | 1904 年 | 城中设警务公局，募步巡 24 名、马巡 4 名，以前饶阳县训导举人张启元举办局事 | 暂由县令捐廉，筹借款项 | 《北洋官报》1904 年第 487 册 |
| 武邑 | 1904 年 | 城设巡警总局，招募勇丁 40 名、派汛官管带，并各乡公举正绅 8 人驻局，轮管局务。其 28 大村每村设分局 1 所，每所巡兵 10 人至 15 人，由本村举巡董 1 人经理 | 总局经费由二十八大村每村每年派捐京钱二百吊，分局经费由各村自捐自用，后改为提取青苗摊款 | 《北洋官报》1904 年第 491、492 册 |
| 安平 | 1905 年 | 挑练巡兵 50 名，仿照警察章程，参以保甲成法。分二里为一段，每段驻 1 人巡逻。大村抽壮丁 30 名，中村 20 名，小村 10 名，分日夜两班巡察 | 城中巡兵口粮由县中捐发，各村壮丁各归就地筹款 | 《北洋官报》1905 年第 775 册 |
| 隆平 | 1905 年 | 四乡分作 20 区，添设总局 8 处，每局分管二三区。各村看青会一律改为巡警分局，以经费之多寡定警兵之名数，计分局 71 处，警兵 418 名 | 各村看青会按亩抽收之费 | 《北洋官报》1905 年第 789 册 |

续表

| 县名 | 时间 | 办理情况 | 经费 | 资料来源 |
|---|---|---|---|---|
| 南宫 | 1906 年 | 城内设总局，附设警务学堂，巡勇 40 名；设分局 2 处，马勇 8 名 | 铺租、牙用、出借义仓谷石折价生息 | 《北洋官报》1906 年第 939 册 |
| 巨鹿 | 1906 年 | 城设警务总局，邀请绅士卢鸿泰为综理警务一切事宜；按东南西北冲要地方分设 8 局，招募土著良民 260 名为警兵，按村庄之大小酌量分拨站岗巡道 | 提用各村青苗支更等费 | 《北洋官报》1906 年第 1012、1013 册 |
| 玉田 | 1906 年 | 县城内设巡警总局 1 处，马巡 8 名，内设警务学堂 1 处；城乡 24 堡划分为 24 区，每区设区长 1 名，大区巡丁 12 名，中区 10 名，小区 8 名 | 以抽收集镇席捐牙捐充总局常年经费，以青苗会费支更费充作区长巡丁薪水口粮之用 | 《北洋官报》1906 年第 1053 册 |
| 束鹿 | 1906 年 | 城内设总局 1 所，委绅经理，附设警务学堂 1 所；四乡将东南西北划分四区，每区设一分局，各委警员 1 名，以 15 顷地募兵 1 名，共得兵 486 名，分驻各该本村，大村三四名，小村 1 名 | 每年每亩分摊京钱六十文，再以青苗会及窝铺更棚、迎神赛会有余之款酌提应用 | 《北洋官报》1906 年第 1054、1055 册 |
| 任县 | 1906 年 | 城内设局 1 处，巡兵 24 名，邢镇分局 1 处，巡兵 12 人；四乡分设 5 局 12 区，由村正副按五六十户或六七十户挑选保充巡兵 1 名，计巡兵 267 名 | 由青苗会支更等费改充 | 《北洋官报》1906 年第 1107、1108 册 |
| 赵州 | 1907 年 | 城设总局，委派巡官两员，警兵 22 名；四乡设东南西北 4 局，每局兼管两区，传习所毕业生 200 名归各区村庄派充正巡官；各村庄挑选年富力强者为预备巡警，大村 8 名或 6 名，中村 4 名，小村 2 名 | 将裁汰保正保地查提粮差中饱盈余各项酌拨巡警经费 | 《北洋官报》1907 年第 1280 册 |

续表

| 县名 | 时间 | 办理情况 | 经费 | 资料来源 |
|---|---|---|---|---|
| 卢龙 | 1907 年 | 城内设总局，招募步巡 18 名，分设城内站岗；四乡分为 4 分区，各设分局 1 所，各村庄各按大小定募兵之多寡，共计 260 余名 | 总局由各铺商按月筹捐，四乡由各村正副自行筹画，以青苗会款及冬防窝铺支更等费提充 | 《北洋官报》1907 年第 1310 册 |
| 邯郸 | 1907 年 | 城中设总局，城外四关及附近各村设立中区，归总局兼管；四乡分为 6 区，设分局，所辖之村设巡所 | 每地一亩摊京钱四十六文，每月由保甲向花户催收 | 《北洋官报》1908 年第 1622 册 |

　　以上并不是直隶创办州县巡警的全部，还有的县因没有列出巡警局及巡兵的具体情况，故未列入。但我们从上表可以大致了解这一时期直隶州县创办巡警的基本情况。袁世凯在制定《天津四乡巡警章程》时，希望以此作为各州县的模范，但结果并未达到他的要求，各地情况很不一样。

　　从机构上看，大多沿用总局—分局（区）的体制，但也有总局不在县城而在镇；有的将分局设在大村，有的则是采用公所、分所名目。

　　管理总局事务的有两种，有的以绅董驻局管理，还有的直接由县令掌管，或者委任汛官、教官等管理。分局则多以绅董充之。

　　巡兵来源，一部分州县采取由村正副挑选保充的办法，或以人户，或以亩数确定壮丁额数，也有的县由总局直接招募。而赞皇县则将更夫、旧有乡勇改充巡警。只有少数县声称在总局附设传习所。

　　值得注意的是，有的州县巡警直接从保甲转变而来。如怀来县，在办巡警之初，县令畏难"小民疑虑"，对能否办成并无把握，于是简单将保甲改头换面，由各村自派一二人司理本村巡更等事，月饷由本村摊派，"名为练勇，实仍家居"，取其"经费省而摊钱易"[1]。

---

[1]　《怀来县郑令在中禀复巡警经费为难情形请赏给告示文》，载《北洋官报》1907 年第 1378 册，文牍录要，6 页。

安平县则"仿照警察章程，参以保甲成法"，巡兵 50 名，分段以每段驻一人。同时各村庄抽取壮丁，分日夜两班巡察，巡兵有稽查之责。① 以此新旧结合的办法，解决经费不足的问题。

光绪三十三年(1907 年)，直隶警务处鉴于"通省巡警渐次办齐"，派稽查委员对各州县办理逐次点验，基本评估是："各属办法固自不同，而集款之难易、名数之多寡，以及军械、服式、操法、礼节亦不无殊异。"以正定府而论，数量上最多的是正定县，523 名，最少的是阜平县，28 名。一般来说，各府首县因筹集经费多，不仅巡警数量最多，而且操法礼节较好，其他差距较大。就军械服装而言，除隆平、河间、沙河、定州、易州等少数最优州县装备合格外，其他大多未备或不合格。②

## 二、各省州县巡警的建立

20 世纪初，各省州县巡警也陆续出现，从当时报刊相关报道和地方志记载可略见一斑：

> 近年晋省拳教交哄，兵歉兼乘，土客杂居，盗贼潜滋。护抚宪赵以库款奇绌，未能设立警察学堂，先仿照直隶章程，就省城挑练步巡三百名，分段站防。省外各属以归绥等处蒙盟错居，最为紧要，添练步巡二百，以资巡缉。此外各州县酌量烦简，定数多寡，约以二十名至五十名为率，裁撤原有之捕役民壮铺兵工食，以充经费。口外七厅原设经制捕盗营汛，积习日深，无济实用，亦一律酌改马巡。各乡村屯堡巡警势难遍及，统饬认真举行保甲，抽丁编为巡警，给绿营撤存军械，畀资

---

① 《安平县陈明办理警察情形并邑绅报效巡警经费请立案禀并批》，载《北洋官报》1905 年第 696 册，文牍录要，3 页。

② 《直隶警务处详送州县巡警比较表恳请奖叙文并批》，载《北洋官报》1907 年第 1316 册，公牍录要，4～5 页。

捍卫。①

广东新会县城及所属江门一埠商业繁盛，现闻该县官与绅会商酌开办巡警，统计街巷二百余处，须有警兵六百名始敷分布，常年经费县城约需银十万元，江门约需经费二万元，均已筹有的款，可敷支用。②

（奉天绥中县）旧有巡警五百名，程大令到任后验其不合资格，徒耗饷需，乃悉数裁撤，改为巡警学堂，先招学生一百二十名，委巡捕队总巡陆副戎受之为监督，由北洋延聘教习，三月卒业，拨归巡警队，再行续招一百二十名，大约年余即可令警兵皆能稍具知识，不至有名无实。③

（吉林农安县）光绪三十二年秋筹办巡警，派练军前哨哨官王恩普赴津考察办法。……秋八月设四分所及马巡。……冬十一月设农安巡警局正副局长。……三十四年春二月按县署十二区，每区设分局一，委巡员一员。……宣统元年六月将巡警局长改警务长。④

（江苏青浦县）三十二年九月苏省巡警总局委派杨景曾为青浦巡警教员，招生训练，嗣以经费难筹不果。三十三年春知县赵梦泰会董募捐，就城创办，初名民团警察，设教练一人，甲长六人，巡士五十名，枪械制服规模粗具，迄冬以饷绌裁减，改归城守千总杨修武兼带，易名巡警，即以杨为巡官，设正副巡长各一名，巡士十二名，始布岗位。经费以猪羊茶捐等充之。宣统元年九月知县刘有光更募商捐，增正副巡长各一名，巡士四名。⑤

---

①　《晋设巡警》，载《北洋官报》1903 年第 27 册，时政纪要，12 页。
②　《新会将办巡警》，载《北洋官报》1906 年第 940 册，时政纪要，11 页。
③　《绥中县巡警特色》，载《中华报》第 444 册，丙午年二月二十二日，9 页。
④　《农安县志》卷 5，军警，10～11 页，民国十七年铅印本。
⑤　《青浦县续志》卷 10，兵防，9～10 页，民国二十三年铅印本。

（吉林通化县）前清甲午中日交战，人民为自卫计，各保抽丁组织团练，各团由县委任团副一员带之，数团酌中委任团正一员。……光绪二十八年省令饬县设团练局，委绅董四名，以董其事，旋改其名为警察局。二十九年奉天总督赵尔巽通饬改为巡警局……全境划为六区，各区置巡弁一员，巡长二员。县设巡警总局，置总巡与副总巡各一员，警额五百名，其薪饷由农户担任，每种一日（亩）地年纳小洋六角，即足敷用。宣统元年裁总副巡改设警务长。①

到1907年，各省已有相当一部分州县创办警察。办得较好的省如广东，至少已有约48个州县设立巡警局，最早的是海康县与西宁县，均于光绪二十九年（1903年）设立巡警正局与分局。② 在陕西，光绪三十一年（1905年）有36个厅州县成立巡警局，1906年成立者28处，1907年10处。③ 就规制而言，虽然各地不一，但有的组织也颇为完备。如浙江平阳县，1906年在城区设巡警总局，另在小南、万全、北港三区设分局，选派平阳协兵60名兼充警兵，以30名驻总局，30名分拨各局；知县为总巡官；营弁千总一员，兼充巡警官驻总局；把总一员，为巡查官，分巡各局。④

由于初建，所以各地州县巡警粉饰因循者不少，即便在办理较早的直隶也是如此。1908年，新任大名县令就发现，该县巡警仅在名义上将56堡改作56区，但"形势涣散，其界限亦未划清。除本城

---

① 《通化县志》卷3，通化警察之沿革，52页，民国十六年铅印本。

② 《广东财政说明书》卷12，第五类民政费，北京图书馆出版社影印室辑：《清末民国财政史料辑刊》第9册，85～102页，北京，北京图书馆出版社，2007。

③ 《陕西全省财政说明书》岁出部·民政费，中央财经大学图书馆辑：《清末民国财政史料辑刊补编》第8册，439～468页，北京，国家图书馆出版社，2008。

④ 《平阳县志》卷18，武卫志二，2页，民国十五年刻本。

已立总局外，四乡尚未设立分局，经费皆由村正副自筹自用，并无
账目可稽。巡官二员尚未接事，传习所亦未设立，步巡虽六百余名，
大半皆不合格"①。吉林各属以"款项支绌，甚难筹措"为名，只是仿
照举练乡勇章程开办，"所需枪械均由地方筹办，公家不能发给。俟
办有成效，再行改练巡警"②。其他省"有循保甲之规制而变其名者，
有以团营巡勇乡勇改者，有以绿兵改者，有以乡镇原有之巡夫人等
改者，有专用巡警者"③。粗糙简陋，"大半有名无实，有损无益"④，
成为此时各州县巡警的写照。

光绪三十四年(1908 年)，清政府在颁布《钦定宪法大纲》时，公
布了一个逐年筹备事宜清单，定第二年(1909 年)厅州县巡警粗具规
模，第三年(1910 年)一律完备。⑤ 同时，要求各地每年将筹备情况
分两次向中央汇报，州县巡警的建设步伐加快。

表 3.2　1910—1911 年上半年各省州县巡警创办情况

| 省份 | 奏报时间 | 创办情况 | 资料来源 |
|---|---|---|---|
| 江西 | 1910 年 | 各厅州县禀报成立巡警教练所计 24 属，九江府城和景德镇等四镇已遴委警务人员专办巡警 | 《政治官报》第 808 号 |
| 直隶 | 1910 年 | 传习所改教练所，成立者 77 处，已有厅州县巡警 26000 余名 | 《政治官报》第 875 号 |
| 湖北 | 1910 年 | 年内一律完备，除分区守望外，设有卫生、教练、工程、消防、差遣各队 | 《政治官报》第 1063 号 |

① 《大名县李令绮青禀奉饬改良巡警情形文并批》，载《北洋官报》1908 年
第 1643 册，公牍录要，6 页。
② 《巡警暂仿乡勇办法》，载《北洋官报》1908 年第 1656 册，新政纪闻，
9 页。
③ 朱寿朋：《光绪朝东华录》，总 5664 页。
④ 《绥中县巡警特色》，载《中华报》第 444 册，丙午年二月二十二日，
9 页。
⑤ 《宪政编查馆资政院会奏宪法大纲暨议院选举法要领及逐年筹备事宜
折》，《清末筹备立宪档案史料》上册，55 页。

续表

| 省份 | 奏报时间 | 创办情况 | 资料来源 |
|---|---|---|---|
| 山东 | 1910 年 | 筹备有年，各府厅州县官警共计 3432 员，名差已规模初具 | 《政治官报》第 877 号 |
| 山西 | 1910 年 | 教练所已成立 90 余处，各厅州县一律提前赶办 | 《政治官报》第 886 号 |
| 河南 | 1910 年 | 有 78 处州县成立巡警。将旧设之巡警局裁撤改为警务公所，分设四科；教练所成立 90 余处 | 《河南全省财政说明书》，地方行政费，第 8~20 页；《政治官报》第 886 号 |
| 安徽 | 1910 年 | 各州县巡警依限于宣统二年一律成立，各州县及芜湖商埠巡警共计 3604 人。巡警教练所各属次第成立 | 《四川警务官报》，第 1 年第 3 册，第 18 页；《政治官报》第 1071 号 |
| 贵州 | 1910 年 | 府厅州县开办之处业已过半 | 《政治官报》第 1084 号 |
| 甘肃 | 1911 年 | 各属巡警前年已具规模，教练所成立者 60 余处 | 《京报》第 163 册，宣统三年五月十二日 |
| 四川 | 1911 年 | 144 厅州县，完备者 130 余处 | 《京报》第 163 册，宣统三年二月十三日 |
| 江苏 | 1911 年 | 宁属各厅州县均经设立，各属教练所除铜山、兴化、泰州等州县均已遵设，其余正在筹设，或已招生。苏属地方成立 37 厅州县，共计 2145 名，各属教练所次第开办 | 《京报》第 163 册，宣统三年四月十四日；《政治官报》第 1238 号 |
| 湖南 | 1911 年 | 规模粗具，有待扩充；教练所已一律遵章办理，巡警名额繁盛地方达百名以下，其次数十名不等 | 《政治官报》第 1251 号 |
| 广西 | 1911 年 | 除四处地方外，其余各属均经呈报成立 | 《政治官报》第 1251 号 |
| 福建 | 1911 年 | 乡镇巡警已由省城附近各处先行开办，其余择紧要地方先仿办 | 《内阁官报》第 72 号 |
| 浙江 | 1911 年 | 府厅州县城关巡警上年一律完备 | 《内阁官报》第 63 号 |
| 吉林 | 1911 年 | 全省 37 属，除虎林等 5 属均系上年甫经设治外，其余 32 属均已一律完备，共分城乡 205 区，马步长警 14300 员名 | 《辛亥革命史资料新编》第 4 册，第 441 页 |

续表

| 省份 | 奏报时间 | 创办情况 | 资料来源 |
|---|---|---|---|
| 黑龙江 | 1911 年 | 各属警务长一律派齐，繁盛地方并分设各科，分治庶事 | 《内阁官报》第 97 号 |
| 奉天 | 1911 年 | 全省 45 府厅州县设立巡警局 | 《奉天全省财政说明书》岁出经常类，第 15～18 页 |
| 云南 | 1911 年 | 现办巡警厅治 17，州治 29，县治 40 | 《云南全省财政说明书》岁出部，民政费，第 4～5 页 |
| 广东 | 1911 年 | 全省府厅州县成立巡警局 82 处 | 《广东财政说明书》卷 12，民政费，第 1～16 页 |
| 陕西 | 1911 年 | 全省 80 厅州县设立巡警局 | 《陕西全省财政说明书》岁出部，民政费，第 10～42 页 |
| 新疆 | 1911 年 | 各府厅州县共 39 属，宣统元年分最要、中要、次要三等办巡警，共设弁兵夫役 1530 员；阿克苏道 11 属厅州县筹办乡镇巡警 | 《新疆全省财政说明书》民政费，第 13～14 页 |

　　总之，到清政府覆亡时止，全国大部分州县巡警已经成立。但从实际办理情况来看，问题仍然不少。不仅在规制上仍然没有一律，而且各地在数量、质量上的发展都不平衡。如甘肃声称："挑选警兵一节，或系由营拨派，或系随时招募。警兵既无学识，故警政未见精神。"①广西虽称各属均经呈报成立，但多寡互异，多的二百人，少的仅十余人，"尚难一律遽臻完备"②。即便如江苏苏属这样经济

---

　　① 《陕甘总督长庚跪奏为甘省第三年第二届筹备宪政成绩恭折》，载《京报》第 163 册，宣统三年五月十二日，442 页，北京，全国图书馆文献缩微复制中心，2003。

　　② 《广西巡抚沈秉堃护广西巡抚魏景桐会奏筹备宪政情形折》，载《政治官报》第 1251 号，宣统三年三月二十八日，10 页。

比较发达的地方，由于经费难筹，巡警教练所也"未能一律成立"①。还有的巡警局处于旋灭旋生的状况。如陕西省沔县巡警局虽于光绪末年开办，旋以费绌停止。至1910年3月才又重设巡警教练所，9月复设巡警局。②

### 三、乡镇巡警的筹办

最早开办乡镇巡警的是直隶。光绪三十一年（1905年），天津试办四乡巡警，"视村庄大小，定警兵多寡。殷富之区按五十户出一名，荒僻之区按百户出一名"，暂定巡警七百二十四名③。之后，直隶各州县在举办巡警的过程中，亦将四乡划分为区，设置分局巡所，管辖乡镇村庄。如卢龙县所管地面共计350余村，先按段分区，以城内为总区，设总区一所，四乡东西南北分为四分区，各设分局一所。定每50户募巡兵一名，年龄须在20岁以上、30岁以下，并由保人和父兄甘结送县备查。④ 直隶不少州县都将四乡巡警与保甲制度结合，一方面在四乡分区设置分局，多以警务学堂毕业生充当区长，由当地绅士选举巡记；另一方面则沿用保甲方法，由村正副保举"粗识文字、绝无嗜好"的青壮年担任巡兵。⑤ 赵州还制定了"轮门出夫"成立预备巡警的办法，十日一轮或五日一轮，派年力精壮者随同训练，大村六至八名，中村四名，小村二名。⑥

光绪三十二年（1906年），盛京将军赵尔巽通饬各属筹办乡镇巡

---

① 《两江总督张人骏跪奏为胪陈第五届筹备宪政情形恭折》，载《京报》第163册，宣统三年四月十四日，319页。

② 《陕西全省财政说明书》岁出部，民政费，《清末民国财政史料辑刊补编》第8册，459页。

③ 《直隶总督袁拟定天津四乡巡警章程折》，载《东方杂志》1905年第10期，内务，178～179页。

④ 《卢龙县拟呈创设城乡巡警简明规则》，载《北洋官报》1907年第1310册，要件，11～12页。

⑤ 《蠡县高令景祺禀办理全境巡警呈送章程文并批》，甘厚慈辑：《北洋公牍类纂》卷9，警察三，32页，台北，文海出版社，1990。

⑥ 《赵州四乡巡警办法》，载《北洋公牍类纂》卷9，警察三，27～28页。

警，先从承德、兴仁两县入手，仿照直隶章程，城内设总局一，四乡设分局五，又分局为 42 区，每区各练马巡 20 名，多数聚于 5 分局，少数四出周巡，步巡则各归各屯互相守卫。两县办理之后，初见成效，于是又委员分赴辽阳等处推广。①

州县巡警虽然在许多地方已经建立，但大多数地方由于财力、人力准备不及，实际只办了城厢巡警，并没有将巡警推广到乡镇。鉴于此，1908 年清政府确定逐年筹备事宜清单时，将州县巡警的创办分成两个步骤，先办州县巡警，后办乡镇巡警。州县巡警 1909 年粗具规模，1910 年一律完成；乡镇巡警 1911 年开始筹办，1913 年粗具规模。民政部在制订该部筹备清单时，又确定了乡镇巡警先办繁盛地方、后办偏僻地方的逐步推进方案。

然而由于府厅州县各级审判厅也要在同期完成，而"搜查逮捕等事又不能专恃城厢巡警"，所以"乡镇巡警不能不提前赶办"。四川巡警道于宣统元年十月(1909 年 11 月)制定乡镇巡警暂行办法，规定州县乡镇巡警划区办理，每区设一巡警分署，设警官 2 人，巡警 48 人。每区于分署附近十里内择要设立分驻所一处或二处，酌派长警轮流驻之。乡镇巡警除由各厅州县教练所毕业生或城厢旧有巡警拨充外，如不敷用可募本区土著良民编入巡缉队。并规定"各厅州县地方官为所属乡镇巡警直接监督，有禀承巡警道增损办法条规综理一切行政，暨督率稽查进退各职员之权"，"警务长于全境警务均应帮同地方官办理"②。四川巡警道拟订的章程中说，"开办之初限于经费不能遍设，应择其最繁要之区先设，其余各区逐渐推广"。到 1911 年年初，四川已有成都、华阳、巴县、汉州等 16 个州县开办了乡镇

① 《盛京将军赵奏奉省筹办乡镇巡警折》，载《北洋官报》1906 年第 939 册，奏议录要，3 页。

② 《四川厅州县乡镇巡警暂行办法》，载《四川官报》1909 年第 23 册，要件，1～4 页。

巡警区 43 处，分驻所 88 处，官警共 2021 名。①

吉林巡抚认为，"吉省警务与他省略殊，安内以缉捕为先，斯设警宜城乡并重"，亦将乡镇巡警提前赶办。于各属设教练所一处，令本地人按格考选入所，训练巡警。到宣统二年（1910 年），已设城局 23 处，乡局 24 处，分区 245 处，分所 314 处。针对吉林各乡村屯户口星稀，距离敻远的实际情况，采取"寓警于农"之意，在乡村各区内另编预备巡警，就各村壮丁分别挑选编入册籍，分班调练，"闻警则聚而捕盗，无事则散而归农"②。

由于乡镇巡警涉及面宽，举办不易，所以多数省进展缓慢。据宪政编查馆 1910 年考核各省第二年第二次筹办宪政的报告，吉林警政不独厅州县粗具规模，即乡镇巡警亦皆次第筹设。黑龙江亦饬各属将乡镇巡警预先举办。③ 该年，安徽省报告大通、休宁、寿州等地乡镇巡警亦初具规模。④ 河南也有 11 个县办了四乡巡警。⑤ 浙江乡镇巡警已成立 150 余处。⑥ 江南宁属四府一直隶州一直隶厅有乡镇 43 处，该年共设分局 107 处、所 11 处，有巡长 40 名、巡警 1360

① 《巡警道呈详第三届承办宪政事宜成绩并成都县等十六州县按照咨准办法提前开办乡镇巡警恳请核明文》，载《四川警务官报》1911 年第 2 册，文牍本省之部，第 14～16 页。如该省南部县为中等县，亦将全县划分四区，于宣统三年先办理了繁盛之地东区的乡镇巡警。参见四川南部县衙门档案：《为牍呈转详开办东区乡镇巡警拟定办事细则并填表备查事呈巡警署监督》，宣统三年五月十四日，22-575-1。

② 《又奏为吉省办理警务并将各属乡巡提前筹办情形折》，载《吉林官报》1910 年第 6 期，折奏汇编，6 页。

③ 《宪政编查馆奏考核京外各衙门第二年第二次筹办宪政成绩折》，《大清新法令》（点校本）第 8 册，381 页。

④ 《安徽巡抚奏各州县巡警一律筹设及调查口数情形折》，载《四川警务官报》1911 年第 3 册，文牍，18 页。

⑤ 《河南全省财政说明书》，地方行政费，《清末民国财政史料辑刊补编》第 6 册，478～479 页。

⑥ 《浙江巡抚增韫奏筹备宪政遵章胪陈成绩折》，载《内阁官报》第 63 号，宣统三年九月初四日，2 页。

名。各处乡镇巡警"或有府县督饬者，或经各镇绅董禀请开办者"，经费则于各镇就地筹款。[1]

位于最基层的乡镇巡警在推行的过程中更是乱象频现。四川巡警道认为，"乡镇警材亦不必具有精深学理始堪胜任，尽可短期教练速成备用"[2]。标准低下，各处办理更是因地而异，灌县"实系以团练之旧规植乡警之新矩"[3]；懋功厅"自营兵挑充"[4]。其他省亦是如此，直隶正定县乡镇巡警"悉由各村自行筹办，而各村初无一定办法，警董区长虚有其名"[5]。江苏甘泉县四乡巡警"仅就团防章程略加改动，图记仍用'团练'二字"[6]。乡警素质低下是不争的事实，当时报纸也有报道：

> 巡警为维新要政，创办以来，都会之区已略见效果。因推广之及于四乡，而无学无识之官吏既不知巡警之所以然，又不能因地制宜，徒模仿其形式，以敷衍门面为宗旨，不肖者复因缘为利，于是乡民未获丝毫之益而已，受邱山之累矣。通水道朱观察仰承宪意，严饬各属乡村赶办巡警，于是按亩勒捐，自京钱一百五六十文至三百文不等，视正供已有赢无绌，而巡警之如何办法，则尚未有所闻。有谓每村雇巡兵四名站岗者，未知确否。呜呼！保甲名也，巡警亦名也，法虽有疏密，而宗旨

---

① 《江南宁属府厅州县各乡镇筹办巡警成绩一览表》，载《江南警务杂志》1910 年第 2 期，类表，5～9 页。

② 《巡警道批石柱厅禀本厅筹议加捐肉厘以作巡警教练所及乡镇巡警经费恳请查核示遵文》，载《四川警务官报》1911 年第 1 册，文牍本省之部，14 页。

③ 《巡警道批灌县禀筹办乡镇巡警拟加肉厘作为常年经费文》，载《四川警务官报》1911 年第 2 册，文牍本省之部，17 页。

④ 《护督宪批懋功厅禀巡警年收马桑寨地租作费永为公产文》，载《四川警务公报》1911 年第 3 册，文牍本省之部，1 页。

⑤ 《正定县蔡令济清禀筹妥的款拟将城乡巡警另拟改良办法文并批》，载《北洋官报》1910 年第 2040 册，公牍录要，7 页。

⑥ 《甘泉举办四乡巡警》，载《北洋官报》1911 年第 2700 册，选报，9 页。

则一。苟有热心爱民之宗旨，认真办事之实力，保甲可也，巡
警亦可也，保甲改良即巡警之起点。而今从政者无不力避保甲
之名，力争其为巡警，而论其实际，尚不及保甲之与民相安也。
说者谓，办保甲而征收如此之巨费，不特民心不甘，即上宪亦
所不容，易其名曰巡警，虽开支之费十倍保甲，民亦忍痛而无
如之何，上台且奖其能办新政也，又何暇论其实际，又何必论
其实际！①

敷衍门面，或以保甲充当巡警，素质低下，恐怕正是当时许多
地方乡镇巡警实际情况的真实写照。

## 第三节  建制与职能

### 一、州县巡警的建制

光绪三十三年(1907 年)清廷发布直省官制通则，确定各省设置
巡警道统一规划、整理警务，这就为规范各地警察建制提供了契机。
光绪三十四年四月(1908 年 5 月)民政部奏拟巡警道官制，统一规定：
"各厅州县应按照奏定官制通则，设警务长一人，并各分区区官若干
员，均受巡警道及该地方官之指挥监督，办理本管巡警事务。区官
以下所有巡官、巡长、巡警等阶级名目，均应按照民政部定章
办理。"②

与此同时，清廷预备立宪逐年筹备事宜清单规定了各省巡警建
立的时间表，州县巡警不得不加快进行。由于巡警道官制的颁布，
这一时期州县巡警的创办有了一个基本的规制，有的地方以此为据

---

① 《四乡办巡警之骚扰》，载《中华报》1905 年第 348 册，时事要闻，7 页。
② 《宪政编查馆奏考核直省巡警道官制细则折并清单》，《大清新法令》(点
校本)第 2 卷，191～192 页。

进行了一定的整顿；但各地情况不同，加上官制本身对许多具体问题并没有统一的规定，所以各地做法又不一致，远远没能达到规定的要求。

就州县巡警来源而言，现实状况和国外经验使许多官员痛感警察非经专业训练不能充任。但当时的实际情况是，由于缺少财力、人力，许多地方不仅巡警局长官没有经过专门学习，或由官员、或由绅士担任，就是巡长、巡士，由于相当一部分州县没有设巡警教练所，或者直接招募，或由保甲挑选保送，素质亦大受影响。宪政编查馆通过的各省巡警道官制中强调"巡警有保卫地方监察人民之责，非品格高尚而于警政警学研求有素不能胜任"[1]，所以强调先从办理巡警学堂入手，然后将毕业生分派各州县。一般来说，各州县巡警总局巡官，或警务长，或局长，都要高等警务学堂毕业生充当；各分局巡官、区长，也要高等或普通警务学堂毕业之资格，而巡长、巡警，则要通过各州县巡警局附设的传习所、教练所学习后使用。因此，州县巡警创办之时，都要求附设传习所。

直隶州县巡警创办较早，当时省警务处就要求各州县巡警局附设传习所，传习生三个月毕业，由州县禀请警务处委员前往考验，分别等次，发给文凭，再分派四乡各区当差。但数年以来，各地参差不齐，所招传习生或十余人为一班，或二十人为一班，人数少，毕业期限也十分短促，致使巡警程度高下不等。所以，1908年全省警务处特制定规则，要求各州县整顿传习所，人员不得少于30人。[2]

以直隶高阳县巡警教练所为例，教练所招收年20岁以上、35岁以下，"品行端方、身家清白、素无嗜好、身体健全、粗通文义者为

---

① 《宪政编查馆奏考核直省巡警道官制细则折并清单》，《大清新法令》（点校本）第2卷，191页。

② 《警务处详拟州县巡警传习所规则并通饬各属一律遵办文并批》，载《北洋官报》1908年第1893册，公牍录要，5页。

合格"。一期 40 名，以一年为限，六个月以前在教练所，六个月以后分派各区实地练习。学习内容为"遵照部章教练并加算学，及警务处颁发各种规则章程"。经费由官绅筹款补助。①

广东也制定了一个划一的厅州县巡警教练所制度，要求各厅州县各设一所巡警教练所，分速成、完全两班，分别学习六个月和一年；所长承地方官之命令监督全所职员学生，综核全所事务。对学员的资格要求是：无嗜好、年 20 岁以上 35 岁以下、身家清白及未犯过刑章、粗解文字、语言清楚。学习科目包括国文、警察要旨、法政浅议、地方自治大纲、本处地理、操法、国语。学员毕业考试获得最优等、优等、中等者方可由巡警道咨送总督并咨部备案后，分别派往各地为巡警、巡长。②

浙江则要求对传习所毕业生进行考试，优等者为巡长，一等驻总局，二等驻分局，三等驻巡所，其余也分等充步巡、马巡、水巡。③

实际上，由于州县巡警限期开办，人员准备不及，经费难以筹集，州县教练所终究未能全部成立。湖北有的地方即便建立了教练所，但"所收容学生半无选择"，"多属无业之游民，未尝学问，不知巡警之性质，而从事巡警之职务，纳凿不入，亦固其所"④。因此实际情况远远没有达到各地章程中所规定的标准。

就州县巡警局机构而言，各地州县大都有巡警总局、分局之设，但建制不一。如直隶，州县巡警局设总办，以下有的是联合几个区设立分局，有的就将分局设在村里，有的则数量太多。如长垣县巡

① 《高阳县巡警教练所章程》，载《北洋官报》1909 年第 2095 册，章程类，43～44 页。

② 《广东省属各厅州县巡警教练所通行章程》，载《广东警务官报》1910 年第 3 期，法制，37～43 页。

③ 《筹办浙江全省州县巡警章程》，3 页，无出版单位，原件藏上海图书馆。

④ 《关于警务之议案》，吴剑杰主编：《湖北咨议局文献资料汇编》，593 页，武汉，武汉大学出版社，1991。

警初建时，将 4 乡 61 里划分为 61 区，设 7 个总局，61 个分局。虽设有巡官 3 人，区长 7 人，巡兵 446 名，但无总机关以统理。1908年，新任县令对此予以整顿，城内设总局，原来 7 局改为 7 区，各设分局，61 里皆设巡所。① 巨鹿县也是如此，因为"局区太多，不特靡费不赀，抑且支配难以停匀"，于是经过裁撤合并，调整为城内设总局，重要镇设三分局，城外以东西南北四路择其要冲划分八区，并增设巡所 16 处。② 形成的是总局（位于县城，设总办、巡官）—分局（位于区，设区长、区董、巡长）—巡所（位于里，设巡长）的三级架构。

在四川，州县巡警总局设警务长，四乡划分乡镇巡警区，每区设巡警分署，设巡官、区正各 1 人，警官 2 人，巡警 48 人，每区于分署附近十里内择要设立分驻所一处或二处，酌派长警轮流驻之。③ 而在广东，则是厅州县各设一警务所，以警务长领之；分划区域各设巡警区所，以区官领之；其下则酌设警务分所或分驻所或派出所。④ 虽然也是三级架构，但名称略有不同。

河南虽然从光绪末年就有州县建立巡警，但到宣统二年（1910年），巡警道仍发现，不少地方"按其章制，核其名实，究不免出入异同，仅为涂饰耳目之观，即难收划一整齐之效"。于是拟订通行章程，予以整顿。要求各州县于城关地方设巡警正局一所，为执行该厅州县警务之总机关，设局长一员，巡长一至二员，巡警 48 或 40 名不等。全境划分若干区，每区就最繁盛之一市镇设巡警分局，设

---

① 《长垣县田令鸿文禀巡警改良办法拟定条规开折绘图送请示遵文并批》，载《北洋官报》1908 年第 1703 页，公牍录要，1 页。

② 《巨鹿县涂令福田禀现在规定巡警办法情形文并批》，载《北洋官报》1908 年第 1702 册，公牍录要，6 页。

③ 《四川厅州县乡镇巡警暂行办法》，载《四川官报》1910 年第 23 册，专件，1～4 页。

④ 《札饬陆丰县巡警正局总董巡长文》，载《广东警务官报》1910 年第 3 期，文牍，13～15 页。

区长一人，巡长一员，巡警 30 名。确定的是二级架构：正局（设于城关，设局长、巡长）—分局（设于区和繁盛市镇，设区长、巡长）。①

在浙江，亦制定全省州县巡警章程，"以昭划一"。县城内设总局，在繁盛之镇设分局，受总局节制管辖；在四乡分巡警分区，受总局节制、分局管辖；之下是巡所，管辖若干村庄，归所属局区管辖。其架构是四级制：总局（设于城内，设总办、正巡官、正副巡董、巡记、巡长）—分局（设于镇，设副巡官、分局巡董、巡记、巡长）—分区（设于四乡，设区长、区巡董、巡记、巡长）—巡所（若干村设一巡所，设巡长）②。

总的来看，各省州县巡警局所的建制并不一致。造成这种情况的原因，一是清政府虽然一再要求各地加快筹办巡警的步伐，但却缺乏整体的顶层设计，《直省巡警道官制》只是提出了一个原则性的意见。二是各省州县举办巡警的进展不一，情况各不相同，清政府也允许各地在举办新政时有所变通，致使各地在举办州县巡警时出现不尽一致的局面。

但另一方面我们也看到，各省州县巡警在建制上也有基本一致的地方，这就是在县局之下分区设立分局，多数省在分局下又设巡所或派出所，形成逐级节制的体制，使警察力量能够覆盖整个乡村。这种体制，按当时的说法，是"散在制度"③。

就巡警局长官设置而言，各地也不尽一致。在有的省，并不设专职的警务长官，而是由州县官直接掌管巡警。在浙江，1908 年增

---

① 《巡警道详报拟订暂定各厅州县巡警通行章程文》，载《河南宪政月报》1910 年第 8 册，文牍，10～12 页。

② 《筹办浙江全省州县巡警章程》，1～3 页，无出版单位，原件藏上海图书馆。

③ 《苏省筹办宪政会议厅决议案》，载《东方杂志》1909 年第 7 期，宪政篇，398 页。

韫出任巡抚后，设全省警务处，令各州县设立巡警局，以州县官为巡警事务总办，"禀承浙江全省警务处命令筹画办理"本地巡警，"管理全境警务并稽查警务人员勤惰功过"；州县官监督正副巡董筹集并管理巡警经费；通过每年春秋各一次的警务会议随时筹议全境事务，并有谕派分局巡董、区巡警、巡记、巡长，募集巡警等权力。①

有的省虽设有警务长名称，但仍由州县官兼任。如广东省1910年年初已有50所正局，190所分局。该年巡警道予以整顿，统一于各厅州县设一警务所，以警务长领之，警务长由县令兼充；分划区域各设巡警区所，以区官领之；繁盛重镇和散处乡村依据情况分区酌设警务分所。② 如该省香山县有巡警局所11个，警务长由知县兼任，此外还有区官1员，巡官10员，各项委员13员，巡长64员，巡警426员。③ 湖北亦是如此，如枝江县于光绪三十一年九月建立巡警总局，后改警务公所，知县兼任警务长。④ 监利县于宣统元年设巡警局，知县刘延坦兼任警务长，全县有巡警272名。⑤

也有的地方设置了专职的警务长，但受州县官监督。1910年吉林制定章程予以整顿，定州县巡警局设警务长一员，以下分别为区官、巡官、巡长各名目。"各府厅州县巡警局直接归地方官监督"。

① 《筹办浙江全省州县巡警章程》，3～5页。1911年，浙江州县巡警通过整顿，将各州县巡警正巡官改为警务长，直辖城厢区域巡警，各乡镇副巡官改为区官，"各厅州县官亦勿庸加巡警总办名目"。因经费异常困难，裁撤了巡董，经费筹措"由各厅州县会同地方公正绅董妥筹办理"。见《巡警道杨详遵官制改正巡官名目文》，载《浙江官报》1911年第3期，法令类乙，54页；《巡警道杨详情遵照议案裁撤正副巡董并拟将以后筹办警费绅商照章请奖文》，载《浙江官报》1911年第4期，法令类乙，53页。
② 《札饬陆丰县巡警正局总董巡长文》，载《广东警务官报》1910年第3期，文牍，13页。
③ 《香山县志续编》卷5，经政，巡警，4页，民国九年刊本。
④ 湖北省枝江县地方志编纂委员会：《枝江县志》第16篇，司法，563页，北京，中国城市经济社会出版社，1990。
⑤ 湖北省监利县志编纂委员会：《监利县志》卷18，政权，513页，武汉，湖北人民出版社，1994。

警务长"直接承地方官命令综理各该管境内一切警务事宜";警务长发布巡警事务规则命令须呈由地方官转报民政司核定;对于该管人员之稽核、任用、黜退,以及辖内兴革事宜等,须呈由地方官转报民政司;各项报表呈由地方官核转。州县巡警经费"概由地方官就地征收各项捐款拨用"①。也就是设置专职警务长,归州县官节制监督。

四川亦在州县设置专职的正副警长,"由地方官量才委用",一年期满由地方官加考禀由省局分别酌给奖励,如违反规则者,由地方官具文申其事由,禀请撤办。正副警长之薪水由地方官就地筹给。② 河南巡警道于1910年拟定的通行章程中,规定各厅州县巡警正局设局长一员,受本地方官之监督指挥,凡区官以下各官长均直接受其节制。并称,"俟实行新官制时应详请改派警务长"③。

可见,当时州县巡警长官设置有两种模式:一是由州县官直接兼任总办或警务长官,直接管理并监督全境巡警事务;二是设置专职的警务长或局长领导全境巡警事务,但受州县官节制监督。不论哪种模式,州县官都有对巡警的监督责任,其中不仅包括选拔任用各级警官、邀集绅董筹集警察经费等项,还有对重要警务工作的核办权。如清末禁烟运动中,各地常因查禁私膏私土激起冲突,四川巡警道为此特地通饬各地警长,要求"各属区巡官暨巡长巡警等对于查禁私膏私土之事,无论为据人呈报或亲自访闻,均须先行调查确实,报明该管长官,奉有长官命令指挥始可前往查拿;若情节较重,

---

① 《东三省总督吉林巡抚咨呈民政部吉省巡警及教练所警捐各章程请核定文》,载《四川警务官报》1911年第3册,文牍京外之部,1~9页。

② 四川巡警道专门下札强调,地方官对警务"负有完全监督指挥之责,自应即为地方警务之主体"。见《警察总局详改良官绅权限划一章程请示文并批》,载《四川官报》1907年第30册,公牍,6页;四川省南部县衙门档案:《为定章责成地方官专任警务事饬南部县》,宣统二年十二月十八日,21-74-713。

③ 《巡警道详报拟订暂定各厅州县巡警通行章程文》,载《河南宪政月报》1910年第8册,文牍,10页。

尚须由该长官商承地方官核办，不得不穿制服擅自往拿"①。由此建立起警务人员执行重要警务工作须向地方官汇报的制度。

关于州县巡警各级警务人员的设置及职权规定，各地大同小异。如直隶，州县虽然各有总办、巡官、区长等设置，但在一段时间内"巡警员弁各司何事向未明定规则，故权限不清，不免杂沓纷仍"。直隶警务处不得不在 1907 年申明："巡官司本地一切警务及传习训练等事，区长司巡查管带操练等事，警董司筹款收支等事，各有专司，各不相扰。"②直隶长垣县制定的规条中，又进一步具体规定：巡官掌所属巡警，办理一切警察应尽职务，稽查巡兵之良否，区长之勤惰，掌传习所，受总办节制。区长掌一区巡长巡兵操防，派差轮流梭巡，稽查勤惰，受巡官节制。巡长有约束巡兵之权，听区长以上本管长官指挥。巡警则当差巡逻。另外分局区董负责筹集经费支发薪饷。③

浙江州县巡警局警务人员设置名称与直隶略有不同，但职权也有明晰的划分：总办管理全境警务并稽查警务人员勤惰功过。正巡官禀承总办管理城关巡警，稽查各分局区事务人员。分局副巡官禀承该管总办，并受正巡官稽查，管理本局巡警，稽查所管各区事务人员。分区区长受副巡官管辖，管理本区巡警，稽查所属各巡所事务人员。此外设置正副巡董、分局巡董、区巡董，负责监督、筹集、管理巡警经费，招考、筹议传习所事。巡长担任稽查事务，巡兵则担任搜捕、站岗、巡逻等任务④。

---

① 《巡警道通饬各属警务人员查禁私膏私土先行报明各长官核夺札文》，载《四川警务官报》1911 年第 3 册，法令，16 页。

② 《直隶全省警务处批示》，载《北洋官报》1907 年第 1453 页，文告录要，9 页。

③ 《长垣县拟定改良巡警规条》，载《北洋官报》1908 年第 1704 册，要件，13～14 页。

④ 《筹办浙江全省州县巡警章程》，3～4 页，无出版单位，原件藏上海图书馆。

### 二、州县巡警的职能

在原有的州县治安体系中，无论保甲、团练、营兵、捕快，均以"防盗"为先，控制是它们的基本目的。警察制度建立后，不仅要"防盗"，还有"维护"社会秩序之责。正如民政部奏折云："巡警之职，凡盗贼疾疫之未萌，争讼斗殴之将发，及一切养民保民诸政，均与闾阎休戚息息相关。"①吉林各州县设巡警局，仿照巡警道分科章程设立总务、行政、司法、卫生四科，各设科员、副科员。同时按照巡警职务分为差遣队、消防队、缉探队、清道队，分别承担公文迎送官差、各衙署局所护卫、火警扑灭、访缉匪盗、捕拿犯罪、修理道路、倾运垃圾等事。② 从中可以看出，清末州县巡警除基本治安职能外，还有承担消防、维护城乡卫生和社会公共秩序的职能。

户口调查与管理是州县巡警的重要职责。传统的保甲对户口的管理是通过牌册制度达到的。册为循环两册，由各户填写注明某里第几甲第几牌第几户、姓名、年龄、地粮、亩数、生理、兄弟、子女、孙媳、奴婢等信息。一册留县署，一册留于甲中。如有迁移生故婚嫁等项，则随时由牌长告知里长，于牌册内注明，同时在环册上添改。每个季度将添改之环册送县，将未改之循册带回，与牌长照牌册补注，并登记变化，三个月后赴县复将环册领回。③ 尽管有的地方采取了一些简化的方法，但无论如何，保甲的户口编查非常烦琐，其目的重在"防奸宄"。

光绪三十四年(1908 年)民政部制定调查户口章程，定各省以巡警道为调查户口总监督，各州县以知县、知州为监督，在自治职未

---

① 朱寿朋：《光绪朝东华录》，总 6000 页。
② 《东三省总督吉林巡抚咨呈民政部吉省巡警及教练所警捐各章程请核定文》，载《四川警务官报》1911 年第 3 册，文牍外省之部，1～2 页。
③ 叶佩荪：《饬行保甲》，《保甲书》卷 2，成规上，4 页，《续修四库全书》859 册。

成立地方，由监督督率所属巡警，并遴派本地方公正绅董会同办理。① 具体实施中，有的地方是派以绅士为主体的调查员调查户口，以巡警为协助；而有的地方则由巡警直接调查户口。如江苏镇江，由巡警总局派员会同各区巡官调查户口，将年龄、事业详细登记造册。另外还令凡有迁徙、婚嫁、死亡等事，"该户须到局报告，以核其实"②。

州县巡警有户口管理之责。浙江的办法是：拟定简明表式，并先按户编订牌号，一面将刊刷表式饬由各局区长督同警长亲往省城内外该管各市街巷等处，依照门牌号头次序分给户口表册，各该户主即将家内人等姓名、年岁、籍贯、职业、住址、宗教、已否成婚、有无吸食鸦片、大小男女若干、七岁以上儿童几人、已未入学、曾否种痘、有无现充兵役等项，自行于表内按格从实填注明白，限十日内一律由该管警区收回编册，汇呈总局而资查考。③ 与传统保甲不同的地方是，巡警户口管理的重点是对人户居住和异动的管理。

乡镇巡警亦有清查户口之责。直隶赵州的四乡巡警要分区清查户口，编贴号牌，填明某几区第几号字样，并按村分造户口清册，送归区局汇齐。如有户口增减、迁徙、典卖房地等事，由该村巡董随时调查注册，按季报告。④

实际上，在清末时期，由于户籍法并未颁布，所以各地还只停留在户口调查和登记造册阶段，关于户口异动的各项呈报、变更等管理工作尚未充分展开。但是，巡警的创办却预示着户籍管理变革的开始。

----

① 《民政部奏调查户口章程折并章程》，《大清新法令》(点校本)第1卷，133页。

② 《警察局清查户口》，载《北洋官报》1909年第2029册，新政纪闻，11页。

③ 《巡警局清查户口》，载《北洋官报》1908年第1699册，新政纪闻，12页。

④ 《赵州四乡巡警办法》，《北洋公牍类纂》卷9，警察三，27～28页。

州县巡警还承担侦查、逮捕、押解盗贼凶犯等的缉捕职能。由于清末警察制度是借鉴外国尤其是日本的经验建立的，所以对于警察的缉捕职能有较为明确的规定。如天津巡警局与审判厅划分权限时就明确："巡警以维持秩序、保护安宁为宗旨，凡人民有妨害治安、有碍行政等事，无论罪情轻重，巡警均有制禁、捕拿之权。"①奉天规定，凡违警以下罪，由警局自行罚款处置；凡犯违警以上罪者，现行犯由巡警径行拘拿，经警局假预审后，送至检察院收受。此外，还确定了警局搜查证据、护送人犯、取保传人、相验生伤、预审犯人、相验尸身的范围、办法。还规定，除刑事重急案件，警局得准人民口诉后，派警送至检察厅收受外，一切民事诉讼警局概不准受理。②

然而在执行中，各地都会有所变通。如吉林农安县为强化侦探能力，在巡警总局专设探访队，对游民盗贼随时留意侦探；还令每屯公举屯长一人，协同巡警逐一清查。结合保甲之法，以十家联为一牌，先将各户姓名年岁执业丁口填给门牌一纸，按户实贴，以清眉目，互相结保，遇有一家窝盗，或一家为盗，则十家同罪。③ 实是将保甲之法引入巡警的侦查之责中。

州县缉捕、传讯职能原来均由差役承担④，州县巡警建立起来以后，1906 年清廷曾令各省速办巡警并裁撤所有差役人等，但多数

---

① 《天津巡警局与审判厅划分权限酌拟试办违警罪目章程》，载《北洋官报》1907 年第 1383 册，要件，14 页。

② 《奉天各级检察厅对于巡警局办事权限简章》，载《北洋官报》1908 年第 1716 册，要件，12～13 页。

③ 《农安县寿鹏飞禀陈治盗条议文并批》，载《吉林官报》1909 年第 5 期，公牍辑要，3 页。

④ 差役也称衙役，一般分三班：皂班负责站堂、行杖、长官出行时的护卫随从；壮班（民壮）负责巡逻、防护衙署安全、协助缉拿人犯；快班（快手、马快、步快等）负责探访、捉拿人犯等。也有的分为四班。引自谢保民：《清代地方吏役制度研究》，111 页，上海，上海世纪出版集团上海书店出版社，2009。

省均以巡警初办，实力未充，州县官以一身而兼司法行政，"举凡催科、听讼、缉捕、递解等事仍不得不借差役以供使令"，故只要求酌减数额。① 直隶隆平县县令吕调元将全县 300 多名差役减至 60 名，挑选原马快中精壮诚实者作为"暗巡"，承担缉捕、传讯、探访、催科等事。唐县县令田鸿文则挑选部分年轻堪造就的差役入巡警传习所学习。② 江苏要求各州县将差役中副役白役一律裁撤，只酌留正身差役若干名，等警察办有成效时，再全裁同时用警兵办公。③ 广东欲以警兵取代差役，但又表示"粤民素质太低，又素未受过教育，事属创始，动生阻力"，故不论繁盛州县，还是偏僻之区，皆因人财两乏，难以一下子办到。④ 在这种情况下，州县实际上出现警、差并用的情况，一般巡警偏重缉捕，差役偏重传讯。

州县巡警有消防、维护卫生等职责，有的地方已开始组建消防队。如据 1911 年湖南巡抚的奏报，该省已有湘潭、常德、巴陵、衡州、益阳、澧州等处设常备消防队，名额在 20 个以上，队长设有专员。其余各属消防兵及救火器械也能因地制宜，卫生事项亦均次第举办。⑤ 还有的地方在组建城厢巡警的同时招募了清道夫打扫街道，设灯夫专管路灯。⑥ 四川省南部县巡警署附设了卫生局、施医院、戒烟局，其卫生职责包括清洁道路沟渠、检查食物水料、防疫种痘

① 朱寿朋：《光绪朝东华录》，总 5647 页。

② 《直隶警务处详请通饬各属遵照设立巡警裁革差役办法文并批》，载《北洋官报》1906 年第 1084 册，文牍录要，4 页。

③ 《议裁差役酌定讼费》，载《北洋官报》1907 年第 1313 册，新闻录要，8 页。

④ 《巡警代差》，载《四川官报》1905 年第 29 册，外省新闻，4 页。

⑤ 《湖南巡抚杨文鼎奏胪陈第五届筹备成绩折》，载《政治官报》第 1251 号，宣统三年三月二十八日，16 页。

⑥ 《署赵州直隶州严牧以盛禀赵州整顿巡警未及办妥情形请查核批示文》，载《北洋官报》1907 年第 1280 册，公牍录要，5 页。

和各种公共卫生事务。①

维护城乡社会公共秩序，也是州县巡警的重要职责。1905年，袁世凯在制定天津四乡巡警章程时，确定了四乡巡警对妨害治安、有碍风化、卫生等违警事项，应即以禁止，不服禁者送局讯究；对幼童失迷、病人病倒路旁、醉倒不能行动者送回家或进行保护；对成熟庄稼、路旁树木、各处电杆、学生及文武官员过往、传教游历者过境、教堂及医院、民间婚丧、渡口、停泊船只、解送官银及解送罪犯过境等，均要随时保护。另外，还定有"慎查访""防灾害""维风化"等职责。包括救火、预防妨害卫生的行为，清理街道、疏通沟渠、栽种树木，对不敬尊长等行为进行惩办等。还强调："凡有妨害治安干犯违警者，警官可以讯办，即行政警察应有之权。如命、盗、户、婚、田土案情重大者，仍归地方官管理。"②该章程反映了四乡巡警的职责不仅包含查户口、访查盗匪等犯罪现象，还包含对违警事件的处理、对民众遇有困难之事的现行保护以及对公共事务的预行保护等。以往保甲职能重在通过编户防查奸宄，而巡警则通过建立专职巡防队伍，不仅防查奸宄，而且广泛涉及公共利害之事，治安的职责大大扩充了。

光绪三十四年（1908年），清政府制定并公布《违警律》，确定了各项违警事件的处罚范围与原则。"违警"事件不仅涉及政务，还包括公众危害、交通、通信、秩序、风俗、身体与卫生、财产各方面，直接涉及民众生活。大凡无故散布谣言、违章搬运火药、未经官准制造烟火及一切火器、妨碍交通、妨碍通信、私自建屋、深夜无故喧嚷、游荡赌博、奇装异服有碍风化等，警察均可予以收取罚金或

①　四川南部县衙门档案：《为续呈遵照填写巡警卫生事项调查表事呈巡警署监督》，宣统三年三月十二日，22-563-3。

②　《拟定天津四乡巡警章程折》，《袁世凯奏议》下，1170～1176页。

拘留等处罚。① 还规定，州县警察对违警律外的其他事"均不得干预"②。《违警律》确定了警察权力行使的依据，也划分了公共领域中民众行为的界限，有助于在法制基础上建立新的城乡社会秩序。

巡警执行职责的办法，"城关巡警重在站岗，乡村重在巡逻"③。在州县城厢主要有站街（在指定地点站岗）和巡街（在所管地界往来巡行）两种方式。直隶长垣县城厢巡警的站岗之法是：城厢指定适中之处派兵站岗，每日每处轮班更替，以三小时为一班，挨次轮换。并要求"值班巡兵须在指派地方随时留心查看一切情形，非奉本管长官命令不得擅离，尤须振刷精神，挺身肃立，不得倚斜坐卧"④。

关于乡镇巡警的巡逻之法，直隶长垣县具体规定："定每里设一巡所，所设巡兵至少当在四五名之间，每日每所至少派二人上道分投巡逻，间日轮班替换。其巡兵每日早六点钟出巡，晚七点钟归宿，如在冬防期间尚须派班夜巡，以晚五点出巡，早六点钟归所休息。"⑤四川乡镇巡警暂行办法中就强调："乡镇巡警不必拘守城厢站岗办法，当先注重缉捕巡逻，并严密访查区内有无匪踪及窝户，以遏盗源。"其办法是将每区巡警分成两部分：一部分守护分署，须 10 人以上；一部分巡逻乡场，并要昼夜轮班，至少 20 人，均佩枪械。乡镇巡警如不敷用，得募本区土著良民编入册籍作为巡缉队。分两

---

① 《宪政编查馆奏考核违警律折并单》，《大清新法令》（点校本）第 3 卷，第 9～18 页。清代四川南部县衙门档案显示，当时州县已经设立拘留所，专门拘留"违警律所载例应拘留之人犯"。见《为计发拘留所管护规则事》，宣统元年九月二十二日，20-592-3。

② 《咨饬划分州县警政》，《北洋官报》1909 年第 2145 册，新政纪闻，第 10 页。

③ 《直隶武强县禀定整顿全境巡警现行章程》，载《北洋官报》1908 年第 1701 册，要件，14 页。

④ 《长垣县拟定改良巡警规条（续）》，载《北洋官报》1908 年第 1708 册，要件，13 页。

⑤ 《长垣县拟定改良巡警规条（续）》，载《北洋官报》1908 年第 1708 册，要件，13 页。

种：一种为编制入伍支给薪饷者；一类为不入伍者，平时分班调练，无事乃散而归农，有警则传集服务。人员采用按户挑选之法，由地方官按照挑选团丁办法行之。①

## 第四节　州县巡警与地方社会

### 一、警区与派出机构

清政府认为，警察是"维持治安之主要机关"，也是"维持司法之补助机关"②，也就是说，警察尤其是州县巡警承担着维护基层社会安定、实施国家权力的重要职责。通过警察制度，国家对基层社会实行了一种不同于以往的新的治理方式，同时也促使传统士绅地位发生变化。

维系传统基层社会治安存在三个系统：保甲、团练和官府捕役。三个系统职能各有偏重，共同承担乡里社会安民察奸之责。保甲由官府设置，重在通过联保弭盗安民；团练以绅士为主体，重在以武装"守望相助"；官府捕役重在侦查缉捕。然而久而久之，各自弊端也在滋生蔓延。保甲逐渐废弛；团练"虽捕盗较为得力，而控驭亦多有失"；官府捕役日益扰民，成为"民生之蟊贼"③。在这种情况下，民政部以为"非一警察以齐之"，力图以此取代旧制，克服旧制之积弊。

清末警察虽然是新制，但整合了传统保甲、团练、官府捕役的职能，即将原来分散的职能统归于一，使警察的权力大大扩张。同时，通过乡镇巡警的建立，州县之下划分警区，在一定程度上改变

---

① 《四川厅州县乡镇巡警暂行办法》，载《四川官报》1910 年第 23 册，专件，1～4 页。

② 《民政部通咨司法警察关系重要应切实整顿文》，《大清新法令》（点校本）第 11 卷，262 页。

③ 朱寿朋：《光绪朝东华录》，总 5664 页。

了基层社会组织结构和治安模式。

在传统乡村社会中，保甲虽是国家强行推行的控制乡村社会的方法，但清政府也有意让保甲与自然村、宗族结合，保甲长均为本地人，这就使保甲在长期的演变过程中，和乡村的传统社会结构形成互为连接的关系。①

但清末的警察则另起炉灶。四川规定，各州县城乡街道在 30 条以内者统设巡警分局一所，有二分局以上增设一正局，有六分局以上增设二正局，正局定设正警长一员，分局定设副警长二员。② 繁盛州县乡镇巡警以五区为限，中等州县分四区，简僻分三区；每区所设警官、巡警人数各有定规。③

除划分警区外，许多地方在距警区偏远地方设派出机构。四川规定每区在分署附近十里内择要设立分驻所一处或两处，酌派长警轮流驻之，为每区之辅助。直隶清河县也于分局鞭长莫及之处，或村庄稍密，或地居冲要者，"酌设巡所数处"，责成各该管局区不时稽察。④ 其他省随着乡镇巡警的创办，亦陆续有巡所、分巡所、派出所之设。

清末新政时期，随着州县学务、警察、地方自治的次第展开，基层社会开始了新一轮的区域划分。按清政府的规定，自治区以人

---

① 有研究者指出，清代中叶以后，由于赋役制度的变革，在保甲体制下，乡—村结构成为地方基层的主要组织形式，乡保、牌甲长等职役出现行政化发展趋势。参见孙海泉：《清代中叶直隶地区乡村管理体制——兼论清代国家与基层社会的关系》，载《中国社会科学》2003 年第 3 期。也有学者指出，在有的地方，乡与保成为相当的单位，"地保"俨然成为"乡官"，承担治安、征税的职责。参见萧公权：《中国乡村——论 19 世纪的帝国控制》，41～42、82 页。

② 《警察总局详改良官绅权限划一章程请示文并批》，载《四川官报》1907年第 30 册，公牍，5 页。

③ 《四川厅州县乡镇巡警暂行办法》，载《四川官报》1910 年第 23 册，专件，1 页。

④ 《清河县梁令成哲禀整顿警务酌改局区巡所文并批》，载《北洋官报》1909 年第 2105 册，公牍录要，6 页。

口和居住地划分乡、镇；学区是为基层办学而设，大致也以人口和地方的繁盛为准；警区划分除考虑地方繁盛外，更注重"权衡于地势广狭之间"①，以便于治安管理为划分标准。四川创设乡镇巡警时，有人曾提出以自治区域为警区，于是有的县以乡为单位划分警区，但巡警道以"分区过多，委任区巡各官配派巡警亦因之而多，所费经费太巨"为由予以反驳，要求并两乡为一区，择适中之地设立区署。② 警区的划分还有便于巡逻和保护地方的考虑。四川峨边地处山区，所属境内村落零星，山路崎岖，原议设两区，后因考虑绿营防军即将裁尽，"保安之责终不能不专恃巡警"，改为三区。③ 事实证明，当时警区、学区、自治区域的划分在实践中并未统一，由此形成一种自上而下的、互相重叠和交错的区划结构。当时的乡镇自治区没有最后定型，学区虽然划分了，但只是教育行政权实施的范围。而警区的建立，致使警察直接面对民众，其中除半农半警的巡缉队（或预备巡警）以外，其余区长、巡长、巡警都要经过巡警学堂或巡警教练所的训练，经过地方官的挑选和巡警道的札委，并领取薪水。他们成为新的官府的代表。正因如此，所以常有因警区划分而引起争端之事见诸报端。如《大公报》报道：保定地区全省警务处出于便于管理角度，在邱县重新划分区域，然该县绅董不明权限，因此屡起争端，给警政推行制造阻力。④

本来，清朝在州县以下边远紧要或繁盛乡镇之地有巡检之设，巡检分防而治，目的是强化治安力量，但并不是每县都设。而随着乡镇巡警的建立和警区的划分，乡与村被纳入各个警区之中。其影

---

① 《清河县梁令成哲禀整顿警务酌改局区巡所文并批》，载《北洋官报》1909 年第 2105 册，公牍录要，7 页。

② 《巡警道批泸州禀划分乡警区域情形就租谷抽捐以作经费文》，载《四川警务官报》1911 年第 2 册，文牍本省之部，26 页。

③ 《巡警道批峨边区申筹办乡警文》，载《四川警务官报》1911 年第 2 册，文牍本省之部，27 页。

④ 《派员查办警务纷争》，载《大公报》1910 年 3 月 16 日，第 2 张第 2 版。

响与意义不仅仅在于基层社会结构的改变，更值得注意的是，随着警区的深入，巡警的职权得以深入乡村生活的各个方面。直隶长垣县制定的四乡巡警职责包括四个方面：

违警：牧放牲畜践踏青苗者；负担未熟禾稼形似偷窃者；牵骡马牛驴绕走小道形似偷盗者；怀引火物欲行放火者；酗酒滋事沿街肆横者；游僧恶道恃强讹索者；地棍土豪欺压良民者；开场豪赌者；男女同行形似拐逃者；携带凶器势欲行凶者；藏匿铜铁丝形似偷窃电线者；恃强斗殴不听劝解者；聚集多人结党成群者；神色仓皇形迹可疑者；私立硝池以及堆存硝土者；贩买私盐者；符咒治病骗钱者；沿街招贴售卖春药者；歌唱淫词戏曲者；卖春宫图画洋片及淫词曲本者；假装医卜星相骗钱者；卖不熟或腐烂果物有碍卫生者。

现行保护：幼童稚女失迷者；妇女怀愤投水投井欲寻自尽者；因病倒卧路旁不能行动者；醉倒不能行走者。

预行保护：成熟禾稼堆集场围者；坟园树木；道旁树木；各处电杆；各处学堂及学生过往者；文武官员因公过往者；各处教堂及教堂施医院；外国人传教游历过境者；解送官库银及解送罪犯过境者；民间遇有婚丧大故者；桥梁渡口处；停泊船只处。

注意访查：无论本区外区及远近村庄，有暗中设坛习拳妖言惑众谋为不轨者；容留从前漏网著名巨盗者；开设炉机私铸制钱铜元及销毁者；遇有失慎起火者官弁督同巡兵协力扑救。凡有妨害卫生一切者，均宜设法预防；间有不敬尊长及忤逆不孝者，考查邻佑责令随时举发。遇有绅董来局及员弁巡警因公到村时，均须互相优礼。①

———————

① 《长垣县拟定改良巡警规条（续）》，载《北洋官报》1908 年第 1707 册，要件，12～14 页。

在执行上述职责时，凡妨害治安违犯者，应立时盘诘并由该管官报县后分别拿讯惩戒；有妨碍风化和卫生事件，则先禁止，不服者送县讯办；对预行保护事项，应随时保护，如有违背事件发生，均须送县究办。其他的地方虽没有如此详细的规定，但乡镇巡警除缉拿追捕外，还要承担"卫生除秽、排难解纷诸事"，"遇口角斗殴等事，巡警应即讯明曲直好言排解"①。其中有些涉及乡民生活的内容过去是通过乡规、家规来加以规范的，有些问题是通过家族和乡绅来进行调解和解决的，现在巡警均有权加以制止和干预，并通过维护现有秩序达到控制基层社会的目的。尽管清末乡镇巡警并没有普遍建立，但是我们在这些已经建立的地方可以看见，通过警区和巡所等派出机构，清政府不仅在州县之下建立了正式的制度化的治安机构，而且通过警察职能的行使直接干预民众生活和控制乡村社会，国家正式权力向乡村延伸的力度增强了。

## 二、绅士与州县巡警

光绪三十四年(1908年)，民政部公布调查户口章程，准备实行户籍登记制，其第三十九条规定，本章程实施后，所有从前保甲一概停办。依照民政部拟定的逐年筹备事宜清单，调查户口工作将在宣统四年完成。② 这样，实际就存在着一个警察与保甲并存的时期，各地纷纷将保甲纳入警察系统。如浙江省城附近繁盛乡镇保甲原来分别由藩司、臬司派员办理，全省警察建立后，巡抚增韫制定章程，将全省保甲及稽查各事宜通归省警务处管辖，所派之员亦由该处主持。③

警察新制建立，但团保、捕役等旧制仍然存在，许多地方皆以旧制为巡警之补充。四川万县"本地团保拟筹备口食，挑选团丁入所

---

① 《赵州四乡巡警办法》，《北洋公牍类纂》卷9，警察三，27～28页。
② 《大清新法令》(点校本)第1卷，第137页；第5卷，240～244页。
③ 《记载一·宪政篇》，载《东方杂志》1909年第5期，255页。

教练，随同巡缉”，"将来续办，各区即可仿行"①，即以团保辅助巡警。安徽泾县有一些聚族而居的村庄团防，县令禀请以此"补巡警之不足"，令团防加派侦探，昼夜轮流巡逻，"清查户口，严防奸宄"②。

无论是哪种情况，随着警察的建立，保甲、团练都呈现逐渐萎缩之势，其功能逐渐被警察取代，从而在一定程度上改变了基层社会以绅士为核心的权力体系。

传统的基层社会治理结构中，绅士起了重要作用，尤其是在晚清团练的发展过程中，绅士们既出资又出力，同时又借团练抬高了自身的地位，成为基层社会治理中的一支重要力量。清末州县巡警兴起初期，直隶、浙江、广东等省也注意依靠绅士举办巡警，允许绅士参与会商局务，不少地方巡警曾出现过绅办、官督绅办形式，反映出士绅对地方治安的热心。③

但警察毕竟是国家力量的代表，强调的是整齐划一、自上而下的领导。浙江巡警总局因各地"有以本地营汛佐贰及未学警察之绅士办理巡警者，警章混乱，权限不清"，要求自光绪三十四年正月起，"通省各府州县警务人员未经学习毕业者不得充当，嗣后统归省城总局派委巡警学堂毕业学生，或由州县指名禀请"④。湖北开办巡警

---

① 《护督宪批万县禀开办第一区乡镇巡警情形文》，载《四川官报》1911年第30号，参考类民政门，1页。

② 《安徽泾县禀整顿警政与团防相辅以靖地方文并批》，载《北洋官报》1909年第1986册，公牍录要，9页。

③ 如直隶束鹿县巡警建立时，城内总局就委绅士经理。巨鹿县成立警务总局时，也是"邀请绅士卢鸿泰为综理警务一切事宜"，8个分局也是"各派绅董一人经理收支款项"。见《束鹿县禀举办全境巡警文并批》《巨鹿县开办城乡巡警拟具章程呈请督宪立案禀》，载《北洋官报》1906年第1054册、1013册，文牍录要，5、4～5页。广东会同县巡警1907年开办，城内总所派绅商三人驻所办事；该县嘉积墟绅商也筹款设警察所，选派绅商常川驻所。见《各省内务汇志》，载《东方杂志》1907年第4期，178页。

④ 《各省内务汇志》，载《东方杂志》1908年第1期，54～55页。

后，创办警察学校，并从各州县选派学生赴日学习警政，然后"以派遣学生为推行警政之基础"，这些人成为各州县巡警的骨干力量。①1910 年河南巡警道拟订厅州县巡警通行章程时，也强调巡警正局局长"必以高等巡警学堂最优等毕业之记名人员为合格，由巡警道详情抚院考选委充，不得径用本厅州县士绅，以符奏章"②。可见各地州县巡警在办理过程中对士绅是有所限制的。

《东方杂志》有云："今州县佐治各员惟劝业、视学始准参用本地士绅。"③此即注意到州县劝学所、劝业所主要以绅士办理，而巡警局则不同，表现出鲜明的官办色彩。

一些地方办理警察时也曾注意选送绅士到省高等警察学校学习，如湖北高等警务学堂有官、绅两班；四川省亦强调招收"学绅"进入传习所学习。此处的"学绅"只是一些具有生员资格的人，更多的还只是接受新式教育的初等学堂学生，他们成为各级警官的重要来源。但另一方面。官府对他们是严加限制的。四川一些学绅学习毕业由省局加札委派为州县警局正副警长后，常"恃奉有省委札文，不服地方官差遣，遇事咀唔，擅作威福，稍不遂意，即长篇累牍，直接禀陈，非勒加薪资，即捏控侵蚀，流弊滋多"。为此，四川警察总局特制定改良官绅权限章程，强调学绅在警察传习所毕业领有凭照回籍后，"归地方官节制管理，由地方官量才委用"；一年期满由地方官加考，不称职者由地方官禀请撤办；并强调正副警长不得越权，即只能专任警务行政之事，不得经管银钱筹款、不得干预一切户婚田土词讼和地方行政。并强调民政要务不容学绅干预，也不准未学习

---

① 《湖广总督陈夔龙奏改办高等巡警学堂暨警政情形折》，载《政治官报》第 570 号，宣统元年四月十三日，8 页。

② 《巡警道详报拟订暂定各厅州县巡警通行章程文》，载《河南宪政月报》1901 年第 8 册，文牍，11 页。

③ 蛤笑：《书总核官制大臣改订外省官制折后》，载《东方杂志》1907 年第 11 期，198 页。

警察之绅士参与警察行政。① 这说明，在四川等一些地方，学绅必须进入巡警学堂学习后方可进入警察队伍；同时，对未经训练的绅士干预警政作了严格的限制。

乡镇巡警多"就近挑募年力合格通晓文义者"，经州县官考取后送巡警教练所，毕业后发回各局区所分任其职。② 行唐县令在整顿巡警文中承认："招募之始，风气未开，应募之人善良较少，而需人正亟，不得不牵就一时。"③虽然强调要挑募通晓文义者，但由于各地州县巡警尤其是乡镇巡警多由团勇、民壮、捕役转化而来，湖北甚至"各属教练所收容学生半无选择"，"各繁盛市镇从前所招之巡警多属无业之游民"④，所以乡镇巡警队伍实际上鲜有士绅的参与。

另一方面，由于清廷财政困窘，因此不得不确定"州县举办警察一切经费应就地筹款，责成各该州县会同本地绅董筹集之"。即在创办州县警察时不得不依靠士绅的财力，并在州县巡警机构给士绅安排一定的职务，让他们担任巡警局的巡董和各分区的区正（区董）。巡董的职责主要是协助官府就地筹款。如浙江全省州县巡警章程中规定"正副巡董受总办监督，筹集并管理全境巡警经费"；巡董除有筹款之责外，还要协同总办参与招考巡警和筹设传习所的工作。⑤直隶创办州县巡警教练所时，"其经费所需咸系就地筹集，专由巡董经办，官任稽核"⑥。直隶武强县由城乡绅董"每亩地捐京钱六十

---

① 《警察总局详改良官绅权限划一章程请示文并批》，载《四川官报》1907年第30册，公牍，4～6页。

② 《清河县梁令成哲禀整顿警务酌改局区巡所文并批》，载《北洋官报》1909年第2105册，公牍录要，8页。

③ 《行唐县侯令汝承禀警董因巡警冗滥款难复筹拟暂裁警额以节经费文并批》，载《北洋官报》1909年第2129册，公牍录要，6页。

④ 《关于警务之议案》，吴剑杰主编：《湖北咨议局文献资料汇编》，593页。

⑤ 《筹办浙江全省州县巡警章程》，1、3页。

⑥ 端方：《胪陈筹备事宜折》，《端忠敏公奏稿》卷16，14页，沈云龙主编：《近代中国史料丛刊》第94辑。

文"，由局董核实收支，报县备查。① 长垣县则实行"按粮计地随地出资"办法，确定抽收标准，分上下两忙由绅董抽收，除二成拨作学务经费外，其余为巡警之用。② 所以民政部也认为，"各省州县乡镇警政全赖有巡董维持，方克冀收成效"③。

区正以家道殷实乡望素孚之人充任，职责是"随时报告地方情形，专备区巡官之顾问。巡警如有不法行为亦得指明事实，报告本区，借以通下情而资参考"④。区正要充当警局的耳目，而一旦乡村发生群体冲突时，他们还要受地方官之委派前往劝解。⑤

可见，由绅士担任的巡董和区正的职责只是筹集经费和充当耳目。官府利用绅士，但现实中并不愿意让他们拥有太多的权力。宣统二年十一月(1910 年 12 月)，民政部一方面承认"各省州县乡镇警政全赖有巡董维持"，另一方面又认为"巡董多有劣绅市侩从中把持，转致滋生阻碍"，拟即由部派员前赴各省，会同巡警道详细甄查各巡董是否称职，并厘定应具资格，以期实行整顿。⑥ 也就是说，在州县巡警的创办中，士绅的参与是有限的，官府利用绅力，但种种制度安排和限制又使他们无法进入州县警察的权力中心。

本来士绅是官府连接基层社会的桥梁，在清末各地创办州县巡

---

① 《直隶武强县禀定整顿全境巡警现行章程》，载《北洋官报》1908 年第 1701 册，要件，13 页。

② 《长垣县田令鸿文禀巡警改良办法拟定条规开折绘图送请示遵文》，载《北洋官报》1908 年第 1703 册，公牍录要，7 页。

③ 《民政部拟甄查各省巡董》，载《大公报》1910 年 12 月 30 日，第 2 张第 1 版。

④ 《四川厅州县乡镇巡警暂行办法》，载《四川官报》1910 年第 23 册，专件，3 页。

⑤ 如宣统二年湖北沔阳林湖发生乡民械斗，官府即委派区董前往劝解，后又派兵弹压。见《中国大事记补遗·续记湖北沔阳州居民械斗事》，载《东方杂志》1910 年第 7 期，58 页。

⑥ 《民政部拟甄查各省巡董》，载《大公报》1910 年 12 月 30 日，第 2 张第 1 版。

警的过程中，除了早期有的地方出现过士绅自办或参与创办巡警的例子以外，从整体上看，士绅虽被赋予筹款之责，但又被排斥在警政核心权力之外，致使警察新政与乡村社会之间缺少沟通的渠道，从而出现"地方居民恒淡漠相视"的情况。① 浙江余姚自办理巡警后，将保甲更换为巡警，遴委毕业员前往办理，"无如该处一隅之地，词讼甚多，居民半未开通，是以改编警察名称之后，各铺均不乐输捐，故官绅久已两歧"②。在浙江临清县新市镇，曾发生巡士拘捕街上赌钱孩童，巡官抽出佩刀向民众示威、戳伤多人之事，引发群众愤怒，捣毁警局并罢市。县城绅商会衔电禀巡抚称："地方设立警察，原以保卫治安，今反殃民，不如一律停捐，仍照旧章，自办团练，以资保卫。"③在这起事件中，士绅俨然成为"民"的代表，并力图以废警察恢复团练来表达不满。

在有的地方，绅士甚至会成为对抗巡警的力量。如吉林府四乡巡警东分局二区十甲，乡约张凤阁、团练练长刘柏林等不仅不解散团练，反而带领粮户齐赴区官处，表面声言无钱交纳警费，实则抗捐，并以"谁交警费，必先将团练亏欠会勇工价之钱摊出"威胁其他民众。④ 在这起事件里，乡绅不仅不解散团练，而且成为抗警捐的领导者。

然而，州县巡警经费主要是通过由绅士担任的巡董收取的，民政部要求各地在限期内完成州县和乡镇巡警的建设，为筹集警费，州县官常常邀集绅董筹议项目，并通过巡董收取。这样，"绅士凭借官势"收捐成为许多民众的基本认识，绅士成为许多反警捐风潮中首

---

① 《关于警务之议案》，《湖北咨议局文献资料汇编》，592 页。

② 《浙省推广乡镇警察》，载《北洋官报》1909 年第 2130 册，新政纪闻，12 页。

③ 《记载第一·中国大事记》，载《东方杂志》1910 年第 5 期，65 页。

④ 《吉林府四乡巡警东分局二区十甲民众抗阻警捐》，章开沅等主编：《辛亥革命史资料新编》第 4 册，351～352 页。

当其冲的人物。在山东莱阳大规模的反捐税斗争中，民众焚毁巡董和其他绅董房屋，向官府提出的条件中，除不准抽收杂捐外，还要求"巡警不准随便下乡，恣意骚扰"，"所有陋绅劣董一律斥退，不准干预地方公事"①。直隶易州乡民反对加捐办理学堂警察，更是提出诸如"将自治员警务董治以死罪，永不许若辈再办学堂巡警等事"的要求。② 在湖南叶县，绅士赴乡劝导捐款，乡民群起反对，有人宣言称此为"官绅串通来逼民反"③。种种现象表明，绅士并没有因为参与办理警察经费而提高自身的地位，相反，却因为帮官府收捐而成为"民"的对立面和反对的对象。

另一方面，在一些反警捐风潮中，官府为了平息事端，常常有意把矛头引向绅士。海阳县民众反捐税风潮本起源于知县方奎"私行加赋、纵役骚扰"，然知县劝解民众时，"尽卸其责与诸绅，谓盗卖仓谷，及借口新政勒收各捐，皆诸绅所为"，并谕令民众均分各富绅之钱谷。④ 就连朝廷在关于山东莱阳之变的谕令中，也称"绅士凭借官势，不谅舆情，甚或借端抑勒，挟私自肥，百姓以为厉己，则怨仇丛生，驯至布散谣言，酿成事变"⑤。朝廷和官府对绅士的斥责，加重了民众对绅士的不满。

学界在论述清末绅士参与警察等新政事务时，常常认为这代表了他们地位的进一步上升。但许多事实也说明，绅士并没有就此取得乡村权力中心的地位，相反，他们的命运是复杂多样的。由于巡警是国家权力的工具，绅士在其中只能充当巡董、区正，权力十分有限。与此同时，随着一部分绅士被纳入体制内，绅士特别是乡绅群体进一步发生了分化。进入体制内的绅士在拥有了一定权力的同

① 《记载第一·中国大事记》，载《东方杂志》1910 年第 6 期，80 页。
② 《记载第一·中国大事记》，载《东方杂志》1910 年第 8 期，112 页。
③ 《记载第一·中国大事记》，载《东方杂志》1910 年第 12 期，181 页。
④ 《记载第一·中国大事记》，载《东方杂志》1910 年第 6 期，82 页。
⑤ 《记载第一·中国大事记》，载《东方杂志》1910 年第 7 期，97 页。

时，又开始成为"民"的对立面。朝廷一再强调选择"公正绅士"充任乡董、巡董、学董，海阳县反捐税民众也提出了"公举公正绅士办理"新政用款的要求。① 但是在相应机制没有建立的情况下，"公正绅士"似乎越来越难寻觅，到头来，"劣绅"则成为人们对进入体制内绅士的基本认知，他们的社会认同感开始下滑。这种变化直接导致了乡村精英的蜕变，深刻地影响了此后中国乡村社会的建构。

### 三、警权与警民冲突

在清政府看来，警察不仅承担"防患保安"之要务，还有"保卫地方监察人民之责"②，也就是在以"民"为监察对象的条件下达到"防患"的治安目的。尤其是清末，面对各种层出不穷的"民变"和革命党人的反清活动，地方官员常把警察作为弹压民众的力量。基于这种指导思想的制度设计中，州县警察不仅融保甲、团练、捕役的多种权力于一身，而且还成为民众的监督力量，从而超越保甲、团练、捕役的功能，成为基层社会中的一种新的权力关系。加上这种权力行使的不规范，民众对其产生恐惧，导致警民冲突不断。

由于警察权力具有强制性，所以一些地方成立巡警后，在公务活动中开始借助警力。如直隶总督就曾札饬各属，"在巡警办成之处，有事即派巡警滚催"③，即派巡警参加催征，使巡警权力扩展到钱粮征收。也有地方巡警执行公务时，动辄用武力相迫。④ 尤其是发生"民变"之类的群体事件时，州县巡警常常成为一支参与弹压的

---

① 《记载第一·中国大事记》，载《东方杂志》1910 年第 6 期，82 页。

② 《宪政编查馆奏考核直省巡警道官制细则折并清单》，《大清新法令》(点校本)第 2 卷，191 页。

③ 《直督札饬以巡警易差役公文》，载《中华报》，1906 年第 505 册，要件，4 页。

④ 如《大公报》曾报道，山东潍县巡警与人发生口角，即用警棍横击路人，某学生经过劝止，巡警不仅不服，还肆行谩骂。县令袒护巡警，扣押学生，引发城中绅商学界进省城上控。见《巡警与官学之冲突》，载《大公报》1908 年 8 月 16 日，第 2 版。此类事件当时报纸常有报道。

力量。如 1910 年安徽南陵县乡民反对户口调查,自治公所以知县出境未归,特函请巡官陈某、典史阴某分途往南北两乡弹压解散。①同年,奉天安东县四区发生抢米风潮,县令先派四区乡董协同巡警前往排解,不成,复又派司法巡弁前往阻拦。② 六月,直隶易州发生乡民因反对举办新政加捐而焚毁自治局事件,知州王某即带领巡警百名前往弹压。③ 浙江遂昌县乡民因反对抽学捐捣毁学堂,巡警前往保护学堂,于是民众迁怒巡官,又将巡警总局捣毁一空。④

清末在推行新政的过程中,很多措施一时难以得到民众的认同,地方官急于求成,不惜借助警力强制推行。清末实行禁烟、禁赌政策,省以巡警道为禁烟会办,州县由地方官负责查禁。而地方官则以警察充当查拿烟土、查禁聚赌的角色,因而不断引发警民冲突。官府分析个中原因,不得不承认除民贪利望害外,“查拿之人”即警察“或轻信人言捕风捉影,或喜事贪功轻举妄动”亦为重要因素。⑤如吉林磐石县乡民反警捐事件,起因于巡警成立后严禁赌博,有人为此迁怒警局,遂乘缴纳警捐之机鼓动乡民抵抗,县令和巡警局认为“似此奸民,若不严加重惩,则卑县之捐实无法抽收”,即派马巡查拿逮捕 4 人。⑥

就州县巡警自身而言,由于素质不高,各种越权之事也频频发生。四川巡警道称,州县警务长常有不守定章、“属民刑范围者往往径自处理”之事。推其原因,有“地方官希图省事委令处分者”,“民间苦于胥吏之需索拖累而惟警署是趋者”,还有“虽非有心违章,究

---

① 《记载第一·中国大事记》,载《东方杂志》1910 年第 5 期,74 页。
② 《记载第三·中国时事汇录》,载《东方杂志》1910 年第 6 期,140 页。
③ 《记载第一·中国大事记》,载《东方杂志》1910 年第 8 期,112 页。
④ 《记载第一·中国大事记》,载《东方杂志》1910 年第 11 期,159 页。
⑤ 《巡警道通饬各属警务人员查禁私膏私土先行报明各长官核夺札文》,载《四川警务官报》1911 年第 3 册,法令,16 页。
⑥ 《磐石县民王文等鼓动乡民阻挠警捐》,章开沅等主编:《辛亥革命史资料新编》第 4 册,345 页。

属不明权限者"①。加上警察自身毫无侦探能力，"不能搜出凭证以得其实情，于是两造呈刁，无从定谳，彼时间官棘手，遂有以刑逼从事者"②，导致冲突发生。

就地筹款是清末州县警察权力的另一个重要方面。州县巡警经费来源于两部分，一是原来的团练保甲经费，二是就地筹款。光绪三十三年（1907 年），民政部奏请通饬各省，称州县原有民壮、捕役、团练勇丁，均可酌量裁汰，改设巡警，以收"化无用为有用"之效。③四川总督赵尔巽多次要求巡警道通檄各属"将团费练费及地方无益之费概行提拨补助警款"④。江苏筹办宪政会议厅关于警察经费的议决案中也称："各州县有以原有之保甲团练经费改充，系取资于地方公款者。"⑤可见将原团练保甲经费移于巡警是不少地方的做法。

然而还有不少地方基本无款可拨，或者原团练保甲经费本身就不够用，所以就地筹集就成为解决州县巡警经费的主要途径。如吉林各州县巡警款项"概由地方官就地征收各项捐款拨用"，名为"警捐"，包括营业捐（商捐、车捐、房捐、戏妓等捐）、地捐（亩捐、菜园地、市场地等捐）、卫生捐（屠兽等捐）。⑥ 河北正定采取"随粮代收"办法，每粮银一两收学警等费大钱 800 文。⑦ 陕西省州县巡警局

----

① 《巡警道通饬警务长划分权责不得稍涉侵越札文》，载《四川警务官报》1911 年第 3 册，法令，14～16 页。

② 《民政部通饬司法警察关系重要应切实整顿文》，《大清新法令》（点校本）第 11 卷，262 页。

③ 《民政部奏请通饬各省酌裁民壮募练巡警折》，载《东方杂志》1907 年第 7 期，338 页。

④ 《四川总督赵尔巽奏厅州县巡警一律完备提前开办乡镇巡警情形折》，载《政治官报》第 1100 号，宣统二年十月十八日，9 页。

⑤ 《宪政篇·江苏筹办宪政会议厅议决案》，载《东方杂志》1909 年第 7 期，400 页。

⑥ 《吉林全省警捐章程》，载《四川警务官报》1911 年第 3 册，文牍京外之部，14～18 页。

⑦ 《正定县蔡令济清禀筹妥的款拟将城乡巡警另拟改良办法文并批》，载《北洋官报》1909 年第 2040 册，公牍录要，8 页。

收取的警捐有商捐、铺户房租捐、棉花行抽捐、染房捐、船捐、斗房铁炭捐、烟膏捐、煤捐等，可谓"捐上加捐""收索靡遗"。① 云南各厅州县警费悉就地自筹，或提团款，或抽街捐、油酒税、牲畜税、房铺租、米谷租，以及升斗公租等，"情形既各不齐，款项亦各有异"。②

乡镇巡警的经费更是要由各地方自筹。四川规定，"乡镇巡警经费以各属旧有之团练经费尽数拨充，如尚不敷用或尚无团练款项之处，由各该地方官督同绅首设法添筹"，并加肉厘作为乡镇巡警常年经费，收马桑寨地租作为巡警公产，此外还有酒厘、糖捐等。③ 吉林乡警常年薪饷则取自每坰地抽收中钱 800 文，在商铺则按照资本以 250 吊折地一坰，亦抽中钱 800 文，均按春秋两季征纳。④

由于各地警捐涉及面广，收取不易，加上警察建立后本身就成为一支强制性力量，所以不少地方在催收过程中往往借用警力。《吉林全省警捐章程》就明确规定："各捐户应纳捐款如有迟滞不纳者，省城由警务长派警催追，各府厅州县由地方官派人催追，或即委任警务长派警代催。"⑤而警力一旦介入，往往会激化矛盾，形成大规模冲突。如江苏镇江抽房捐以充警费，警局迫令沿街菜贩迁往指定地点，每担每日抽捐 40 文，县署书办和巡警乘机敲诈，激起众怒。

---

① 《陕西全省财政说明书》岁出部，民政费，《清末民国财政史料辑刊》第 3 册，438～470 页。

② 《云南全省财政说明书》岁出部，民政费，《清末民国财政史料辑刊补编》第 3 册，402 页。

③ 《巡警道批灌县禀筹办乡镇巡警拟加肉厘作为常年经费文》《护督宪批懋功厅禀巡警年收马桑寨地租作费永为公产文》，载《四川警务官报》1911 年第 3 册，文牍本省之部，17、1 页。

④ 《乡巡薪饷之筹画》，载《吉林官报》1909 年第 5 期，政界纪闻，2 页。

⑤ 《吉林全省警捐章程》，载《四川警务官报》1911 年第 3 册，文牍京外之部，14 页。

群众万余人到县署请愿，巡警开枪打死 4 人，警局被毁。① 直隶隆平县举办四乡巡警，兼筹学堂经费，擅将各村"看青会"应摊粮麦改为折钱征收，数千人进城要求免捐。警兵开枪，打死农民 5 人，打伤 6 人。群众气愤之下，攻城捣毁巡警局。② 湖北宜昌警察总办甚至亲率勇丁，随带刑具，按户勒捐。③ 从这一角度来看，各地反警捐斗争中，有相当一部分是警察介入催捐并动用武力而引发民愤。

当然，清末层出不穷的警民冲突背后还有其他复杂的原因，民众对警察制度的不了解也是一个重要因素。因为自《直省巡警道官制》颁布后，"各镇办理巡警，由巡警道派员或卒业学生前往筹办"，州县各局、分局警官均要高等警察学校毕业生充当，故而与本地民众互相隔膜。群众只知保甲，对警察并不了解，"淡漠相视，或且偶因细故动生恶感"④。况且巡警的职能不仅在防盗，其权力还触及人们的日常生活，更易因细故而引起民众的不满。

---

① 张振鹤、丁原英编：《清末民变年表》，《近代史资料》总第 50 号，123 页，北京，中国社会科学出版社，1982。

② 张振鹤、丁原英编：《清末民变年表》，《近代史资料》总第 50 号，172 页。

③ 《东湖县议董事会陈请该县警察勒捐滥刑案》，吴剑杰主编：《湖北咨议局文献资料汇编》，584 页。

④ 《关于警务之议案》，《湖北咨议局文献资料汇编》，592 页。

# 第四章　从州县官审判到筹办审判厅：
## 　　　州县司法变革的开启

　　司法审判是州县官的重要职责，亦是州县治理的主要内容，学术界从法制史的角度做了很多探讨，但清末司法改革中的州县情况则涉及不多。本章关注的是，晚清以来，在社会变动的局面下，在各省督抚权力扩展的背景下，州县官的司法职能有怎样的变化；在清末的司法改革中，州县的情况又如何。我们看到，晚清司法变革实际有一个较长的历史过程：一方面，随着社会变动，州县官的司法权有所扩展，即在太平军兴的背景下，"就地正法"权的下放，使州县官有了非常时期的死刑执行权；而随着教案的增多，处理民教冲突和审理关涉教民的诉讼案件，成为州县官治安和司法权限中的重要内容。另一方面，随着20世纪初预备立宪的开展，"恤刑狱"的提出和推行，州县司法改革终于迈出了一小步。尽管由于各种原因，除一部分首县外，绝大多数州县未能设立审判厅，但省城商埠各级审判厅的成立，已在一定程度上影响了州县官的司法运作。

## 第一节　"就地正法"之制与州县官的审判权

### 一、咸同之际州县官"就地正法"权的行使①

司法审判是州县官的一项重要职能。州县官受理案件时，仅对户婚田土钱债类案件和轻微刑事案件（笞杖罪案件）有权结案，其余徒罪以上案件必须解送上司衙门复审，上司衙门复审后转报再上一级衙门，是为"审转"。其程序为：府所属之州县厅审理的案件由府审转；直隶厅、直隶州直接审理的案件由道审转。府或道审转之案件由按察司复审，再申详督抚。督抚对徒罪案件可以批结，人命徒罪及军流罪案件须咨报刑部核复，死罪案件督抚审拟具奏或具题。对各省斩绞监候案件，每年还有省及中央二级的"秋审"制度进行复

① 学术界关于晚清"就地正法"之制的论文有：李连贵：《晚清"就地正法"考》，载《中南政法学院学报》1994 年第 1 期；邱远猷：《太平天国与晚清就地正法之制》，载《近代史研究》1998 年第 2 期；王瑞成：《就地正法与清代刑事审判制度——从晚清就地正法之制的争论谈起》，载《近代史研究》2005 年第 2 期；娜鹤雅：《清末"就地正法"操作程序之考察》，载《清史研究》2008 年第 4 期；张世明：《清末就地正法制度研究》，载《政法论丛》2012 年第 1 期、第 2 期；刘彦波：《晚清两湖地区州县"就地正法"述论》，载《暨南学报》2012 年第 3 期。这些论文讨论了就地正法的起始时间、制度形式、对象和范围、操作程序、与清代刑事审判制度的关系等问题，但仍有些问题值得深入探讨。其中一个问题就是：在晚清，除军前正法外，作为重要的审判者和执行者的州县官，是遵循怎样的司法程序而为。王瑞成在《就地正法与清代刑事审判制度——从晚清就地正法之制的争论谈起》一文中将有清一代就地正法司法程序总结为按例办理、按令执行（其中包括先斩后奏事后追认、遵旨执行、请旨执行诸种），另外还引用了光绪八年两江总督对"就地正法"界定的一则史料，说明晚清的司法程序是"州县审讯，督抚批准和监督"。娜鹤雅在《清末"就地正法"操作程序之考察》一文中则指出州县流徒以上犯人审判后的"审转复核程序"在晚清就地正法死刑案中同样存在，并分析了几种不同的情况，但没有说明起始时间和演变情况。其实，上述情况在晚清都存在，但又是有变化的，故需要对谕旨、章程、奏折，并结合州县实施情况进行一番综合考察，方能进一步深入了解此问题。

核，复核后由皇帝裁决。①

太平军兴以后，需要及时判决的大案要案剧增，若"再行咨查，往返耽延"②，于是地方大员和统兵首领纷纷要求"就地正法"。道光三十年十二月（1851年1月），钦差大臣李星沅、两广总督徐广缙奏报，拿获广西庆远一带恃众攻劫、叠抗官兵的"贼首张晚""巨盗邓立奇"，就近解赴行营"审明正法"③。咸丰元年闰八月（1851年9月），太平军进入永安后，广西巡抚邹鸣鹤会同钦差大臣、大学士赛尚阿奏报拿获试图"纠伙拜会，借图抢劫"要犯廖五，"未便照寻常盗犯等候部复，致稽显戮，随于审明后恭请王命，即行正法"④。11月广西巡抚邹鸣鹤奏称："计自本年正月迄今，各处兵丁团练，陆续歼擒盗匪、游匪、会匪，除临阵杀毙及因伤身死不计外，凡讯明情罪重大即饬就地正法者，已一千五百余名。"⑤其中，除了带兵大员对"逆匪"军前正法以外，州县官亦可执行正法。如咸丰三年（1853年），"代理蓝山县知县张嗣康禀报……复在影亭地方，生擒成目二名，均即就地正法"⑥。

咸丰三年（1853年），曾国藩奏请对"土匪""立行正法"。他所列

---

① 州县自理案件需填注循环簿，每月底送上一级衙门查核注销。参见那思陆：《清代州县衙门审判制度》，142～144、177～182、225页，北京，中国政法大学出版社，2006。

② 《乔用迁奏报拿获陈亚贵余党丁二旺等分别正法严办折》，第一历史档案馆编：《清政府镇压太平天国档案史料》第1册，106页，北京，光明日报出版社，1990。关于太平天国时期就地正法的执行情况，邱远猷在《太平天国与晚清就地正法之制》（载《近代史研究》1998年第2期）一文中有详细的论述。

③ 《李星沅等奏报拿获张晚邓立奇审明正法片》，《清政府镇压太平天国档案史料》第1册，144页。

④ 《邹鸣鹤奏报筹办保卫省城事宜并拿获会犯廖五正法折》，《清政府镇压太平天国档案史料》第2册，322页，北京，光明日报出版社，1990。

⑤ 《邹鸣鹤奏报随时严惩拿获情罪重大各犯并将刃伤县丞白良栋之雷亚书等正法折》，《清政府镇压太平天国档案史料》第2册，442页。

⑥ 《两广窜入湖南县境匪徒次第剿除摺》，《曾国藩全集》奏稿一，69页，长沙，岳麓书社，1987。

"土匪"，包括会匪、教匪、盗匪、痞匪、游匪。提出的理由是，当此有事之秋，"不敢不威猛救时"，所以应"不复拘泥成例"。他还设审案局，派委二人，"拿获匪徒，立予严讯"①。此后曾国藩又奏报说："臣设局以来，控告纷纷，或签派兵役缉拿，或札饬绅土踩捕，或着落户族勒令跟交，或即令事主自行擒缚。一经到案讯明，立于正法。计斩决之犯壹百肆名，立毙杖下者贰名，监毙狱中者叁拾壹名。此外，札饬各州县擒拿匪党，赍呈供折，批令无庸解省，就地正法者，不在此数。又如安化蓝田串子会匪，前经札饬湘乡县知县朱孙诒密往掩捕，擒获九十二名。其陆续正法者，俟结案后另折会奏，亦不在此数。"②在此过程中，州县捕获"匪党"，毋庸解省而是讯明后即执行正法，然后报告。

对于领兵大员实施正法的奏折，咸丰帝都以"知道了"予以批准，同时又多次下旨要求领兵大员和地方官格杀勿论。咸丰三年二月的一道谕旨云："现当办理团练之时，尤应极力整饬，以儆凶顽。著该督抚即严饬各属，认真查缉，如有奸细窥探、土匪滋扰，拿获讯明后即行正法，以示炯戒。"③三月又下谕旨：

> 前据四川、福建等省奏陈缉匪情形，并陈金绶等奏遣散广东各勇沿途骚扰，先后降旨，谕令该督抚等认真查办，于讯明后就地正法。并饬地方官及团练、绅民，如遇此等凶徒，随时拿获，格杀勿论。现当剿办逆匪之时，各处土匪难保不乘间纠伙抢劫滋扰，若不严行惩办，何以安戢闾阎？著各直省督抚，一体饬属随时查访，实力缉拿。如有土匪啸聚成群，肆行抢劫，该地方官于捕获讯明后，即行就地正法，以昭炯戒。并饬各属

---

① 《严办土匪以靖地方折》，《曾国藩全集》奏稿一，45～46 页。
② 《拿匪正法并现在帮办防堵折》，《曾国藩全集》奏稿一，56 页。
③ 《清文宗实录》卷 86，咸丰三年癸丑二月丁酉，《清实录》第 41 册，116 页。

团练、绅民，合力缉拿，格杀勿论，俾凶顽皆知敛戢，地方日就义安。至寻常盗案，仍著照例讯办，毋枉毋纵。①

谕旨确定就地正法的对象是遣散滋事勇兵、逆匪、土匪；确定有权行使就地正法权力的有地方官、团练、绅民；确定实施就地正法的程序为：捕获讯明后即可施行。

与此前清代的"就地正法"之制相比，有两点重要变化：第一，以往实施就地正法时，虽然也有先就地处决、事后备案，或先斩后奏的情况，但更多地强调"请旨实行"或"一面题报，一面正法"②；而此时咸丰帝则反复强调"讯明后即行正法"，即广泛允许先行正法事后备案情况的存在。第二，就拥有正法权力者而言，以往就地正法的授权对象，分别为军队、督抚、地方官，而现在除上述三者外，团练也可执行正法，另外"绅民"亦可在"土匪啸聚成群，肆行抢劫"的情况下缉拿和"格杀勿论"。这是在非常情况下"就地正法"之制的又一次启动，而且是"就地正法"之制扩大化的开始。③

在就地正法的实施过程中，州县官是重要的执行主体。正如刑部所说，自军兴因剿办土匪定有就地正法章程以来，各省相沿，"并

---

① 《清文宗实录》卷 88，咸丰三年癸丑三月丁巳，《清实录》第 41 册，165 页。

② 参见王瑞成：《就地正法与清代刑事审判制度——从晚清就地正法之制的争论谈起》，载《近代史研究》2005 年第 2 期。

③ 晚清许多官员奏折中都提到就地正法章程起于"咸丰三年"，如刑部称"臣等查就地正法章程起于咸丰三年"（《皇清道咸同光奏议》，卷 57，刑政类·律例，第 2885 页）。但也有学者指出，就地正法并非起于咸丰年间，"清律中有就地正法的制度规定"，"在康熙朝死刑审判复核制度确立之后，就地正法才开始出现"。"就地正法"是非常时期采用的临时性政策，有清一代，在聚众抗官、谋反和叛国一类重犯案件及战时，常会采用。参见王瑞成：《就地正法与清代刑事审判制度——从晚清就地正法之制的争论谈起》，载《近代史研究》2005 年第 2 期。此文认为，晚清时期，出于镇压太平天国的需要，咸丰下令允许地方官员、团练、绅民"就地正法"，实施对象和施行者都有所扩大，故文献中常常将此称为"就地正法新章"。

有寻常盗案该州县拿获讯明后径行处决，随后始行通详上司"，办理纷纷，未能一律。① 在军兴省份，州县官广泛行使就地正法权：

咸丰四年四月（1854 年 5 月）桂良奏，河间等府州县共拿获"逆匪""土匪"共 102 名，"该犯等或授伪职拒杀官兵，或乘机劫掠伤人"，"已据该府州县于审明后就地正法"②。

五月，英桂奏，河南许州尉氏县乡民聚众杀死粮差之事，咸丰朱批："许州尉氏两案甚关紧要，固不可宽纵，差役尤不可迁就了事，致长刁风。为首倡谋之犯，尽法惩治，斩枭示众，以警其余。"③

七月，桂良奏，直隶献县、河间、宁津、故城等县拿获"逆匪""土匪"148 名，"或与官兵结仗，为贼送信及受伪职助势攻城，或啸众抢掠，拒伤事主，已据各该府州县于审明后就地正法"④。

咸丰五年（1855 年），"广西贼匪之窜踞东安县城者，六月二十二日分股至花桥掳掠，知县赖史直带勇截击，毙贼十余名，夺贼马二匹，生擒逆贼唐开纯等三名，军前正法"⑤。

同年十二月，委署永绥厅同知长惠带兵行至六里排楼地方，将"上下六里各苗寨纷纷投诚捆献匪党"，即于军前分别办理。⑥

湖南宁远知县刘如玉，"莅任之初，即有匪患，捕获正法。……计自咸丰二年四月初十到任，即于是月二十九日擒获攻城土匪乐浪

----

①　《遵议盗案分别首从章程疏》，《皇清道咸同光奏议》卷 57，刑政类，20页，沈云龙主编：《近代中国史料丛刊》第 34 辑。

②　《桂良奏报河间等府拿获要犯多名就地正法片》，《清政府镇压太平天国档案史料》第 14 册，25 页，北京，社会科学文献出版社，1994。

③　《英桂奏报楚北股众分窜麻城及尉氏许州乡民滋事折》，《清政府镇压太平天国档案史料》第 14 册，462～463 页。

④　《桂良奏报各地业将拿获敌犯等分别审明正法片》，《清政府镇压太平天国档案史料》第 14 册，668～669 页。

⑤　骆秉章：《北路贼已败退南路收复东安筹办情形折》，《骆文忠公奏议》卷 4，22 页，沈云龙主编：《近代中国史料丛刊》第 7 辑。

⑥　骆秉章：《黔匪攻扑镇筸绥靖沅州官军击退克复麻阳晃州折》，《骆文忠公奏议》卷 6，19 页。

仔、李五仔二名正法为始，至五年八月二十一日缉获土匪黄求瑞等十六名正法止，实共杀匪一千二百四十七名"，其余"官兵剿杀，团勇围杀，不可胜数"①。

同治元年（1862年），"衡州洪乐庙余匪复有纠众倡乱情事"，"祁阳县知县于学琴，署衡阳县知县刘凤仪，署清泉县知县陈宝善，署衡山县知县俞凤翰先后捕获伪安定王周正学，及伪军师江成斋即二夫子，伪检点周安格等十三名，伙党二十三名，又缉获王兆发、聂昌凤、周玖厚、刘忠杰、张玉青、张才茂、陈正云、谢开东、陈赓扬等九名，分别正法枭示，地方赖以粃安"②。

上述州县官都是先执行正法，然后报告督抚。"就地正法"的范围，除"土匪""逆匪"外，又不断扩大。同治元年（1862年）上谕允许各省对"遣散兵勇"如有"逗留滋事抢掳民物者"，可按照军法立斩枭示。③ 同治二年（1863年），两广总督毛鸿宾、广东巡抚郭嵩焘奏请获得对"抢劫伙众持枪伤人罪"的就地正法权；同治五年（1866年），两广东总督瑞麟、广东巡抚蒋益沣又奏请获得对"奸徒诱拐并非情甘出口民人贩卖出洋"者以"斩决绞决，即行正法"④。

在以往州县官军流以上案件层层"审转复核"程序中，州县官要承担巨大的人力和财力风险。如审转，清代律例规定：

> 解审军流以上犯，令各州县酌量地方情形，如有相距在五十里以外，不及收监者，先期拨役前往，于寄宿处所，传齐地保人等，知会汛兵支更巡逻，往回一体办理。倘有疏虞，地保

---

① 刘如玉：《禀复骆中丞批饬严缉逃匪》，《勤慎堂自治官书》卷1，13页，沈云龙主编：《近代中国史料丛刊》第77辑。
② 毛鸿宾：《拿办各属会匪并严查回籍勇丁片》，《毛尚书奏稿》卷6，33页，沈云龙主编：《近代中国史料丛刊》第61辑。
③ 朱寿朋：《光绪朝东华录》，总1319页。
④ 朱寿朋：《光绪朝东华录》，总57页。

营汛，俱照原解兵役治罪；地方官，从重议处。

　　各省递解人犯，如遇前途水阻，及另有事故不能前进，即由附近州县详报该省督抚，查看情形属实，迅即飞咨邻省截留，不准州县擅自知会。仍饬令最近之州县，将接到人犯，分别监狱大小，酌留一二十名，再令各上站挨次留禁。由该州县开具犯名事由，申报该省上司，咨报查考。一俟前路疏通，即行起解。如有州县擅用公文私信，知会上站截留，即由该督抚据实严参。①

　　除承担人力、物力的司法成本外，整个审转复核的过程都必须接受上级部门的监督，如有违背，即遭严参议处。而在就地正法的过程中，州县官审讯后不必将犯人层层解审，并可因"逆匪""抗官"等非常情况处决人犯。虽然在这个过程中，州县官只是执行者，但在晚清社会冲突与动荡持续不断的情况下，此制因无法废止而不断延续，也是州县官司法职能变化不可忽略的一个方面。

### 二、光绪年间的争论和调整

　　虽然督抚的奏折都声称就地正法为一时权宜之计，但由于就地正法降低了死刑执行中的成本，便于快速镇压"匪乱"，有利于各地秩序的恢复和稳定，所以此制无法立时停止。由于各地州县官往往是先正法后报告，各种滥用此权之事不断发生。

　　进入同治年，为应对官员中不断出现的停止就地正法的言论，也为避免地方官在执行时出现种种滥用权力的弊端，一些省督抚开始建立一定的复审程序予以纠正和防备。

　　最早主张将复审程序引入就地正法的是两广总督毛鸿宾和广东巡抚郭嵩焘。他们于同治二年（1863年）上折认为，地方官办理盗案，

---

　　① 《钦定大清会典事例》（光绪朝），卷838，刑律断狱，3页；卷835，刑律捕亡，3页；那思陆：《清代州县衙门审判制度》，150页。

或称踞省窵远，长途解审恐有疏虞，必须多派差役护送，弹压为费不赀，"各州县惮于办案之烦，意存避就"，所以要求仿"从逆滋事及迭劫凶盗罪至斩枭者，例得由外恭请王命先行正法"之例，允许各州县距省较远之区拿获"曾经拜会从逆拒敌官兵，及迭次抢劫伙众持械伤人罪应斩枭斩决者"，行使就地正法之权。并确定办案程序为："广州府属逆匪盗犯仍行解省勘审"，其距省较远之各厅州县，"于审实后禀解该管府州复审，如道府同城即由道府会审，其直隶州厅承办者解赴巡道复审"，即除广州府属州县外，其余均要将人犯解赴府州或道复审后，禀报总督巡抚核明批饬就地正法。

毛鸿宾和郭嵩焘奏折称此做法"足昭详慎而不致枉滥，而于各州县办理盗案期归直捷"。同时又称，此是非常之法，"俟军务完竣，盗风稍戢，再行奏明仍复旧例办理"①。比之咸丰年间，州县官在执行"就地正法"时多了一个将犯人解赴府州或道"复审"和督抚"核明批饬"的环节。这是将审转复核之制融入就地正法的司法程序的开始。但和旧制不同的是，死刑判决最后审核监督的主体是督抚而不是刑部，同时也明确了州县官在就地正法中的审判职责。

实际上，由于就地正法运用于各种"非常之时"，不少地方州县官"惮于办案之烦"，常常先斩后奏，不仅直接执行正法，而且规避了审转复核。如光绪四年（1878年）就有人奏，山东署陵县知县赵多熙拿获抗漕抢掠匪党马希固等20余名，审讯后并未将犯供录送就先行正法，办理草率，请予议处。清廷派员调查后认为"系为仓促弭患起见，办理尚无不合，请免议处"。上谕称："嗣后地方官寻常拿获匪徒，仍当具禀录供，详由督抚核办，不得稍涉专擅。"②强调州县官未经督抚批示不得擅行就地正法。

---

① 毛鸿宾：《粤东劫盗重案请就地正法片》，《同治中兴京外奏议约编》，卷8，16～17页。

② 朱寿朋：《光绪朝东华录》，总674页。

然而各地州县屡屡出现滥用就地正法权的混乱现象。光绪七年（1881年）御史胡隆洵奏请将盗案仍照旧章分别首从办理。上谕交刑部议奏，刑部则乘势提出"莫若将就地正法章程先行停止"之议。①但各省督抚将军无不以地方未靖为由反对停止"就地正法"。吉林将军铭安提出吉林地方"山深林密，伏莽尚多"，如要将犯人解赴上级部门复勘，"恐道路偶有疏虞"，所以要求审办盗案不需复勘即可正法。江西巡抚李文敏称："目下盗风未能全息，旧章（就地正法）实难遽行停止。"两江总督左宗棠说："江苏滨临江海，口岸繁多，华洋商贾，辐辏云集，值此奸宄溷迹出没无常之时，非悬一重典以严为之防。"山东巡抚任道镕认为，各州县所报盗匪"尚复不少"，"若一旦责令照例层层解勘，不特长途跋涉，疏脱堪虞，仰且各犯群聚省监，亦恐别滋事端"②。

及至光绪八年（1882年），又有御史陈启泰、谢谦亨等先后奏请停止就地正法章程，"毋令地方官久擅生杀之权，庶人命不致草菅"③。刑部议复时一方面承认各省所奏"自系实在情形，亦且不谋而合"，同时又提出：

> 臣部为执法衙门，一切均有定例可循，未便以一时权宜之计，视为经久不易之常。若如各该省所奏，盗案尚多，碍难规复旧制，试问盗风何时方能止息？似此年复一年，安于简便，致令杀戮之权操之臣下，终无规复旧制之时，亦殊非慎重人命之道。……臣等公同酌议，除甘肃省现有军务，广西为昔年肇乱之区，且剿办越南土匪，以及各省实系土匪马贼会匪游勇案情重大并形同叛逆之犯，均暂准就地正法，仍随时具奏，备录

---

① 朱寿朋：《光绪朝东华录》，总1192页。
② 朱寿朋：《光绪朝东华录》，总1198、1320、1297、1238页。
③ 朱寿朋：《光绪朝东华录》，总1317页。

供招，咨部查核外，其余寻常盗案，现已解勘具题者，仍令照例解勘，未经奏明解勘者，统予限一年，一律规复旧制办理。倘实系距省窎远地方，长途恐有疏虞，亦可酌照秋审事例，将人犯解赴该管巡道讯明，详由督抚分别题奏，不准援就地正法章程，先行处决，以重宪典而免冤滥。①

这个奏折实际是在不得不承认就地正法的前提下，对其实施的范围和对象做出了一定的限制。就范围而言，除甘肃、广西外，其他省只是对"土匪马贼会匪游勇案情重大并形同叛逆之犯"暂准就地正法；在程序上，强调"随时具奏""咨部查核"。其余"寻常盗案"则遵循旧有的审转复核之制。此外还严格限制以路途遥远为名实施就地正法。

就地正法之制难以立刻停止，但各省亦采取了一定措施以防其弊。

一是对正法对象的具体界定和分别处理。光绪八年（1882 年）刑部章程确定实施正法的对象是土匪、马贼、会匪、游勇，湖广总督涂宗瀛在次年奏定的办理盗案章程中，进一步将此具体化为：执持刀械火枪抢劫者、聚众至五万人以上者、伙众抢劫至二三次者、纠劫拒捕伤人或致伤事主者、入城行劫及连劫数家者、刀痞抢劫财物者（以上不论"首从各犯"），以及强盗窝户造意分赃者、凭空抢夺良家妇女已成者，"均行就地正法"②。光绪十八年（1892 年），湖广总督张之洞在严惩会匪章程中，责成州县随时访查"会匪"，一经审实，即开录详细供折，照章禀请复讯，就地正法。此外还要求州县区分首从，分别办理。③

---

① 朱寿朋：《光绪朝东华录》，总 1318 页。
② 此为张之洞奏折中引述。见《江苏盗劫等犯请就地正法折》，《张之洞全集》卷 40，1070 页。
③ 《酌议严惩会匪章程折》，《张之洞全集》卷 32，859 页。

二是强调州县审判要经府道复审和督抚监督实行，但各省对复审程序的规定不尽一致。

光绪七年（1881 年）直隶总督李鸿章上折称，凡"就地正法之犯，必令该地方官详细研究，录取切供，赃证明确，再由臣饬派本管道府或另委妥员确加复审，果是情真罪当，方始处决"①。即地方官审讯后，无须解勘犯人，而是由督抚派本管道府或委员前往复审后方能执行正法。

光绪八年（1882 年）四川总督丁宝桢奏："凡遇州县报获盗犯，如系道府同城，即饬该管道府就近亲提审讯，如非同城而距省近者，由省遴委道府大员，远者即酌委本管上司或邻封州县前往提讯，果系赃证确凿，情无可疑，仍禀请在本地正法。"②即分别是否与道府同城及距省远近，同城者由道府提审，远者无须解勘犯人，由省分别派委人员亲往提审后禀请就地正法。

光绪十一年（1885 年）两广总督张之洞上折要求："嗣后除实系土匪、马贼、会匪、游勇，案情重大并形同叛逆之犯，及原例内罪应斩枭者，仍由该州县体察情形，随时禀请就地正法，按三个月汇奏一次。"同时，将复审程序进一步变通和细化：距省较远者，由该厅州县审实后，酌核道路远近，如有道府同城者，解由该管巡道或府复审；不同城者，即分别解由最近之该管或道或府州复审，如犯多路远者，即由道府州亲赴所属复审，均录供通禀督抚，核明情节确实，批饬就地正法。③ 也就是区分三种情况：一是州县与道府同城者，由道府复审；二是州县与道府不同城者，要将犯人解往最近之道或府州复审；三是在犯多路远的情况下，不必解勘犯人，而是由道府州长官亲赴复审。三者均书面通禀督抚批饬后施行正法。

---

① 朱寿朋：《光绪朝东华录》，总 1231 页。
② 朱寿朋：《光绪朝东华录》，总 1288 页。
③ 《请定盗案就地正法章程折》，《张之洞全集》卷 13，374 页。

尽管刑部制定了新章程，但各地往往又会在实践中根据不同情况提出变通之法，使"复审"程序不断被打破和改变。光绪三十年（1904年），直隶邯郸县抓获聚众持洋枪抢劫拒捕盗犯4人。该县令禀督宪时提出，邯郸距城窵远，如照例勘转，辗转需时，"且该犯等党羽甚夥，中途劫脱堪虞"，请将首犯就地正法，并悬杆示众。直督袁世凯批示同意，并委相邻之磁州县令会同提犯复讯后正法，还给该县令记大功一次。① 此后安平县拿获盗首王小石头，也是督宪派委邻县县令会同提犯复讯后就地正法。② 在这里，州县上级部门即府道复审的环节被取消，只需派相邻州县官会同复讯即可执行是州县官执行就地正法司法程序的再次简化。

光绪三十四年（1908年），河南巡抚林绍年援引直隶例，以州县相距府道驻扎处所长途解审"尤虑劫夺疏脱"为由，要求"除附郭首县并巡道所驻地方仍令解审外，其余各厅州县概令先行录供禀由，由院司批饬，该管道府州就近遴委邻封或正印候补人员驰往提讯，如果供情无异，详拟罪名，会同原问官禀候臣复核，情罪相符，再行批饬，即在本地正法，概免解府解道"③。并说："尤以就地惩办，共得闻见。"亦是不必将犯人解赴府道复审，而是由府州或道就近派邻县县令或正印候补人员提讯复审，就地正法。

与此同时，州县官审判后直接上报督抚核准批令就地正法，无须复审的情况依然存在。如光绪三十四年黑龙江余庆县知县拿获"盗匪"5名，讯明后即报明东三省总督黑龙江巡抚核准后就地正法。④直

---

① 《邯郸县拿获首夥盗犯史得汶等四名请正法禀并批》，载《北洋官报》1904年第464册，文牍录要，2页。

② 《安平县拿获盗首王小石头请委审正法禀并批》，载《北洋官报》1905年第623册，文牍录要，2～3页。

③ 《河南巡抚林绍年奏盗犯就地正法章程变通办理片》，载《政治官报》第172号，光绪三十四年三月二十一日，8页。

④ 《东三省总督徐世昌黑龙江巡抚周树模奏春季拿获马贼首夥刘青山等就地正法折》，载《政治官报》第286号，光绪三十四年七月十七日，10页。

隶武安县发生聚伙持刀杀人之事，知县捕获讯明后认为"实与土匪无异"，禀报直督，直督批令将该匪"按照惩办土匪章程就地正法"①。事实说明同治光绪年间确立的州县官行使就地正法权要经道或府州复审的程序不仅在各地执行不一，而且在一些地方常常会因"情况特殊"而弃之不用。

**三、预备立宪时期的变通**

预备立宪开始后，欲将行政与司法分离，而为地方官执掌生杀大权的就地正法之制又一次成为人们议论的话题。宣统元年四月（1909 年 5 月），又有御史吴纬炳奏请停止就地正法，法部就此提出：

> 就地正法章程，节经臣部迭次奏明，通饬停止，诚恐各该省狃于积习，复以辖境不靖，未能悉复旧制为言。而地方官惮于解勘，乐从简易，其有不问供词，妄拿充数，仇扳刑逼，良莠不分。州县但愿考成，督抚仅凭禀报，推其所极，流弊安穷。应如该御史所奏，嗣后各省拿获盗案，除东三省为根本重地，现尚剿办胡匪，以及各省实系土匪、马贼、会匪、游勇，啸聚薮泽抗拒官兵形同叛逆者，仍照光绪二十四年臣部奏定通行暂准就地正法，仍随时具奏，备录招供，咨部查核外，其余寻常盗案，均应一律照例解由该管上司复勘。倘距省窎远地方，长途虑有疏失，亦可酌照秋审事例，将人犯解赴该管巡道讯明，详由督抚分别具奏，不得仍援就地正法章程，先行处决，庶案犯情节轻重，臣部亦得据咨核办，而刑章益形矜慎矣。②

依据这一新规定，进一步明确了就地正法的对象是土匪、马贼、会

---

① 《又奏积匪申宽的就地正法片》，载《政治官报》第 325 号，光绪三十四年八月二十六日，11 页。

② 《法部奏议复御史吴纬炳奏寻常盗犯请一律照例解勘折》，载《政治官报》第 590 号，宣统元年五月初三日，10～11 页。

匪、游勇，并且是在"啸聚薮泽抗拒官兵形同叛逆"的情况下，才能施行就地正法。其余均作为"寻常盗案"，规复以前的审转复核制度，由督抚奏报法部。

"就地正法"的严格限制和"寻常盗案"审判要规复审转复核旧制，是清末进行司法改革但各级审判厅又未能普遍设置之时的过渡办法。但这样一来，各地督抚又纷纷奏报州县出现不能及时处理命盗案件的情况。如广东称，自新章公布后，"各属积压未办盗犯，图圄几满，虽迭催审解，州县各惜解费，且虑长途疏脱，率以延搁了事"。在江西，因案犯解省后又翻供，又要州县传唤证人，收集证据，"以致各牧令相率因循，辄借口犯供狡展，证佐未齐，饰词延宕，或以犯逃，请咨通缉了事，遂至正凶漏网，死者含冤"。因此，江西、山东、安徽、广东等省督抚纷纷上折，无不以路途遥远，解勘不易为由纷纷提出变通之法。江西巡抚冯汝骙要求南、赣、宁三府州县地方，包括寻常人命、抢劫等一切死罪人犯，由州县讯明，就近由巡道提勘确切，分别录供，缮具招册，移司核明详办。安徽则提出依据全省路途远近，将死罪人犯经州县讯明后分为解省提勘、解道提勘和解府复勘三类，分别办理。广东要求寻常案件州县讯明，解府复勘，"其边远州县，解勘为难，准由府委员或邻封复勘，汇录犯供详司"①。

各省的变通之法实际上是要求改变原来"寻常盗案"死罪人犯要经由州县、府、道、按察司、督抚、刑部的逐层审转和复核之法，将就地正法的复审程序引入寻常盗案的审理之中，即"寻常盗案"中的死罪人犯也只需州县讯明、府州或道复审，提法司核明后，督抚即可以批示处决。这一方面反映原来的逐层解勘之制的"相沿日久，

---

① 《法部会奏议复赣抚等奏咨变通州县招解死罪人犯折》，《大清新法令》（点校本）第 10 卷，213～214 页。

流弊渐滋"①，难以规复，同时也反映了督抚们对死刑决定权的维护。

预备立宪时期进行司法改革，修改刑律，设立各级审判厅，确立四级三审制度，必然冲击既有司法制度。法部强调："凡经由高等审判厅审理之案，均无庸督抚奏咨，以符司法行政分权之实。"②宣统二年法部又拟定《死罪施行详细办法》，经宪政编查馆核议后公布。办法定外省高等审判厅、地方审判厅成立后，凡高等审判厅所定死罪案件，由检察官将全案供勘缮呈提法司，再由司申报法部，并将全案供判送大理院复判，分别奏咨，报由法部施行。立决人犯由法部请旨，奉旨后札行各该检察厅遵依奉行。③ 同时还确立上诉制度，凡民事、刑事案件，除属大理院及初级审判厅管辖者外，皆赴地方审判厅起诉。经该厅判决后如有不服，准赴高等审判厅控诉。判决后如再不服，准赴大理院上告。④ 这不仅意味着司法审判将与行政分离，死刑的复核决定权要收回中央；还意味着，传统徒罪以上案件由行政官员执行的审转复核制度将随着各级审判厅的设立和上诉制度确立而终结。故法部在议复上述督抚的变通之法时指出："朝廷筹备立宪，审判、检察厅次第建设以后，司法与行政分途，招解之旧例，自应删改。"⑤

但此时，又有湖南、广东、云南等省督抚奏请仍按向章就地正

① 《法部会奏议复赣抚等奏咨变通州县招解死罪人犯折》，《大清新法令》（点校本）第 10 卷，215 页。

② 《法部会奏议复赣抚等奏咨变通州县招解死罪人犯折》，《大清新法令》（点校本）第 10 卷，216～217 页。

③ 《宪政编查馆奏核议法部奏酌拟死罪施行详细办法折》，《大清新法令》（点校本）第 8 卷，125 页；《宪政编查馆大臣奕劻等复奏查核锡良所奏解释法令纷歧并窒碍情形折》，《清末筹备立宪档案史料》下册，901 页。

④ 《法部奏酌拟各级审判厅试办章程折并章程》，《大清新法令》（点校本）第 1 卷，391 页。

⑤ 《法部会奏议复赣抚等奏咨变通州县招解死罪人犯折》，《大清新法令》（点校本）第 10 卷，215 页。

法。宪政编查馆议复各省请示时强调："已设审判厅各处就地正法之案，仍援法部原议声明，无论土匪、马贼、会匪、游勇，果有啸聚薮泽、抗拒官兵，自系派兵剿捕，即以军令从事，本不在问刑定罪之列，其余概照新章报部办理。"①这一规定将就地正法限定在"军令从事"的范围内。与此同时，宪政编查馆在议复东三省总督奏解释法令议论分歧一折中强调，"抗拒官兵，自系指派兵剿办时而言"，此"暂准讯明禀请军令立予就地正法，此外事后捕获人犯，但有拒捕情形，只能按律治罪"，送交审判衙门，或地方官衙门讯办，"不得率先处决，致有冤滥之虞"②。这是区分了两种情况，即在派兵剿办土匪、马贼、会匪、游勇，且其"抗拒官兵"之时，可按军令从事，就地正法；一般事后捕获人犯均由审判厅或地方官"按律治罪"。

在司法改革的背景下，"按律治罪"、司法独立已是大势所趋，但客观现实仍使就地正法难以退出历史舞台。宣统二年十二月（1911年1月），黑龙江巡抚周树模奏请江省凡属胡匪马贼之案，经兵警随时拿获者，"即归入军法范围以内"，各属由地方官审讯明确，呈核办理，"毋庸送审检各厅以示区别"。朱批：著照所请，并要求奉天、吉林照此办理。③宣统三年四月（1911年5月），护理四川总督以"匪徒结党，借教迭谋"为由，认为"若用法稍宽，隐患不堪设想"，所以要求川省办理土匪之案，如聚众10人以上，执持枪炮，惨杀事主，及在城厢场镇肆行抢劫有抗拒兵警情事者，"准予援案遵照馆部所议，即以军令从事。省会由营务处审讯核办，省外各属由地方官审

① 《护督宪附奏川省土匪请以军令从事就地正法片》，载《四川官报》1911年第20号，公布类，10页。

② 《宪政编查馆谨奏为遵旨查核具奏恭折》，载《京报》第163册，宣统三年四月初七日，277页。

③ 《黑龙江巡抚周奏胡匪马贼请仍准就地正法片》，载《吉林司法官报》1911年第1期，章奏，12页。

讯明确，详核办理，毋庸送审检各厅"①。之后，两广总督张鸣岐也称粤省"匪风素炽，本与他省情形不同"，要求在拿获土匪 10 人以上和有抗拒官兵等情事时，"即以军令从事"，省会由缉捕局审讯核办，"省外责成营县印委各员详讯确供禀办"②。各地以"军令从事"实施正法的事实说明，一直到清朝覆亡，州县官对特定人犯的就地审判和正法执行权并未完全停止。

总之，晚清时期"就地正法"之制的司法程序是不断变化的。大致说来，咸丰年间，在镇压各种"匪乱"的过程中，常常是军营、州县官、团练讯明后即可执行正法，事后报告。自同治二年（1863 年）毛鸿宾、郭嵩焘提出将复审之制引入就地正法后，州县审讯后增加了一个府州或道复审的环节。尤其是光绪八年（1882 年）经过一场关于是否取消就地正法的大讨论后，州县官审讯后的复审之制趋于细化，并要依据路途远近或将犯人解赴府州或道复审；或无须解勘犯人，而由督抚派员前往复审。但与旧制相比，审转的层次减少，最终的复核终审权不在中央而在督抚。然而由于清末社会的持续动乱，地方官急于平息各种"匪乱"，稳定社会，所以即便是已经简化的审转复核制也难以持久，进一步简化为督抚委派邻封州县参与会审，或者由该管道府州直接派员会审，即可报告司院批准执行。与此同时，种种借口事情紧急、案情重大而直接由州县审判、报请按察司（后为提法司）核明、督抚批饬即执行正法，甚至先行正法、事后备案的情况依然存在。

出现这种种情况的原因，是就地正法作为非常时期的特殊制度安排，其制度形式常常会因时、因需而变化。尤其是在清朝的政治、司法体制下，刑部和各省督抚本着各自的利益需求，都会从不同角

---

① 《护督宪附奏川省土匪请以军令从事就地正法片》，载《四川官报》1911年第 20 号，公布类，10～11 页。

② 《两广总督张鸣岐片》，载《京报》第 163 册，宣统三年五月十七日，469～470 页。

度影响制度的形成和落实。刑部竭力规复旧制以维护自身在死刑判决中的关键地位；各省督抚借口维护地方秩序的需要而不断要求延续就地正法，其中也包含着维护已经掌握的死刑决定权的意图，故而常常借口各自的不同情况奏请予以变通，以致又产生了各省的就地正法章程，其司法程序常常在不同时间又会有所变化。就地正法司法程序的变化和不尽一致的司法程序的同时存在，在一定程度上正是互相角力的结果。直至预备立宪时期，因司法改革的进行，死刑的复核决定权收归中央，就地正法才被限制到在特定情况下"军令从事"的范围内。

## 第二节　州县官与教案审理

### 一、民教冲突与州县官的责任

鸦片战争以后，挟不平等条约为护符，大批基督教传教士来到中国，并在各地建造教堂。尤其是第二次鸦片战争以后，教堂已遍布中国沿海与内地。随着教会势力的深入，其与中国民众之间的冲突也日益加剧，进而引发了一个又一个中国民众的反教会事件，并带来一系列中外交涉。在这些事件的处理中，州县官是一个重要的角色，也就是说，凡涉及民教冲突的事件，大都由州县官负责处理。州县官的责任包括三个方面：一是保护教堂教民，二是处理民教冲突事件，三是审理关涉民教的诉讼案件。严格地说，前两项属于行政治安职责，第三项才是司法职责，为叙述方便，在本节合并分析。

鸦片战争以后，面对日益增多的教案，清政府从一开始就确定了地方官处理民教冲突的责任。咸丰十一年(1861年)的一道上谕云：

> 嗣后各该地方官于凡交涉习教事件，务须查明根由，持平办理。如习教者果系安分守己，谨饬自爱，则同系中国赤子，自应与不习教者一体抚字，不必因习教而有所刻求。各该地方

官务当事事公平，分别办理，以示抚绥善良之至意。①

由地方官处理教案，从客观上说，是由于当时大多数教堂都设立在各州县，将此项责任交给州县官，便于及时处理。但更重要的是，由地方办理教案，可避免外国驻京使臣带来的交涉麻烦。恭亲王奕䜣说，"传教各案牵涉民人，即系地方官份内应办之事"，若不能及时办理，各国驻京使臣则会"向臣衙门饶舌"，并"借端扼索"②。处理民教冲突成为州县官行政事务的重要组成部分。同治九年（1870年），总理衙门又建议将教务列入州县官考成：

　　如果各省地方官于无事之日，先已留心经理，则自有基址可借，条理可寻，何至遇事张皇，一无就绪？况外国教士无几，其从中簸弄怂恿生事者，大抵皆系入教之奸民。而从教之愚民，又从而附和之。地方官若不未雨绸缪，临时为绅民所挟持，未有不偾事者。臣等核办教案，与各疆吏咨函商办，其要固在乎速结，在乎持平。而所以能速结持平，则尤在预筹于平日。应由各省督抚等，再行密饬地方官，遵照前此通行成案，凡传教之人，毋得丝毫干预别项公私事件。至其如何方能不来干预，则在地方官之经权互用，先事防维。总须视为至要至急之图，令其就我范围，不徒以奉行文书，习为故套。各该督抚将军大臣，亦当以此等事件能否预筹妥协，办理得当，按察所属，与催科抚字，一例考成。庶乎人知振兴而事可逐渐就理，实于中

---

　　① 《咸丰十一年十一月初二日上谕》，李刚已辑：《教务纪略》卷首，4 页，沈云龙主编：《近代中国史料丛刊三编》第 45 辑。

　　② 《筹办夷务始末》（同治朝）卷 71，34、30 页，北京，故宫博物院 1930 年刊本。

外交涉有裨。①

面对频发的民教冲突，清廷的总体意图是避免冲突的发生，所以州县官的责任，首要的就是保护教堂教士。清廷认为，民教冲突之层见叠出，很大程度上是由于"该官管理不能随时开导，事先防维"。"防维"的实质是"名为保护，暗为防范"，通过保护以防范冲突。

首先，要求地方官"认真保护各国教士，往来均宜以礼相待"②。总理衙门制定地方官接待主教教士事宜，分别教中品秩，定"司铎准其请见府厅州县各官"，府厅州县各官亦按品秩接见教士，以达到"善为联络，情意相通，而后彼此悉泯猜嫌"的目的。③

其次，要求州县官对所管之地的教堂教士确查册报。光绪十七年（1891年），鉴于"长江上下游一带会匪聚众滋扰教堂，竟有一县焚烧数次者……地方官无从稽察，一旦变起仓卒，防不胜防，而洋人已嫁词饶舌"，总理衙门咨行各省督抚分饬该管地方官，"将境内共有大教堂几处，小教堂几处，堂属某国某教，各堂是否洋式，抑系华式，教士是何名姓，何国之人，是否均系洋人，堂内有无育婴施医各事，分别确查，按季册报本衙门，以凭稽核"。总理衙门特别强调地方官要"预告教士，以清查教堂处所，原备他日保护起见"，"此系中国自理之事，所查仅堂外住址，并非堂内教规，无害公法"④。

再次，要求州县官与绅士联手加强防范。光绪二十四年（1898

① 《同治九年二月二十日恭亲王奕䜣等奏请密饬地方官遵照前此通行成案办理教案片》，第一历史档案馆、福建师范大学合编：《清末教案》第 1 册，761 页，北京，中华书局，1996。

② 《光绪二十四年八月二十一日上谕》，李刚已辑：《教务纪略》卷首，11 页。

③ 《奏定地方官接待主教教士事宜》，李刚已辑：《教务纪略》卷 3 下，章程，30～31 页。

④ 《清查教堂式样处数造册咨部》，李刚已辑：《教务纪略》卷 3 下，章程，14 页。

年），都察院左都御史裕德奏请饬各省设立保甲局认真保护教堂，建议"现有教堂之处，由地方官择地设立保甲，慎选本地夙有乡望士绅二三人为董事，局中额设巡勇，用教堂附近之人，在教堂附近处所查察，遇有争端曲为排解，或带入局中善为调处。教士外出亦由该巡勇为之护送"，以使"官绅联为一气，则消息灵通"。还提出，"设局选董，将历来教案办法平日剀切讲说，使民间转相传述，家喻户晓"。总理衙门复议后表示："臣等共同商酌，均应准如所奏办理。"① 河南巡抚松寿据此制定保教章程，"凡有境内教堂教士，并须责成绅耆、庄长、首事、地保人等随时妥为防范保护"，如发生焚抢重案，即提案严惩，损坏之物责令摊赔；如一年以内相安无事，由地方官查明嘉奖；三年相安无事则给功牌顶戴。② 在江西，进贤县县令拟定了更为具体的责成绅耆保教章程，令各都图乡村绅耆人等造具花名清册，由县颁给谕单，令其责成族中子弟，如有事端，飞速禀官拿办。如保护不力需交赔款，由图村绅耆偿付；如三年民教相安，则给奖励，或由州县送给匾额。③

最后，一旦发生针对教堂、教士的暴力冲突事件，州县官必须立即查办，办理不力者，则会受到革职等处分。朝廷一再严词谕令："设有教堂，各州县文武派定兵役随时设法严密防护，遇有造谣聚众之事，一闻风声立时查拿，务获重办。""凡有教堂处所务须实力保护，并晓谕居民勿听浮言，妄生疑忌，倘敢借端滋事，定当执法严惩。"④ 在弹压过程中，对于情节重大之首要各犯可在讯明后就地

---

① 《设立保甲认真保护教堂并定绅董处分》，李刚已辑：《教务纪略》卷 3 下，章程，29～30 页。

② 《河南巡抚松寿示谕保教章程》，杨凤藻辑：《皇朝经世文新编续集》卷 19，6 页，沈云龙主编：《近代中国史料丛刊》第 79 辑。

③ 《江西洋务局详议进贤县条陈责成绅耆保教章程禀》，杨凤藻辑：《皇朝经世文新编续编》卷 19，17～18 页。

④ 《光绪十七年八月上谕》《光绪二十一年六月十九日上谕》，李刚已辑：《教务纪略》卷首，6、7 页。

正法。

如光绪十七年（1891年）的湖北武穴教案。因有教民肩挑幼孩送往教堂，随即被误传为幼孩入教堂会被剜眼蒸食，激起民愤，延烧教堂，打死洋人2人，另有洋妇3人在逃跑中被打伤。湖广总督张之洞闻报后立饬地方官严拿首要各犯，并抽调省外水陆勇营前往弹压保护。广济县知县彭广心驰往武穴，缉获多人。后由总督特委候补知府会同黄州府知府督同该县知县审办，将"起意煽众"并杀死洋人的两首犯正法。① 光绪二十八年（1902年），河南泌阳县高店等处乡民因挟教堂赔款之恨，纠众杀死教民多人，并焚毁教堂一处。朝廷谕令巡抚锡良督饬该地方官迅速将各凶犯悉数缉拿，讯明后即行就地正法，泌阳县知县即行革职。② 光绪三十年（1904年）广东揭阳县属河婆地方发生会党抢劫教堂情事，道府立即委派县丞彻查，县令则移请城守带勇丁数十人驰往搜捕抓获十余人，随即讯问收押。③ 同年湖北发生施南教案，起因于教民之间的口角，而法国天主堂主教则要求当地备席放鞭，引发众怒。当地民众打死主教、教士、教民等4人，烧毁房屋多间。张之洞认为此事关涉交涉，立即电饬施南文武各官立即查明滋事要犯，按名缉获30余人，原施南知府、恩施县令革职，由新署知府、知县审讯并报总督批示，将正犯8人就地正法。④

在朝廷和许多官员看来，之所以发生教案，很大程度上是由于州县官办理不善。总理衙门就说："臣等查传教既载在条约，则地方官均有保护之责。每遇教案，各国使臣援约相持，迹近要挟，几于

---

① 张之洞：《办结武穴教案折》，苑书义主编：《张之洞全集》卷30，793～794页。

② 《光绪二十八年二月十六日上谕》，李刚已辑：《教务纪略》卷首，20页。

③ 《各省教务汇志》，载《东方杂志》1905年第7期，46页。

④ 《湖广总督张奏办施南教案情形折》，载《东方杂志》1904年第12期，86～90页。

无可收拾，总由该管官事前既不能照约保护，临事又不能拿犯办凶，每酿巨案。"①因此，凡有"巨案"发生，议结时州县官都会被议处，所在州县还要承担赔款之责，这也成为对教案发生地方的一种惩罚。光绪二十二年(1896年)，总理衙门奏地方官办理教案议处办法：

> 嗣后如更有教堂被毁之案，除实系有心故纵酿成巨案赔误大局者，由臣部酌量案情随时奏明请旨办理外，其事关仓卒竭力保护而势有所弗及者，拟请将该地方官照防范不严降一级留任公罪例议处；其保护未能得力，自属办理不善，应查照历办成案，以不应重公罪降二级留任例定议……嗣后遇有拆堂杀教之案，除有心故纵以致酿成巨案者，应由臣部酌量案情，随时奏明请旨办理外，如系事起仓卒迫不及防，应将地方官照防范不严降一级留任公罪例议以降一级留任；其保护未能得力，自系办理不善，应照不应重公罪降二级留任例议以降二级留任。②

光绪二十七年(1901年)，江西巡抚李兴锐以教案办理不善，上折参处了12名知府、知县，理由无非是"不能弹压莠民，以致教堂被毁""民教控诉词讼匿不禀报""于匪徒焚毁教堂抢劫教民不能防范，商议赔款又多迟误"等。他们分别受到摘去顶戴、停委一年等处分。③

如果民教冲突中发生教堂财物损失和人命事件，州县官要承担赔款之责。光绪十七年(1891年)芜湖教案时，南洋大臣刘坤一定分赔办法，即应赔款项由该关道及知县按月分赔。光绪二十二年(1896年)总理衙门认为，一个地方发生民教冲突，"该管官均难辞其咎"，

---

① 朱寿朋：《光绪朝东华录》，总3785页。
② 朱寿朋：《光绪朝东华录》，总3785～3786页。
③ 《光绪二十七年三月初一日上谕》，李刚已辑：《教务纪略》卷首，16～17页。

仅责道、县分赔,不足以起到惩前毖后的作用。因此定以后如遇教案赔偿之款,"由该管督抚藩臬道及府厅州县分年按成偿还归公,并分咨户部及臣衙门备案"①。但在实际情况中常由州县官出面交涉并议定赔偿条款,有两种情况。

一种是州县官与外国领事交涉赔款条款。如光绪三十二年(1906年)镇海小港地方因民教冲突发生捣毁并损及礼拜堂之事,由镇海县令与英领事面议定款两条,"所有此次滋事之犯应由镇海县访明首要,严拿究办,以儆将来";"此次被拆教堂及捣毁教民纸铺所有两处,房屋资财物件一概在内,议定赔洋一千元",并即日当面交付清讫。②

另一种是地方官与教会方面议定条款。光绪三十一年(1905年),浙江天台县发生焚毁教堂事件,由浙江台州府委员候补知县与台州府天主教主教议定如下条款:

一、此次毁失天台县东门地方五开间楼屋教堂一所,堂内供奉器具,以及汤教士衣服物件,业经会同议明,一并在内共赔还英洋三千元正,其洋由县筹齐,由委员如数交付清楚,自此款外并无别偿事件,彼此共主和平亦不再有他议。

一、毁教匪徒陈凤仪、邱道存、陈亦善、陈亦保等,除陈亦善业已获案外,其余陈凤仪等仍当由营防及地方官赶紧悬赏购拿,照例惩办。

一、该处教堂既已议明偿款,应由堂出资自行清理基地,建造房舍,仍为传教之处,一俟工竣开堂,天台县官务当亲临致贺,以敦睦谊而达感情。

一、此次教堂被毁,县官不及保护,已奉抚宪先将天台县

---

① 朱寿朋:《光绪朝东华录》,总 3785 页。
② 《浙江镇海县小港教案议结条款》,载《东方杂志》1906 年第 4 期,20 页。

摘顶示儆，再候道府核明酌夺办理。

一、地方营县有保护教堂之责，教堂领袖有查察分堂之权，本案业经议结，嗣后为日甚长，所贵各尽义务，以期民教久远相安。①

这个条款不仅涉及赔款、对"首犯"的捉拿，还包括对地方官的惩处，俨然是地方官与教会之间的又一个"不平等条约"。

## 二、州县官与民教诉讼

在晚清各州县的民教诉讼中，相当一部分是因教会购地建房所引发的诉讼争端。因为第一次鸦片战争后签订的《黄埔条约》中规定，允许教会在五口通商地"购地建造房屋"，第二次鸦片战争后又将此特权扩展至其他地方。而教会常常借不平等条约为护符，或不遵守条约规定，或与地方势力勾结，故而引发许多诉讼。在处置中，清廷要求州县官依约持平办理。如光绪八年（1882 年），湖南沅江县民人刘超贵受传教士苏额理所托，购买李相富之房地造天主堂。沅江县知县徐允文得知实情后，依据条约所载，"天主堂买产章程，卖业之人须先报明地方官请示酌定，方准照办"，认为刘超贵所买李相富房地并"未报明地方官，已与条约不符"，判刘超贵不得擅买，并驳回了传教士苏额理追还房产的要求。②

因这类案件涉及教会、教士、教民，州县官办理时大都如履薄冰，生怕酿成事端。如光绪三十年（1904 年）浙江会稽县天主堂购买教民孟姓房屋，内中部分涉及张姓屋地，在张姓不知情的情况下，由庄书自行拨除。知县审理时，认为教堂已有书契，"西人向以印据为重，若勒令还产或出而阻难，势必酿成巨案，何堪设想"，于是向

---

① 《浙江天台县教案善后合同》，载《东方杂志》1906 年第 4 期，19 页。

② 《沅江县知县徐允文禀》，王明伦编：《反洋教书文揭帖选》，273～274 页，济南，齐鲁书社，1984。

张姓再四磋磨，并邀张姓绅士出面调处，最后垫款契价银五百元给张姓了结。在处理过程中，知县"昕夕焦心"，生怕"几酿大衅"，充分反映了他们办理此类案件时"曲为周全"，以"息事"为目的的心态。①

在晚清的民教冲突中，还有一部分是中国教民与一般民众因诉讼而引发的冲突。对于此类民教冲突，清廷总的意图是"持平办理"。同治元年（1862年），上谕令地方官对于交涉民教事件"务须迅速持平办理，不得心存偏重，以示一视同仁之意"②；同年，总理衙门又咨行各省："各省习教民人虽奉天主之教，犹是中国之民……既同是中国之民，则无论或为传教，或为习教，或为教堂先生，或为教中会长，或为记名望教，均应遵守中国法度，如有违犯，仍应照中国人民一律惩治，固不必因其奉教有意从刻，亦不能因其在教格外从宽。"③四川华阳县令出示告示，称自己"审理民教词讼只论是非曲直，不问是教是民，一概持平秉公，毫无左袒右袒意见"④。

然而事实并非如此简单，此类民教冲突事件层出不穷。个中原因，在当时的官员看来，一是由于"无业莠民借入教为护符，一有争讼，地方官须扶教抑民，良民积愤填胸，教案迭出"⑤；二是由于教士干预；三是州县官办事不力。诚如光绪二十八年（1902年）的一道上谕云：

---

① 《浙江会稽县八字桥教堂购产息事通禀》，载《东方杂志》1904年第7期，38～39页。

② 《同治元年三月初十日上谕》，李刚已辑：《教务纪略》卷首，4页。

③ 《直隶总督袁颁发各州县教案简明要览》，载《东方杂志》1904年第7期，30页。

④ 《华阳县晓谕团民告示》，四川省档案馆编：《四川教案与义和拳档案》，311页，成都，四川人民出版社，1985。

⑤ 《民教不能相安亟宜设法消弭》，李刚已辑：《教务纪略》卷3下，章程，24页。

闹教之案层见叠出，法令森严，亦且悍然不顾，民即愚顽
不应至此。推原其故，总由人心诈伪。每有莠民借入教为名，
横行乡里，倚势作威，借端兴讼，一不遂意，则以肤受之愬，
使教士闻之不平，代为审理。地方官平日既与教士隔膜，又于
案情曲折不能详明剖辨，遂成偏重之势。平民被抑，积愤滋多，
匪徒借此煽惑，激成事变。①

这种看法左右了清朝上上下下的官吏，形成了"外人以保护责政府，
政府以保护责州县"的局面。

以光绪二十年（1894年）影响较大的湖北利川教案来看，起因于
一位老寡妇倪黎氏房产被教民盗卖给教士，倪黎氏为了生存无奈控
告县署。该县教士得知，竟闯入县衙与地方官并坐公案。在整个办
理过程中，湖广总督张之洞多次斥责地方官办理不力，认为教案的
原因是县令"庸懦畏事，听任教士购买田产，招教民耕佃，有犯不敢
过问，于是桀骜不逞之徒相率入教，以教士为护符，甚至教民自称
为钦命利川县副司铎，持帖拜谒县令，教士、教民与地方官并坐公
案"。复又派廖县令查清此案。廖令不查此案之原委，不分情节之轻
重，辄以"两免深究"希图含糊结案，将殴伤倪黎氏的教民杨章才当
堂提释交教士领去；复将倪黎氏不愿卖之屋地当堂立契交业领价。
被张之洞痛斥："无非为教民开脱罪名，以将顺教士之意，尚复成何
事体！"②

实际上，总理衙门对于教士传教可能带来的问题亦有一定的警
觉。咸丰十一年（1861年）总理衙门曾拟教士传教谕单通行各省，禁
止传教士干预公私事件，"倘该传教士有干预公私事件者，亦应照谕

---

① 《光绪二十八年三月初一日上谕》，李刚已辑：《教务纪略》卷首，31页。
② 《批宜昌关道禀利川县办理教案情形》《批施南府禀断利川教案》，《张之
洞全集》卷164，4742、4743页。

单驳斥不准，一面仍飞咨本衙门核办"。总理衙门还拟定商办传教八条，其中有"遇有教民涉讼，听凭地方官从公审断，传教士不得插身帮讼"；"如习教者行为不法，为地方官访闻或被人告发，自当照律拿办，教士皆不得包庇隐匿。如有庇匿不到案者，先将犯法者照例究办，仍将庇匿抗传之教士与犯人一律办理，或将教士撤回本国查办"①。无奈各国政府皆置之不理，致使相应条款根本无法落实。

一些教民与一般民众争讼案件本来并不复杂，但就是因为教士插手，最后酿成大案。光绪三十年（1904年）浙江宁海县发生教案，起因于宁海大里村教民王品松争轮管祭田，其胞叔王廷锡斥其既不祀祖，即不应管此项田亩。该教民自知理屈，随之怂恿华教士朱国光出头干预，请县拿究王廷锡。王锡彤闻之不平，昌言仇教，聚众杀死教民王品松夫妇并焚毁城内两教堂，杀毙华教士朱国光和其他教民数人。浙江巡抚立即调兵弹压，缉捕20余人，其中情节较重的5人被就地正法。

浙江巡抚聂缉椝在奏报中说："窃维民教之衅，大抵始于词讼。袒教则民怨，袒民则教哗，地方官听断稍有不平，动辄酿成巨祸，要挟即因之而起。"②面对民教冲突，州县官面临着上级官府、教士、教民、民众的几重压力，往往左右为难，权衡结果，常常是袒教抑民、委曲求全，迁就了事。正如一州县官所言：

> 入其教者，往往借势欺凌乡里，鱼肉平民，诈人钱财，占人田产，无所不至。其被控也，则倚恃教民，抗传不到；其控人也，则挟制忿争，肆无忌惮。亦有本非教民，一遇理曲涉讼之事，立时投入彼教，恃为护符。教士意在见好，无不出为包

---

① 《通行传教谕单并咨行教民犯案办法》《总理衙门各国大臣商办传教条款》，李刚已辑：《教务纪略》卷3下，章程，1页、7~8页。
② 《浙江巡抚聂奏结宁海教案折》，载《东方杂志》1904年第10期，56~57页。

庇，偶拂其意，则饰词上诉。地方官迫于时势，不免存投鼠忌器之见，不得不委曲含容，多方迁就。迁就之中，未免抑民而袒教。于是西人之教堂遂为若辈之城社，而民教涉讼之案，地方官几于不敢问矣！因而教焰日张，民气日积。……地方官欲认真办理，则畏教士之肤诉上陈；欲迁就敷衍，又恐华民之郁而生变。若不豫筹善法，区画分明，实不足以杜祸患，而服民心。①

光绪二十三年(1897 年)江西永新县教民傅成发与族人傅华里口角，本系家务，然教士步师嘉竟函致宪台，要求派委员来县会办。步师嘉亦即随同到县，多端要挟，并翻光绪十一年(1885 年)早经讯结之旧案，欲强买长湖田地方龙斯美之屋地，士庶咸抱不平。署县令阎少白思前想后，左右为难，"如欲强压绅民，助其翻案买成，未始不可。而卑职觍然人面，忍心害理，俯首下心，仰鼻息于洋人，以犯众怒，内负吾学，外负吾民，已无以自立于天壤。……兹翻旧案，屋地如复归于洋人，势必建造教堂。诚恐绅民仍前拆毁，酿成巨祸，甚至边衅或由是而开。卑职何敢当此重咎。再四思维，非一死无以大白此心于天下"，最后决定实行尸谏。留下的遗稿有云：

伏查和约内原有各国教士司铎等不准干预公事一条，乃近年各教堂教士大背条约，相习成风。现在教民遍天下，每遇教民与华民偶相口角，其主教即出而干预把持。地方官类皆仰体时艰，借三尺之法辅助主教，以鱼肉华民，必满教民之欲而后已。更有一种无耻劣员，见主教因案入境，迎送如办大差；主教遂愈觉得意，肆行无忌，遇事生风。地方官稍拂其意，即电报上海京都，立即雷厉风行。主教益有所恃，必更强以所难，

① 《山东泰安县知县秦应逵禀》，王明伦编：《反洋教书文揭帖选》，369 页。

而不肯结案，得尺进尺，得寸进寸，究必勒赔巨款，久矣习以
为当。教民遂往往无中生有，借端索诈。

最后感叹："是非公道无存，尚复成何世界！卑职为维持大局，故不
惜微躯敢以尸谏。"①

阎少白尸谏的目的，是要求朝廷将和约认真申明，得以约束教
民，并使教士不得干预地方诉讼事务。然而事实是，晚清以来朝廷
曾多次下令要州县官严格依约办理教案，平息事端，并将条约刊刻
成集下发各州县。各省也颁发州县办理教案的简明要览，如直隶总
督袁世凯颁发的要览，将各国条约载明地方官对教士、教民之义务，
禁教士不得干预地方公事办法、教士买地建堂办法、教民借事索诈
争讼办法、地方官教案处分办法等一一载明。② 每有教案完案，州
县官都会发布告示，以警告民众不得再出事端，但仍然难以阻遏教
案的发生。

面对迭起的民教冲突和随之而来的交涉，也有人超越清朝官吏
将责任一味推到教民和州县官的思路，从另一个角度思考问题。
1904 年，《东方杂志》转载了《中外日报》的一篇文章，认为教案问题
不是单纯的宗教问题，而是政治问题：

自道光以后，传教载入条约，而宗教始与政治相连，而滔
天之祸，从此始矣。寻教案之成千因万缘而得之，则必以六端
为质干。一、各国政府虽不信教，而常乐保护其传教人，以为
扩充权力之地也。二、各处神甫非必甚信其教民，而必以招纳
棍徒、干预词讼为招徕也。三、各处教民亦非真有见于其教，

———————

① 《署永新县令阎少白遗稿并绝命诗》，王明伦编：《反洋教书文揭帖选》，
370 页。

② 《直隶总督袁颁发各州县教案简明要览》，载《东方杂志》1904 年第 7
期，28～34 页。

而徒以教堂为词讼之保险行也。四、各地平民亦非有所深仇夙
怨于教民，但因教民之有恃无恐，置身于法律之外，而使己吃
亏也。五、各地地方官亦非真有恶于其民也，实以朝廷保教之
谕言之至切，欲求名位之长保，必得神甫之允可；欲得神甫之
允可，必需教民之愉快；欲博教民之愉快，必需平民之受亏也。
六、朝廷亦非不知民教之不相平也，但以畏兵队之故，不得不
畏驻使；畏驻使之故，不得不畏神甫；畏神甫之故，不得不畏
教民；畏教民之故，不得不重压官吏也。①

　　教案发生的各种原因是互相关联的，但根本原因，是各国借传
教以为扩充权利之地；清政府畏外国借此干涉，不得不重压州县官；
而州县官为保名位长久，遂以"袒教抑民"之态度处理事端，以致酿
成一个又一个民教冲突事件。

　　光绪三十二年(1906年)，办理商约事务大臣吕海寰一针见血地
指出，教案的原因不在州县官，而在国家地位弱小："教案之宕延亦
非尽由地方官办理不善有意迟回，实限于权力不足以制外人。强之
不能，听之不可，不得不暂事敷衍，徐图转圜之策。迨久而别生枝
节，又非初意所及料矣。迨至事后惩治州县，处分不为不严，然已
属追悔无从，挽救莫及，抱薪救火，止沸扬汤，何益之有哉？"②

## 第三节　"恤刑狱"与州县司法改革

### 一、"恤刑狱"的提出

　　清代监狱是羁押人犯的处所，而不是行刑的机关。《清史稿》云：

---

① 《论教案之由来》，载《东方杂志》1904年第10期，55页。
② 《办理商约事务大臣吕海寰奏为教案要索日甚宜考察各国教规教律会订
专约折》，《清末教案》第3册，833～834页，北京，中华书局，1998。

"监狱与刑制相消息，从前监羁罪犯，并无已决未决之分。其囚禁在狱，大都未决犯为多。既定罪，则笞、杖折责释放，徒、流、军、遣即日发配，久禁者斩、绞监候而已。"①州县官对轻微刑事案件，可以以笞杖等刑处罚后了断。盗案抢劫等重案处以徒流军遣等刑罚，审转复核后即刻执行，死罪人犯要等秋审后方能执行。所以，监狱成为关押候审候结的命盗抢劫等重罪犯人和相关人证的处所。在审讯中，州县官往往以刑讯取得嫌疑人的口供。刑讯的形式，有鞭笞、掌嘴、挼指、压踝、夹棍等。②一般而言，朝廷对州县官审案是有期限的，延期不能结案要受到一定的处罚。③在这种情况下，为急于结案，"刑讯逼供"成为州县官审案时的常态。乾隆时有御史谈到当时的刑狱状况时说：

> 每有一案，人犯佐证未齐，或拘唤不至，或关解不前，有司又不上紧催提，以致经时累月囚系不释者有之。又有事涉牵连，因人挂误，有司不分轻重，概与正犯同监，遂有无辜受累滥被拘禁者有之。是以圄扉之内，常见充盈，屋既湫隘，人复众多。当冬令收敛，尚可无虞，一至春暖气升，潮湿熏蒸，污秽腾发，酿疫致毙，不一而足。④

可见当时监狱不仅对犯人不分已决未决，还出于种种人为原因而无

---

① 赵尔巽：《清史稿》卷 144，刑法三，4217 页。
② 瞿同祖：《清代地方政府》，206 页。
③ 寻常命案，州县三个月解府州，盗劫及情重命案、钦部事件及抢夺等一切杂案，州县两个月解府州；州县自理案件（笞杖案件）限 20 日审结。在处罚方面，逾限不及一月者，罚俸三个月，逾限一月以上，罚俸一年，自理案件逾限情节重大者，该管上司即行题参。参见那思陆：《清代州县衙门审判制度》，135～137 页。
④ 《漕运总督常安为陈清理刑狱积案事奏折》，中国第一历史档案馆：《乾隆朝刑狱管理史料》，载《历史档案》2003 年第 3 期。

法立即判决，以致人满为患，条件恶劣。许多监狱为防止犯人逃跑，还置有种种"非刑"①。所以"刑狱"又不是简单的监狱问题，还涉及州县官的司法审判、刑罚方式、监狱管理等各个方面。

与监狱的黑暗并在的是，各地州县羁押待质人证的非法班房、班馆比比皆是。按照清律，大小问刑衙门设有监狱，但主要监禁重犯，其余干连并一应轻罪人犯，应令地保保候审理，如有官员擅设仓铺所店等，私禁轻罪人犯，及至淹毙者，该督抚即行指参照律拟断。② 但是由于各州县"经费向无正项支销"，加以"经管向无责成处分"，各种理论上非法而实践中却"合法存在"的班房、班馆却难以禁绝。

光绪七年(1881 年)有御史奏，浙江仙居县有私设班馆，羁押多人，名为听审所，"至有羁押五六十人，虽奉宪札须月报羁押人数，而册内隐匿，每月只报一二人，甚至有拖押三四年未放者"③。光绪二十一年(1895 年)有人奏，湖南新化县知县沈齐献设立班馆，拷掠良民，并有押毙事主纵容家丁事。④ 光绪二十四年(1898 年)的一道懿旨还说："近闻内外问刑衙门，于应办案件往往经年累月延不审结，甚有创设候审待质各所，以及班馆名目，滥押无辜，其间丁役之需索，胥吏之留难，种种弊端，不可枚举。"⑤私设班馆，带来滥押无辜现象的大量出现，也败坏了吏治。

晚清以来，上述状况不断受到人们的抨击，朝廷和地方均力图整饬和改革。光绪元年(1875 年)，贵州巡抚黎培敬鉴于各地羁押干连人证"与囚犯无殊""坐令饥困至死"之状况，奏设待质公所以革除

---

① 如四川州县监狱就有私用撑棍、木闸等刑具的现象，见《署四川按察使齐格为狱中重囚禁用非刑事奏折》，《乾隆朝刑狱管理史料》，载《历史档案》2003 年第 3 期。

② 朱寿朋：《光绪朝东华录》，总 3659 页。

③ 朱寿朋：《光绪朝东华录》，总 1035 页。

④ 朱寿朋：《光绪朝东华录》，总 3684 页

⑤ 朱寿朋：《光绪朝东华录》，总 4232 页。

非法班馆之弊，即"凡待质之人，不发首县径发该所"，委员专司其事，"每月造具清册，详载旧押新收开释实存各人数，并疾病取保医调死亡，验明棺殓，随时详报院司，年终复计瘐毙人数之多寡以定委员之功过"①。刑部议复要求各省仿照筹办。② 后来各州县提审本地案件，亦多仿此办理。

待质公所之制力图以委员专管的合法机构和一定的制度建设取代各地五花八门的非法班房，原意是为臬司提案所设，而一旦州县仿设，由于缺乏有力的监管和制度配套，很快弊端丛生。光绪二十一年(1895年)御史杨福臻奏："近年各州县多设待质公所，一切干连人证及轻罪人犯，悉拘押此中，问官不即审结，弥月经年……是监之外又添一监。"③上谕斥责各州县以待质公所名目私立班馆，下令严禁，但事实上无法完全禁止。④

晚清时期，鉴于监狱的种种黑暗状况，有的地方在督抚的指导下，对监狱进行一定的改良。光绪十三年(1887年)，两广总督张之洞鉴于"南、番两县狱讼繁多，各差馆羁所地方，囚系累累，几无隙地"，札南海、番禺两县勘修迁善所。该所以观音山下绥靖营旧房加以修治，添设房间，加筑高厚围墙，将犯人中"情罪较轻、性质较驯者"分禁其内，并"区分院落，各设头目，购置工具，酌募工师，责令各犯学艺自给，量能授艺，勒限学成，宽筹宿食，严禁滋事，俾其顾名思义，改过迁善。将来放出各有一艺可以资生，自然不再为

---

① 黎培敬：《添设平民待质所请饬各直省一律举行折》，《黎文肃公遗书》奏议卷3，17页，沈云龙主编：《近代中国史料丛刊》第37辑。
② 朱寿朋：《光绪朝东华录》，总385页。
③ 朱寿朋：《光绪朝东华录》，总3659页。
④ 朱寿朋：《光绪朝东华录》，总3661页。

非，囹圄可期渐少"①。迁善所既是改变轻罪人犯服刑方式之举，又是改善监狱恶劣状况、给予犯人以一定谋生手段之法，当时不少地方都有所见。如光绪十八年(1892年)广西临桂县知县就创设了迁善公所，将凡犯偷窃及情罪稍轻待质未定罪各人犯收所习艺。不料光绪二十八年(1902年)一场大火将房屋毁坏大半。后又筹款重修，改名自新工厂。②

清廷启动新政后，令各省督抚各叙己见。光绪二十七年八月(1901年9月)，张之洞、刘坤一在会奏变法第二折中提出了"恤刑狱"建议，具体包括禁讼累、省文法、省刑责、重众证、修监羁、教工艺、恤相验、改罚锾、派专官等改革措施，涉及州县审判、监狱和刑罚，核心内容是改革刑讯和监狱制度。折中说：

> 敲扑呼号，血肉横飞，最为伤和害理，有悖民牧之义，地方官相沿已久，漠不动心。夫民虽犯法，当存哀矜，供情未定，有罪与否，尚不可知，理宜详慎。况轻罪一鞫，当时如法惩儆，日后仍望其勉为良民，更宜存其廉耻。
>
> 州县监狱之外，又有羁所，又有交差押带等名目。狭隘污秽，凌虐多端，暑疫传染，多致瘦毙。仁人不忍睹闻，等之于地狱；外人尤为痛诟，比之以番蛮。夫监狱不能无，而酷虐不可有。宜令各省设法筹款，将臬司府厅州县各衙门内监外监大加改修，地面务须宽敞，屋宇务须整洁，优给口食及冬夏调理各费，禁卒凌虐，随时严惩。③

---

① 《札南番两县勘修迁善所》，《张之洞全集》卷94，2547页。此一时期除迁善所外，还有自新局、洗心局、改过局、化莠堂、省悟所等类似机构，参见陈兆肆：《清代自新所考释——兼论晚清狱制转型的本土性》，载《历史研究》2010年第3期。

② 《广西巡抚柯奏遵设罪犯习艺所》，《东方杂志》1904年第10期，170页。

③ 朱寿朋：《光绪朝东华录》，总4744~4745页。

对于刑讯改革，会奏建议对初次讯供时及牵连人证，皆不准轻加刑责，其笞杖等罪酌量改为羁禁；军流以下罪名，如众证确凿，则"按律治罪"；流徒罪可通过缴纳赎罪银，改为羁禁。在监狱方面，会奏主张从臬司到各府厅州县，皆筹款改修监狱和羁所，务须宽敞整洁，并各修工艺房，令犯人学习工艺。该折主张已初步涉及审判和刑罚的处置方式，以及改变监狱功能，使之成为"服刑"机关的问题。

该会奏之所以把"恤刑狱"作为欲求更张的重要措施之一，一方面是基于当时的"滥刑株累之酷，囹圄凌虐之弊"本身与"结民心、御强敌"的客观要求形成了巨大反差，败坏了吏治；另一方面也是由于原本的刑讯和监狱状况也不符合现代社会的要求，故不断引起外人的关注和批评，甚至成为洋教士劝人入教的理由。正如会奏所说："外国人来华者，往往亲入州县之监狱，旁观州县之问案，疾首蹙额，讥为贱视人类，驱民入教，职此之由。"①

刘张会奏得到朝廷认可，上谕令："其中可行者，即著按照所陈，随时设法择要举办。"②但此后除禁讼累、教工艺、改罚锾、恤相验几条或经谕旨，或经刑部奏准通行各省外，其他尚无落实。即便"教工艺"已通饬各省遵办，但时过两年，也只有直隶、河南、山东、云南奏明办理，其余皆未奏报。③

光绪二十八年十一月（1902 年 12 月），护理山西巡抚赵尔巽上折请设罪犯习艺所。他从原有的军流徒刑的弊端立论，认为军流徒刑成本高昂，弊端甚多，本意全失，"现在上无差役可供，下无工艺可执，又无看管之地、工食之资，因之潜逃之案层见叠出，缉获之犯什无一二"，建议"仿汉时输作之制"，饬下各省通设罪犯习艺所，将

---

① 朱寿朋：《光绪朝东华录》，总 4744 页。
② 朱寿朋：《光绪朝东华录》，总 4771 页。
③ 朱寿朋：《光绪朝东华录》，总 5329 页。

命盗杂案、遣军流徒各罪犯，审明定拟后，即在犯事地方收所习艺。不拘本籍外省，分别年限之多寡，以为工役之重轻。期满察看作工分数及有无悛悔、有无切保，再行释放。如桀骜不服约束，则加以鞭督扑责之刑。①

赵尔巽主张以罪犯习艺所取代遣军流徒等刑罚，不仅是刑制的一大改革，而且是监狱功能的一大转换。此折上后，上谕令刑部议复。刑部议复时做了变通处理，要求各省先在省城设罪犯习艺所，由督抚体查地方情形，议定开办章程。②

光绪三十一年三月（1905 年 4 月），修订法律大臣伍廷芳、沈家本上奏针对张、刘会奏中省刑责、重众证、修监羁、派专官四项主张，进一步提出了"恤刑狱"的各项具体办法，要求朝廷立即下令禁止刑讯，改笞杖为罚金：

> 拟请嗣后除罪犯应死，证据已确，而不肯供认者，准其刑讯外，凡初次讯供时及徒流以下罪名，概不准刑讯，以免冤滥。其笞杖等罪，仿照外国罚金之法，凡律例内笞五十以下者，改为罚银五钱以上、二两五钱以下。杖六十者，改为罚五两，每一等加二两五钱，以次递加。至杖一百，改为罚十五两而止。如无力完纳者，折为作工，应罚一两，折作工四日，以次递加，至十五两折作工六十日而止。

在停止刑讯的同时，该折指出州县审讯应重证据，流徒以下罪行在众证确凿时应"按律治罪"。在改良监狱方面，该折同意张之洞、刘坤一所奏，要求饬下各省督抚，设法筹款，修改从臬司到府厅州县

---

① 朱寿朋：《光绪朝东华录》，总 4968～4969 页。
② 《刑部议复护理晋抚赵奏请各省通设罪犯习艺所折》，《大清新法令》（点校本）第 1 卷，193 页。

各衙门内监外监。所有羁所也应修改，务须宽整洁净，不准虐待和多押。除臬司提案候审者归入待质公所外，其他班馆等名一律严行禁绝。第二天即获上谕："此次奏定章程，全行照准。"①

虽然晚清以来各种改革刑讯和监狱的主张不绝于耳，有些地方也采取措施实施了一些改革，但大多着眼于吏治整顿，没能从根本上解决问题。预备立宪开始后，"恤刑狱"被放到法律与司法改革的背景下加以思考，沈家本说：

> 窃刑罚与监狱相为表里，近世各国刑法，除罚金外，自由刑居其强半。所谓自由刑者，如惩役、禁锢之类，拘置监狱，缚束自由，俾不得与世交际。盖犯罪之人歉于教化者为多，严刑厉法可惩肃于既往，难忘渐被于将来，故借监狱之地，施教诲之方，亦即明刑弼教之本义也。……伏查泰西立宪诸国，监狱与司法、立法鼎峙而三，纵有完备之法典与明允之法官，无适当之监狱，以执行刑罚，则迁善感化，犹托空言。②

在中国古代，也曾有"置之圜土而施职事焉，以明刑耻之"，即"恤刑"的思想和做法；清代也出现过类似"自新所""迁善所"之类的机构，均为清末的狱政改革提供了源远流长的本土资源。③ 但是清末的刑狱改革却并不是在本土资源基础上的改革，而是借鉴西法，尤其是借鉴日本经验的结果。袁世凯督直时曾派天津府凌福彭赴日本考察监狱情形，凌考察后写了一个日本监狱习艺详细情形向袁禀报，不仅叙述了日本明治维新后改良监狱的具体进程，以及监狱建

① 朱寿朋：《光绪朝东华录》，总 5329～5330、5332 页。

② 《修订法律大臣沈家本奏实行改良监狱宜注意四事折》，《清末筹备立宪档案史料》下册，831 页。

③ 陈兆肆：《清代自新所考释——兼论晚清狱制转型的本土性》，载《历史研究》2010 年第 3 期。

筑、狱犯管理状况，还介绍了监狱管理的新的理念，如"狱者，所以仁爱人也，非以残虐人也；所以惩戒人也，非以毒苦人也"；"日本监狱之制，名目甚繁，其大别有四，一曰未决监，二曰已决监，三曰民事监，四曰惩治监……其管理之法各不相同，而其精神主义，则在于群分而区别之"①。袁世凯的批示是："中国监狱亟宜改良，其罪犯习艺一节，现在正需兴办，尤可借资则效究。"②这样，"恤刑狱"就不是一个简单的吏治问题，而是刑律改革、司法改革的重要一环。正如凌福彭所说："方今各国环峙，非修内政无以定外交，内政之要，首在刑律，监狱一日不改，则刑律一日不能修。"③"恤刑狱"成为一种新的制度建构。

## 二、停止刑讯

光绪三十一年六月（1905 年 7 月），刑部以筹集办公经费为由，要求将州县自理刑名案内笞杖改为罚金一项题解到部，以资办公。定每一州县每年解银一百两，年清年款，各地不得借口修改监狱习艺所等留作地方之用。④ 九月，修订法律大臣伍廷芳、沈家本再次上折提到，自三月停刑讯改罚金上谕以后，"各省州县实力奉行者固多，而阳奉阴违视为具文者仍属不少"，再次"请旨饬下各省督抚，督同臬司，严饬所属州县，嗣后审理案件，凡罪在流、徒以下者，照新章不准刑讯。旧例罪应笞杖者，照新章改为罚金"。"倘有阳奉

---

① 《天津府凌福彭谨呈今将查明日本监狱习艺详细情形开折恭呈》，载《北洋官报》1903 年第 174 册，文牍录要，4 页；第 175 册，文牍录要，3～4 页。

② 《直督饬天津道会同巡警局议复改良监狱事宜札》，载《北洋官报》1903 年第 174 册，文牍录要，3 页。

③ 《天津府凌福彭谨呈今将查明日本监狱习艺详细情形开折恭呈（续）》，载《北洋官报》1903 年第 176 册，文牍录要，4 页。

④ 《刑部奏拟请将州县自理刑名案内笞杖改为罚金一项酌提解部折》，《大清新法令》（点校本）第 1 卷，295 页。

阴违，仍率用刑求，妄行责打者，即令该管上司指名严参，毋许徇隐。"①要求朝廷通饬各省，流徒以下罪停止刑讯，以罚金代笞杖。

在朝廷的一再申斥下，此项改革逐步推进。在光绪末至宣统年四川南部县衙门档案中，我们已经可以看到不少自理案件以罚金判处的案例。如一起违章私贩私磺案，判以罚款 60 串。但案犯因"实难措齐"，只缴了 20 串，被知县批为"仍候提讯"。② 在一起争夺树木案中，判恃强争夺者罚钱 5000 文，并限期三天缴纳。③ 罚款留在州县自用部分要按季度填写表册，除申详上级外，还要张贴公布。④

但刑部欲提取各省州县罚金以补充行政经费的要求却未能完全落实。为完成上解罚金，江西采用变通之法，将州县按照词讼繁简分成三个等级，每年分别上缴 100 两、80 两、60 两。⑤ 直到宣统三年(1911 年)，安徽巡抚朱家宝在批复提法司的文中还承认"安徽省应解罚金本未足额"，"均未按期清解"⑥。个中缘由，一是部章要求与各州县实际情况不符，各州县缺有大小，词讼多少不一，有的边远地方难以完成罚金上缴数额；二是即便有的州县词讼较多，但审理的笞杖人犯多为无业游民，无力完纳罚金，只能以做工抵偿，以致"虽有罚金之名，乃鲜罚金之实"。

---

① 《修订法律大臣奏轻罪禁用刑讯笞杖改为罚金请申明新章折》，《大清新法令》(点校本)第 1 卷，293~294 页。

② 清代四川南部县衙门档案：《为具缴贩卖私磺案内罚金事》，宣统二年十月十一日，21-104-4。

③ 清代四川南部县衙门档案：《为具告宋学书等叠搕窥断滋讼无息事》，宣统二年六月初三日；《为计开提比宋学书缴罚款事》，宣统二年七月初七日，21-24-239。

④ 清代四川南部县衙门档案：《为造报宣统二年春季正二三月分南部县词讼案件罚款数目开支一案事呈川北道》，宣统二年四月二十八日，21-605-8。可惜的是，没有查到具体的开支表册。

⑤ 《江西藩臬司按照州县缺分酌定罚金数目详文》，载《江西官报》1906 年第 3 期，奏牍二，1~3 页。

⑥ 《抚院朱批法司详奉法部札催各州县应解罚金银两向由藩司汇解文》，载《安徽官报》1911 年六月上旬，文牍，2 页。

此外，各地多收滥收罚金的乱象频现。如湖北各厅州县违律苛罚，"或一案百金，或一案千金，不但溢出罚刑之外，即按徒流遣死之收赎银两比算，亦十倍、数十倍过之；按平民之捐赎银两比算，仍溢数倍"。更有违法刑讯者笞杖勒罚事件，"罚金收入十不报五，报者借口新政，浮支净尽，实则阑入私囊"①。

与此同时，各种滥用刑讯之事仍然屡屡发生。如宣统二年（1910年）湖北房县知县运用残酷滥刑，被湖广总督参劾请旨革职。广东番禺县杨令纵容管监狱家人向犯人索贿，索诈不成遂滥用私刑，又听信家人之言，诬以佯狂滋闹复以非刑毒打。省咨议局为此上书总督据实纠举，呈请查办。② 宣统三年（1911年），广西藤县知县滥用刑威，省咨议局请巡抚行查，经提法司查核后即行革职。③ 宣统三年（1911年）四川广安州州牧吴某借口州内学堂教员中有革命党人，捕获后严刑拷打，甚至用了烛灯烧肛门这样的酷刑，并随意抓人，致使州中学员教员株连过半。④

宣统二年十月（1910年11月），湖北咨议局第二次会议期间，议员为停止刑讯事质问湖广总督，称："停止刑讯，为屡奉特旨饬遵之件，各官厅自应谨守新章，以仰副朝廷恤下省刑、推行宪政之至意。乃湖北各官厅于停止刑讯要政阳奉阴违，视为具文，实不可解。"故此提出四个疑问：

一、停止刑讯为收回领事裁判权之基础。夏口厅乃通商巨

---

① 《严禁违律苛罚案》，吴剑杰主编：《湖北咨议局文献资料汇编》，560～561 页。

② 《粤谘议局为番禺县令滥刑无辜事呈袁督文》，载《申报》1910 年 4 月 5 号，第 1 张后幅第 2 版。

③ 《又奏前藤县令王为毅滥用刑威请革职查办片》，载《内阁官报》第 64 号，宣统三年九月初五日，折奏类司法，2 页。

④ 《预备立宪时代冤狱，停止刑讯时代之惨状》，载《竞业旬报》1909 年第 41 期，专件，43 页。

镇,该处审判各员动辄于民事诉讼案件任意刑求责打,不知据何法典?其可疑者一。

一、停止刑讯为改良法律之根本。近年各州县不惟未停止刑讯,且仍有滥用非刑各具者。值此预备立宪时代,横施压力,显挠法纪,尚复成何事体?其可疑者二。

一、停止刑讯该管上司对于下级官厅应负监督责任,何以并未凛遵谕旨,指名严参?是否毫无察觉,抑或故意徇隐?其可疑者三。

一、停止刑讯之最高宗旨在养国民之廉耻,使晓然于人格之可贵,各官厅何以并未恭录迭次谕旨,出示晓谕,竟使国民受任情敲扑之辱,而隐忍不敢控诉。其可疑者四。①

四个疑问直接触及问题核心,既指出州县乃至审判厅滥用刑讯现象的存在,又指出了总督等上级衙门监督责任的缺失。湖广总督批复时虽对二、三条做了辩解,但也不得不表示要饬提法司出示晓谕并严饬各属,如再阳奉阴违,即由该管上司指名揭参。②

但直到宣统三年正月(1911年2月),法部仍不得不承认,停止刑讯虽经三令五申,但各直省州县"犹复视为具文,日久生玩,动辄借口非取供无以定谳,非刑讯无以取供",再次要求各省督抚认真督察,承审各员一律不准再用刑讯,如阳奉阴违,一经查出,从严参办。③

可见停止刑讯在当时推行得并不理想。有舆论分析各地没有真正停止刑讯的原因有三:判案偏重口供,无律师为之辩护,无精明

① 《质问停止刑讯并未实行案》,吴剑杰主编:《湖北咨议局文献资料汇编》,555~556页。

② 《湖广总督批复》,吴剑杰主编:《湖北咨议局文献资料汇编》,556页。

③ 《法部奏请旨饬各省实行停止刑讯折》,《大清新法令》(点校本)第10卷,443页。

强干之侦探家。而"其总因则在于司法不独立，而未设备种种裁判机关"，"虽以素无法律知识之行政官，亦得操裁判之大柄，既无地方议会以为之监督，又无陪审官以与之争衡。高坐堂皇，爪牙遍布，无惑乎视民如草芥，诛锄杀戮，而莫敢谁何"①。在独立的司法体制没有确立、相应的律师制度没有建立的情况下，在警察制度尚待完善的情况下，指望地方官单方面的"停止刑讯"是难以做到的。

### 三、改良监狱

改良监狱是"恤刑狱"的主要内容，此项改革包括修缮监狱房屋和改革狱犯管理等方面。如在湖北，张之洞自光绪二十七年（1901年）变法三折提出监狱改良之后，随即札饬臬司同府厅州县各衙门将所设内监外监大加修改，务须宽敞整洁。三年以来，沔阳州、夏口厅、汉阳县等属已有将监狱修改者，但由于经费支绌，未能大修。②在直隶，保定府知府与清苑县知县等亦定改良监狱，包括整顿围墙、开天窗、改木笼、给医药、设厕所、疏地沟等，皆是监狱房屋的改造。③

改良监狱的首要困难是经费难筹，于是有些地方采用简易办法。安徽颍州知府深知"州县筹款惟艰，力微难以办到"，特制定监狱改良简易办法 13 条，以"使其轻而易举，庶不致延不遵办"：

一、监狱房屋宜过爽，不宜过低，各州县或照旧式改良，或就地筹款添设，惟在体察情形办理。

二、狱犯室内多以木板铺地寝卧其上，以故感受湿地患病者多，以后宜改置木床，高约一尺五寸，铺床夏用芦席，冬用

---

① 《论停止刑讯之难》，载《广益丛报》第 235 号，宣统二年五月初十日，法意，1～2 页。

② 《鄂督张奏省城模范监狱开办情形折》，载《北洋官报》1907 年第 1437 册，奏议录要，2 页。

③ 《改良监狱》，载《四川官报》1904 年第 22 册，新闻，5 页。

粗牛毛毡，庶凉暖适宜，不受湿症。每日清晨饬禁卒将各室内外打扫，务期洁净。

三、浴室置木盆四五具，热天三四日一浴，冷天半月、二十日一浴，各犯分期轮浴以免拥挤，禁卒亦易于照料。

四、病室宜分木床数具，令病犯各寝一床以免传染。

五、住室、浴室、养病室三处，宜酌量房间大小，开关窗牖外，安设铁栅以防疏虞。

六、狱犯获病，禁卒报知有狱、管狱各官，当即拨居病室，延医调治，小心照料，勿任瘐毙，病愈即归原屋。

七、狱犯口粮宜足数发给，禁卒不得克扣，倘坐此弊，照例严惩。

八、狱犯暖衣，各州县向至极冷时始行发给，讵知受病已成，半多痢症，殊堪悯恻，以后宜立冬前发给暖衣，俾沾实惠。

九、所用禁卒，宜改选强壮、勤慎、不染嗜好者，看守狱犯，扫除室地，洗涤刑具，照料病室，均其责任，不得怠慢。

十、夏日备设绿豆汤，冬日备姜汤，俾各随时取饮以御酷热、严寒。

十一、狱内更夫宜彻夜巡守，不可贪睡，倘若仍前玩忽，一经查出，立即斥退。

十二、厕所宜造数小间，每隔用木板，每晨饬禁卒将宿粪打扫运出，勿令积聚，致生疠气，并宜将厕所坑添换沙土，以解恶臭。

十三、狱门外安设小木房一座，可添巡兵二三名，日夜轮守以昭慎重。①

---

① 《安徽提法司批颍州府长守详拟改良监狱办法十三条呈请核示文》，汪庆祺编，李启成点校：《各省审判厅判牍》，282～283页，北京，北京大学出版社，2007。

　　此外，有的地方还修改制定了较为严格的监狱规则，如四川总督锡良札饬各属修改监狱规则，定内外监及习艺所均责成印官督率典史认真管理，不准别立卡房差房名目；各处牢头，不准以老犯管新犯，10 名或 15 名犯人派一人看管，或每一室派一人看管；痛禁种种凌辱恶习，人犯入监不许收丝毫费用，敢有需索一钱者即重办不贷。对犯人，则规定不准口角打架、不准群聚喧哗、不准赌博、不准饮酒，当亲友探视时，许由看管人将犯带至监壁孔前相见。①

　　也有地方在改良监狱中注意对犯人的思想改造。如广东南海县监狱，内设教务所、医调所，前者专设教诲师一员，宣讲师一员，由深明监狱学的人充之，各犯入狱，由教诲师察看性质，逐名详记，将应守规则宣布，并由宣讲师定时将改过迁善诸书宣讲。②

　　这些要求的制定，树立了新的狱犯管理标准。安徽颍州知府说："查近来文明之国无不注重监狱学，有专门监狱之建，有四宜六忌：宜洁以资卫生，宜整以便瞭望，宜分以绝引诱，宜坚以防破越。"六忌则是"忌秽""忌嚣""忌暗""忌近市""忌引火之物""忌与潴水池沿相接"③。说明清末已从文明和现代监狱建构的角度出发进行监狱改良了。

　　一些地方在改良监狱过程中，认识到旧的书差丁役已不可用，故而着手培养新的监管人员。广州南海、番禺两县创办监狱改良讲习所，招选本省候补吏目典史两项人员及地方举贡生员约百名入所肄业，授以监狱各学大要，六个月毕业后，即将原监役人等不堪任

_____

　　① 《川督锡制军札饬各属修改监狱规则》，载《北洋官报》1906 年第 1006册，专件，12 页；第 1007 册，专件，12 页。

　　② 《广东南海县改良监狱试办简章》，载《东方杂志》1907 年第 5 期，222～227 页。

　　③ 《安徽提法司批颍州府长守详拟改良监狱办法十三条呈请核示文》，汪庆祺编，李启成点校：《各省审判厅判牍》，282 页。

使者撤去，由讲习员绅充当。①

不过改良监狱终究不单是纸面上的东西，其落实不仅涉及经费，还涉及州县官、典史和书差丁役等人，在人员没有很大变化的情况下，实施起来则会变成另外一种样子。就是广东南海这样较早改革的地方也是如此。1911年年初，粤东举人谭鹗英在狱中致广东报界公会，揭露南海县监狱自刘姓典史署任以来的种种黑暗状况，除非刑、私刑、勒诈钱财外，还设有"黑仓"，如囚徒有过，杖责后关入黑仓，经年不释。打死犯人则以病死瞒报，以避验尸。种种贪酷行为"竟行于已改良之监狱，尤其可怪可骇者也"②。这种情况恐怕不止南海一处。

宣统元年八月（1909年9月），法部又奏请将各州县所称之外羁官店、差馆、候审所等立即裁撤，所有地方听讼衙门一律设立看守所一区，"凡被控候审未定罪名人犯，皆发交该所，如法看管，不准丝毫虐待"③。实际是明确将犯人区分为已决与未决两种，将已定罪名者的收押之所定名为监狱，未定罪名者的关押处所为看守所。

但旧制留下的人员难以一下子裁撤，各种恶习仍在，看守所推广之初，种种黑暗现象仍频频出现。江苏很多看守所仍沿用旧名，有名待质所、候审所者，有名馆歇、下宿处者，更有直名班馆者。另外，还有滥收费，不仅铺费累百盈千，吃饭、请假外出、亲属探望均要收费。江苏巡抚程德全痛斥此为"黑暗之羁押，多网利之路也"④。此外，还有违章和滥竽充数的现象。如广东省，州县看守所

---

① 《批示改良监狱办法》，载《北洋官报》1907年第1377册，新政纪闻，10页。

② 《所谓改良监狱者如是》，载《申报》1911年1月24日，第1张后幅第2版。

③ 《法部奏核议御史麦秩严奏改良监狱亟宜整饬折》，《大清新法令》（点校本）第6卷，184页。

④ 《苏抚严禁各属滥押之手续》，载《申报》1911年5月2日，第1张后幅第2版。

亦是积弊甚深，"各该牧令稽察难周，多派家丁管理，以致需索虐待，诸弊时有所闻"①。

## 四、创办罪犯习艺所

光绪二十九年(1903年)刑部在议复赵尔巽关于设立罪犯习艺所的奏折时，原则上同意其所请并加变通，定"嗣后各省徒罪人犯毋庸发配，概行收入习艺所，按照所犯徒罪年限，责令工作，限满释放"。其余军、流人犯，先监禁或发配若干年，限满后收入习艺所。② 经这一改革，原来州县审判后的徒罪人犯皆可不必发配，而是收入罪犯习艺所，限满释放；军、流人犯监禁或发配限满后收入习艺所。

刑部原来主张各省在省城设一罪犯习艺所，凡军流徒犯均不必分拨州县，而是在省城收入习艺所。但河南巡抚陈夔龙认为，若只在省办，罪犯集中一处，反而易于滋事，不如由各邑自行设所，仍由州县典守人员分任负责，房屋也可就地取材，故而督饬所属一律开办。后据各州县具报，或系择地建造，或购民房改建，或就公所庙宇酌量添修，"大都就地图维"。各习艺所分为二区，一区收押犯，一区收流徒各犯，即将已决未决加以区分，"用示分别而资化导"。所习工艺以磨麦、编织、打绳等为多，"皆民生日用要需造成，尚易出售"③。

在湖南，赵尔巽抚湘时先在省城设习艺所，1905年端方署巡抚后，认为习艺所"收效之大"，立即要求各属仿照办理，到该年6月，

---

① 《署两广总督袁树勋奏粤省筹办审判厅大概情形折》，载《政治官报》第881号，宣统二年三月初五日，10页。

② 《刑部议复护理晋抚赵奏请各省通设罪犯习艺所折》，《大清新法令》(点校本)第1卷，190页。

③ 《河南巡抚陈奏遵设罪犯习艺所酌议办法折》，载《东方杂志》1905年第2期，3～6页。

已有 39 个州县设习艺所，收罪犯共计 354 名。①

在山西，除省城将原设自新习艺所改为罪犯习艺所外，到 1906 年，各道府厅州县已设 51 处。各道以委员专管，府厅州县分设各处以委办之佐贰杂职为专官，正印官为兼辖官。②

在江苏，除在省城苏州筹建罪犯习艺所外，各府直隶州厅县亦次第筹办，到 1908 年年底，已竣工开办者 40 余处，已兴工尚未造竣者十余处，"全省通计已办十成之八"③。

也有一些省的办理情况则不尽如人意。福建、云南、黑龙江、吉林等省强调库藏空虚、罪犯人数无多，只在各道或省城设习艺所。④ 山东则在每个府和直隶州各设习艺工所一区，安插本省遣军流等犯。⑤ 广西除省城原迁善所改为罪犯习艺所外，光绪三十一年（1905 年）仅有贺县设所，收罪犯百人。⑥ 新疆为边疆省份，军流徒犯向照变通章程办理，并不发配，而是根据情罪之轻重定年限之远近监禁，并不分拨各厅州县，于是分别在迪化、疏附两县设置南北罪犯习艺所，以本地所出之牛羊皮毛，或编条绳，或制袋帽毡衣，

---

① 《前署湖南巡抚端奏筹办湘省罪犯习艺所情形折》，载《东方杂志》1905 年第 11 期，184～185 页。

② 《晋抚张奏晋省各属遵设罪犯习艺所折》，载《北洋官报》1906 年第 964 册，奏议录要，3 页。

③ 《江苏巡抚陈启泰奏筹建罪犯习艺所及各属办理情形折》，载《政治官报》第 448 号，宣统元年正月初八日，22 页。

④ 《兼署闽督崇奏遵设罪犯习艺所酌拟办法折》，载《北洋官报》1905 年第 737 册，奏议录要，1 页；《滇督丁奏滇省创办罪犯习艺所情形折》，载《北洋官报》1905 年第 609 册，奏议录要，2 页；《署黑龙江将军程奏拟呈罪犯习艺所章程折》，载《北洋官报》1906 年第 1116 册，奏议录要，3 页；《吉林将军达奏创办罪犯习艺所大概情形折》，载《北洋官报》1905 年第 894 册，奏议录要，2 页。

⑤ 《山东巡抚胡奏遵设罪犯习艺所酌拟办法折》，载《东方杂志》1905 年第 5 期，67 页。

⑥ 《桂抚李奏遵旨查明西省现办罪犯习艺所暨整顿警察情形折》，载《北洋官报》1905 年第 745 册，奏牍录要，2 页。

分别学习。①

但也有一些州县官在创办罪犯习艺所中表现出积极的态度。如江西庐陵县令潘敦先接到臬司批转的刑部咨议各省通设罪犯习艺所札后，马上觅得空房，设工艺所，项目包括磨豆腐、打草鞋、搓麻绳、裱布壳等，先由其本人捐廉作为开办经费。② 直隶沧州就州署大门内旧设之自新工艺所改建为罪犯习艺所，于光绪三十一年(1905年)开办，收有罪犯十五六人，以学习织带、编筐，及编草帽辫等物入手。因延聘织带工师工价甚昂，于是以一艺业精敏的罪犯充当工师。每天上班先宣讲圣谕广训一段，再讲国民必读一段，"以资启牖善心"。其章程确定："各犯自入所习艺之日起，除已定监禁年限者不计外，余以二年为毕业期限。毕业后果能改过自新，即准取保出所，自谋生业。倘仍桀骜不驯，及平时不甚率教者，届期再展一年，作为报效期限。"③直隶博野县曾因无款可筹，一直没有开办。直到宣统二年(1910年)新任知县袁澍滋到任后，筹集款项，购得民房，始得开办，"酌提徒罪以下情轻在押罪犯入所学习机织腿带、手巾口袋等项手艺"④。

在一些地方，监狱改良和创办习艺所已初见成效。如直隶元氏县在狱内房舍创设监狱学堂一区，以"导以善行，化其从前之凶顽，教之以手工，资其将来之生计"为宗旨，以"识字习艺为方针"。其讲堂系旧屋修改粉饰，开大窗四个，自制新式长桌凳五对。设教导师

---

① 《署新抚吴奏开办南北两路罪犯习艺所情形折》，载《北洋官报》1906年第1042册，奏牍录要，3页。

② 《庐陵县潘敦先详派办处奉饬设立罪犯习艺所禀》，载《江西官报》1904年的13期，奏牍二，1～2页。

③ 《署沧州禀设立罪犯习艺所并呈章程线带禀并批》，载《北洋官报》1905年第784册，文牍录要，3页；《署沧州设立罪犯习艺所试办章程清折》，载《北洋官报》1905年第785册，文牍录要，2页。

④ 《博野县令树滋禀拟办设立罪犯习艺所大概情形文并批》，载《北洋官报》1910年第2409册，文牍录要，8页。

一名，手工师一名，由狱犯内选充，以省经费。上半日宣讲圣谕广训，详解国民必读等书，以及古人嘉言懿行，并令认字写字学习珠算。下半日学习手工织造线带。并已确定八名罪犯上堂学习。① 湖北咸丰县"监狱之组织大半仿效日本，自二月开始罪人等皆一体作工"，所造物品包括织布、打带、搓香、制皮靴油鞋，"俨然一小工作场也"②。

综上所述，清末"恤刑狱"的重要内容是停止刑讯和监狱改良。停止刑讯，改笞杖为罚金，是刑事旧制的扬弃和新制确立的起点；监狱改良、看守所和罪犯习艺所的建立，使未决犯人和已决犯人的处置有了区分，也使监狱功能由单纯的羁押人犯转变为罪犯服刑的场所。上述变化还引发了州县官的司法审判方式和监狱管理制度的一系列变化。这些改革走出了清末司法改革的第一步，并且是在州县司法实践层面的第一步。

但这一步却是在没有改变原有的州县司法体制基础上进行的。清末的司法改革是以"预备立宪"为目标的，因此，司法独立和新的法律体系的建立，应是改革的基础和条件。然而，当时新的刑律直至宣统二年（1910年）才复奏订定；设置各级审判厅的工作直到光绪三十四年（1908年）筹备立宪清单公布后才逐年展开，直至清朝灭亡，也只有省城和商埠地方的首县建立了地方和初级审判厅、检察厅。所以，"恤刑狱"的司法改革只能在"变通现行律例"的框架内进行，只能在现有体制中局部推进。在新的体制还没有建立的情况下，这种局部性的改革由于无法得到有效的制度保障，其结果只能取决于办事之人，具体来说就是取决于各省督抚的认识程度和推进力度，

---

① 《元氏县创设监狱学堂教授监犯拟具章程呈请各宪立案禀》，载《教育杂志》1906年第22册，文牍，7页。

② 《咸丰县善政》，载《湖北地方自治研究会杂志》1909年第3号，调查，363页。

以及州县官本人的认识和热心程度。当时的事实是，各级官员态度
不一，加上受经费困难和旧的执法人员的牵制，从而使"恤刑狱"改
革不仅在各地进展不一，落实情况很不理想，而且弊端丛生，"新瓶
装旧酒"现象比比皆是。

## 第四节　审判厅之设置与州县官的审判权

### 一、关于州县司法独立的争议

光绪三十二年七月（1906 年 8 月），出使各国考察政治大臣戴鸿
慈等在奏请改定全国官制以为预备立宪折中提出："司法与行政两权
分峙独立，不容相混，此世界近百余年来之公理，而各国奉为准则
者也。"并指出，中国州县"向以听讼为重要之图，往往案牍劳形，不
暇究心利病，而庶政之不举，固其宜矣"。要改变这种状况，就必须
采取各国公例，"将全国司法事务离而独立，不与行政官相丽"。他
们提出的办法，是将全国各县划为四区，各区设一裁判所，区以上
则为县裁判所、省裁判所，最高为全国之都裁判厅，"级级相统，而
并隶于法部"。同时，各裁判所皆附设检事局，掌刑事之公诉，"凡
民间民事、刑事，小者各诉于其区，大者得诉于其县，其不甘服判
决者，自区裁判所以至都裁判厅，均得层层递诉，而以都裁判厅为
一国最高之裁判"①。

该年九月，奕劻等奏厘定中央官制折，确定"首分权以定限"，
即立法、行政、司法分立原则，"司法之权则专属之法部，以大理院
任审判，而法部监督之，均与行政官相对峙，而不为所节制"②。很
快，刑部改为法部，大理寺改为大理院，中央司法与审判机关既已

---

① 《出使各国考察政治大臣戴鸿慈等奏请改定全国官制以为立宪预备折》，
《清末筹备立宪档案史料》上册，379～380 页。

② 《庆亲王奕劻等奏厘定中央各衙门官制缮单进呈折》，《清末筹备立宪档
案史料》上册，464 页。

设立，外省审判机关也提上日程。

奕劻等上中央官制折的三天后，厘定官制大臣拿出了外官制改革的两层方案，通电各省督抚征求意见。其关于府厅州县改革中，除提出设置各官分掌财赋、巡警、教育、监狱、农工商务并同署办公外，还"别设地方审判厅，置审判官，受理诉讼，并画府厅州县各分数区，每区设谳局一所，置审判官，受理细故诉讼，不服者方准上控于地方审判厅"。另外，"每省各设高等审判厅，置省审判官，受理上控案件"①。

各省督抚答复中，多数对设置审判厅以使司法独立之事语焉不详，只强调人才不齐，经费难筹，改革难以实现。然反对之声也很强大，河南巡抚张人骏说："州县不司裁判，则与民日疏；疆吏不管刑名，则政权不一。"他还担心设立审判厅会增添民间上控困难②。四川总督锡良说，地方官不兼司法和设议会虽然体现了官民一体之精神，但中国"法政之教育未溥，国民之程度犹低，而审判之刑事、民事、诉讼法尚未颁布，虽东南各省风气早开，苛求多数审判、议事、董事之人，亦恐猝难备选"，所以"设审判、议事、董事之员不可急"③。其中反对最力、言辞最为激烈者当属湖广总督张之洞，他说：

> 闻官制局现议设高等审判厅、地方审判厅两项人员，系司法独立，一切案件直接法部、大理院，不由臬司督抚核转，凡行政官均不受理诉讼等语，不胜骇异。此乃出自东洋学生二三

---

① 《厘定官制大臣致各省督抚通电》，侯宜杰整理：《清末督抚答复厘定地方官制电稿》，《近代史资料》总第76号，52页。

② 《河南巡抚来电》，侯宜杰整理：《清末督抚答复厘定地方官制电稿》，《近代史资料》总第76号，62页。

③ 《四川总督来电》，侯宜杰整理：《清末督抚答复厘定地方官制电稿》，《近代史资料》总第76号，64页。

人偏见，袭取日本成式，不问中国情形，故坚持司法独立之议。果如此说，大局危矣。

他强调中国与外国不同，不仅沿江沿海伏莽繁多，而且"乱党甚多"，假如裁判官果有独立之权，州县臬司督抚概不与闻，而"裁判各员中难保无学术不纯、心思不端者"，反而会"暗助革命之逆谋"①。

然而部分督抚的顾虑和反对并没有阻止朝廷推进行政司法分立的决心。朝廷之所以决意推进司法行政分立，除基于宪政的需要外，还有两点原因：一是旧有制度中地方审判向兼之于州县，而州县作为行政官，"一人何能兼理词讼"，于是不得不依靠胥吏，或者将司法权滥用到行政事务之中，带来一系列吏治问题；二是中国审判之法向为各国诟病，并以此作为设立领事裁判权的理由。中国欲收回此项法权，应预立司法独立之基础。② 光绪三十三年（1907年）公布直省官制通则时，总司核定官制大臣奕劻等在奏折中称：

> 此次厘定直省官制，注重之处，则仍不外两端。一曰分设审判各厅以为司法独立之基础。古者执法之官，事权本不相假，三代之士师，两汉之廷尉，皆奉天子之法，以为天下之平，权既不分，法无所枉。国家因仍明制，分设布政、按察两司，亦复各有专官，截然不紊。自州县身兼其事，始不免凭恃以为威福，今日为外人借口，而自失其权者，正坐于此。若使不相牵混，自能整饬纪纲，由此而收回治外法权，初非难事。……现在法部、大理院，既经分设，外省审判之事，自应由此划分权限，别立专司，俾内外均归一律。

---

① 《湖广总督来电》，侯宜杰整理：《清末督抚答复厘定地方官制电稿》，《近代史资料》总第76号，86页。

② 《附编纂官制大臣泽公等原行政司法分立办法说帖》，载《东方杂志》1907年第8期，418～419页。

通则最后一条规定："各省应就地方情形，分期设立高等审判厅、地方审判厅、初级审判厅（即原拟乡谳局，以命名尚未妥洽拟改）。分别受理各项诉讼及上控事件。"①设置各级审判厅以使行政与司法分立成为各直省官制改革的基本内容。

编纂官制大臣载泽的说帖建议，考虑到中国幅员之广，不能同时并设，遂将审判厅分立办法分为五期，以三年为一期，期以十五年而后全国之裁判制度以备。首善之区京师和交通较便、风气较开的直隶、江苏、奉天为第一期，湖南、湖北、江西、安徽、浙江为第二期，山东、广东、广西、福建列为第三期，四川、河南、山西列为第四期，云南、贵州、新疆、陕西、甘肃、吉林、黑龙江列为第五期，并说"此其大较也，至各省之中有欲提先试办或须展期缓办，均由各该省督抚体察情形斟酌办理"②。编纂官制大臣最初的想法是分期办理，并将各省分别先后确定举办期限，"第一期各省办有成效者可分其办理熟悉之人以办第二期"，以此逐步推广。这个分期分地举办的计划不仅举办起来时间很紧，而且在实践中也很难落实。

光绪三十四年（1908年）清政府颁发逐年筹备事宜清单，规定从该年算起，第二年（宣统元年）筹办各省省城及商埠各级审判厅，第三年（宣统二年）一律成立。第四年筹办府厅州县城治各级审判厅，第五年粗具规模，第六年一律成立，同时筹办乡镇初级审判厅，至第七年粗具规模，第八年一律成立。③ 这个方案纠正了编纂官制大臣分省分期的原定计划，采取了各省同时逐步推进的方法，由上而下，从繁盛推及偏远，先商埠城治，后州县地方，虽然时间也很紧

① 《总司核定官制大臣奕劻等奏续订各直省官制情形折》，《清末筹备立宪档案史料》上册，504、510页。

② 《附编纂官制大臣泽公等原拟行政司法分立办法说帖》，载《东方杂志》1907年第8期，421页。

③ 《逐年筹备事宜清单》，《清末筹备立宪档案史料》上册，61～67页。

迫，但对各级审判厅设立设计了一个比较明确的步骤。

## 二、各省筹办审判厅

司法独立的原则和筹办各级审判厅的日程已定，各省筹办工作就此展开。宣统二年(1909年)，各省审判厅筹办处先后设立，多数设于臬司署内。筹办处"遴选通晓裁判、构成法规及深明治理之员，委令经理其事，即责成臬司督率各员分年计画，按限督责"①。安徽省于臬司署内设审判厅筹办处，以臬司为总办，设总务、编制、审查、设备四科。② 广东审判厅筹备处开办后，编制了省埠拟成立的审判厅数目、建筑经费和司法人员培养办法，准备省城和商埠各级审判厅的开设。③

筹办各级审判厅，首要任务是培养审判人才。由于时间紧，许多省为加快培养速度，均设立了司法讲习所、研究所之类的机构。如湖南就长沙府衙门设立司法研究所，遴选法政学堂兼通中外法律教员为之教授。学员分甲、乙两班，两学期毕业后分别等级注册委用，并将该所讲义印发各府厅州县研习，以使各官"咸知审判检查之法理"④。在安徽，一面令法政学堂各科注重司法加授中外法律课程，一面饬臬司开设审判研究所，招收法政毕业学员及现充发审巡警各差人员，先开简易科一班。在一年的学习时间内，先学课程一学期，之后赴省城各问刑部门参观陪审、草拟判词。⑤ 河南于法政

---

① 《湖南巡抚岑春蓂奏筹办审判厅情形折》，载《政治官报》第691号，宣统元年八月十六日，7页。

② 《安徽巡抚朱家宝奏筹备皖省省城及芜湖商埠各级审判厅折》，载《政治官报》第732号，宣统元年九月二十七日，14页。

③ 《署两广总督袁树勋奏粤省筹办审判厅大概情形折》，载《政治官报》第881号，宣统二年三月初五日，9页。

④ 《湖南巡抚岑春蓂奏筹办审判厅情形折》，载《政治官报》第691号，宣统元年八月十六日，8页。

⑤ 《安徽巡抚朱家宝奏筹备皖省省城及芜湖商埠各级审判厅折》，载《政治官报》第732号，宣统元年九月二十七日，17页。

学堂内附设司法研究科一班,有官、绅两班。① 云南则在法政学堂内增设司法讲习科,考选本省官吏及有职人员百名入学。② 浙江省鉴于全省各级审判厅成立后,需要司法审判人员众多,采取两条途径同时并举加快培养审判人才:一是在筹办处内附设了审判研究所,招考法政毕业人员入所研究;另开设甲、乙两班,招收人员入学。二是在法政学堂分设法律别科,专攻法律各学。③ 四川也是两层办法:一方面扩充法政学堂,以养成完全审判人才;另一方面在审判厅筹办处设审判员讲习所,"凡通省官吏中不分实缺候补暨外省候补人员,但于听断颇著能名或法律夙有研究者",皆广行延访,调至讲习所学习。④

按照清廷规定的时间,宣统元年(1909 年)筹办省城商埠各级审判厅,宣统二年(1910 年)一律成立,同时筹办府厅州县审判厅。依据《法院编制法》,各级审判衙门要分别配置检察厅,附设于审判厅内。因光绪三十三年五月二十七日(1907 年 7 月 7 日)有一道上谕"各省按察使改为提法使,分设审判厅,著由东三省先行试办"⑤,所以东三省起步较早。奉天于光绪三十三年年底先期设立省城各级审判厅检察厅,还开办了承德、兴仁两县初级审判厅六厅。后为节省经费,次年将承德裁改为三个初级审判厅,兴仁县移驻抚顺,设抚顺

---

① 《河南巡抚吴重憙奏筹办省城各级审判厅情形折》,载《政治官报》第 791 号,宣统元年十一月二十六日,9 页。

② 《护理云贵总督沈秉堃奏遵章筹办各级审判厅折》,载《政治官报》第 631 号,宣统元年六月十五号,10 页。

③ 《浙江巡抚增韫奏筹办审判厅情形折》,载《政治官报》第 658 号,宣统元年七月十二日,8 页。

④ 《四川总督赵尔巽奏筹办省城及重庆商埠各级审判厅情形折》,载《政治官报》第 676 号,宣统元年八月初一日,9 页。

⑤ 《东三省总督徐世昌等奏开办各级审判厅情形折》,载《政治官报》第 97 号,光绪三十四年十二月二十七日,11 页。

地方审判厅和第一初级审判厅。① 吉林自建省后即创办省城高等审判厅，光绪三十四年吉林府亦开办地方审判厅一所，初级审判厅二所。② 黑龙江省城各级审判厅则于宣统元年十月十八日正式开庭。③

　　至于各省府厅州县审判厅的安排与规划，依据光绪三十四年清廷公布的逐年筹备事宜清单，每府州县至少要设地方审判厅和初级审判厅各一所，乡镇初级审判厅若干所，设置的工作量相当大。但到宣统二年年初，宪政编查馆核订《司法区域分划暂行章程》时却进行了调整：定各省省城设高等审判厅一所，距省会辽远之繁盛商埠得设高等审判分厅；各省府、直隶州各设地方审判厅一所；各厅州县设地方审判分厅，并各设初级审判厅一所以上，其著名繁盛乡镇亦可设初级审判厅④，形成了如下架构：

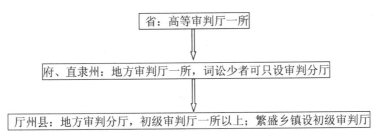

与光绪三十四年(1908年)筹备清单的规划相比，并没有强调府与直隶州都必设一所地方审判厅，而是允许词讼简少者可由邻近府、直隶州地方审判厅设地方审判分厅，设于该府直辖地面或首县及该州

　　① 《东三省总督徐世昌等奏开办各级审判厅情形折》，载《政治官报》第97号，光绪三十三年十二月二十七号，11页；《东三省总督徐世昌奏归并各级审判厅并改拟厅名员缺折》，载《政治官报》第450号，宣统元年正月初十日，14～15页。

　　② 《东三省总督徐世昌吉林巡抚朱家宝奏吉省开办各级审判厅遴员试署折》，载《政治官报》第335号，光绪三十四年九月初七日，6页。

　　③ 《黑龙江巡抚周树模附奏审判检察厅经常各款请作正开销折》，载《江南警务杂志》1910年第5期，奏议，26页。

　　④ 《宪政编查馆奏核订法院编制法并另拟各项暂行章程折并单》，《大清新法令》(点校本)第7卷，347～348页。

初级审判厅内。各厅州县应设地方审判分厅，其词讼简少者亦可合邻近州县共设。

之所以改为设置地方审判分厅，主要原因是经费和司法人员不足。正如山东巡抚袁树勋所说：如按原计划，初级审判厅须置一员或二员以上之推事，初级检察厅须置一员或二员以上之检察官，是每一厅州县之初级审判厅须设官二十员左右，民刑两庭的庭长、推事和检察厅检察官十员以上，每员俸薪年六百两，总计每年每个厅州县负担的总数就达到二万两左右。如果再加上典簿、录事、书记、承发吏、庭丁、检验吏各项俸薪和其他办公费用，更是达到三万两左右。以全国二十二行省计算，岁费约达五千万两，"国家无此人才，抑亦断无此财力"①。而地方分厅则可设于初级审判厅内，仅置民事一庭，刑事一庭，置一至二名独任推事即可。② 这样不仅不必另建房屋，而且可以减少人员设置，从而节省经费。

1910年9月至10月，法部主持举行了全国性的法官考试。其中四川、云南、贵州、广西、甘肃、新疆在各省举行，由法部派员主持考试，其余各省赴京师考试。这次考试共有3500余人报名，560余人通过考试③，他们分别授以正七品推事和检察官，分发各省各厅学习。④ 与此同时，各省督抚和提法使预保的高等审检厅的厅丞和检察长先后奏请饬部存记，由法部请简试署。⑤ 但分发到各省的

---

① 《宪政编查馆会奏遵议变通府厅州县地方审判厅办法折》，载《政治官报》第947号，宣统二年五月十三日，7页。

② 《法院编制法》，《大清新法令》（点校本）第7卷，327页。

③ 参见李启成：《晚清各级审判厅研究》，99、114页，北京，北京大学出版社，2004。

④ 《法部奏贵州考试法官录取各员拟请授职任用折》，载《吉林司法官报》1911年第3期，章奏，2页。

⑤ 本来依据法部定章，各省高等审检两厅的厅丞和检察长由部择员预保临时请简，也可由各省遴选预保咨部考核。但根据各省的材料来看，基本都是由各省预保咨部考核，再由部奏请简放试署的。

部考法官均不敷用，而各级审判厅又要限期开庭，在这种情况下，各省大都采取变通办法，在各省曾习法政，或者曾任州县，或供差谳局于治狱素有经验之员中遴委。而典簿录事等员则以法政学堂及司法讲习所毕业人员中考验委用。[①]

各直省中，除东三省提前设立外，大部分省均于宣统二年(1910年)下半年宣布成立省城商埠各级审判厅，广东省拖至宣统三年(1911年)上半年成立，而湖南省由于"灾变迭乘"，奏请暂缓。各省奏报的省城商埠各级审判厅正式开庭的情况如表4.1所示：

表4.1　各省奏报省城商埠各级审判厅设立与开庭日期

| 省份 | 设置情况和开庭日期 | 资料来源 |
| --- | --- | --- |
| 奉天 | 于省城设立高等审判一厅，于奉天府设立地方审判一厅，于承德、兴仁两县分设初级审判厅六厅，各厅均附设检察厅，于光绪三十三年十二月创设 | 《东三省总督徐奉天巡抚唐会奏开办各级审判厅情形折》，载《东方杂志》1908年第3期 |
| 吉林 | 吉林自改省后即设高等审判厅、吉林府地方审判厅，并设第一第二初级审判厅。长春府商埠、宾州厅地方审判厅已于光绪三十四年秋间、宣统元年春间先后成立 | 《东三省总督徐世昌署吉林巡抚陈昭常奏筹备宪政第一年期成绩并第二年筹备情形折》，载《学部官报》1909年第90期 |
| 黑龙江 | 省城各级审检厅于宣统元年十月十八日一律开庭。呼兰各级审检厅于宣统三年五月二十八日开庭；绥化各级审判厅于闰六月初七日开庭 | 《黑龙江巡抚周树模附奏审判检察厅经常各款请作正开销折》，载《江南警务杂志》1910年第5期。《东三省总督赵尔巽黑龙江巡抚周树模奏呼兰等府地方初级审检各厅成立日期并开庭日期折》，载《内阁官报》第51号，宣统三年八月二十二日 |

----

① 这一办法首先由江苏巡抚程德全提出，后来很多省都援引办理。《江苏巡抚程奏筹办省城各级审判厅开庭日期折》，载《吉林司法官报》1911年第1期，章奏，13页。

续表

| 省份 | 设置情况和开庭日期 | 资料来源 |
|------|------------------|---------|
| 四川 | 省城高等审判厅及成都府地方审判厅，成都、华阳两县初级审判厅，并附设高等、地方、初级检察各厅一律成立，于宣统二年十一月初一日开庭。重庆商埠地方及巴县初级审检各厅于十二月十九日开庭 | 《四川总督赵奏四川省城各级审判厅一律开庭折》，载《吉林司法官报》1911 年第 1 期 |
| 山西 | 省城各级审判厅检察厅于宣统二年四月间奏明试办，十二月十五日一律正式开庭 | 《山西巡抚丁奏省城各级审判厅一律成立片》，载《吉林司法官报》1911 年第 1 期 |
| 直隶 | 省城及张家口商埠各级审判厅于宣统二年十二月十五日开庭 | 《直隶总督陈奏省城商埠各级审判检察等厅开办日期折》，载《北洋官报》1911 年第 2681 册 |
| 山东 | 省城高等、地方、初级各一厅，济南商埠初级一厅，均于宣统二年十二月二十六日开庭，宣统三年正月初一日受诉。烟台商埠地方、初级各一厅，均于正月三十日受诉 | 《山东巡抚孙宝琦奏筹设省城商埠各级审判厅依限成立片》，载《政治官报》第 1220 号 |
| 江苏 | 江宁省城应设地方及初级审判厅均就局所改设。宣统二年十一月十六日宁苏两省城各级审判厅同时成立 | 《江苏巡抚程德全奏筹办省城各级审判厅开庭日期折》，载《政治官报》第 1150 号 |
| 福建 | 福建高等审判厅一，福州地方审判厅一，台南商埠地方审判分厅一，初级厅三，均于宣统二年十二月二十七日开办。厦门商埠地方、初级各一厅，展至宣统三年六月十八日开庭 | 《闽浙总督松寿奏福建省商埠各级审判厅一律开庭折》，载《内阁官报分类合订本》折奏司法类 |
| 贵州 | 省城高等审判厅一，贵阳地方审判厅、初级审判厅各一，贵筑初级审判厅一，于宣统二年十二月初一日开庭 | 《贵州巡抚庞奏各级审判厅一律开庭折》，载《吉林司法官报》1911 年第 7 期 |
| 江西 | 省城高等审判厅、南昌新建初级审判厅各一所，九江商埠地方审判厅、德化初级审判厅各一所，各附以检察厅，于宣统三年正月十九日开庭 | 《江西巡抚冯奏江西省城九江商埠各级审判检察厅依限成立及开庭日期折》，《吉林司法官报》1911 年第 4 期 |

续表

| 省份 | 设置情况和开庭日期 | 资料来源 |
|---|---|---|
| 河南 | 省城各级审判厅择于宣统二年十二月十五日开庭 | 《河南巡抚宝奏省城各级审判检察厅成立并开庭日期等片》，载《吉林司法官报》1911年第1期 |
| 广西 | 省城高等以下各级审判厅于宣统二年六月成立，梧州商埠各级审判厅于十一月初一日开庭 | 《护理广西巡抚魏奏梧州商埠审判厅成立折》，载《吉林司法官报》1911年第2期 |
| 安徽 | 省城高等、初级审判厅各一所于宣统二年十一月二十五日开庭，芜湖商埠设地方、初级审判厅各一所于十二月十五日开庭受理民刑讼事 | 《安徽巡抚朱奏省城商埠各级审判厅开庭日期折》，载《吉林司法官报》1911年第9期 |
| 湖北 | 省城及商埠各级审判厅于宣统二年十二月十六日一律开庭 | 《湖广总督瑞奏省城商埠各级审判厅依限成立折》，载《吉林司法官报》1911年第3期 |
| 浙江 | 省城商埠各级审判厅检察厅共十八处，省城于宣统二年十二月十五日开庭，宁波温州亦于该月二十日、二十六日开庭 | 《浙江巡抚增韫奏遵章胪陈第五届筹备宪政事宜折》，载《江南警务杂志》1911年第13期 |
| 新疆 | 省城高等地方初级审判三厅于宣统二年十二月十九日成立 | 《开缺新疆巡抚联魁奏陈筹备第三年第二届宪政成绩折》，载《政治官报》第1272号，宣统三年四月十九日 |
| 陕西 | 省城高等审判检察各厅，及咸长初级各厅，均按期于宣统二年十二月成立 | 《陕西巡抚恩寿奏司法逐年筹备情形等片》，载《内阁官报》第8号，宣统三年七月初八日 |
| 云南 | 省城与商埠各级审判厅于宣统二年十二月初一日成立开庭 | 《云贵总督李经羲奏胪陈第五届筹备宪政情形折》，载《政治官报》第1291号，宣统三年五月初九日 |
| 甘肃 | 省城高等厅一、地方厅一、初级厅二所，已于宣统二年十二月十五日一律开庭 | 《督部堂长庚奏陈第三年第二届筹备宪政成绩折》，载《陕西教育官报》1911年第4卷第11期 |

续表

| 省份 | 设置情况和开庭日期 | 资料来源 |
|---|---|---|
| 广东 | 宣统三年三月初七日饬令各员入厅办事，即行开庭。澄海合浦琼山三县商埠审检各厅均于六月初一日一律开庭；三水新会两县商埠各厅因法官不敷分布，展至七月间开办 | 《两广总督张奏广东省城高等以下审判各厅成立日期折》，载《吉林司法官报》1911 年第 6 期；《两广总督张鸣岐奏澄海等县商埠审检各厅一律开庭片》，载《政治官报》第 1351 号，宣统三年闰六月初十日 |
| 湖南 | 省城高等地方初级等厅工程将次告竣，业已预备开庭 | 《陕西巡抚卸任湖南巡抚杨文鼎湖南巡抚余诚格会奏湘省筹备宪政办法情形折》，载《内阁官报》第 53 号，宣统三年八月二十四日 |

从清末已经设置的审判厅的情况来看，各省高等审判厅均设置于省城，地方审判厅主要设置在位于省城及商埠的府或县，初级审判厅大都设置在位于省城的首县和商埠所在地。而省城商埠以外其他州县的地方审判分厅和初级审判厅的筹备工作，除东三省有若干地方提前设立外①，其余各地主要停留在划分司法区域、规划布局、准备司法人才阶段。据宣统三年（1911 年）年初的一项统计，直省省城商埠已成立或即将成立的高等审判检察厅共 22 厅，高等审判检察分厅 2 厅，地方审判检察厅共计 56 厅，地方审判检察分厅共 5 厅，初级审判检察厅 88 厅。② 其中地方和初级审判厅的分布情况如表4.2 所示：

---

① 如吉林省阿城县、新城府两处，在当地官绅的积极努力下提前开办。另据吉林巡抚林昭常宣统三年十月的奏报，该省已设立地方厅 8 所，分厅 2 所，初级厅 16 所。见《东三省总督赵尔巽吉林巡抚陈昭常奏报第六届筹备宪政成绩折》，载《内阁官报》第 99 号，宣统三年十月初七日，4 页。

② 这是依据规划数据统计的，其中包括当时已奏明展缓还未正式开庭的审检厅，如湖南省，吉林之滨江厅、绥芬府，新疆三处商埠。见《直省省城商埠各级厅厅数表》，载《吉林司法官报》1911 年第 1 期，105 页；《宪政编查馆奏考核京外各衙门第三年第二届筹备宪政成绩折》，载《法政杂志》1911 年第 5 期。

**表 4.2　直省省城商埠地方和初级审判厅分布情况①**

| 省份 | 地方审判厅 | 初级审判厅 |
|---|---|---|
| 奉天 | 奉天府，营口商埠，新民府商埠，安东县商埠，辽阳州商埠，铁岭县商埠，抚顺县分厅 | 承德县第一，承德县第二，承德县第三，营口商埠，新民府商埠，安东县商埠，辽阳州商埠，铁岭县商埠，抚顺县 |
| 吉林 | 吉林府，长春府商埠，延吉府商埠，宾州府，农安县，滨江府，绥芬府，依兰府 | 吉林府第一，吉林府第二，长春府商埠，延吉府局子街商埠，六道沟，外六道沟，头道沟商埠，汪清沟商埠，和龙县，珲春厅，宾州府，农安县，滨江府，依兰府，绥芬府 |
| 黑龙江 | 龙江府 | 龙江府 |
| 直隶 | 保定府，天津府，承德府，张家口商埠分厅 | 清苑县，天津县第一，天津县第二，天津县第三，天津县第四，承德府，张家口商埠 |
| 江苏 | 苏州府，江宁府，镇江府商埠，上海县商埠 | 长洲县，元和县，吴县，上元县，江宁县，丹徒县商埠，上海县商埠 |
| 安徽 | 安庆府，芜湖县商埠 | 怀宁县，芜湖县商埠 |
| 山东 | 济南府，烟台商埠 | 历城县，济南城外商埠，烟台商埠 |
| 山西 | 太原府 | 阳曲县 |
| 河南 | 开封府 | 祥符县 |
| 陕西 | 西安府 | 长安县，咸宁县 |
| 甘肃 | 兰州府 | 皋兰县第一，皋兰县第二 |
| 新疆 | 迪化府，塔城商埠，宁县商埠，疏附县商埠 | 迪化县，塔城商埠，宁远县商埠，疏附县商埠 |
| 福建 | 福州府，南台商埠分厅，厦门厅商埠 | 闽县，侯官县，南台商埠，厦门商埠 |
| 浙江 | 杭州府，宁波府商埠，温州府商埠 | 仁和县，钱塘县，拱宸桥商埠，鄞县商埠，永嘉县商埠 |

①　此表依据《直省省城商埠地方审判检察厅员额表》《直省省城商埠初级审判检察厅员额表》制作，见汪庆祺编，李启成点校《各省审判厅判牍》，442～447页，北京，北京大学出版社，2007。当时各级检察厅均附设在审判厅内。

续表

| 省份 | 地方审判厅 | 初级审判厅 |
|------|-----------|-----------|
| 江西 | 南昌府，九江府商埠 | 南昌县，新建县，德化县商埠 |
| 湖北 | 武昌府，汉口商埠，宜昌府商埠，沙市商埠 | 江夏县，汉口商埠，东湖县商埠，沙市商埠 |
| 湖南 | 长沙府 | 辰沙县，善化县 |
| 四川 | 成都府，重庆府商埠 | 成都县，华阳县，巴县商埠 |
| 广东 | 广州府，新会县商埠分厅，三水县商埠分厅，澄海县商埠，合浦县商埠，琼山县商埠 | 南海县，番禺县，新会县商埠，三水县省埠，澄海县商埠，合浦县商埠，琼山县商埠 |
| 广西 | 桂林府，梧州府商埠 | 临桂县第一，临桂县第二，苍梧县商埠 |
| 云南 | 云南府 | 昆明县 |
| 贵州 | 贵州府 | 贵筑县第一，贵筑县第二 |

### 三、审判厅与州县官的审判权

省城商埠首府与首县地方和初级审判厅的建立，使这些地方的地方官的司法职责分离了出去，产生了适应现代审判制度的司法机构。如山西阳曲县设有地方审判厅一厅，管辖该县全境民刑起诉控诉案件，设民、刑各一庭，各设合议推事三员，下设典簿、主簿各一员，所官一员，而以推事为之长。该县初级审判厅原准备分设两厅，嗣因限于财力，先开一厅，管阖县民刑轻微案件，亦分民、刑两庭，各设单独推事一员，书记生二人。另外初级检察厅附设于审判厅，设检察官一员，书记二人，各厅还有承发吏、检验吏、庭丁等若干名。① 检察厅独立行其职务，承担提起公诉、接收诉状、指挥司法警察逮捕人犯、调查事实、收集证据、检察审判、监视判决执行等职责。

---

① 《山西巡抚丁宝铨奏筹设省城各级审判厅折》，载《政治官报》第823号，宣统元年十二月二十九日，11页。

不过值得注意的是，不少地方审判厅设立之初是由地方官兼任负责人。湖广总督陈夔龙认为："今分职未定，地方官无司法之权以济行政之穷，遇事必多扞格，转生阻力。现当筹设伊始，不能不使府县任其责成。"[①]武昌地方审判厅因审判专门人才未毕业，暂名审判见习所，由武昌知府充任所长，另一施南府知府为高等检察见习所所长。江夏县令任武昌地方审判厅见习所长，还任命了通判和其他熟悉司法人员 26 人为地方审判厅见习所推事。[②] 实际上，在经费困难、司法人员准备不及的情况下，地方审判厅法官由地方官兼任不是个别现象。如福建，闽、侯两县地方审判厅均暂附设于县署，以两县知县分别担任推事长。初级审判厅分别附设于城内警务一局、二局，由警务总巡官任推事。闽浙总督松寿称此举目的是"意在使各员实地练习，不至临时失措"[③]。被宪政编查馆批为"殊非司法独立本意"，要求另行组织改良办法。[④] 山东巡抚也奏请变通部章，以州县官兼充检察，"公署不烦另筹，而旧有庭堂即可改为审判之地"[⑤]。

尽管已经设立审判厅的只是省城商埠所在地的首县，尽管审判厅初设时与地方官府还有着种种联系，但各级审判厅的建立，仍部分地改变了州县的审判制度。

首先，在已经设立审判厅的首县，地方官不再有承审之权，但仍有承缉之责。在这些地方，高等审判厅掌管全省民刑上诉案件，

---

① 《湖广总督陈夔龙奏筹备各级审判厅议办情形折》，载《政治官报》第527 号，宣统元年闰二月二十八日，18 页。

② 《筹办审判厅之开幕》，载《北洋官报》1909 年第 2200 册，新政纪闻，11 页。

③ 《闽浙总督松寿奏筹设省城商埠各级审判厅办理情形折》，载《政治官报》第699 号，宣统元年八月二十四日，7 页。

④ 《宪政编查馆大臣奕劻奏报各省筹办宪政情形折》，《清末筹备立宪档案史料》下册，798 页。

⑤ 《山东巡抚孙奏东省普筹城治各审判厅请变通部章以州县官兼充检察折》，载《吉林司法官报》1911 年第 10 期，"章奏"，10 页。

地方审判厅管辖区内民刑起诉控诉案件，初等审判厅审理民刑轻微案件。高等审判厅自厅丞以下，地方审判厅自推事长以下皆用合议判事之制；初等审判厅采用单独判事之制。① 法部咨行各省各级审判厅筹办事宜，规定省城商埠已设初级审判厅之辖境，"凡界内诉讼事件，地方官不得受理。有投告错误，或发现犯罪之时，当指令自赴该厅，或移送该检察厅赴诉"②。直隶清苑县初级审判厅成立后，曾发布一告示，声明地方官不再处理诉讼：

> 为出示晓谕事，照得审判厅业已开办，本县系行政衙门，无司法民事执行之权，所有命盗杂案并户婚房地钱债一切等件，照章应归审判厅办理。合行出示晓谕为此示，仰县属绅民人等一体知悉，如有控诉事件，应赴审判厅呈告可也。特示。③

山东济南地方、初级审判厅成立后，首县"历城县即不预听讼，境内民刑案件即由各该厅分别管理，济南外州县距省较远赴诉不便，仍由该管地方官审判"④。湖北江夏县初级审判厅正式成立后，县令遵章遣散差役，停止理讼，只办行政事务，"所有县属案件均令赴初级审判厅起诉"⑤。

这些都说明，在已设立审判厅的首县，州县官开始不理讼事。

为划分司法与行政界限，一些省份也做了一些具体规定。如安徽省规定在已设审判厅的怀宁、芜湖两县，将已结未结之诉讼悉归

---

① 《陕西巡抚恩寿奏筹办省城审判厅情形折》，载《政治官报》第823号，宣统元年十二月二十九日，19页。

② 《法部奏筹办外省省城商埠各级审判厅补订章程办法折》，载《政治官报》第666号，宣统元年七月二十日，12页。

③ 《清苑县告示》，载《北洋官报》1911年第2686册，文告录要，8页。

④ 《山东巡抚孙宝琦奏拟设省城商埠各级审判厅并酌计各项经费折》，载《政治官报》第877号，宣统二年三月初一日，9页。

⑤ 《鄂官厅宣布不理词讼》，载《申报》1911年1月19日，第1张后幅第3版。

各该地方、初级审判厅接收，"不得再由县听断。如在安庆府上控、系属怀宁县者，亦归地方审判厅接收；其非属该县者，归高等审判厅接收"。同时确定地方、初级审判厅的审判范围，即笞杖罪以下者，归初级审判厅审判，笞杖罪以上者归地方审判厅审判。上控案件中，已经地方官讯结及应提审者，均归高等审判厅审理；而未经讯结及不应提讯者，仍由臬司批令各该地方官审办。①

但首县州县官不理讼事仅指不再承审案件而已，并不等于没有司法责任。宣统二年(1910年)湖广总督曾致电法部，对法部规定"未设审判厅地方寻常招解到省之案，不论翻供与否，均由高等厅勘转报司"一条提出疑问。原因是如果由审判厅勘转报司，"其如何定谳，督抚无权过问"。法部议复认为，解勘旧制业经变通，审判事宜行政长官自未便照前管理，"但承缉命盗重案，事关司法警察，仍属行政范围，府厅州县官应负缉捕之责，逐案仍须详报督抚，所有承缉处分，无论已、未设审判厅地方，均照旧由督抚办理"。原因是州县官有地方重责，巡警概归其管理，所以无论已、未设审判厅地方，凡命盗重案及一切刑事人犯，州县官仍有缉捕之责，并逐案详报督抚。② 即州县官仍拥有对所管辖境内重要命案、盗案的缉捕权，负有"保卫治安"之责。③

不过这样划分，在实践中仍频频出现司法与行政之间的冲突。如在杭州府仁和、钱江两县，因频发盗案，人犯逃逸，民众认为检察厅执行不力，发生殴打检察官之事。地方检察厅上详宪台，认为"本厅以行使科刑权为目的，及缉捕之事，本厅未便越俎代庖"。仁

---

① 《安徽巡抚朱家宝奏筹备皖省省城及芜湖商埠各级审判厅折》，载《政治官报》第732号，宣统元年九月二十七日，16页。

② 《又咨复湖广总督解释审判厅章程文》，汪庆祺编、李启成点校：《各省审判厅判牍》，278页。

③ 《民政部会奏行政司法分权声明地方官责任折》，载《内阁官报》第7号，宣统三年七月初七日，法令，1页。

和县令指责检察厅并禀请抚宪划清行政、司法权限。检察厅则称该令误将承缉与搜查、缉捕与逮捕混为一事，"缉捕之事为地方印捕各官专责"，本厅只负责"移缉案件"，即必须在掌握证据的情况下实行逮捕。① 这个案例表面上是州县官与检察厅之间关于职权的推诿，但也反映出新旧制度共处之际的权限不明和利益纠葛。

然而在清政府看来，行政官虽然不理案件审理，但还应负有司法行政之责。针对各地时时出现的行政司法权限之争执，宣统三年七月，民政部出台了行政司法分权章程，称由于巡警归州县官管理，所以"其分权于司法官吏者，仅承审一端，非并承缉之责而亦不属于州县也"，重申"就刑事案件而言，承审则属于司法，承缉则属于行政"，一旦发生刑事案件，州县官应督饬巡警，并协同地方营汛兵弁进行查缉，捕获后移送该管检察厅起诉，由该管审判厅按律讯办。② 在清季直省的司法改革中，一方面在省一级设置提法使，使之行使司法监督的行政之责③，另一方面保留州县官的承缉之权，既反映了这一改革的特色，也反映了这一改革的不彻底。

---

① 该厅引用《法院编制法》《审判厅试办章程》有关条文时认为，着手搜查必有一定之证据，一定之人犯，或一定之证据、犯人之所在地。仁、钱两县盗犯逃逸，证据全无，无法办理搜查手续，不能承担承缉之责。而逮捕须在确知犯人之姓名、住址，然后由检察厅发票，由司法警察执行。见《杭州府地方检察厅为转饬仁和县遇本厅移缉案件实力缉捕事详请抚法宪文》，汪庆祺编、李启成点校：《各省审判厅判牍》，269～270 页。

② 《民政部会奏行政司法分权声明地方官责任折》，载《内阁官报》第 7 号，宣统三年七月初七日，法令，1 页。

③ 在清末直省官制改革中，提法使司由提刑按察使司改设，但提法使和按察使的职能有所不同。在既往省的司法体系中，按察使为一省刑名总汇，凡徒罪以上审转案件要经其复审后报督抚复核。而提法使则"承法部及本省督抚之命，管理全省司法之行政事务"，对各级审判厅所判案件有核定权，如认其错误，可行令该管检察厅分别提起非常上告或再审，即只有司法行政权而没有复勘审判权。参见《宪政编查馆奏考核提法使官制折》，载《政治官报》第 751 号，宣统元年十月十六日，8～19 页；《法部编订提法司办事画一章程折并单》，《大清新法令》（点校本）第 11 卷，54 页。

其次，在未设审判厅的州县，地方官仍有承审之权，但以审判厅为上诉机关。其中有两种情况：

一是在已设地方审判厅的府与直隶州，因其属县未设初级审判厅，故初审案件仍归地方官审理，但由地方审判厅复审。如有上诉，一般民事案件以地方审判厅为第二审；刑事案件由该厅查明后移交高等检察厅，以高等审判厅为第二审。①

二是省内其他未设审判厅的州县，无论案情重大与否，均由该管地方官按律断结。作为过渡办法，法部于宣统二年十二月（1911 年 1 月）提出变通州县招解死罪人犯办法：

> 各府厅州县未设审判厅地方，所有各州县问拟徒、流、遣罪，寻常命盗，并一切死罪人犯，均解本管府及直隶厅州复审；距府直隶厅州窎远者，由府及直隶厅州遴委妥员前往复审。如复审无异，即录供定谳，详司核办。其由府初审及直隶厅州案件，解该管道复审，距道窎远者，由道委员前往复审，如复审无异，详司核办。倘有鸣冤翻异及案情实有可疑者，仍准由司行令高等检察厅分别提省，移送高等审判厅办理。此项提审案件，即作为该厅第二审案件，一应报司、报部之法，均遵照臣馆前奏死罪施行详细办法折内所定"已设审判厅地方办法"办理。②

法部还规定："直省高等审判厅成立后，各该省未设审判厅地方，所有原审未结例须提省各案暨已结各案，遇有情节可疑，或罪名未协例得发局另审者，并与寻常招解到省之案，不论原供有无翻

---

① 《宪政编查馆奏规定州县地方审判厅管辖区域并上诉事宜折》，载《北洋官报》1911 年第 2769 册，奏议录要，4 页。

② 《法部会奏议复赣抚等奏咨变通州县招解死罪人犯折》，《大清新法令》（点校本）第 10 卷，216～217 页。

异，均应统归各该高等审判厅审勘，分别报司照章办理。"①

依据上述规定，未设审判厅的府厅州县官虽然保留司法审判权，但有三个方面的变化：一是"凡问拟刑事案件，不惟徒罪毋庸解省，即遣流以上人犯亦均以经道府直隶州复审而止"。也就是犯人不必解省，只须解勘到道或府州复审。二是道或府州复审后，以书面材料详提法司，移送高等审判厅审勘后由司报部。三是如有翻供及审理可疑者，则由司行令高等检察厅将犯人提省交高等审判厅复审，专案报部。② 均以地方官断结为第一审，以高等审判厅为第二审。③

高等审判厅的建立，不仅影响未设审判厅地方州县官审判的复勘程序，也直接触及各省督抚的司法权，故而各地纷纷电奏法部，对高等审判厅的审勘之权提出疑问。④ 东三省总督锡良认为"高等厅之于州县，既非上级官吏，即无监督之权，各州县遇案送厅，纵原判极偏，亦复无从驳正"，并认为"高等未设分厅，遽责以处理全省之事，审判虑有不当"⑤。被宪政编查馆议复时一一驳回，只认可在"未设审判厅地方"，并且只是在"遣流以下案件例应咨候部复"的范围内，才由督抚咨报大理院核定，然后由大理院咨法部，由法部转咨实行。⑥

---

① 《宪政编查馆大臣奕劻等复奏查核锡良所奏解释法令纷岐并窒碍情形折》，《清末筹备立宪档案史料》下册，899 页。

② 《宪政编查馆谨奏为遵旨查核具奏恭折》，载《京报》第 163 册，宣统三年四月初七日，275 页；《苏法司左奉督宪札准法部咨嗣后先行正法及立决之犯遵照馆部新章办理文》，载《南洋五日官报》1911 年第 168 期，两江奏牍，9 页。

③ 《宪政编查馆收复各省督抚电·复鄂督电》，载《政治官报》第 1294 号，宣统三年五月十二日，电报类，8 页。

④ 《湖广总督瑞电法部请解释解勘事宜文》，《陕西提法使电法部请示解勘办法文》，《四川护督王电法部据提法使详请示解勘办法文》，载《吉林司法官报》1911 年第 4 期，公牍，2～3 页。

⑤ 《宪政编查馆大臣奕劻等复奏查核锡良所奏解释法令纷岐并窒碍情形折》，《清末筹备立宪档案史料》下册，898～902 页。

⑥ 《宪政编查馆奏核议法部奏酌拟死罪施行详细办法折》，《大清新法令》（点校本）第 8 卷，128 页。

凡州县招解到省及上诉之案均由高等审判厅审勘，如判决不当，高等审检厅可"依法驳正"。其实质也就意味着未设审判厅的州县的司法审断要受审判厅、检察厅的监察。具体如安徽提法司札饬各未设审判厅的州县称"本司既不受理民词"，凡上诉民刑案件应照章由审判厅审理，并具体规定：如果州县民事案件延不审理者，原被告呈诉到审判厅，由厅批示该州县从速审讯；如刑事案件原被告呈诉到厅，则由高等检察厅接受呈词后起诉，交由审判厅照会该州县官从速审理。如州县延搁不办，由审判厅开具职名咨提法司予以相当处分。①

《清末各省审判厅判牍》收有高等审判厅、检察厅对一些上诉的批词：

（云南高等审判厅）批民人郑纯诚上诉郑定邦串捏伪契等情一案

此项田亩既经该民家管业百年之久，又有契据可证，何至郑定邦捏契朦控，南宁县不究虚实，竟断归郑定邦管业，反将该民子佐先、承先管押凌虐，所呈已不近情。嗣据该民不服县断，控府控道，果被冤抑，岂有近在同城不为伸雪之理，尤难保其非砌词耸听。仰候移请迤东道饬查明确具覆，再行核示。

（陕西高等检察厅）批山阳县牒覆民人周兴榜上诉黄永学一案

查此案出于本年正月初一日，系在本厅成立之后，该县既未报明尸格供结，又未缮送查备，倘事实有端极错诬或引律未能允协，本厅有提起再审、提起非常上告之责，无凭稽核。该

① 《安徽提法司札饬各属准高等审判厅咨未设审判厅地方未结案件赴厅上诉分别批示照催延搁不办者咨司处分文》，载《吉林司法官报》1911 年第 9 期，公牍，5 页。

县疏漏竟至如斯，殊属不成事体。前据周兴榜控诉到厅，词称改易尸伤，虚实均应彻查。曾照会录案核存，乃多日竟不牒复。该民复来具诉，核其情节，不无可矜，当经批州提讯，应候州讯移覆至时再行销案。本厅系高等检察，全省刑事案件均为本厅职分内事，嗣后无论命案、盗案，仰随时具报，倘仍前疏略，定照新章办理，勿谓言之不早也。该县其凛之戒之，此檄。①

在前案中，高等审判厅将上诉案件移请迤东道饬查明确具覆，并对县令"不究虚实"直接提出批评。后一案例中检察厅更是严厉指责了该县令"既未报明尸格供结，又未缮送查备"，仍批回州覆审。

上述两个案例均反映了此时州县官的司法审判职权要受审检机关监察的实情，同时也说明，随着各省省城商埠各级审判厅的设立，无论已设审判厅的首县，还是没有设立审判厅的州县，州县官的司法审判职权都在或多或少地发生变化。从全国范围而言，这是州县司法制度中新制初创、旧制仍存，但又发生相应变化的一段过渡时间。

---

① 汪庆祺编、李启成点校：《各省审判厅判牍》，26、22 页。

# 第五章　从官治到地方自治：
## 州县治理模式的转换

　　传统中国州县的社会治理是一种官治模式，地方行政权力掌握在州县官手中，形成的是州县官—胥吏—保甲的治理结构。学者注意到基层社会还存在一个由宗族和绅士承担公共事务的"乡绅自治"空间，但这种"乡绅自治"与近代的地方自治大相径庭。因为"乡绅自治"并不是一种制度建构，而是在官府控制力量的薄弱环节自然产生的现象。况且以中国之大，并不是所有乡村都存在"乡绅自治"和自组织力量。萧公权就指出，绅士的人数和活动空间的大小，与乡村经济的繁荣程度有关，"中国村庄并未享有真正的自主"①。清季宪政改革力图扭转州县官治一统的局面，确定实施府厅州县和城镇乡两个层级的地方自治，并建构了两个层级不同的官治与自治关系，虽然没有最终完成，但还是取得了一定进展。关于清末地方自治运动的起源、进程和影响，学术界已经取得丰富的研究成果，有关情况在绪论中有所介绍，但偏重于思想和制度层面的分析，而对于城镇乡和厅州县自治的具体实施和运行的研究仍然薄弱。尤其是两个层级的自治方案的不同特点、地方自治的筹办和具体推进情况，以及地方自治对于基层社会治理的影响等，都可以通过挖掘实证材料进行进一步的论证和说明。

---

　　①　萧公权：《中国乡村：论19世纪的帝国控制》，张皓、张升译，371、377页。

## 第一节 从议设乡官到实行地方自治

### 一、乡官之议

清代的州县,是国家行政的最低层级,州县官是一个"独任制"的正印官,依靠幕友、长随、书吏和差役执行行政事务;依靠乡地、保甲等职役维持治安,协助征收赋税;通过宗族、士绅等乡族势力办理公益事务。①

长随、书吏、衙役等是依附于州县官的。通过瞿同祖的研究可以看到,尽管清代关于州县官的任职有非常严密的规则体系,但是在实践中,由于州县官与他周围的这些人存在着私人的非正式关系,所以必定会冲破规则,产生种种越轨行为和弊端。就乡绅而言,虽然他们承担了相当一部分地方公益事务,但"主要是道德义务,并且主要是依据自觉和非正式的标准去履行的。况且,作为一个特权集团,士绅的利益与社会其他集团的利益时常会发生冲突"②。所以晚清以降,不断有人揭露这种治理方法的弊端并提出改革建议。

较早者为道光咸丰年间的冯桂芬,他在《复乡职议》中说:

> 今世治民之官颇少矣。县令藐然七尺耳,控一二百里之广,驭千百万户之众,其能家至户到,而周知其循莠勤惰、饱饥甘苦哉?至令以下各官,非赀选即吏员,品流既杂,志趣多庸,加以间关跋涉,千里万里而来,身家妻子惟一官是食,犬马于富民,鱼肉乎贫民,视令以上尤甚,蠹民而已,何有乎治民?

所以他建议,折衷周、汉之法,驻城各图在本地土神祠设置公所,

---

① 魏光奇:《有法与无法——清代的州县制度及其运作》,36、67页。
② 瞿同祖:《清代地方政府》,335页。

满百家公举一副董，满千家公举一正董。由各里中将保举姓名写于纸上，由公所汇核，以得举多者用之。正董、副董都不为官，职责主要是调解民间争讼，指引缉捕，劝导征收。正董薪水月十金，副董减半，均三年一易。如此则可达到"大小相维，远近相联"之效。①即主张在州县以下设置公举之职履行行政事务，以纠正州县官一人政府的弊端。

清末也有一些官员主张恢复乡官之制。光绪二十八年（1902 年），赵尔巽出任山西布政使和护理山西巡抚，他认为"牧令总辖过繁萃，内治外交兵刑钱谷于一身而有救过不遑之势"，主张借鉴古代乡官之制，"大村过百户者即设一社长，小村附之，极大之村镇设二社长，分理之"，由民推举并报州县官札委。职责为："社内警兵、保甲皆听使令。凡有匪盗窝藏及祠祀矫诬，悖理蔑伦之类，皆责令举发给奖，扶同徇隐者重惩，其有聚众诸事不能预弭及别有构煽重情者，一经查出，尽法究办。"即承担治安保卫之责，并酌给津贴，以养廉洁，以杜贪求。赵声明这是"以由官府任命的社长之名，行乡官之实"②。

20 世纪初，在吁请立宪的声浪中，一些官员从政治体制改革的角度提出了改革基层政制的建议。光绪三十一年（1905 年），刑部左侍郎沈家本在条陈时事折中，请仿山西乡社章程，并参以各国地方自治之制，于地方设立乡社，"凡地方当兴当革之事，一切任民自为，而官为之监督；仿日本府县议会之法，任民间公举有资望者为社中董事"。他主张兼采中外，把乡社之制与外国地方自治议会之法结合，由民间公举社中董事，目的是"辅地方官之不及"。政务处在议奏中承认州县官"膺民社之寄，几举一省大吏所应办之事，皆备于

---

① 冯桂芬：《复乡职议》，《校邠庐抗议》，11～13 页，上海，上海书店出版社，2002。

② 《晋抚赵尔巽整顿乡社折》，载《经世文潮》1903 年第 1 期，法律部丙一，38 页。

一人之身，宜其耳目有不能周，精力亦不能给，而吏胥丁役之舞文弄法鱼肉乡里，皆势所必至"，提出州县可聘用公举之士绅参预谋议，"不必拘定乡官之名"，由州县官自行择举。并定由直隶择数处先行筹办，以为各省之倡。①

第二年，又有御史顾瑗奏请朝廷恢复古代的乡官制度。政务处、吏部、巡警部在议复时一方面认为"乡官之设，如果办理得法，诚属有益地方"，同时又担忧"倘不得其法，则鱼肉平民，武断乡曲，亦复易滋流弊"。鉴于此时盛京将军赵尔巽会同直隶总督袁世凯奏改奉天官制，亦有筹议乡官另定章程之打算，所以将乡官先行试办省份加上了奉天，由奉、直两省先行试办。②

光绪三十二年七月十三日（1906 年 9 月 1 日）清廷颁布预备立宪上谕，在入手步骤上，则先从官制入手，并将各项法律详慎厘定，而又广兴教育，清理财政，整饬武备，普设巡警，"使绅民明悉国政，以预备立宪基础"，同时又令官员就宪政如何预备之方施行之序条陈意见。③

此时官员对地方治理方式的各种议论中，仍有一部分官员提出学习古代之制设置乡官。该年八月御史赵炳麟奏请考察政治馆定乡官位置、郡县议会章程，并谕各省督抚选正绅分充乡职，开地方议会。将内外学堂毕业生分三等试职，除分到部、省外，其中十分之七回原籍分补乡官。④ 他主张乡官由督抚选任。

御史徐定超认为西方富强之原是地方自治，中国实行预备立宪

① 《政务处奏议复刑部左侍郎沈条陈时事折》，载《东方杂志》1905 年第 12 期，219～220 页。

② 《政务处吏部巡警部议复御史顾瑗奏请厘定户籍并设立乡官折》，载《江西官报》1906 年第 25 期，奏牍，1～3 页。

③ 《宣示预备立宪先行厘定官制谕》《立宪应如何预备施行准各条举以闻谕》，《清末筹备立宪档案史料》上册，43、44 页。

④ 《御史赵炳麟奏立宪有大臣陵君郡县专横之弊并拟预备立宪六事折》，《清末筹备立宪档案史料》上册，127 页。

应从地方自治入手，所以"宜远师古代乡官之制，旁参西国自治之法，由民间公举才望卓著之人，上之有司，使之办理地方之事，以辅助地方官吏之不及"①。他主张把自治之法融合到乡官之制中，使乡官由民间公举产生。

御史蔡金臺把汉代乡官之制与日本地方自治制度相比附："夫汉之守令所以能为贤良者，以有三老、啬夫之属为之小吏耳。日本之知事所以不虞专制者，以有郡町村长及各种会议为之匡救耳。盖以乡治乡，情谊既易于相洽，利弊尤易于洞明。"中国要克服州县吏治之害，最"易于建置者，殆莫如设乡官矣"②。他所说的乡官，是如同汉代州县之下的三老、啬夫那样的基层小吏。

虽然这时也有官员主张试行地方自治，但在具体的制度设计上，则与西方式的地方自治相去甚远。大学士孙家鼐主张各省督抚于所属州县中慎选循良，奏保数员，"假以事权，使其切实兴办，苟无其人，任缺无滥，并请谕令各部院堂官，如有所知，亦准保荐，兼准保部属各员。如果地方自治办有成效，必优加奖励，或增禄晋秩"③。显然，孙家鼐所说的"地方自治"实质是官府奏保的乡官。

周、汉之际的乡官制度，是自顾炎武以来许多文人士大夫津津乐道的，并把这种制度视为解决州县治理中种种弊端的美法良药。上述官员的主张也正是延续了这种思维的结果。与此同时，害怕变革的步子太大太骤，"实恐有骚然不靖之象"反致"丛弊太甚"④，则是他们主张设乡官的深层原因。因此，虽然他们常常把乡官与地方

---

① 《御史徐定超奏更定官制办法十条折》，《清末筹备立宪档案史料》上册，169 页。

② 《御史蔡金臺奏改革官制宜限制阁部督抚州县权限折》，《清末筹备立宪档案史料》上册，414～415 页。

③ 《大学士孙家鼐奏改官制当从州县起并请试行地方自治折》，《清末筹备立宪档案史料》上册，462 页。

④ 此为孙家鼐语，见《考政大臣之陈奏及廷臣会议立宪情形》，载《东方杂志》1906 年临时增刊《宪政初纲》，立宪纪闻，3 页。

自治相联系，但是更主张乡官由官府选任，即便有的主张由民公举，亦要由州县官札委。所以他们的言论中虽然融入了新的内容，甚至直言设乡官就是"谋地方自治之要计"①，但亦说明他们对地方自治的理解还只停留在"以本地人办本地事"的层次上，故而不约而同地都认为乡官与地方自治不仅可以相接，而且可以是一条成本最少的新旧对接的路径。

此时朝廷虽然颁布了预备仿行宪政的上谕，但具体的实施方案并未出台，在这种局面下，光绪三十三年（1907 年），奕劻等奏请各省毕业学生请先以乡官考试任用折，其中云：

> 欲求自治完全，则佐治各官以下势必遍用乡官，相与为理，以徐复古时乡遂议官之意。而取材之道，莫若即于中等学堂以上毕业学生考试任用，由州县采访舆论，举其人品端正者，先试以国文，以观其学问之深浅，再试以地方应办之事，以观其才具之短长，由乡官渐擢至佐治各员以至州县以上。历事久则官能举职，历阶多则士无侥心，庶人皆勉为有用之才，以上备朝廷之选为长官者。②

从奏折来看，奕劻等人所主张的"乡官"，并非由民选举，而是由州县官在中等以上毕业生中考试任用，似是与自治"相与为理"并行存在的基层官员。然而此时朝廷官员对如何设置乡官并没有形成一致意见。媒体曾有报道："政务处大臣会议政治事宜，拟即咨行各省督抚转饬所属州县设立乡官学堂，惟瞿相国（瞿鸿机）之意谓一切办法

① 《盛京将军赵尔巽奏奉天试办地方自治局情形折》，《清末筹备立宪档案史料》上册，717 页。

② 《考察政治馆王大臣奏各省毕业学生请先以乡官考试任用折》，载《东方杂志》1907 年第 10 期，453 页。

须审慎加详，然后行文各省。"①就各省而言，也只有奉天设立自治局"拟先编订制度，培养人才"②，预备改设乡官，但未见进一步的行动。

但不及一年，情况大变，乡官之议戛然而止。光绪三十四年（1908 年），闽浙总督松寿上折请定乡官考试章程，并附呈办法十余条，但被民政部、宪政编查馆奏驳不准行。宪政编查馆解释先前之所以饬各省将学堂毕业生先以乡官考试任用，是因为"其时尚未恭奉明诏试办地方自治"，而现在民政部正在拟订自治通则，"各州县之城镇乡皆得设立自治会办理自治事宜，所有会员均由本地选举，其为法虽与任用乡官稍异，其收效实与设立乡官相同"，所以"似无须再设乡官"③。地方自治的基本国策已定，乡官之设想也就止步了。

**二、确定实行地方自治**

20 世纪初，学习立宪国实行地方自治的舆论日渐高涨。1905年，《东方杂志》刊文直接提出立宪当以地方自治为基础，"责成各直省大小府厅州县官行投票法，公举该地方绅士一二人，赏以职衔，凡有公益于该地方之事，集民公议，由该地方官予以办事之权，责成兴办；其办事之款，则由民间公出，获利则共享"④。

更清楚的表达，则是出使各国考察政治大臣。光绪三十一年（1905 年），载泽等人在请行立宪政体的奏折中提出：

> 今州县辖境，大逾千里，小亦数百里，以异省之人，任牧
> 民之职，庶务丛集，更调频仍，欲臻上理，戛乎其难。各国郡
> 邑辖境，以户口计，其大者亦仅当小县之半，乡官恒数十人，

---

① 《议饬设立乡官学堂》，载《申报》1907 年 4 月 4 日，第 1 张第 3 版。
② 《专电》，载《申报》1907 年 5 月 19 日，第 1 张第 3 版。
③ 《民政部批驳乡官之议》，载《大同报》1908 年第 9 卷第 24 期，31 页；《宪政馆奏驳乡官考试任用章程》，载《申报》1908 年 6 月 5 日，第 1 张第 5 版。
④ 《论立宪当以地方自治为基础》，载《东方杂志》1905 年第 12 期，217 页。

> 必由郡邑会议公举，如周官乡大夫之制，庶官任其职，议会董
> 其成，有休戚相关之情，无扞格不入之苦，是以事无不举，民
> 安其业。①

第二年，出使考察大臣戴鸿慈等在奏请改定全国官制折中比较中外
地方治理的不同时说：

> 中国乡官废于隋、唐之季，今之州县不独以一人举欧美数
> 百吏之职，其受治之人民，亦复群焉依赖，未尝自结团体，自
> 开智识，以谋一方之公益，则以未有规制，无可率循，民德之
> 衰，于斯为极。臣等习闻彼中贤士大夫所以相告者，咸谓中国
> 立宪尚可需以日时，而地方自治之规则，固刻不容缓。盖自治
> 制度苟发达，虽不行宪法，而国本已可不摇，自治精神不养成，
> 虽宪法极善，而推行亦且无效。②

他们建议在府、州、县、市、乡各立会议以行立法，各立参事会以
辅助长官行政。

但是当时朝中反对势力也很强大，"顽固诸臣百般阻扰，设为疑
似之词，故作异同之论，或以立宪有妨君主大权为说，或以立宪利
汉不利满为言"。军机大臣中，徐世昌主张采用地方自治以为立宪预
备，荣庆则认为宜保存旧制，参以新意；瞿鸿机则参酌二者之间。
廷臣会议上，铁良表示了对地方自治的疑虑："今地方官所严惩者有
四：劣绅也，劣衿也，土豪也，讼棍也。凡百州县，几为若辈盘踞，
无复有起而与之争者。今若预备立宪，则必先讲求自治，而此辈且

---

① 《出使各国考察政治大臣载泽等奏请以五年为期改行立宪政体折》，《清
末筹备立宪档案史料》上册，112 页。

② 《出使各国考察政治大臣戴鸿慈等奏请改定全国官制以为立宪预备折》，
《清末筹备立宪档案史料》上册，378 页。

公然握地方之命脉，则事殆亦。"①他们所顾虑的，是立宪和实行自治会危及现存统治秩序。

朝廷对于能否立行地方自治亦有一定的顾虑。光绪三十二年九月二十日(1906 年 11 月 6 日)朝廷又有一道上谕：

> 此次厘定官制，据该王大臣等将部院各衙门详核拟定，业经分别降旨施行。其各直省官制著即接续编订，仍妥核具奏。方今民生重困，皆因庶政未修，州县本亲民之官，乃往往情形隔阂，诸事废弛，闾阎利病，漠不关心。甚至官亲幕友肆为侵欺，门丁书差敢于鱼肉，吏治焉得不坏，民气何由而伸。言念及此，深堪痛恨。兹当改定官制，州县各地方官关系尤要。现在国民资格尚有未及，地方自治一时难以遽行，究应如何酌核办理，先为预备，或增改佐治员缺，并审定办事权限，严防流弊，务通下情，著会商各省督抚一并妥为筹议，必求斟酌尽善，候旨遵行。②

此谕指出州县治理中的现状和弊端，说明州县官制改革的必要性，但也承认地方自治难以马上实行，只是要求宪政编查馆会商各省督抚妥为筹议。

而在此前一天，厘定官制大臣已就外官制改革方案通电各省督抚征求意见。其中关于州县官制改革是这样提的："每府州县各设议事会，由人民选举议会，公议本府州县应办之事。并设董事会，由人民选举会员，辅助地方官，办理议事会所议决之事。俟府州县议事会及董事会成立后，再推广设城镇乡各议事会各董事会及城镇乡

① 《考政大臣之陈奏及廷臣会议立宪情形》，载《东方杂志》1906 年临时增刊《宪政初纲》，立宪纪闻，3～5 页。
② 《著奕劻等续订各省官制并会商督抚筹议预备地方自治折谕》，《清末筹备立宪档案史料》上册，472～473 页。

长等自治机关。以上均受地方官监督。"①这一方案将立法权与行政权区分，通过民选的议事会、董事会分别执掌立法和执行之权，显然与乡官之制有着根本的区别，是一种效法西方的地方自治方案。

各省督抚的回复中，大多对设立议事会、董事会持否定态度。反对的理由不外是"国民资格未及，自治难以遽行"②；"若遽行之今日，蚩蚩之氓但听豪右之唆使，恂恂之士动为黠猾所抵排"③；或认为增设议员、董事，"多一官多一需索，其弊更甚于书差"④。山西巡抚认为，晋省本有乡社董事名目，可就此基础推行议、董各会，"但宜明定权限，毋令民气嚣张"⑤。

湖广总督张之洞虽然表示议事、董事两会"未尝不可设立"，并可由本县人共同推举，由官选定派充禀报。但又强调要正其名、定其权限。即只可名局，不可名会；议事之员只可有议事之职，不予以决断之权；其议决之可否，悉由官定；董事只可供地方官之委任调度，不宜直加以辅佐地方官办事之名，否则"权限逾分，必致官为董制，事事掣肘，虽有地方官监督之说，徒拥虚文，而其为害殆不可思议"⑥。

各省督抚是朝廷政策的实施者，所以他们更注重从实际出发，

---

① 《厘定官制大臣致各省督抚通电》，侯宜杰整理：《清末督抚答复厘定地方官制电稿》，《近代史资料》总第76号，52页。

② 《浙江巡抚来电》，侯宜杰整理：《清末督抚答复厘定地方官制电稿》，《近代史资料》总第76号，67页。

③ 《湖南巡抚来电》，侯宜杰整理：《清末督抚答复厘定地方官制电稿》，《近代史资料》总第76号，69页。与此论类似的还有江西巡抚、安徽巡抚、四川总督、新疆巡抚、调任贵州巡抚、江苏巡抚等人。

④ 《河南巡抚来电》，侯宜杰整理：《清末督抚答复厘定地方官制电稿》，《近代史资料》总第76号，62页。

⑤ 《山西巡抚来电》，侯宜杰整理：《清末督抚答复厘定地方官制电稿》，《近代史资料》总第76号，66页。

⑥ 《湖广总督来电》，侯宜杰整理：《清末督抚答复厘定地方官制电稿》，《近代史资料》总第76号，81页。

强调的是"缺人缺钱"，无法遽行地方自治；而最根本的原因则是担心地方自治会导致绅权扩张，使地方官权力受到制约。

朝廷的顾虑和官员的态度对光绪三十三年五月二十七日（1907年7月7日）颁布的《直省官制通则》产生了重要影响。通则第三十三条只笼统规定："各省应就地方情形，分期设立府州厅县议事会董事会，其细则，由民政部议订奏定后通行各省办理。"另外又令东三省先行开办，直隶、江苏两省先为试办。其余各省督抚可体察情形，分年分地请旨办理，"统限十五年一律通行"①。"设立议事会董事会"，表明清廷意欲在州县官制改革中实行地方自治之制，但并不是"立行"，而是有15年的期限。到底如何实行，还没有形成完整的规划，只是令民政部详定细则，此外先在若干省试行。

虽然还没有形成明确的规划，但实行地方自治而不是乡官制这一点则是清楚的。为什么清廷最终没有接受乡官方案而是确定实施地方自治呢？从清廷内部而言，是主张改革的力量起了主导作用。《东方杂志》载文认为"此次宣布立宪，当以泽公等为首功，而庆王袁制军实左右之泃然"②。载泽等出使考察宪政大臣三次上折"言必立宪""请详定官制"，明确指出"此次厘定官制遵旨为立宪预备，应参仿君主立宪国官制厘定"，并强调"立宪国通例俱分立法行政司法为三权，各不相侵，互相维持"将"仿君主立宪国官制"和三权分立作为预备立宪官制改革的宗旨，而立宪国官制体系中都包含地方自治，因此，这些出使考察宪政大臣都明确主张建立府州县议事会、董事会，实行地方自治。他们的取向直接影响着清廷的决策。当然，他们也承认"议院遽难成立"，所以官制改革可"先从行政、司法厘定"

---

① 《总司核定官制大臣奕劻等奏续订各直省官制情形折》《各直省官制先由东三省开办俟有成效逐渐推广谕》，《清末筹备立宪档案史料》上册，510、511页。

② 《考政大臣之陈奏及廷臣会议立宪情形》，载《东方杂志》1906年临时增刊《宪政初纲》，立宪纪闻，5页。

开始①，地方自治只是试行而不宜一下子全面推开。

但是到光绪三十三年八月二十三日（1907 年 9 月 30 日），清廷改变了此前以 15 年为期限、逐步实施自治的态度，明确表示"非地方自治，则人才无从历练"，并令民政部妥拟自治章程，令各省督抚择地依次试办，并由该部随时切实稽查，立为考成。② 20 天后，在令各省速设谘议局的上谕中，又令各省督抚一并预为筹划各府州县议事会。③ 上谕虽然要求"择地依次试办"，但明显有了紧迫感，将地方自治之事提上了日程。这里的原因究竟又是什么呢？

除了来自社会和舆论的巨大压力、统治集团内部主张改革势力的影响和主导之外，还有一个外部因素，即 20 世纪初，一些地方已经涌动着实践地方自治制度的热潮，并已波及州县。

1904 年，东三省保卫公所成立；1905 年，上海南工部局成立，欲仿地方自治之法，以本地人办本地事。从 1906 年至 1907 年，各地州县中筹备自治的活动更为广泛。

在直隶，宁津县绅士王文泉等在劝学所内附设公益会，以便本地绅民研究地方自治规则，并拟定章程禀奉直督批准试办。④ 赵州、景州绅士在州牧支持下，先后设地方公议局，"为议事会董事会之起点"。其中景州公议局选城乡公正绅耆十有六人为议董，公推知州为议长，每月十五日为会期，"凡关于地方之事，均先由知州建议具说帖交议董等，各就地方情形斟酌可否，以多数同意认可者议决"⑤。在庆云县，县令将旧设之亲民局（专管庙产租项）重加组织，易名庆云自治局，召集邑绅订定章程 12 条，禀经直督暨天津自治局批准，

---

① 《编纂官制大臣镇国公载等奏厘定官制宗旨大略折》，载《东方杂志》1906 年临时增刊《宪政初纲》，奏议，8 页。

② 《八月二十三日上谕》，《大清新法令》（点校本）第 1 卷，44 页。

③ 《九月十三日上谕》，《大清新法令》（点校本）第 1 卷，47 页。

④ 《地方自治汇志》，载《东方杂志》1907 年第 10 期，508 页。

⑤ 《地方自治汇志》，载《东方杂志》1907 年第 10 期，508 页。

改名庆云县自治公所。① 该局"以谋议地方公益，举办地方政务为宗旨。凡有关民生、风俗、教育、警务、工程、财政及一切兴革事宜在自治范围以内者，胥由本局调查参议，并担承上级官长与本地方官委任执行政务"。设总理一员，参议二员，局董七员，名誉员无定额。②

在吉林农安县，光绪三十三年（1907 年）秋成立自治局，局长由县令充之，内分参议、法制、宣讲、庶务等课，分任其事。③

在江苏，先是有扬州徐绅议组自治会，以为地方自治基础，禀由两淮盐运司赵都转批准立案。④ 镇洋县绅商学联合提议开办地方自治，议定先办市议事会，"定名中区议事会，将来再推至各乡各镇，当即举定议事员二十八人，谘议员十人"，并定章程定期开办。宝山县罗店镇绅士施赞唐纠集同志组织地方自治会，公决章程，由县令通详立案。⑤

在江西，大庾县令与绅士议设自治公会，"其内容分为学、商、农、工、警各课，学课则设劝学所，商课则设保商所，农课则设劝农所，工课则设习艺所，警课则设息讼所。每所各派课长课员分科专治"⑥。

在浙江嘉兴、孝丰、甬江等地，一些镇的绅士组织公益社、自治公益社、公约会等，筹办地方公益、维护地方治安，"为今日自治之萌芽，将来立宪之预备"⑦。

上述自治活动多数是绅办，而地方官则表现出积极支持的态度。

---

① 《地方自治汇志》，载《东方杂志》1907 年第 10 期，508 页。

② 《庆云县创办自治局暂行试办章程》，《北洋公牍类纂》卷 2，自治二，第 163 页。

③ 《农安县志》卷 4，自治，81 页，民国十七年铅印本。

④ 《地方自治汇志》，载《东方杂志》1907 年第 5 期，233 页。

⑤ 《地方自治汇志》，载《东方杂志》1907 年第 10 期，508 页。

⑥ 《地方自治汇志》，载《东方杂志》1907 年第 10 期，509 页。

⑦ 《地方自治汇志》，载《东方杂志》1907 年第 10 期，509 页。

他们为什么乐于支持自治呢？一方面，在一些官员看来，地方自治与中国传统中的乡官有一脉相承之处，依靠绅士办自治，很大程度上不过是恢复旧制而已；另一方面，随着新政的推行，地方官的压力陡然加大，地方学务、警察、工商事务等，在在需要州县落实，而通过自治，则可以把一部分事务交给绅士去办。各省州县自发形成的筹备自治的潮流与官僚内部主张实行地方自治的势力互相呼应，正是这种内外压力的共同作用，促使朝廷最终确定加快推进地方自治。

### 三、试办天津县地方自治

光绪三十一年(1905 年)政务处在议复沈家本条陈时事折中提出直隶先行试办地方自治，并"不必拘定乡官之名"，由州县官自行择举。① 第二年政务处奏复御史顾瑗请设乡官折中，又提出由奉、直两省先行试行。之后直隶总督袁世凯闻风而动。他认为：

> 臣惟周制六官之数，约五万余人，而乡遂之官多至三万七千八百有奇，分职愈繁，故与民相亲而事无不举。汉之三老、啬夫，犹存古意。自隋以后，尽废乡官，以数百里之地，寄诸牧令一人之身，遂使猾吏奸胥，因缘舞弊，治道之蠹，胥由于此。比者东西立宪诸国，雄长大陆，稽其历史，则地方制度，必先乎立宪政治而兴。德之建国，发轫于州会。日本之维新，造端于府县会。选举有定法，议决有定程。人以被选为荣，斯民德日崇，类能辅官治之所不及。比隆三代，有自来矣。臣凤昔讨论及此，窃谓非行地方自治，无以补守令之阙失，通上下之悃忱。②

---

① 《政务处奏议复刑部左侍郎沈条陈时事折》，载《东方杂志》1905 年第 12 期，219～220 页。
② 《奏报天津试办地方自治折》，《袁世凯奏议》下，1520 页。

袁世凯委升任天津府知府凌福彭、翰林院检讨金邦平会同筹办天津自治局，于光绪三十二年七月（1906 年 8 月）正式成立。

天津自治局是筹办自治的机构。袁世凯认为："地方自治，为我国创办之事，非先以预备，则不能实行。目前教育未周，识字之民尚少，设有误会，流弊滋多。"自治局成立后，遴选曾习法政、熟谙士风之绅士四人为宣讲员，周历城乡，宣讲自治利益；又编印法政官话报分发津属州县，发行白话讲义、广告，广为宣传。如《大公报》刊登的广告云："你们该知道地方自治和你们身家大有好处……将来公共的事情，自然旺盛。"①

为培养自治绅士，自治局在天津初级师范学堂开设自治研究所，饬津郡七属各选派士绅入所学习，还招收旁听生。研究科目包括自治制、选举法、户籍法、宪法、地方财政论、教育行政、警察行政、经济学、法学通论等。1906 年 10 月正式开办，共有正听生 50 名，旁听生 59 名。研究四个月后，有 86 名合格毕业，各回原籍传习自治，不及格者则插入第二班补习至合格。②

自治局还仿照日本自治期成会的做法，由自治局公举绅士 12 人，学会公举 20 人，商会公举 10 人，自治局成员 12 人，再加上袁世凯委派的 4 名咨议，共同组成自治期成会，作为自治立法机关。先由局草拟自治章程，开会讨论十有九次，议成《试办天津县地方自治公决草案》8 章共 111 条。③

为筹办自治，自治局还专派法政毕业官绅分赴各属调查"专在地方自治以内"各事，包括土地、户口、生计、教育、财政、政治（现行政务、旧政关系、新政关系、吏役状况）、土功（道路、桥梁、堤

① 《府县示谕照录》，载《大公报》1907 年 3 月 28 日，第 1 张第 5 版。
② 《天津府自治局禀自治研究所第一班学员毕业文并批》，甘厚慈辑：《北洋公牍类纂》卷 1，自治一，97 页，台北，文海出版社影印版，1990。
③ 《试办天津县地方自治公决草案一百一十一条》，《北洋公牍类纂》卷 1，自治一，84～96 页。

防、沟渠等公共利益，农业桑蚕、工厂、商业）、物产、社寺、宗教、交通等类，以作为筹办自治的基础。①

筹办选举是自治局的重要工作，为此，自治局设选举总、分课，总课以本局人担任，分课以研究所毕业士绅担任，挨户调查登记选举人和被选举人。自治局在城乡散布选民登记格式纸七万余张，最初只收回实数一万一千余张。"推其不肯缴回之原因，半惑于加税之谣传"，遂经刊登告白、张贴广告宣传并宽展期限，加上天津县令亲至各乡镇演说，方又陆续收回了二千余张。内中除不合格1106张外，计有选举权者共12461人，有被选举资格者2572人。自治局将被选举人名册挨户分送选民，报纸刊登告白，官府在城厢各处搭建彩门，在四乡悬红挂旗。光绪三十三年五月初六至初八日（1907年6月16日至18日）三天进行了天津县城区初选投票，但投票者只有1300余人。原因是很多人不知选举为何事，"有疑表上既无名可以不投者，有疑表上既有名可以不投票者"。自治局复又刊登广告，展现两天，投票者又增加400余人。十六日至十八日（26日至28日）为四乡投票，投票共7000人。合城乡投票实数8759人。②

二十四日（7月4日）借河北学会处举行开票仪式。天津府知府凌福彭、翰林院检讨金邦平、天津县知县章师程等到场监督，到场参观者不下2000人。六月十五日（7月24日）举行了复选举，实际到场的初选当选人为127人。复选举由初选当选人互选，每名初选当选人投30票，每票选一人，以得票多者为当选。当天上午八时开始投票，下午一点开票，当众分拣宣布当选人。选出李士铭等30人组成

---

① 《天津县自治局试办调查局简章》，载《东方杂志》1907年第4期，172～176页。

② 《天津府自治局详开办选举各情形文并批》，《北洋公牍类纂》卷1，自治一，110～112页。

天津县第一届议事会。① 七月初十日（8 月 18 日）又举行会议互选议长副议长，以在籍度支部郎中李士铭为议长，分省补用知县王劭廉为副议长。

依照《试办天津县地方自治公决草案》，议事会议决事项由董事会办理；董事会会长以本县知县兼任，副会长和会员由议事会选举。但种种原因，直到翌年六月，才经议事会议员投票选举成立了由 8 人组成的董事会，其中会长由县令张寿龄担任。②

在天津县议事会、董事会成立的过程中，展开了正规的选举工作，尽管由于选举资格的限制，也由于"不知选举为何事而观望者"甚多③，选民的比例不高，实际投票的比例更低，但这是中国历史上第一次县自治选举。这一选举摆脱了旧有乡官"乡举里选"的传统色彩，以有明确选举资格的选举程序取代之，具有现代性。议事会、董事会的成立，标志着清末第一个在县域范围建立的自治——天津县地方自治的正式建立。

有学者指出，"自清末至 20 世纪 40 年代中国的县制改革和演变，是以'官治'与'自治'两种基本模式的相互排斥与结合为主轴进行的"④。这一模式在第一个县自治中也鲜明表现出来。但是，从天津县自治运行的角度而言，官治与自治却有着此长彼弱的关系，即初期的自治色彩较浓，而自清政府公布府厅州县地方自治章程后，

① 《天津自治局督理复选举报告书》，《北洋公牍类纂》卷 1，113 页；《举行复选》，载《大公报》1907 年 7 月 10 日，第 1 张第 5～6 版；《复选举票数纪略》，载《大公报》1907 年 7 月 26 日，第 1 张第 5 版。另参见黄俏凤：《官治与自治的困境：清末天津县地方自治研究》，武汉，华中师范大学硕士学位论文，26～29 页，2013。

② 《选举董事会正副会长会员公布》，载《大公报》1908 年 7 月 15 日，第 1 张第 3 版。

③ 《天津府自治局详开办选举各情形文并批》，《北洋公牍类纂》卷 1，自治一，112 页。

④ 魏光奇：《官治与自治——20 世纪上半期的中国县制》，389 页，北京，商务印书馆，2004。

天津县自治的官治色彩则不断加强。

与上海等地的由绅商自发组织的自治不同，从创办官办自治局，依靠留学生和学习法政人员开展自治培训、宣讲和调查，逐步推进地方自治的各项工作，直到举办选举，天津县自治都是在直隶总督袁世凯的一手督办下进行的。天津县自治开创了一个"官办自治"的模式，成为后来许多省办理自治的模范。但是，也要看到事情的另一面，袁世凯虽然也赞赏古代乡官之制，但是更强调西方自治的"选举有定法，议决有定程"，以西方式的地方自治为目标。所以，在试办天津县自治时，他尽管对《试办天津县地方自治公决草案》批道，"县自治之监督官初级为本府知府，最高级为本省总督，其属于各司道主管之事务各该司道亦得监督之"①，但还是认可了自治权比较强的草案。

初期的天津县自治运行的依据是《试办天津县地方自治公决草案》②。这个草案是由官、学、绅结合的天津自治期成会制定的。草案对选举办法、议事会和董事会的产生程序、职权及办事规则都做了详细明确的规定。议事会为议决机关，议决权包括下级自治团体之设立事宜、自治事务之创设改良并其方法事、地方入款之清厘及筹集、地方经费之预算决算、地方公款公产及利息之存储并动用、董事会副会长会员被人指摘之处分事等。而自治事务，则包括教育、实业、工程、水利、救恤、消防、卫生、市场、警察费等。此外，议事会得接受人民关于地方利弊之条陈，酌量议行或批答；得代人民申述其困苦不能上达之事于地方官，并调处民事上之争议。

值得注意的是，草案第 32 条规定"议事会得上条陈于地方官"，

---

① 《试办天津县地方自治公决草案一百一十一条（督宪袁批附）》，《北洋公牍类纂》卷 1，自治一，97 页。

② 天津县议事会成立后，依据此案又拟定了各项条例、会场规则、旁听券规则、事务所规则等，均称此案为"章程"。参见《北洋公牍类纂》卷 1，自治一，120～127 页。

第 33 条强调"议事会对于地方官所办之事，得上书质问，地方官应解答之"，第 45 条规定"凡会议时地方官得到会，但随从人员不得入会场，地方官到会时得陈述意见，惟不在议决之数"，体现了议事会欲对地方官员行使监督权的意愿。

董事会虽然由知县兼任会长，但强调董事会所办事务为"议事会开会布置之事""议事会议决交办之事""依惯例或议事会议决应归管理或监督之事物""依议事会议决之预算为收入支出之事""地方官以国费委办之事""对于其他自治团体商办之事""代表自治团体为诉讼之事"，并且开会时要以由议事会选举产生的副会长为议长，实行多数同意议决制。议事会还"得稽查董事会所办事务并会计及文牍报告之当否"，即董事会的工作要受议事会的监督。会长，即县令的职权仅是："代表本会签布文件""稽查本会办事成绩""开会议时发表意见"①。依据章程，董事会是议事会议决事件的执行机构，县令只居于签布文件和发表意见的地位。

总之，此时的天津县自治的独立性比较强，不仅具有议决和执行本地公共事务之权，还有对行政的质问监督权，显示了一种立法与行政分离的精神。天津县议事会成立后，《大公报》曾发表文章称：

> 自治者，官治对待之名词也，自治日益发达则官治之范围日益减缩，此各国普遍之现象也。自治团体各学者皆认为一法人，其发表法人之意思，而不受官治之干涉者，即惟议事会。……是议事会者，又为自治团体中最重要之一机关也。其机关既如此重要，故其责任亦重大，凡关于府县一定之事务皆可独立发表其意思。其意思而为一团体之公意也，则自治团体受其福；其意思而为数议员之私意或受官吏之干涉而发表意思

---

① 《试办天津县地方自治公决草案一百一十一条（督宪袁批附）》，《北洋公牍类纂》卷 1，自治一，84～96 页。

也，则自治团体蒙其灾。

············

　　天津开办地方自治早于全国，故其自治中重要机关之议事会亦独为国人所注目，方谓自治一统之希望皆发生于此域矣。①

　　董事会成立时，《大公报》又刊文说："举凡天津一县之教育、实业、工程、水利、救恤、消防、卫生、市场、警察费等事皆根据于本章程二十八条，董事会得依议事会之议决——担任实行。今日董事会既经成立，则以上诸事地方上应行创设者，概不能依赖地方官，其应行改良之处亦必不能责成地方官，非特不能依重地方官也，恐向之依赖地方官、责成地方官者，自今以后皆不能不依赖董事会、责成董事会矣。"②独立行使职能的意愿跃然纸上。

　　天津县议事会成立后，努力实践自治权限，多次提出质问。1907 年 12 月，天津县实习工场工徒刘某因受工场管理郭芸夫的棍责而久伤未愈，并被扣罚三个月工资，刘某兄申诉到议事会。议事会认为郭芸夫违背实习工场徒工管理条例，质问天津县工艺总局，并要求直隶总督对郭予以惩办，以正场规。③ 1909 年 4 月，有杨贵溶、耿寿曾等 13 名绅士因天津城东南地沟失修，到议事会投递说帖，议事会按章发函质问工程卫生局，要求工程卫生局设法修濬地沟以卫民居。④ 1910 年 5 月，商民夏某到议事会投帖，称城内石桥胡同庆德押当铺多收利息铜圆 9 枚。议事会照会知县迅办，然知县照复仅判罚铜圆 90 枚。议事会认为，此前曾议定当商凡有多收利息苛害小

---

①　《议事会之责任》，载《大公报》1908 年 4 月 30 日，第 1 张第 2～3 版。

②　《祝董事会之前途》，载《大公报》1908 年 7 月 13 日，第 1 张第 2 版。

③　《天津县议事会申工艺总局文》，载《大公报》1907 年 12 月 14 日，第 1 张第 6 版。

④　《移工程局卫生局文》，载《大公报》1909 年 4 月 13 日，第 1 张第 5～6 版。

民等事，定当从严罚办，因此认为知县判罚过轻，遂向知县质问。①

据《大公报》所载，仅议事会第六次通常会期间就议决了 66 个议案，内容不仅涉及筹办厅州县及城镇乡自治各方面，如筹备城议事会选举、自治预备会和研究所，调查公产、请总督迅速划清国家税地方税以作为筹办城镇乡自治经费、请接收捐务科作为自治经费等，更多的是改良社会风化、教育、卫生、慈善、禁烟等方面的议案，其中还有三个分别质问禁烟局、巡警局、工巡局的质问案，要求对执法不公和所收罚款开销问题做出答复。② 从这里可以看出，天津县议事会是认真依照章程履行自治职责的。

需要说明的是，光绪三十四年年底和宣统元年年底城镇乡和府厅州县地方自治章程相继公布后，天津县地方自治也相应进行了调整和重组。宣统二年九月（1910 年 10 月）通过选举成立天津城议事会，并由城议事会主持投票选举出 52 名议员，于宣统二年十二月（1911 年 1 月）成立新天津县议事会，原旧会宣告结束。③ 宣统三年闰六月（1911 年 8 月）成立参事会，天津县知县吕调元兼任参事会会长。④ 经过重组，天津县自治分成了两个层次：城议事会董事会为下级自治，承担各项地方公益事件的议决与执行事项；县议事会参事会作为上级自治，被纳入"官治与自治合并"的制度轨道，自治权限受到限制。（两级自治的特点详见本章第二节）

奉天虽也为试办自治之地，但在操作上则谨慎得多。奉天于1906 年冬间开办全省地方自治局，但盛京将军赵尔巽认为，奉省人民程度不一，无法与内地直省可比，所以宜"仿照各国创办各种要政必先设养成会及研究所之意"，先设调查员养成会，以法政专家为教

①　《事欠公允》，载《大公报》1910 年 5 月 14 日，第 1 张．第 6 版。

②　《关于天津地方自治之文件》，载《大公报》1910 年 5 月 10 日、11 日、12 日，第 3 张第 2 版。

③　《旧会消灭》，载《大公报》1911 年 1 月 15 日，第 1 张第 5 版。

④　《参事会成立》，载《大公报》1911 年 8 月 4 日，第 1 张第 5 版。

员，饬各州县选送旗、汉绅士员生到局学习。① 在地方自治全面铺开之前，奉天的自治主要停留在自治研究阶段。

## 第二节  城镇乡和府厅州县两级自治方案的颁布

### 一、城镇乡地方自治章程

光绪三十二年（1906 年），出使考察政治大臣戴鸿慈等在奏请改革全国官制折中，注意到西方国家地方行政实行两级制或三级制，"乡为完全之自治，而市已略参官治之性质矣。其上为县，官治与自治参半。盖有县会以司立法，而行政则县之长官与县参事会共之，长官由君命，参事会由公举也"。他们认为，此等制度体现了上下相维之妙用，不难立时举行。因此建议取全国各县以区画之，以田野散处为乡，阛阓繁盛者为市，置乡会、市会、乡长、市长及市参事会，"以为纯粹自治之行政"；府州县则实行官治行政，同时又设府会、州会、县会，以司立法，各立一参事会以辅助长官之行政。② 这一建议初步提出了两级自治的方案，即在乡、市实行完全自治制度，在府州县实行官治与自治参半的制度。

清廷预备立宪宣示后，国内立宪派也在集结。他们旗帜鲜明地呼吁立宪法、设国会、实行地方自治，并形成了一股强大的政治力量。在内外压力下，1908 年 8 月，宪政编查馆与资政院在提出宪法大纲暨议院法选举法要领清单时，又拟定了一个九年筹备事宜清单。其中定光绪三十四年（1908 年）颁布城镇乡地方自治章程，第二年筹办城镇乡地方自治，并颁布厅州县地方自治章程；至第五年城镇乡自治粗具规模，第六年一律成立；厅州县地方自治则在第七年一律

_____

① 《盛京将军赵尔巽奏奉天试办地方自治局情形折》，《清末筹备立宪档案史料》下册，717 页。

② 《出使各国考察政治大臣戴鸿慈等奏请改定全国官制以为立宪预备折》，《清末筹备立宪档案史料》上册，379 页。

成立。① 城镇乡和厅州县两级自治的办理日期正式确定。

光绪三十四年七月（1908 年 8 月），民政部拟定城镇乡地方自治章程，十二月二十七日（1909 年 1 月 18 日）经宪政编查馆核议后颁布。它不仅确定了城镇乡地方自治的机构、职能和选举方法，而且确定了城镇乡地方自治的运行原则。

地方自治的原则，正如宪政编查馆在核议城镇乡地方自治章程的奏折中明确说道："自治者，与官治相对待而言也。""无官治，则无所谓自治。"基于此，城镇乡自治章程总纲第一条即标明："地方自治，以专办地方公益事宜，辅佐官治为主。"

关于自治与官治的关系，该折强调："自治者，乃与官治并行不悖之事，绝非离官治而孤行不顾之词。""自治之事渊源于国权，国权所许，而自治之基乃立。由是而自治规约，不得抵牾国家之法律；由是而自治事宜，不得抗违官府之监督。"还进一步强调："地方自治既所以辅官治之不及，则凡属官治之事，自不在自治范围之中……非国家之所许，即不容人民之滥涉，经理在民，董率在官。"区分官治与自治，强调以自治辅助官治，是当时实行城镇乡自治的基本原则。故此，城镇乡自治章程规定的自治范围是：

一、本城镇乡之学务：中小学堂、蒙养院、教育会、劝学所、宣讲所、图书馆、阅报社，其他关于本城镇乡学务之事。

二、本城镇乡之卫生：清洁道路、蠲除污秽、施医药局、医院医学堂、公园、戒烟会，其他关于本城镇乡卫生之事。

三、本城镇乡之道路工程：改正道路、修缮道路、建筑桥梁、疏通沟渠、建筑公用房屋、路灯，其他关于本城镇乡道路工程之事。

---

① 《宪政编查馆资政院会奏宪法大纲暨议院法选举法要领及逐年筹备事宜折》，《清末筹备立宪档案史料》上册，61～66 页。

四、本城镇乡之农工商务：改良种植牧畜及渔业、工艺厂、工业学堂、劝工厂、改良工艺、整理商业、开设市场、防护青苗、筹办水利、整理田地，其他关于本城镇乡农工商务之事。

五、本城镇乡之善举：救贫事业、恤嫠、保节、育婴、施衣、放粥、义仓积谷、贫民工艺、救生会、救火会、救荒、义棺义冢、保存古迹，其他关于本城镇乡善举之事。

六、本城镇乡之公共营业：电车、电灯、自来水，其他关于本城镇乡公共营业之事。

七、因办理本条各款筹集款项等事。

八、其他因本地方习惯，向归绅董办理，素无弊端之各事。

还强调，所列事项，"有专属于国家行政者，不在自治范围之内"①。

城镇乡的自治职是城、镇的议事会、董事会，乡的议事会、乡董。城、镇的议事会以 20 名为定额，乡议事会按照人口之数确定，均由本城镇乡选民选举产生。议员任期两年，每年改选半数，议长、副议长以两年为任期。议员、议长、副议长均为名誉职，不支薪水，但因办公之需得给予公费补贴。议事会每季举行一次会议，议决事件包括：本城镇乡自治范围内应行兴革整理事宜；自治规约；自治经费出入预算及预算正额外预备费之支出；自治经费决算报告、自治经费筹集和处理方法；选举争议事件；自治职员过失之惩戒；关涉城镇乡全体赴官诉讼及其和解之事。

城镇董事会的总董和董事，乡的乡董、乡佐都由议事会选举产生，以两年为任期，每月举行职员会议一次。董事会应办事件为：议事会议员选举及其议事之准备，议事会议决各事之执行，以律例章程或地方官示谕委任办理各事之执行。如认为议事会议决事件逾

① 《宪政编查馆奏核议城镇乡地方自治章程并另拟选举章程折》，《清末筹备立宪档案史料》下册，724～729 页。

越权限，或违背律例章程，或妨碍公益者，得声明缘由，交议事会复议。

自治经费包括本地方向归绅董管理的公款公产、公益捐，以及"按照自治规约所科之罚金"。而"自治捐"则由"附捐"和"特捐"组成，前者是官府征收捐税之附加，后者是另定名目征收。且公益捐的创办，由议事会拟具章程，呈请地方官核准。也就是说，城镇乡自治经费主要是自筹。

以上各条，体现了地方自治中立法和执行分离的原则，即以议事会为立法机关，董事会或乡董为执行机关。城镇乡自治团体在处理本地方公益事务方面，有相对完整的立法与执行机构、相对独立的经费来源，故而拥有较大的自治权限，体现了"以本乡之人办本乡之事"的精神。

但宪政编查馆还强调，自治"绝非离官治而孤行不顾之词"，城镇乡自治必须在地方官的监督下进行。该章程专设第六章"自治监督"，强调"城镇乡自治职，各以该管地方官监督之。该管地方官应按照本章程，查其有无违背之处而纠正之，并令其报告办事成绩，征其预算决算表册，随时亲往检查，将办理情形按期申报督抚，由督抚汇咨民政部"。此外，议事会议决事件，要先由议长、副议长呈报该管地方官查核后，方可交董事会或乡董执行。更重要的是，地方官有申请督抚解散城镇乡议事会和城镇董事会，以及撤销自治职员之权。如此安排，一方面使自治团体"各就地方，聚谋公益"，另一方面又"遇事受成于官"，达到"上辅政治，而下图辑和"的作用，这就体现了以自治"辅官治之不足"的精神。

在城镇乡议事会选举方面，除关于选民资格的规定外①，值得注意的是，议事会选举依据纳税额将选举人分为两级。择其年纳正税或公益捐多者若干名，计其所纳之额足当选人全数所纳总额之半者，为甲级；其余选举人为乙级。两级选举人分别各选举议员半数，其被选举人不必限定与选举人同级。这是借鉴日本町村选举制度，即"选举人中纳税额多者合起来达到町村税总额二分之一者为第一等级，余者为第二等级"，"两级各选出议员的一半"。采取这种制度的目的，是"使资产者免于小民以多数压制之患"②。宪政编查馆对此的解释是"选举人不分等级，尤易使刁生劣监挟平民冒滥充选"③。当时舆论称这种选举方式为"采取直接选举制度而参用等级主义"④。

## 二、府厅州县地方自治章程

一年以后，即宣统元年十一月（1909 年 12 月），民政部又拟定府厅州县地方自治章程，经宪政编查馆核议上奏，于十二月二十七日（1910 年 2 月 6 日）获上谕批准。在宪政编查馆复核民政部的章程时有如下说明：

---

① 《城镇乡地方自治章程》规定：凡于城镇乡内现有住所或寓所者，不论本籍京旗驻防或流寓，均为城镇乡居民。城镇乡选民的资格为：（一）有本国国籍者；（二）男子年满二十五岁者；（三）居本城镇乡接续至三年以上者；（四）年纳正税或本地方公益捐二元以上者。选民有选举自治职员及被选举为自治职员之权。同时，现任本地方官吏、现充军人、现充本地方巡警、现为僧道及其他宗教教师者，不得选举自治职员和被选举为自治职员；现在学堂肄业者，不得被选举为自治职员。城镇议事会议员，以二十名为定额。城镇人口满五万五千者，得增设议员一名，每加人口五千，得增议员一名，至多以六十名为限。乡议事会议员，人口不满二千五百者，设议员六名，以后按人口递加，至多以十八名为限。

② 郭冬梅：《日本近代地方自治制度的形成》，155、160 页，北京，商务印书馆，2008。

③ 《宪政编查馆奏核议城镇乡地方自治章程并另议选举章程折并单二件》，《大清新法令》（点校本）第 1 卷，150 页。

④ 邵义：《论府厅州县自治》，载《法政杂志》第 1 年第 5 期，60 页。

上级自治区画，原奏清单仅有厅州县而不及府，自因府有监督各厅州县之权，无直接管理地方之责。惟查边省地方及东三省新设各府，往往即以知府直辖地面，名虽为府，实与厅州县无异，若不分别办理，似多挂漏之虞。①

由于全国大部分省份的府均无辖地，地方自治主要是"厅州县"，而东三省在建省的过程中，设置了一些拥有辖地的"府"，其自治的举办就包括了"府厅州县"②。

府厅州县地方自治与城镇乡地方自治"相辅而行"，但其自治地位与城镇乡有别，在官治与自治的关系问题上也有与城镇乡不同的特点。也就是说，城镇乡作为下级自治，强调的是"以自治辅官治之不足"，自治具有自我运行的系统，官治处于监督地位。而府厅州县自治是上级自治，"其地位介于官府与下级自治之间，兼有官治与自治之性质，故其编制必为官治与自治合并之制度"。宪政编查馆解释这样做的原因是：地方公益事务规模大小有别，其中关系多数利害者，皆非由上级自治办理不可；国家委任事务有需费较巨而下级自治不能担负，必要由上级自治承担；下级自治除要由官府监督外，还需要上级自治监督。

---

① 《宪政编查馆奏覆核府厅州县地方自治暨选举各章程折并单》，《大清新法令》（点校本）第 7 卷，237 页。

② 如光绪三十年黑龙江升呼兰厅、绥化厅为府，各设知府一员，均不设首县，自理地方。此后黑龙江凡新设知府均"自理所辖地面，其知府领有属县者，并考核所属一切事务"。光绪三十三年吉林增设密山府知府一员，亦有自理地面，直接司道。奉天于宣统二年奏请添设的长白府，也"有自理地面之责，兼辖新设之安图、抚松两县"。见《政务处会议黑龙江添设地方各官折》，《大清新法令》（点校本）第 2 卷，200 页；《东三省总督徐世昌署理黑龙江巡抚周树模奏江省续设道府州县酌拟设治章程折并清单》，《大清新法令》（点校本）第 5 卷，41 页；《内阁会议政务处议复东督徐奏吉省请增设府州县缺折》，《大清新法令》（点校本）第 2 卷，231 页；《东督锡奏添设府厅州县各缺并陈未尽事宜折并单》，《大清新法令》（点校本）第 9 卷，241 页。

"官治与自治合并"是府厅州县自治的基本特征，故而其章程与城镇乡地方自治有很大的不同，主要有如下几个方面。

第一，府厅州县自治的权限有限。府厅州县的自治事宜包括两个方面：一是关于府厅州县全体的，或者为城镇乡所不能担任的地方公益事务。但同时又对其加以限制，即议事会对于地方公益事宜只得条陈所见，然后"呈候官府核办"。二是"国家行政或地方行政事务以法律或命令委任自治职办理者"①。这体现了行政力量向自治体的渗透和官治与自治的结合。

在议事会的职任权限方面，主要限于自治经费，即议决自治经费的岁出入预算、决算事件，筹集与处理方法。还有就是"城镇乡议事会应议决而不能议决之事件""其余依据法令属于议事会权限内之事件"。即议事会只能就关系府厅州县全体利害的事件进行议决，这些议决议案要经过州县长官的审查，长官如认为有逾越权限或违背法令者，可说明原委令其复议或即行撤销。此外，府厅州县长官亦可提交议案于议事会或参事会。

城镇乡自治章程规定议事会有议决自治规约之权，而在府厅州县自治章程中却取消了。相反却规定："凡规则均须经府厅州县长官申请督抚核准，或咨民政部等衙门核准，然后施行。"

第二，府厅州县自治不设董事会，而是设置参事会，"以该府厅州县长官为会长"。值得注意的是，章程对于参事会职能的规定，即参事会不是议事会议决事件的执行机关，而是"常设之议决机关"②。其议决的具体事项包括：议决议事会议决事件之执行方法及其次第；议决议事会委托本会代议事件；议决府厅州县长官交本会代议事会议决之事件；审查府厅州县长官提交议事会之议案；议决本府厅州

---

① 《宪政编查馆奏复核府厅州县地方自治暨选举各章程折并单》，《大清新法令》(点校本)第 7 卷，239 页。

② 《宪政编查馆奏复核府厅州县地方自治暨选举各章程折并单》，《大清新法令》(点校本)第 7 卷，238 页。

县全体诉讼及其和解事件；公断和解城镇乡自治之权限争议事件。①也就是说，参事会没有执行权，与议事会不是平行的机构，而是在地方官交办的情况下，有权代议事会议决事件和审查地方长官提交议事会之议案。这样，府厅州县自治就有了议事会、参事会两个议决机关。

山东地方自治筹办处解释府厅州县设置两个议决机关的理由有三：一是府厅州县议事会每年开会一次，不能频行召集，而应行议决事件及其他争议事件及条陈事件时常发生，所以要在议事会之外设参事会以补其不及。二是凡议事会议决只能备其大纲，若详细节目及一切执行方法则力有不逮。补以适当之议决机关以求详慎，并可受议事会委托议决。三是议事会议决事件中以财政为要，但因不能时常开会，故于检查自治经费收支账目可设参事会代行其职权。②议事会每年开会一次，而参事会则每月开会一次，可见参事会是常设议决机关，实际凌驾于议事会之上。

第三，府厅州县自治的执行机关是府厅州县长官。宪政编查馆在复核民政部的奏折中说"其执行机关则寄诸府厅州县长官，而不属于参事会"。章程第四条也明文规定"府厅州县议事会及参事会掌议决自治事宜"，"府厅州县长官掌执行自治事宜"。章程有"府厅州县自治行政"一章，规定府厅州县长官所办事件为"执行府厅州县议事会或参事会议决之事件""提交议案于府厅州县议事会或参事会""掌管一切公牍文件""其余依据法令属于府厅州县长官职权内之事件"。还另设自治委员若干人，"辅佐长官执行自治事宜"③。

---

① 《宪政编查馆奏复核府厅州县地方自治暨选举各章程折并单》，《大清新法令》（点校本）第 7 卷，245 页。

② 《府厅州县地方自治章程释义》，载《山东自治报》1910 年第 16 期，释义类，第 11 页。

③ 《宪政编查馆奏复核府厅州县地方自治暨选举各章程折并单》，《大清新法令》（点校本）第 7 卷，246 页。

正是通过这种办法，府厅州县长官兼有了行政和自治执行的双重职能，实现了"官治与自治合并之制度"。在这一官治与自治合并之模式中，府厅州县长官的职能大大超过议事会的自治职能。

第四，府厅州县自治实际受三重监督。一是"受成于民政部"。即民政部制定和解释有关地方自治的各项法律法规，并监督各地自治职的施行。府厅州县自治事务中关系各部所管事务者，则受各部领导。二是本省督抚。即督抚得令府厅州县呈报办事情形，随时调阅公牍文件，检查收支账目。如认为预算不适当，可减削之。遇有不得已情节，可咨请民政部解散议事会。三是府厅州县长官。其对议事会或参事会之选举、决议、收支有监督权，可令其撤销或复议，并可令议事会停止会议。①

第五，"府厅州县所属城镇乡选民有选举城镇乡自治职员之权者"，亦具有府厅州县选举人和被选举人资格，只是对有关限制的表述略有变化。② 唯选举方法采用"直接选举制度"③。即以本府厅州县所属城镇乡之区域为选举区，将议员额数按人口多寡分配到所属各选区。由城镇总董、乡董编造选举人名册，宣示公众。选举人用无名单记法投票，以得票较多数者为当选。

第六，在自治经费方面，除公产公款外，府厅州县自治经费主要来自三个方面：一是按地方税章程办理"地方税"；二是在依据法

---

① 《宪政编查馆奏复核府厅州县地方自治暨选举各章程折并单》，《大清新法令》（点校本）第 7 卷，251、246 页。

② 《城镇乡地方自治章程》第十九条："下列人等，不得选举自治职员，及被选举为自治职员：一、现任本地方官吏者；二、现充军人者；三、现充本地方巡警者；四、现为僧道及其他宗教师者。"第二十条："现在学堂肄业者，不得被选举为自治职员。"《府厅州县自治章程》表述为："现任本府厅州县官吏者""现充本府厅州县巡警者"没有选举府厅州县议员之权；"小学堂教员"不得被选举为府厅州县议员。此外还强调议事会议员不得同时兼任参事会参事员、咨议局议员、城镇乡议会议员、董事会职员、乡董、乡佐；父子兄弟不得同时为议员，若同时当选者，以子避父，以弟避兄。

③ 邵义：《论府厅州县自治》，载《法政杂志》第 1 年第 5 期，60 页。

令办理之事与个人利益有关时，可向该关系人征收"公费"，可向使用公共营造物和公产的人征收"使用费"；三是可因永远利益、救济灾变、偿还负债等事募集公债，为"筹备预算内之支出"可募集短期公债①。可见，府厅州县自治经费主要来自国家授权事项，其中"地方税"则是国家将部分赋课征收权赋予自治团体。

　　从总体上看，清末的地方自治体现了"官治"与"自治"结合的特点，但是二级自治的侧重点不同：城镇乡自治更多地体现"以自治辅官治之不足"和"以本乡之人办本乡之事"的特点；而府厅州县自治则是"官治与自治合并"，官治不仅参与和督率自治立法，还是自治的执行者和监督者，体现以官治凌驾于自治之上并统率自治的特点。在这个层次上，议事会与参事会的职能是有限的。

　　**三、两级自治方案与日本地方自治的比较**

　　清廷颁布的自治章程借鉴了日本地方自治制度。当时梁启超就说："光绪三十四年十二月所颁之城镇乡自治章程，大率取日本之市制及町村制综合而移译之。"但他也指出中国与日本不同之处：日本市、町所办之事分为两种，一曰本团体固有之事务；二曰国家所委办之事务，如代收国税、执行征兵令、执行国会及咨议局乃至厅州县议事会之选举、执行各种民事商事之注册，乃至以乡董而兼为刑事上之起诉人等，故"日本但称为市制町村制而不名为市町村自治制"②。当今学者黄东兰也指出："日本的町村是明治政府通过大规模的町村合并人为编制的行政村，在内务省—府县—郡—町村这一自上而下的垂直的行政体制中居于末端的位置。一方面，作为地方自治团体，町村得以管理和支配町村财产等属于町村内部的事务；另一方面，作为国家的末端行政机构，町村必须承担征税、征兵、

――――――――――

　　①　《宪政编查馆奏复核府厅州县地方自治暨选举各章程折并单》，《大清新法令》（点校本）第 7 卷，249 页。

　　②　沧江：《城镇乡自治章程质疑》，载《国风报》1910 年第 5 号，20 页。

教育、户籍、警察、土木工程、保健卫生等由国家委托的大量行政事务。而后者的量远远大于前者。通过对町村的控制和赋予町村大量行政事务，明治国家得以将自身的控制浸透到社会的每一个角落。"①

清末，城镇乡自治团体所办事务都是属于本地公益范围的自治事务，法律上并没有明确规定国家委托行政事务，宪政编查馆强调的是"凡属官治之事，自不在自治范围之中"②。原因就在于，中国历史上传统的乡官之治和乡绅之治对清政府地方自治制度的设计有着不可忽略的深远影响。宪政编查馆核议城镇乡地方自治章程折就申明：

> 臣等查地方自治之名，虽近沿于泰西，而其实则早已根荄于中古。周礼比闾、族党、州乡之制，即名为有地治者，实为地方自治之权舆。下逮两汉三老啬夫，历代保甲乡约，相沿未绝。即今京外各处水会、善堂、积谷、保甲诸事，以及新设之教育会、商会等，皆无非使人民各就地方，聚谋公益，遇事受成于官，以上辅政治，而下图辑和。

正是从中国古代乡绅之治出发，自治被视为"助官治之不足"。所以城镇乡自治章程在确定自治团体的学务、卫生、农工商务、善举、公共营生、筹款等项职能以后，还有一句："其他因本地习惯，向归绅董办理，素无弊端之各事。"③城镇乡的征税、警察治安等行

---

① 黄东兰：《清末地方自治制度的推行与地方社会的反应——川沙"自治风潮"的个案研究》，载《开放时代》2001 年第 3 期。

② 《宪政编查馆奏核议城镇乡地方自治章程并另拟选举章程折》，《清末筹备立宪档案史料》下册，726 页。

③ 《宪政编查馆奏核议城镇乡地方自治章程并另议选举章程折并单二件》，《大清新法令》（点校本）第 1 卷，154 页。

政事务仍由官府行政负责，自治团体的职责重在"地方公益"。对有些涉及行政的事务，则明确划分自治与官治的界限。

如学务，城镇乡地方自治章程把学务作为自治事务之一，宣统二年十二月资政院、学部会奏的《地方学务章程》确定了自治学务的范围，而学部奏定的《改订劝学所章程》又明确将学务分为自治学务与官办学务两个部分。官办学务由劝学所负责，主要包括"官立学堂及其他教育事业之设置及稽核"、官办学务经费之核算及有关事项。而自治学务，则是由府厅州县自治职（即议事会、参事会）负责举办府州县中学堂、高等小学堂、初等小学堂、中等初等实业学堂在内的"公用学堂"。城镇乡结成乡学连合体或分学区举办包括初等小学堂、简易识字学堂、蒙养院等在内的"公用学堂"。自治学务设立及维持之经费，"以在本区内之义务人负担之"。此外，还设置学务专员，由议事会公推，地方官委任。① 这就是将府厅州县和城镇乡的学务分成了官办与自治办两个部分，由自治体自筹经费举办各类"公用学堂"。

清末实行禁烟，城镇乡议事会对于禁烟禁赌等事有议决禁止方法之权，董事会或乡董有执行之权，同时，严格规定"惩办之权则专属于官治"②。

这种划分，看起来将官治与自治区分得很清楚，但是在中国城镇乡的地方自治中，由于官府有解散议事会、董事会之权，所以议董会没有完全的法人地位，一旦实行起来，官治和自治之间"易起权限之争议，或致职务之放弃"③。梁启超的预见在后来的自治实践中

---

① 《资政院学部会奏地方学务章程》《学部奏订地方学务章程施行细则折》，朱有瓛等编：《中国近代教育史资料汇编——教育行政机构和团体》，82～90页，上海，上海教育出版社，1993。

② 《本处议定整顿自治办法十三条》，载江苏苏属地方自治筹办处编：《江苏自治公报类编》，26页，沈云龙主编：《近代中国史料丛刊三编》第53辑。

③ 沧江：《城镇乡自治章程质疑》，载《国风报》1910年第5号，时评，20页。

得到证明。

再看府厅州县自治章程。我们注意到,早在光绪三十二年(1906年),厘定官制大臣曾提出一个直省官制改革的方案征求各省督抚意见。该方案把府厅州县作为完全自治单位,设置议事会"公议本府州县应办之事",设董事会"办理议事会所议决之事",二者都处于地方官的监督之下。① 而宣统元年正式颁布的府厅州县地方自治章程却将董事会改成参事会,其职能也发生了变化。为什么会如此?其中不可忽略的因素是,正式颁布的章程更注意借鉴了日本的府县自治制度。

日本的府县自治制度经多次修改,最后于1890年5月以第35号法律通过,定府县为地方行政单位,设府县会,以市长或郡长为会长,议决事项为:定府县的岁入出预算;认定决算报告;定府县税的赋课征收方法;府县有不动产的买卖交换转让接受及质入书入;除岁入出预算规定者外,新的义务的负担及权利的放弃之事;定府县有财产的管理及建筑物的维持方法,及议决其他依法律命令属于府县会权限之事项。府县参事会是副议决机关,议决"属府县会的权限但受其委托"的事项,以府县知事为议长。在监督方面,规定"府县的行政由内务大臣监督",府县知事由官选而非民选。②

日本的府县自治实际上是官治色彩很浓的自治,它是明治维新后,中央政府为了强化中央集权、强化对地方官僚控制的一种手段。其特点是"自治体被纳入到官僚统治机构的一环,置于其补充的地位"③。对于清政府来说,州县是其行政的最低一级,承担赋税、司法、治安等国家重要政务,这是不能随便交给自治团体去完成的。

---

① 《厘定官制大臣致各省督抚通电》,侯宜杰整理:《清末督抚答复厘定地方官制电稿》,《近代史资料》总第76号,52页。

② 郭冬梅:《日本近代地方自治制度的形成》,166~167页,北京,商务印书馆,2008。

③ 郭冬梅:《日本近代地方自治制度的形成》,182页。

只有借鉴日本制度，才可以在引入自治的同时，又能够收加强控制之效果。

以清政府的府厅州县自治章程与日本比较，在议事会、参事会的职权上有相似之处，设置两个议决机关，自治执行权在行政长官。但是，正如许多学者指出的，日本的县制与中国有很大的不同，日本的县相当于中国的省，直接受中央的命令指挥，而中国的州县则是行政机构的最低端。按照清政府的制度安排，其下是"以本乡之人办本乡之事"的城镇乡自治。府厅州县自治职在地方公益事务方面仅有条陈所见权，虽然规定还要承担国家委任的行政事务，但这种"委任"事务（如上文所指"自治学务"之类）是极为有限的，国家行政事务仍然主要由州县官承担。所以，清末的府厅州县自治权限实际有限。对于这一点，当时就有人指出：

> 府厅州县虽为上级之地方自治团体，其本身又为国家之行政机关，其与官治行政关系密切，故自治权之范围，视城镇乡为狭小，而国家之监督，亦较严密。举其最异之点，城镇乡之自治团体除不违反国家之法律命令外，得自由议定发布规约，以约束团体内之居民。至府厅州县自治团体，则无自由议决发布规约之权。诚以上级团体之事务关涉国家行政者居多，若亦予以广大之自治权，则恐有妨国家统一之虞也。①

所以，尽管清政府借鉴了日本的自治模式，但是在制度安排上，又有很大的变通。在日本，形成的是内务省—府县—郡—町村这一自上而下的垂直的行政体制，通过将府县、町村自治纳入官治体系之中，强化了中央集权。而清政府则采用二级自治模式，城镇乡自治在处理本地事务方面的权力比日本町村更大，虽然在府厅州县层

---

① 邵义：《论府厅州县自治》，载《政法杂志》第 1 年第 5 期，58 页。

面将官治与自治合并，但由于府厅州县既属于行政体制的末端，又是下级自治的上级，故而处于官治与下级自治的交锋之地，二者冲突由此而起。

## 第三节 地方自治的筹办与推进

### 一、城镇乡地方自治的筹办

地方自治分成上级自治和下级自治两级，究竟先办理哪一级，清政府对此的安排是有变化的。光绪三十二年（1906 年）厘定官制大臣就官制改革征求督抚意见时，提出"每府州县各设议事会，由人民选举议会，公议本府州县应办之事。并设董事会，由人民选举会员，辅助地方官，办理议事会议决之事。俟府州县议事会及董事会成立后，再推广设城镇乡各议事会、各董事会及城镇乡长等自治机关，以上均受地方监督"①。光绪三十三年九月十三日（1907 年 10 月 19 日）一道令各省速设谘议局的上谕中，又令各省督抚一并预为筹画各府州县议事会。② 显然，朝廷的最初意图似乎是先办理府州县自治，后办理城镇乡自治。

但 1908 年却先公布了城镇乡地方自治章程，民政部提出"城镇乡为自治之初级"，有先办城镇乡自治的打算。上谕云："地方自治为立宪之根本，城镇乡又为自治之初基，诚非首先开办不可。著民政部及各省督抚，督饬所属地方官，选择正绅，按照此次所定章程，将城镇乡地方自治各事宜，迅即筹办，实力奉行，不准稍有延误。"③认可了先办城镇乡自治。在民政部公布的九年筹备宪政清单中，也是先启动城镇乡地方自治的筹办，后进行府厅州县自治的

---

① 《厘定官制大臣致各省督抚通电》，侯宜杰整理：《清末督抚答复厘定地方官制电稿》，《近代史资料》总第 76 号，52 页。

② 《九月十三日上谕》，《大清新法令》（点校本）第 1 卷，47 页。

③ 《十二月二十七日上谕》，《大清新法令》（点校本）第 1 卷，71 页。

筹办。

清廷之所以决定先办城镇乡地方自治，除了城镇乡是最基层以外，还有一个很重要的原因，即府厅州县自治是官治与自治的结合点，但官治涉及官制改革，由于外官制改革方案争议很大，一再拖延，府厅州县的官制系统难以定夺，在一定程度上牵制了府厅州县自治的实行。与此同时，由于各项新政措施的推进，州县在兴学堂、办农工商、办警察等事务上的压力增大，从最基层社会来说，自治也有助于补充官治之不足，这是清政府最终决意先从城镇乡入手推进自治的原因。

在筹办城镇乡自治的具体安排上，民政部的预备清单是分城镇与乡为两层，城镇则区别繁盛与中等，乡则区别近城与偏僻，宣统三年以前专办城镇，三年以后至五年推及于各乡。① 即依据繁盛与中等，近城与偏僻，先城镇、后乡的次序依次展开。但各地在举办中遇到许多实际情况，主要是户口调查和区域划分均同时进行，各州县赶办不及，所以各省采取了许多变通办法。如安徽省要求将城镇乡划分为三期，由城而镇而乡，分年以次递补，先筹办城厢自治，从宣统元年六月至宣统二年六月，时间为一年；第二期筹办镇自治；第三期筹办各乡自治，时间均为一年。②

江苏省巡抚瑞澂也诉苦道："苏属各厅州县镇乡多相联接，户口尚称殷繁，镇之与乡竟致多难区别，若以繁盛中等偏僻作为三期，强分筹备之后先，恐滋氓黎之观望。"所以苏属地区亦采取变通之法，先举办各属城厢自治，后举办各镇自治，最后举办各乡自治，均以

---

① 《安徽巡抚朱家宝奏筹办地方自治变通办法酌定期限折》，载《政治官报》第 664 号，宣统元年七月十八日，7 页。

② 《安徽巡抚朱家宝奏筹办地方自治变通办法酌定期限折》，载《政治官报》第 664 号，宣统元年七月十八日，8 页。

一年为期，准备于宣统五年一律成立。①

实际上，在举办自治的过程中，由于朝廷和民政部不断催促和指令提前赶办，各省既无法按照部章分期办理，也没有办法完全依照城、镇、乡的顺序依次举行，而是采取了同时并举、急功近利的办法，先从举办条件好的部分繁盛城、镇开始，紧接着赶办部分条件好的中等城镇乡，从而使最后成立的城镇乡自治团体主要集中在各州县的繁盛之地。

在朝廷的一再催促下，各地地方自治的筹办工作加紧进行。

设立自治筹办机构，培养自治人才。由于清末的自治是宪政的一部分，采取了自上而下推进的办法，因此，各省首先建立了筹办自治的机构，并开始自治人才的培养。光绪三十三年(1907年)至三十四年(1908年)，各省先后设立全省自治局，地方自治章程颁布后，多数省依照宪政编查馆的要求，或将自治局改为自治筹办处，或将自治筹办处附设在咨议局筹办处之内。一些省咨议局成立后，又将咨议局筹办处改为自治筹办处。这些自治筹办机构"参用官绅"，以司道为总办、会办，以士绅为参议，"官绅合议"②，成为各省筹办地方自治的领导机关。在省自治筹办处之下，各地州县也先后成立自治筹办机构，或名筹备自治公所，或名自治预备会，遴选士绅负责筹办各属自治。

宣统元年(1909年)，各省自治研究所先期成立，以"讲习自治章程，造就自治职员"为宗旨，由各府厅州县遴派本地士绅二人入所听

---

① 《江苏巡抚瑞澂奏筹办地方自治情形折》，载《政治官报》第 689 号，宣统元年八月十四日，10 页。

② 如直隶是以按察使为总办，另委两名道员督理其事；而江苏则以藩学臬三司为总办，另委候补道为会办。见《直隶总督杨士骧奏遵章筹办地方自治折》，载《政治官报》第 516 号，宣统元年闰二月十七日，13 页；《江苏巡抚瑞澂奏筹办地方自治情形折》，载《政治官报》第 689 号，宣统元年八月十四日，9 页。

讲，毕业后分赴各属，充当各州县自治研究所讲员。① 故而该年下半年，各地州县自治研究所也先后成立。② 如四川南部县的自治研究所，所长由地方官兼任，总理全所一切事宜。另设教务长一员，由地方官选委绅士充任。职责为掌管教务，监察讲习学科课程，稽查各员勤惰品行。另外还设庶务长管理器物收支。讲员由地方官在自治毕业、通晓法政之人中选拔。额定学员 123 人，由各场保甲会同本地粮绅按照选民资格选择保送，由地方官验看考试后甄别收录；学习宪法纲要、法学通论，以及咨议局、地方自治、调查户口章程等，每天六小时，学期八个月。本来按照部章，自治研究所经费由地方公款筹办，无款可筹者可酌收学费。南部县令屡次准备禀请随粮加收，"又恐民力不逮"，遂向学员反复开导，定学员每人每月交钱一千文以为经费。并许诺，如学员不能全力承担，准由该场保甲在公益款内酌予资助。③ 州县自治研究所学员以本地士绅为主，毕业后则担任调查员进行户口和选民调查，成立自治筹办处。

自治研究所的目的是培养筹办自治人员，但时间紧迫，很多地方为应付上级，匆忙设置，离部章要求相去甚远。有报纸刊载：

> 鄂属孝感县自治研究所共取学员二百四十人，其中程度不齐流品猥杂。有向以算命谋生者，有向以卜筮为业者，有向来

① 《宪政编查馆奏核覆自治研究所章程折》，载《东方杂志》1909 年第 5 期，记载一·宪政篇，265 页。

② 也有一些省并没有按照部章要求在每个州县都设置自治研究所。如广西，巡抚张鸣岐以交通不便，经费缺乏为由，将全省分为三区，分别设置自治研究所训练人才，但要求各厅县各设自治筹办公所，遴选正绅主办。见《广西巡抚张鸣岐奏筹办地方自治情形折》，载《政治官报》第 564 号，宣统元年四月初七日，9～10 页。

③ 清代四川南部县衙门档案：《为计开南部县开办地方自治研究所简章事》《为具禀南部县自治研究所业已开办遵札填表开折造册事呈督藩学臬道等宪》，宣统元年，20-951-4。

贸易者，有素称讼棍者，有冒名者，有顶替者，有聋者，有跛者，种种人才无所不备。近又添有未经录取之学生三十余人，或缴钱六七十串，或四五十串，或二三十串不等，缴钱后直接听讲。近日因调查户口共分十区，而自治学员人数过多，无从安插，分为每人一区。该学员等自命为五品乡官，各乘四轿随带亲兵两名，所着之号衣均有自治调查亲兵六大红字。真奇矣哉！①

这是一个典型案例，但在"加快举办"自治而上级又不断催报成绩的情况下，材料所反映的混乱情况又具有一定的普遍性。

划分自治区域。按照《城镇乡地方自治章程》的规定，"凡府厅州县治城厢地方为城，其余市镇、村庄、屯集等各地方，人口满五万以上者为镇，人口不满五万者为乡"。至于如何划分，章程提出了一个基本原则："城镇乡之区域，各以本地方固有之境界为准。"②但各地情况不一，特别是如何"以本地方固有之境界"划分区域，是一个复杂的问题。

比如有很多地方原来的境界并不明确，或者需要合数乡为一乡，或者须分一乡为数乡，或者以此乡分属彼乡，在这种情况下，则"以习惯民情、两臻便利"为重要。③ 其中尤其是乡的划分，"分析太多，恐有失于涣散之处，强为联合，则又易启冲突之患，每由各处自治员绅斟酌析并"④。如山东单县原有 5 乡 72 保，如划分 5 乡则太大，划分 72 保则太碎，则采取合并之法，分作 10 乡，另将县西北隅插

---

① 《自治之现象如是》，载《申报》1910 年 10 月 20 日，第 1 张后幅第 4 版。

② 《宪政编查馆奏核议城镇乡地方自治章程并另拟选举章程折》，《清末筹备立宪档案史料》下册，728 页。

③ 《自治筹办处筹办地方自治释要》，载《湖北官报》1911 年第 16 期，公牍，9 页。

④ 《江南筹办地方自治总局批如皋县据如邑选民许国桢等呈区图叩饬分区以附定章由》，载《南洋官报》1911 年第 189 期，两江奏牍，32～33 页。

入他县之 17 庄另作为 1 乡，共 11 乡。每乡各设一自治公所。各乡命名办法"或以著名山川或以古县故址，或即自治公所所在之庄名"①。再如山东文登县管山都里，拟分为二乡，但调查员发现，这一地方从前地方公益事件均系合办，如分为两乡，则自治均需分别设立，用费必繁，所以"循地方上之人情习惯"，将该地固有之区域合并为一乡。②

有的地方出于历史原因，存在一个乡镇隶属不同州县管辖的情况，在划分区域时就存在合并还是分划的矛盾。如江苏周庄镇分隶元和、吴江、青浦三县，隶元者 35 乡，隶江者 35 乡，隶青者 17 乡。自创议筹备自治，除青浦区域明晰，素主分办外，元和士绅主合，吴江士绅主分，各执一词。苏属自治筹办处认为元和、吴江上级自治为分设，则下级自治也应分设。在划界时，筹办处据元和县会勘区域界限，将部分吴江县管辖之地改归元和县辖，于是江震自治公所所长立即呈文抚宪，请免予变更。③ 双方故而争执许久。

然而划分区域不仅是举办选举、设立自治机构的基础和依据，也涉及未来自治团体的权限范围，于是有的地方出现地方士绅彼此互争区域现象。如江苏武阳城镇乡筹备自治公所和城绅主张将"城外厢坊并入城之区域"，但乡绅认为"城外厢坊为各乡之第一区，应并入乡之区域"。与城毗连的厢坊究竟属于城还是属于乡，双方僵持不下。④ 江苏苏属自治筹备处派员协商，同意前者的主张。但乡绅或消极不为，或动用乡间"民意"，阻止区域调查，并阻止呈送选民原

---

① 《批答单县申送区域总图一案》，载《山东自治报》1910 年第 16 期，函件类，13 页。

② 《合并区域之计划》，载《北洋官报》1911 年第 2818 册，各省近事，10 页。

③ 《江苏苏属地方自治筹办处、江苏布政使会详奉批吴江县周庄镇筹备自治区域争议一案绘图请示遵文》，章开沅等主编：《辛亥革命史资料新编》第 4 卷，298～299 页。当时吴江、震泽两县合并成立镇乡自治筹备公所，称"江震自治公所"。

④ 《自治公所区域之争议》，载《申报》1909 年 10 月 1 日，第 2 张第 2 版。

簿和正册。武阳筹备自治公所为化解矛盾，企图"圆通办理"，又引起了城绅的不满。城绅"联名具控上宪"，以致武阳筹备自治公所决定全体辞职。省自治筹办处再次派人调停，但多次协商不成。最后官府不得已介入调查，区域争议才得以解决。① 这一争执前后时间长达 9 个月，拖延了选民登记和选举。

其实区域划分背后也显现出利害与利益的博弈。湖北武穴镇毗邻长江，是一繁盛之地，划分镇区时合并了若干周边乡村，但不仅镇商不愿意，就是乡绅也不愿意。镇商认为"农商攸分，势难合并"，"乡中选民过多，喧宾夺主"；乡绅则害怕如合并到镇，则"必设审判厅，担负较重"，故而要求别设为乡。有镇商书禀省自治筹办处表达不愿合并之意，筹办处则认为"武穴附近各村彼此唇齿相依，由来已久，镇中公产关系于乡间者复多"，若分立镇乡则会易产生龃龉，没有批准。②

尽管若干地方为区域划分之事产生了一些矛盾，但从整体上看，州县之下城镇乡自治区域的划分工作还是较快地推行了下去，从而为进一步的选举打下了基础。③

调查选民与开展选举。城镇乡地方自治选民的调查和选举工作

① 关于武阳城乡区域划分的争议，《申报》做了连续而详细的报道。参见《城乡区域问题之解决》，载《申报》1909 年 11 月 28 日，第 2 张第 3 版；《详报督抚宪武阳二县城乡分画区域业据印委各员禀复由处批示决定办法文》，江苏苏属地方自治筹备处编：《江苏自治公报类编》第 13 期，文牍类，363～365 页。

② 《自治筹办处批广济县武穴镇商民恒升益等禀请委员会勘区域由》，载《湖北官报》1911 年第 162 期，公牍，7 页。

③ 由于这是中国历史上第一次依据一定的标准大规模地划分城镇乡，难免简单和粗疏，故而各地在举办自治的过程中多有调整。如广东合浦县的靖海镇，系北海、高德街、涠洲墩三处合并而成，并已选举产生了议事会议员。但由于三处相隔较远，经议员呈请，三处又分析为乡，之前的选举作废，重新分别举办。见《督院张据合浦县李令同禄申请将北海高德涠洲墩等三处并镇之案注销各分析为乡自治团体缘由行广东地方自治筹办处核明详办文》，载《两广官报》1911 年第 18 期，宪政，265 页。

在 1909—1910 年逐步展开。为筹备选举事宜，各省以自治研究所毕业学员为宣讲员分赴各地宣讲自治及选举办法，"俾共知选举为公民之特权，被选为与闻政事之始基"①。各州县自治筹办所或事务所负责筹办各项选举事宜，省自治筹办处督办。

在江苏盛泽镇，筹备自治公所将调查户口、选民同时进行。公所"妥议调查入手办法，仍照从前清丈清乡习惯界限，将区内一百八十三圩分划十四段，由所派员与各该段图董挨户查口，随时和平引导，务求详慎，幸无疑阻。至本年(宣统二年)六月，全区户口、选民一律查竣，复经职等审复无异。计十四段，除内有十七圩查无户口外，共正附户一万三千六百八十五户，男、女口五万七千一百五十五人"。在此基础上，统计合格选民"甲、乙两级共九百三十七名，正税公益捐总额共洋二万零八百十六元零"，并确定了宣示选举人名册时间和乙级、甲级选举投票时期。②

由于乡民对选举的不理解，因此有的地方此项调查登记工作进展并不顺利。据湖南长、善两县复选调查员谈及四乡调查选举资格的困难时说："因地方风气未开，不识选举为何事，居民仍狃于积习，有产业者往往匿不肯报，或以多报少，或以有报无。推原其故，由于昔时之地方官对于居民之有财者往往借故勒捐，以致民间畏官，知有产业，不肯据实报告。又乡人习惯有财产者惟求闭门自守，决不欲干预外事，故调查员复查时彼即再三呈明，不愿自居于被选之列。"③

选举中还碰到一些具体问题，尤为值得注意是选民资格中"年纳

---

① 《贵州巡抚庞鸿书奏贵州第一年筹办宪政及现办情形折》,《清末筹备立宪档案史料》下册，762 页。

② 《震泽筹备自治公所所长张嘉荣等上报户口清册及总表呈文》《盛泽区筹备自治公所禀报调查竣事拟宣示期限及选举日期请吴江县署察核并详报备案文》,章开沅等主编：《辛亥革命史资料新编》第 4 卷，308、317 页。

③ 《各省要闻汇志》,载《湖北地方自治研究会杂志》1909 年第 3 期，杂录，428 页。

正税或本地方公益捐二元以上者"之规定。"正税"是指"解部库、司库支销之各项租税而言"。其他如牙帖税、烟酒税、土膏捐、屠捐、人力车捐及百货厘金均属间接税，而这些，不仅数额超过正税，而且与地方工商业者关系密切。江西九江商会就为此致电民政部，要求将厘金关税作为正税。民政部同意他们的要求，回电称"厘金亦属库款，应作正税论"①。不过以厘金等作为正税并不被士绅所接受。湖南咨议局成立后，就此质疑，认为如将这些间接税作为正税，则是以工商税额为多寡定选举之资格，"选举时往往资本甚微，又无不动产者，辄高占甲级，而缙绅先生及家道殷实者，反抑居乙级，殊为失平"②。

同样的问题在江苏也存在。江苏省自治筹办处关于选民条件的解释中，以漕牙典税房捐及酱缸捐等为正税，以厘金关税为营业间接税。而在民政部复湘抚、赣抚的电报中，认为厘金"亦属库款，应作正税论"。由此一来，部与省的解释各不相同，就是自治公所和部分士绅也各持己见。在江苏盛泽，有绸商欲以厘金作为甲级选民资格，商会致电民政部要求运动筹办自治公所更改选期，部分已定为乙级选民的人则禀筹办处要求遵宪谕照章办理，"另举公正士绅办理投票"。最后由巡抚电询民政部，得到答复"应酌量地方情形办理"。苏属地方自治筹备处依据苏属情况，定厘金"仍当为间接税"，此一争执才尘埃落定。③

但就是这一规定，在有些边远地区竟然无法做到，不得不寻求变通。如四川总督致民政部电称：四川有的边远城镇，合二元税捐

---

① 《疑义要电》，江苏地方自治筹办处编：《江苏自治公报类编》1911年第41期，22页。

② 《各省筹办地方自治与馆部往来各电汇录》，载《法政杂志》第1年第8期，42页。

③ 《江苏苏属地方自治筹办处对沈蓉照等禀请饬催盛区赶速定期投票的批示》，《江苏苏属地方自治筹办处复吴江县盛泽镇电》，章开沅等主编：《辛亥革命史资料新编》第4卷，322、327页。

资格之选民只有七八名，有的甚至无一人，而年纳正税不及二元者，每处尚有百数十名，遂要求仿照日本市町村制地租之解释，酌量从宽，即凡纳正税者，即取得选民资格。而四川接近少数民族之边远厅州县，居民纳税捐者甚少，满二元者尤少。所以要求暂将该地纳有税捐，具备其他资格者均作选民，先办厅州县上级自治，缓办乡下级自治。民政部复电不得不同意四川偏僻城镇居民和邻近夷地选民，可"酌量变通"处理。①

尽管各地对"年纳正税"包含内容的把握不同，但还是将选民依纳税多少分类并进行了选举。如山东蓬莱县，天祥当号张维祺等20人税捐总额1672.9元，"足当税额总数之半"，应为甲级，余均为乙级。馆陶县城区税捐总额共482元，"有高为至等十八人共纳贰佰四十六元作为甲级，另外六十人作为乙级。该县议员额二十名，甲、乙各选十名"②。再如江西首县南昌共计居民138656人，选民总数2437人，完纳税捐总数38781.5元。其中甲级选民257人，余归乙级。选举名额37名，内以19名归甲级。③ 根据这个数额统计，选民占总居民人数的比例是1.76%，其中甲级选民的当选比例是13.5∶1，即13个半人中可有一人当选；乙级选民的当选比例是121∶1，即每121个人中才有一人当选，相比悬殊。由此可见，真正具有选举权的人很少，而在有选举权的人中，纳税高者与纳税低者享有的权利是不平等的。

四川南部县新政、富驿两镇于宣统二年九月（1910年10月）举行了镇议事会的选举，整个选举过程均依程序进行：

九月二十九两镇同日举行议事会选举，乙级先一日，甲级

---

① 《护川督致民政部电》，载《法政杂志》第1年第9期，附录，43、40页。

② 《札蓬莱县饬令更正选民册文》《札馆陶县城区选民已由本处代为分级饬遵文》，载《山东自治报》1910年第16期，文牍，5、6页。

③ 《各省筹办地方自治》，载《申报》1910年6月15日，第2张第2版。

后一日。由县派员分往各该镇管理投票开票事宜，以得票较多数者以次递推。票数同者以年长之人列前，年同者抽签定之。新政镇人口仅及六万，选出议员二十二名。富驿镇人口仅及五万，选出议员二十名，均甲乙各半。当即榜示，并知会各当选人均经依限答复应选，由县给予执照。十月初六两镇各召集议员，用无记名单记法互选，票额以全数投票议员过半数为当选。新政镇第一次选出议长程光伊，第二次选出副议长张炳先。富驿镇第一次选出议长李识韩，第二次选出副议长何谭易，当即分给执照。

八天后，两镇议事会由议长召集会议，选出董事会正董、陪董，以及董事、名誉董事报知县核准并加考语，报总督查核遴选，加札任用。①

关于城镇乡董事会和乡董的选举，甘肃的选举方法是分为三次：第一次选举总董，用无记名单记法；第二次选举董事；第三次选举名誉董事。乡选举分为两次，第一次选举乡董，第二次选举乡佐，以上"均用无名连记法"。"每次投票完后，即时开票"，将当选名册呈送地方官。在任用方面，总董由地方官申请转咨自治筹办处转详总督遴定加札任用；董事名誉董事、乡董由地方官核准选择任用，并请总督转咨民政部存案。②

这是中国社会中第一次基层自治的选举，尽管有资格参加选举的只是少部分人，但无论在形式和内容上都具有了与以往不同的新特点。当然，由于准备匆忙，各地出现的问题也不少。有的地方选

①　清代四川南部县衙门档案：《为详报县属新政富驿两镇议事董事各会选举完毕正陪总董分别造赍自治职员表册事呈四川地方自治筹办处川北道保宁府》，宣统二年十月二十五日，21-1009-3。

②　《甘肃各厅州县城镇乡地方自治顺序施行细则》，载《甘肃官报》1910年第4期，专件，17页。

举操作不规范，竟出现议员票数多于选民人数者。如山东齐东县城区甲级选民 50 名，选举甲级议员 10 名，但计票时发现竟得选票 110 张之多。① 有选举权者本不多，放弃选举者也不少。如江苏武阳城厢的自治选举，乙级选举日"到所投票者仅 313 人，放弃选举权者 900 余人"，其中原因之一是"学界中人因暑假伊迩学期考试颇忙，故尤多放弃"。"二十日，举行甲级选举投票，到者三十二人，放弃选举权者二十人"②。苏州府长洲、元和、吴县同城，共设一城议事会，有甲级选民 80 名，但投票时仅到 38 人。③ 此外还有种种舞弊现象，如《申报》载江西南昌、新建两县城自治议事会有议员，"皆系金钱运动而来，以故流品太杂，招摇营私之辈，实繁有徒。总董、董事、正副议长等稍知自爱者，早已引退，盘踞者，仅一二无意识之徒，附和其间"。县令梁继泰监督详大吏要求解散，改选开议。④ 此外，还有的地方选举因怀疑作弊而发生冲突。如宣统三年闰二月十五为江宁初选开票之期，管理员等均于七时齐集贡院衡监堂，初选监督赵大令亦于辰时亲临。不意劝学所总董章广祺于未开票前私行开柜，彼时即有顾君王君等向初选监督诘问。赵大令婉劝至再，允其作为无效。后因章某独得多数，故仍列名。顾某等执意不认，并以得票多数者一半为劝学所人员，向监督提出疑义，并集议准备联名控告。⑤

①　《札齐东县议员票数多于选民人数文》，载《山东自治报》1910 年第 21 期，文牍类，5 页。

②　《各省筹办地方自治》，载《申报》1910 年 7 月 3 日，第 2 张第 2 版。

③　《苏垣甲级选举开票》，载《北洋官报》1910 年第 2355 号，各省近事，10 页。

④　《南新城自治议员营私解散》，载《申报》1911 年 4 月 11 日，第 1 张后幅第 3 版。

⑤　《各省要闻汇志》，载《湖北地方自治研究会杂志》1909 年第 3 期，杂录，427 页。

### 二、厅州县地方自治的推进

本来按照筹备清单，宣统二年（1910 年）的工作任务是续办城镇乡地方自治，同时筹办府厅州县自治。该年三月民政部又催促各地举办中等城镇议事会、董事会，并要求先将省会地方首县筹设议事会参事会。① 但到十一月（1910 年 12 月）忽然又有了变化。在立宪派的压力之下，清廷不得不宣布将提前于宣统五年开设议院。上谕要宪政编查馆将所有筹备清单各项事宜原定年限分别缩短。宪政编查馆研究后提出：原单列第六年以后者，均酌改年限，一律提前，"其续办地方自治各条，循序渐进，计非旦夕所能观成，兹酌改为按年续办，以求实际而免阻碍"②。修正后的逐年筹备清单，续办地方自治一直持续到宣统四年，至宣统五年开设议院。修正清单不分城镇乡、府厅州县，不分繁盛、中等、偏僻，也不分是否需要先试办，一律续办。这样，各省压力陡然加大，不得不再次加快办理步伐。

然而由于城镇乡自治涉及面大，所面临的经费、人才困境也日益暴露。在这种局面下，一些省的督抚反过来主张先办上级自治。宣统二年，孙宝琦上折请变通地方自治，认为山东举办城镇乡自治有四难：划分区域难、选举职员难、筹备经费难、联结团体难。所以主张先办上级自治，并采用速成办法，将当时各厅州县已经设立的自治筹备公所改设自治会。其余人口满五万人以上的镇可先行举办，其余乡的缓办。③ 但宪政编查馆复议时认为与定章不符，没有同意。④

---

① 《民政部谨奏为胪陈第三年第二次筹备宪政成绩恭折》，载《京报》163 册，宣统三年四月初四日，263 页。

② 《宪政编查馆大臣奕劻等拟呈修正宪政逐年筹备事宜折》，《清末筹备立宪档案史料》上册，88～92 页。

③ 《山东巡抚孙宝琦奏请变通地方自治折》，《国风报》1910 年第 16 号，文牍，9～13 页。

④ 《宪政编查馆会奏议复山东巡抚孙宝琦奏地方自治拟请变通章程折》，载《政治官报》第 1015 号，宣统二年七月二十二日，5 页。

该年咨议局开会时，有的省从上下统系的角度，亦主张先办上级自治。湖北咨议局认为，"仅有地方最高之议决机关，各厅州县之声援不足以响应。故各厅州县地方自治不能成立，咨议局虚悬而无薄，终必流于有名而无实"，所以通过了一个"划一筹办厅州县自治缩短成立年限案"，要求厅州县自治不分繁盛、偏僻，一律于宣统三年九月前成立。湖广总督批复："咨议局以厅州县自治实挈其纲，相度本省情形，议请提前赶办，期于明年一律完备，亦自言之成理。"①

与此同时，云贵总督、广西巡抚、河南巡抚、安徽巡抚也先后奏请将府厅州县自治提前赶办；吉林则声称上下两级自治"兼营并进"②。他们提出的理由，无非是城镇乡自治将面临更多的经费、人才困境，不如先成立上级自治，"则责成办理较易集事，且经费亦可从节"③。有的省还付诸行动，据宪政编查馆对第三年第二届（即1910年下半年）的统计，厅州县议事会参事会已成立者有直隶冀州、元氏等13个州县，江苏苏属川沙厅等10处，四川华阳、成都、江北厅、泸州、巴县等5处，还有山东、山西、河南、广东、福建、陕西省会首县。④

直隶是举办上级自治最有成效的省，据1911年上半年的统计，该省"各厅州县议参事会已成立者一百二十四处"⑤，居于各省之冠。

---

① 《划一筹办厅州县自治缩短成立年限案》，吴剑杰主编：《湖北咨议局文献资料汇编》，612、626页。

② 《东三省总督赵尔巽吉林巡抚陈昭常奏报第六届筹备宪政情形折》，载《内阁官报》第99号，宣统三年十月初十日，4页。

③ 《河南巡抚宝棻跪奏为筹办地方自治酌量变通办理情形恭折》，载《京报》第163册，宣统三年二月初七日，34页。

④ 《宪政编查馆奏遵限考核京外各衙门第三年第二届筹备宪政成绩折》，载《政治官报》第1285号，宣统三年五月初三日，10页。

⑤ 《直隶总督陈夔龙奏胪陈第六届筹备宪政情形折》，载《内阁官报》第42号，宣统三年八月十三日，8页。

之所以进展较快，推其缘故有二。

一是直隶是地方自治的试办地区，"开办较先"。天津县议事会成立后，就开始着手向全省推广。光绪三十三年（1907年），提学司札饬各州县选送士绅四人赴天津自治研究所研究自治，毕业时又在每州县学员中择优者一人赴日本学习考察自治制度。光绪三十四年（1908年）成立省地方自治筹办处，制定自治学社章程，通令各属举办，后改为自治研究所。宣统二年（1910年），各州县又以曾在天津自治研究所肄习的士绅为骨干成立自治预备会，作为筹备自治的机构，自治研究所附设之，毕业学员成为调查户口、举办选举事务的工作人员。上述工作不仅较其他省份更为充分，而且普及面较宽，为在较短的时间里成立厅州县自治提供了一定的基础。

二是与直隶总督的认识与态度有关。城镇乡地方自治章程颁布后，直隶总督杨士骧在筹办自治折中一方面要省自治局"研究办法，克期举行"，另一方面又说"大抵城镇乡自治较难于府厅州县，穷隅僻地，智识多未开通"，所以"尤不可操切图功"。① 宣统二年八月（1910年9月）在任的总督陈夔龙在奏折中说："直隶各城可称繁盛中等者本属无多，而人口满五万之镇尤为寥寥。"折中列举的全省繁盛之城只有2处，繁盛镇6处，中等城17处，均作为指定提前筹办之地。而此时厅州县中，已有自治预备会130处，自治研究所134处。所以他对举办上级自治更有信心："有研究所以植其基，有预备会以筹其事，各属自治当不难渐期发达。"② 督抚是各省地方自治的督办者和推行者，他们的态度直接影响各地的具体实施状况和进展。

在直隶，除冀州等13处议事会参事会是宣统二年成立的外，其余大部分都是宣统三年上半年成立的。需要具体说明的是，直隶厅

① 《直隶总督杨士骧奏遵章筹办地方自治折》，载《湖南地方自治白话报》，1910年第2期，奏折，3页。

② 《直隶总督陈夔龙奏胪陈第四届筹备宪政情形折》，载《顺天时报》宣统二年八月十九日，第5版。

州县自治多有变通之处。本来按照部颁章程，府厅州县自治的选举事宜要由城镇的总董和乡的乡董管理，而直隶由于城镇乡地方自治尚未完全成立，所以多"由地方官暂就自治预备会会员中遴员管理"①。由于提前办理，城镇乡区域尚未最后划定，各州县多仿照天津县自治选举办法，以巡警总局、分局所在地分区举办选举。② 本来章程定府厅州县自治经费主要来自地方税，然而由于当时地方税章程尚未颁布，故宣统二年直隶布政使改订税契章程，定田房税契归自治预备会经理，以官契纸价提二成、典买牙用五分中以二分作为自治经费。③ 各州县议事会、参事会成立后，自治预备会取消，税契之事移归参事会办理。有的州县因经费不够，还征其他税作为补充，如青县，还筹取牲畜票钱，提取庙产等，以致"事端遂多，物议亦沸腾"④。

由于成立匆忙，也由于辛亥革命的爆发和清政府的灭亡，这些已成立的厅州县自治结局也不相同。部分议事会参事会一直存在至民国三年（1914年）袁世凯下令停止地方自治时止。其中有的运作较好，如涿县，民国元年，议事会对一切陋规逐项审查，"循名责实，公开厘定"，并设有监督财政专员，"一时宿弊廓除"⑤。有的则有留有恶名，如盐山县，议会"无补公益，官民胥厌苦之来，未几议长以涉讼罢除，名存实亡，益无所事"⑥。

---

① 《顺直咨议局议决交议府厅州县地方自治章程施行细则案》，载《顺天时报》，宣统二年九月二十四日，第4版。

② 《天津府自治局拟定试办天津县地方自治选举规则》，《北洋公牍类纂》卷1，103页。《广宗县志》卷6，法制略，6页，民国二十二年铅印本。

③ 《藩台告示》，载《北洋官报》1911年第2755册，文告录要，7～8页；《南宫县志》卷11，法制志，新政篇，2页，民国二十五年铅印本；《献县志》卷7下，新政篇二，12页，民国铅印本（原书年代缺）。

④ 《青县志》卷7，经制志，时政篇，18页，民国二十五年铅印本。

⑤ 《涿县志》，第4编，第4卷，自治，1页，民国二十五年铅印本。

⑥ 《盐山新志》卷10，法制略六，新政，5页，民国五年铅印本。

山东上级自治办理也较迅速，据巡抚的奏报，该省 1911 年上半年已有济南府全属及其余府直隶州属下共 70 州县成立上级自治。如广饶县，县议事会参事会于宣统三年六月成立，有议员 22 人，但只开过一次会，民国元年夏"自动组织县议会改选"①。高密县于宣统二年成立地方自治研究所，划全县为 11 区，按区之大小，每区保送自治学员 2～4 人到所学习。8 个月毕业，办理调查户口、选民及自治选举事项。宣统三年六月选举成立县议事会、参事会。② 民国以后，山东不少州县于元年进行了议事会改选，直至 1914 年奉令取消。

江苏、四川也有若干厅州县成立上级议事会参事会，但主要是首县和繁盛之地。川沙厅的自治议员选举在宣统元年正月完成，但"因乡民仇视自治，顿起风潮，事遂中止"③，拖至八月才开会选举议长副议长及参事会参事员。"后适因武昌起义，致厅议事会未及开议。"④四川万源县宣统三年成立县议事会、参事会，"两会经费统在契税项下每价钱百串加抽钱十文，又于征粮项下每银一两加抽银一元"⑤。荣经县亦于宣统三年成立县议事会、参事会，不久"保路变起，议会遂停"⑥。

由于辛亥革命的爆发和清政府的灭亡，大多数已成立的厅州县自治并没有真正运作起来，唯江苏嘉定县志中有较详细记载，反映了州县自治的成立过程和短暂命运。

①　《续修广饶县志》卷 7，政教志，地方自治三，2 页，民国二十四年铅印本。
②　《高密县志》卷 11，政治志，自治制度沿革，22 页，民国二十四年铅印本。
③　指川沙乡民反自治风潮，具体可参见黄冬兰：《清末地方自治制度的推行与地方社会的反应——川沙"自治风潮"的个案研究》，载《开放时代》2002 年第 3 期。
④　民国元年川沙改厅为县。《川沙县志》卷 18，选举志下，8 页，民国二十五年铅印本。
⑤　《万源县志》卷 6，民治门，法团，2 页，民国二十一年铅印本。
⑥　《荣经县志》卷 8，新政志，议会，2 页，民国四年刊本。

（宣统二年六月）设立自治筹备公所，由知县邵鼎委任邑人王述董为筹备所长，顾和澍、黄世祚副之。推定各乡参议员，订定进行日期，第一期筹备乡治，至宣统三年正月各乡自治会一律告竣。第二期筹备县自治。……按照各乡区人口多寡及道里远近酌量分配，划定选举区九，各区出议员二名至五名不等。六月间各区县议员一律选出。乃由议员互选参事员，以存仁堂为会所，至七月初一日在明伦堂举行县自治成立式。……九月初一日议事会开第一次常会，收到长官交议、议员建议、团体及人民陈请案一百余件，其中关于革除夫束议案为特多。惟开会未及半月，光复事起，提议各案中仅议决组织民团一案，余如革除夫束、归并自治区域、疏通河道各要案，均付审查，并未议决。①

### 三、两级自治的办理成绩

光绪三十四年（1908 年），清廷宣布宪法大纲并制定九年筹备清单后，为考核内外宪政筹备情况，宪政编查馆设置了考核专科，遴派总办帮办，"专司考核京外各衙门应行筹备各事"，遵照钦颁九年定限清单，按期查核。要求内外臣工，每届六个月，将筹办成绩胪列奏闻，并咨报宪政编查馆查核，"自光绪三十四年八月起至十二月底止为第一届，以后每年六月底暨十二月底各为一届，限每年二月内及八月内各具奏咨报一次"。并说明"如有逾限不办，或阳奉阴违，或有名无实，即由馆指名据实奏参"②。依据各省督抚的奏报，我们可大致了解各省地方自治的办理成绩：

---

① 《嘉定县续志》卷 6，自治志，县自治，12 页，民国十年铅印本。
② 《宪政编查馆会奏设立专科考核议院未开前应行筹备事宜酌拟章程折》，《清末筹备立宪档案史料》上册，69～70 页。

表 5.1  1911 年各省地方自治办理情况

| 省份 | 奏报人和奏报时间 | 办理自治内容 | 资料出处 |
|---|---|---|---|
| 四川 | 四川总督赵尔巽，宣统三年二月 | 已成立城会一百处，镇会一百四十三处，乡会六十七处。成都、华阳两首县、江北厅、泸州、巴县等厅州县筹设议参会，均已告成 | 《清末筹备立宪档案史料》下册，806 页 |
| 奉天 | 东三省总督锡良，宣统三年二月 | 奉天城镇乡自治同时举办者有承德等二十四属，统计成立城镇乡会二十四属。厅州县自治凡选举之调查，名册之制造，议员数额之比算，现均办有端绪 | 《清末筹备立宪档案史料》下册，812 页 |
| 吉林 | 吉林巡抚陈昭常，宣统三年二月 | 繁盛各属及中等提前各城镇议事、董事会，均已具报成立，所有下级自治规模，于焉大备。府厅州县自治已分制筹办大纲，组织官绅研究所，以养成上级自治人才 | 《辛亥革命史资料新编》第 4 卷，440 页 |
| 安徽 | 安徽巡抚朱家宝，宣统三年三月 | 安徽各属城厢自治已于宣统二年六月成立，镇乡自治宣统三年六月成立，并定于宣统三年十月底完成厅州县自治 | 《政治官报》第1251 号，宣统三年三月二十八日，7 页 |
| 广西 | 广西巡抚沈秉堃，宣统三年三月 | 城、镇、乡议事会本届展限成立者十三属，提前成立者七属；城、镇、乡董事会本届依限成立者十一属，提前成立者两属，业已选举者十六属；厅州县议事会提前筹办者两属 | 《政治官报》第1251 号，宣统三年三月二十八日，9 页 |
| 湖北 | 湖广总督瑞澂，宣统三年三月 | 全省城自治议事董事各会已于年内一律成立，镇自治会成立者有江陵之沙市等十五镇，乡自治会之成立者有二十四乡。府厅州县自治限于宣统三年十月以前同时竣事 | 《清末筹备立宪档案史料》下册，817 页 |
| 云南 | 云贵总督李经羲，宣统三年三月 | 指定繁盛中等之昆明、昆阳等二十七城议事董事会依定限成立。通省厅州县议事会参事会一律提前筹办，指定之昆明等五州县年内陆续申报成立 | 《云南官报》1911年第 10 期，1 页 |

续表

| 省份 | 奏报人和奏报时间 | 办理自治内容 | 资料出处 |
|---|---|---|---|
| 湖南 | 湖南巡抚杨文鼎，宣统三年三月 | 指定繁盛城镇并省城两首县户口及选民资格城厢均一律告竣，各乡初查亦将次蒇事。各厅州县城乡调查户口暨选民资格复查初查正在敦促进行 | 《政治官报》第1251号，宣统三年三月二十八日，14页 |
| 广东 | 两广总督张鸣岐，宣统三年四月 | 南海、番禺、顺德、新会、香山、归善、海阳、澄海、新宁九县城，九龙堡、大沥堡等二十六镇各议事会董事会业已先后具报成立。南海、番禺两县议事会参事会亦经同时筹办，划分区域、调查资格，本年三月当可成立 | 《两广官报》1911年第1期，16页 |
| 贵州 | 贵州巡抚庞鸿书，宣统三年四月 | 各属城议事会议员上年秋间选定，随即办理董事会选举，现计报办者已有六十四属 | 《政治官报》第1269号，宣统三年四月十六日，10页 |
| 江苏宁属 | 两江总督张人骏，宣统三年四月 | 通州、上元、江宁三属繁盛城镇已依限成立，其余三属尚未办竣 | 《政治官报》第1263号，宣统三年四月初十日，7页 |
| 甘肃 | 陕甘总督长庚，宣统三年五月 | 指定繁盛地方城镇议事会董事会均已成立；指定之中等地方城镇在本年二月以前成立；厅州县自治以皋兰为各省城首善之区，已照章开办自治 | 《京报》宣统三年五月，影印本第439页 |
| 山西 | 宪政编查馆，宣统三年五月 | 阳曲等十四属城镇乡议董两会均成立，交城等十一属议事会成立 | 《政治官报》第1285号，宣统三年五月初三日，9页 |
| 新疆 | 新疆巡抚袁大化开缺新疆巡抚联魁，宣统三年闰六月 | 省城自治研究所第一届听讲员于宣统三年三月毕业，各属应设研究分所陆续设立。省会迪化，外府首邑疏附、温宿、绥定等县，莎车府，疏勒、和阗等七处均报设法成立议董各会 | 《政治官报》第1343号，宣统三件闰六月初二日，7页 |

续表

| 省份 | 奏报人和奏报时间 | 办理自治内容 | 资料出处 |
|---|---|---|---|
| 陕西 | 宪政编查馆、开缺陕西巡抚恩寿，宣统三年七月 | 城区议董两会成立者八十余属；外府首县大荔等四县先后成立县议事会参事会；镇及近城乡区正提前筹设之中 | 《政治官报》第1285号，宣统三年五月初三日，9页；《内阁官报》第11号，宣统三年七月十一日，5页 |
| 直隶 | 直隶总督陈夔龙，宣统三年八月 | 本届各厅州县议参事会已成立者一百二十四处，城镇议事董事会七处，乡会乡董七十三处 | 《内阁官报》第42号，宣统三年八月十三日，8页 |
| 江西 | 江西巡抚冯汝骙，宣统三年九月 | 全省告成者凡六十七厅州县共分五十四镇七百七十四乡，其余十四州县又经函电交催赶办速报，转瞬间下级自治必能完全成立，同时续办上级自治 | 《内阁官报》第61号，宣统三年九月初二日，分类合订本，207页 |
| 浙江 | 浙江巡抚增韫，宣统三年九月 | 城镇乡议事会成立者一千二十一区；董事会及乡董乡佐成立者八百十区；金华等二十四州县议事会选举等事已办理完毕 | 《内阁官报》第63号，宣统三年九月初四日，分类合订本，209页 |
| 山东 | 山东巡抚孙宝琦，宣统三年九月 | 通省各州县城镇议董两会及历城县全县议事会参事会并城乡各会已于上半年内一律成立；州县议事会参事会已成立者有济南府全属及其余府直隶州属下共七十州县；因灾赶办不及禀请展限者尚有三十六州县 | 《内阁官报》第72号，宣统三年九月十三日，分类合订本，229页 |
| 福建 | 闽浙总督松寿，宣统三年九月 | 全闽五十九城及已指定之七镇议事会董事会均已一律成立，未指定镇之自治会成立二十四处；首县乡自治会已着手选举，其余各县之乡已着手调查，今年下半年必能一律成立 | 《内阁官报》第72号，宣统三年九月十三日，分类合订本，226页 |
| 江苏苏属 | 江苏巡抚程德全，宣统三年九月 | 苏属三十七州厅县共划分镇乡四百二十余区，现已成立者三百二十区，其全数一律成立者计二十州厅县。上级自治提前办理者有川沙厅和太仓、镇洋、崇明、嘉定等州县 | 《内阁官报》第76号，宣统三年九月十七日，9～10页 |

续表

| 省份 | 奏报人和奏报时间 | 办理自治内容 | 资料出处 |
|---|---|---|---|
| 黑龙江 | 东三省总督赵尔巽、黑龙江巡抚周树模，宣统三年十月 | 龙江、呼兰、绥化、嫩江及大通兰西两县已将城议事会及乡议事会乡董一律成立；其余各县已将城议事董事会成立。城镇乡自治成立后接办上级自治 | 《内阁官报》第97号，宣统三年十月初八日，4页 |
| 河南 | 河南巡抚宝棻，宣统三年十月 | 直隶州厅及外府首县之城及繁盛各镇乡自治均已先后成立；其余州县已成立者四十四城、三十镇、五十八乡；厅州县自治年内提前筹办完备者仅祥符一县，五十五州县已划分选举区 | 《内阁官报》第91号，宣统三年十月初二日，4页 |

　　表中宣统三年上半年奏报成绩依据的是宣统二年年底的统计，下半年奏报依据的是当年上半年的统计。湖南因"灾乱"奏请展缓；新疆称"边地人格不齐"，议事会董事会只能"酌量试办"[①]，二省进展相对较慢。虽然进度不一，但到1911年上半年，在城镇乡地方自治方面，城厢议事会董事会成立最多，繁盛镇议事、董事会大部分成立，乡自治部分办理较快的地方也已设立。府厅州县自治举办最优者为直隶，其次是山东，又次是四川、江苏等省。从整体来看，边疆和边远省份的进度要慢一些。

　　关于清末的地方自治，学界常有"名不副实"之讥讽。督抚所报告的这些数据究竟是否有参考价值？首先要了解这些数据是怎样得来的。清末九年筹备立宪清单公布后，宪政编查馆和各部都要求各地将举办情况按年分两次报告，方法就是填写各种表册。在筹备地方自治的工作中，凡划分区域、调查、登记选民、选举人名、议事会董事会名单等，都要由调查员登记造册报州县自治筹办处和地方官，州县自治筹办处将本地汇总册报省自治筹办处，再由省自治筹

---

① 《宪政编查馆奏遵限考核京外各衙门第三年第二届筹备宪政成绩折》，载《政治官报》第1285号，宣统三年五月初三日，9页。

办处造册报该管督抚，最后由督抚按要求奏报。此外，在筹备地方
自治的工作中，为把握进度和便于督催，有的省要求每两个月将筹
办情形具报一次，如不能定限完成，则给予一定的处分。如云贵总
督李经羲就因嵩明州等五城逾期未报，"分别酌记功过以示劝惩"①。
还有的省为避免空谈和不求实际的情况发生，札委士绅为调查员分
赴各属，以调查举办自治情况，认为无窒碍情形后方正式备案②。
正是这种造册报告和调查制度，不仅使督抚能够及时把握筹备自治
的进展情况，也反映督抚奏报中的各项数据大体是有依据的。这些
数据反映了清末地方自治的举办和进展情况。

当然，数据并不完全准确。由于是层层上报，地方官为免于处
分，常常夸大成绩，导致统计数据处于变动之中。③ 数据虽不准确，
但当时报刊的大量报道和民国地方志的记载，都可印证清季举办地
方自治是取得了相当的成效的。

地方自治的举行，确实给基层社会带来了一些新的气象。如江
苏华娄城议事会于宣统二年五月(1910年6月)成立，报载成立时情
况："是日董事会到者四人，议事会连议长共到九人，监督戚太守、
张大令均登台演说，议长谢某某报告一切。"开会秩序为：开会，签
定座位，监督演说，主席报告，讨论则例，休息15分钟，入座，复
讨论规则，给议员入场证券，给旁听证券，散会。④ 会场秩序井然。
尤其是，议事会讨论允许旁听，江苏丹徒城厢议事会开会时，议长

---

① 《督院李奏陈第五届筹备宪政情形折》，载《云南官报》1911年第10期，
章奏，1页。

② 《江苏巡抚程德全为调查各属办理自治情形事札委黄炎培杨廷栋为调查
员文》，章开沅等主编：《辛亥革命史资料新编》第4卷，77页。

③ 如直隶总督陈夔龙奏报第五届筹备宪政成绩时，列举的城镇成立议董
会的是24处，还有91乡成立议事会，反而超过下半年第六届奏报的数字(见表
5.1)。《直督陈夔龙奏胪陈第五届筹备情形折》，载《顺天时报》宣统三年二月十
八日，第5版。

④ 《各省筹办地方自治》，载《申报》1910年6月15日，第2张第2版。

议员及旁听到会者 60 余人。①

　　许多地方城镇乡议事会成立后，都从议定规则开始，包括开会细则、旁听细则、办事规约等，认真履行职责。华娄城议事会成立后，短短一周内，列入讨论的议案就有请筹集自治经费、请修缮道路、请设调查户口处、请取缔营造房屋章程、请变通施医药局、请设戒烟会、请议垦荒、请议贫儿院、请禁日商福引券、请设立厕所、请筹定公园、请设华娄城乡自治研究所、请筹集公款公产于自治所、请自治规约规定人民请愿与诉愿条文、请组织松江旬报、请严禁售卖彩票、请严禁妖术以除民害、请设阅报社、请酌减荒地价牌俾种桑以兴蚕业、请黜华崇实借筹经费、请改造桥脚等。此外，还要议决商会移谍的商事诉讼案件。② 从议案内容上看，除涉及宪政及自治经费外，主要都是兴办当地公益事业和改良社会风俗。从议案来源上看，有董事会交议事件，也有议员提议事件。而董事会交议事件中，有一些是选民上董事会请议事件。上述种种均体现了"以本地人办本地事"的自治精神。

　　这些地方自治团体的活跃，一个很重要的原因是绅权与自治权的结合。中国传统乡村社会原来就存在绅权，他们在地方公益事务上有很大的积极性和自主性，但多是在体制外运作。新政开始以后，绅士们在办学堂、警察、工商，以及筹办地方自治等各项事务中发挥了很大的作用，以至有舆论称此为"绅士得志之时代"③。城镇乡地方自治使绅士参与地方事务有了组织化、制度化的平台，极大地激发了他们的参与热情。另一方面，当这些地方的自治团体出现以后，地方官的行政职能发生了一些变化。正如当时报纸评论的：自举办自治以来，州县官"除奉行上宪公事、完收钱漕、讯理讼案外，

---

① 《各省筹办地方自治》，载《申报》1910 年 6 月 15 日，第 2 张第 2 版。

② 《华娄城自治公所议事会夏季议案》，载《申报》1910 年 6 月 19 日、20 日、21 日、22 日，第 2 张第 2 版。

③ 《论绅》，载《申报》1908 年 6 月 15 日，第 1 张第 2 版。

一切地方政事，几有全卸责于自治公所之势，凡有事件发生，即交自治公所会议，遇有自治公所有所呈报，即日据自治绅董呈报实行"①。随着预备立宪的进展，许多新政措施都需要地方官去落实，他们深感事务繁杂，所以在城镇乡自治成立后，也有意将地方公益事务交由自治团体去完成，从而使自治团体的参与热情大增。

## 第四节　自治与地方社会

### 一、基层社会治理结构的变化

清代州县的行政特点是"以一人兼治众事"，地方事务"官为代谋"。但州县所辖数百里，许多地方公益事务则不得不由乡族社会自行解决。有的地方或有乡正、乡副管理地方事务，但人非公举，良莠难齐，因此鱼肉乡间，为害于民者，所在多有。正如康有为揭露的："自上言之，则督抚司道守令层级累重，自下言之，则乡州党族里闾无一官焉。有大官而无小官，有国官而无乡官，有国政而无民政，有代治而无自治。故政事粗疏芜荒，人才不进，地利不辟，而财用匮乏。"②

清末地方行政体制改革的重要目标是府厅州县和城镇乡实现地方自治，虽然由于清政府的灭亡，这一工作没有全部完成，但也从根本上改变了原有的治理模式，即将一部分原来州县行政长官无法包容的而与民生关系密切的地方事务交给自治团体去做，而自治团体无论议事会和董事会皆由选举产生。虽然清政府规定，各级自治团体要受地方官监督，但"以本乡之人办本乡之事"的原则和相关制度的制定，有助于扭转过去县以下"民治"太弱而由乡族社会自行处

---

① 《论办理地方自治亟宜改变方针》，载《申报》1911 年 3 月 14 日，第 1 张第 2 版。

② 康有为：《公民自治》，《康南海官制议》卷 8，14 页，上海，广智书局光绪三十一年刊行。

理地方事务的局限，将地方基层社会的管理纳入制度化的轨道，从而使基层社会治理的自治模式开始萌芽。

虽然清末主要完成的是城、镇、乡地方自治，但在一定程度上改变了基层社会的治理结构。

首先是州县以下出现了新的区域划分。清代县以下虽有保甲，有乡保、图里、村庄之称，也形成了一定的区域，但不具有行政意义。并且，很多地方乡、镇关系混乱，甚至形成"乡领都，都领图，图领镇、领邨"的格局。① 而在城镇乡地方自治的过程中，确定"凡府厅州县治城厢地方为城，其余市镇、村庄、屯集等各地方，人口满五万以上者为镇；人口不满五万者为乡"。在此标准下，各州县都进行了一次大规模的自治区域划分，从而在州县之下出现了城、镇和乡的自治区域。如江苏青浦县，全县分为16自个治区，计有城自治区一，镇自治区一，其余为乡自治区，"乡保旧名虽未除，自治范围已经划定"②。四川华阳县，除城区外，划全县属境为6镇3乡。③ 通过这一划分，城从府厅州县治中独立出来，大的城下还划分若干区；镇也摆脱了原先隶属于图的局面，升格为独立单位并与乡并存。由于时间很短，清末时期我们还很难判断国家力量是否通过自治区域加强了对基层社会的控制，但城、镇、乡自治区域的出现，却使基层社会的治理发生了重大变革，即从州县官—胥吏—保甲的治理结构，转变为官治与自治共在，以基层自治补官治之不足的治理格局。尽管清末没有完成这一转型，但却是20世纪基层社会治理变革的开端。

其次是作为基层社会重要力量的士绅阶层的变化和自治绅董的出现。晚清绅士地位上升有两个重要节点：一是太平天国时期，清

---

① 《吴县志》卷21上，乡镇一，1页，民国二十三年铅印本。

② 《青浦县续志》卷1，疆域上，自治区域，4页，民国二十三年铅印本。

③ 《华阳县志（摘录）》，《四川辛亥革命史料》下册，25页，成都，四川人民出版社，1981。

廷令各地举办团练，官督绅办，促使地方绅士借助军事力量大大抬高了自身的地位；二是清末新政时期，办学堂、兴工商，在在需要借助绅士的财力和人力。而真正使绅士的公共权力正规化、组织化的，则是地方自治的大规模施行。

地方自治的"以本乡之人办本乡之事"的原则，与中国传统社会中地方绅士承担公共事务的职能有一脉相承之处。出使俄国大臣胡惟德在奏请颁行地方自治折中说道：

> 中国幅员辽阔，户口殷繁，一省之中，州县数十，大或千里，小亦数百里，统治之权，仅委诸一二守令，为守令者又仅以钱谷、狱讼为职务，民间利病漠不相关，重以更调频仍，事权牵掣，虽有循吏，治绩难期。至于编户齐民，散而不群，各务私图，遑知公益，为之代表者，不过数绅士，又复贤愚参半。其出入官署因缘为奸者无论矣，即有一二缙绅，表率乡里，或由族望科名之殊众，非必才能学识之过人，以故府县之中，遇有应兴应革事宜，守令以一纸公文移知绅士，绅士以数人武断对付守令，转辗相蒙，而事终不举。①

州县官办理政务离不开绅士，绅士是民的代表，他们或受命于县令而办事，或协助官府办事，有时也会自行其是，即便有时会与官府发生冲突，但其在地方公共事务中的作用又是官府所不能不承认和依靠的。② 正因如此，当袁世凯在天津县试办自治时，就以官绅组成自治局，非常明确地说，"各国自治章程俱有法理，研究比较，责在士绅"，选拔士绅设立自治研究所，并由自治局、绅士和商

---

① 《出使俄国大臣胡惟德奏请颁行地方自治制度折》，《清末筹备立宪档案史料》下册，715 页。

② 张仲礼：《中国绅士——关于其在 19 世纪中国社会中作用的研究》，51 页，上海，上海社会科学院出版社，1991。

会公举人员组成自治期成会起草自治章程。① 其余各省自治筹办处也主要由绅士组成，如甘肃自治公所筹办处"所长由地方士绅中公举乡望素孚者二人呈请监督复加选定"，"各科办事员由所长遴选本地士绅之通识法政或自治研究所卒业者"②。江苏苏属地方自治筹办处职员共 54 人，除拥有司道等官衔的 13 人外，9 人为留日和法政毕业生，其余均是州县候补人员和举贡生员。③ 各省自治研究所的学员亦主要是绅士，如湖南省城自治研究所两次考录合格士绅 217 名，毕业后各赴本籍设所传习讲演。④ 广西将全省划作三区设自治研究所，"考选品学素优之士绅入所研究"，为加快推进自治，又饬各厅州县城治各设一地方自治筹办公所，遴派正绅主办，为一邑筹办总汇之区，经费就该属原有之地方公款拨用。公所召集阖属士绅，调查户口总数，为划分城镇乡区域之预备，还派干事设立城镇乡筹办事务所，以为地方自治之实行。⑤ 可以说，各城镇乡和府厅州县的自治筹办工作主要是由绅士们完成的。就自治机构而言，其中的主体也是绅士。据黄东兰对江苏川沙自治机构的统计，1910 年川沙城、乡议事会和董事会的正副议长、总董、乡董、乡佐等自治职员中参加过科举考试者的比例分别是 37.5％ 和 45％。⑥ 就绅士自身而言，他们对于地方自治也表现出由衷的热情。吉林新城府自治会成立之

① 《北洋大臣袁世凯奏天津试办地方自治情形折》，《清末筹备立宪档案史料》下册，720 页。

② 《甘肃各厅州县自治筹办公所章程》，载《甘肃官报》1910 年第 5 期，专件，16 页。

③ 《江苏苏属地方自治筹办处职员表》，载《江苏自治公报》1911 年第 49 期，图表类，22～24 页。

④ 《湖南巡抚岑春蓂奏湖南筹办地方自治设立自治研究所情形折》，《清末筹备立宪档案史料》下册，749 页。

⑤ 《广西巡抚张鸣岐奏广西筹办地方自治情形折》，《清末筹备立宪档案史料》下册，744 页。

⑥ 黄东兰：《清末地方自治制度的推行与地方社会的反应——川沙"自治风潮"的个案研究》，载《开放时代》2002 年第 3 期。

时，"邀集绅等宣布自治宗旨，直陈应办利益，绅等与城乡绅学商各界人众咸乐赞成"①。正是这部分进入州县自治机构，进入城、镇、乡议事会、董事会的议员、董事、乡董以及自治职员共同形成"自治绅董"这一群体，成为基层社会治理中的主体力量。

从传统的"乡绅自治"转向以自治绅董为主体的地方自治，虽然看似主体未变，但基层社会治理的方式却发生了根本性的变化。一方面，在中国传统社会，绅士参与和领导地方公共事务，但并没有相应的制度安排和组织保障，一切以官府的容忍限度为条件；另一方面，乡民们认可绅士的领导地位，也是以"认同"为基础，彼此之间的关系主要以地缘、乡族、乡谊为纽带。而自治绅董则由选举产生，地方公益的举办都要通过一定的组织与程序来实现，自治经费通过自筹解决，官府则通过一定的监督来实现对自治的监控。也就是说，组织与制度是自治绅董实施治理的主要依据。

## 二、自治与官治

但是，从清末已成立的城镇乡地方自治的运行来看，远没有达到制度设计和时人希望的理想状态，而是两个方面的矛盾凸显出来：一是自治与官治的矛盾，二是自治与民众的矛盾。

本来，作为地方自治治理模式的理想状态，自治体与官府之间应该是协调与合作的双向互动关系。在清末城镇乡地方自治的实施过程中，自治团体和地方官之间的权限关系也在不断调整和规范。如四川江油县中坝镇议事会成立后通过的议案中既有府县提出者，亦有议事会自行提出者。议决后的议案有的直接禀龙安府。省地方自治筹办处认为这不符合章程，地方官"居于监督地位，惟于该会议决事件应慎加考核"，没有提发议案之权，议事会议决案件也不能

---

① 《新城府绅商学界代表禀报设立新城自治会情况》，章开沅等主编：《辛亥革命史资料新编》第 4 册，414 页。

"径禀知府"，"以免侵夺自治权限"①。不可否认，官府与自治团体之间在一定范围内也存在着互相协调的关系。如四川南部县城议事会于宣统二年十月成立，即提议在城内招商设立布市，得到自治监督知县伏衍羲的支持，随即谕董事会照办。但布市开张后，买卖并不兴旺，议事会讨论予以整顿，经董事会移交，知县马上发布告示，要求买卖布匹客商，均按照议事会议决的解决方案实行。②

然而由于清政府的指导思想是自治"绝非离官治而孤行不顾"，城镇乡地方自治必须在官治的监督下运行。但一旦地方官行使这项权力，极易与自治团体产生冲突。

自治经费的征收和使用，是官治监督自治的重要方面，一般由议事会依据城镇乡自治章程议决并呈请厅州县长官核准，核准的原则是"以于地方有无窒碍为断"，然后详报巡抚备案。③ 但在"与地方有无窒碍"问题上，地方官与自治团体常常会有不同的立场，故而也会产生矛盾与冲突。如浙江诸暨，城议事会因前议决筹款办法被县令逐条驳斥，不得已续议改抽排捐（对水中运送货物竹排每月抽公益捐一百文），县令核准。但因乡民误传每日捐钱百文，遂聚众迫使县令发免捐执照，县令一面允诺，一面饬防营出队保护。次日议事会全体议员全体辞职以示抗议。④

---

① 清代四川南部县衙门档案：《为遵札饬知江油县中坝镇议事会副议长陈鸿藻董事会总董关固等禀陈镇会障碍情形恳辞改选事饬南部县》，宣统二年十二月二十一日，21-102-1026；《为奉札饬知地方自治章程议事会提发议案之权属等事饬南部县》，宣统二年十一月初九日，21-102-1020。

② 清代四川南部县衙门档案：《为呈请设立布市事呈南部县》，宣统三年五月十五日，22-334-1；《为谕交照办设立布市事》，宣统三年五月二十七日，22-334-2；《为呈请整顿布市事呈南部县》，宣统三年九月初八日，22-334-3；《为整顿布市事》，宣统三年九月十九日，22-334-4。

③ 《规定自治会筹办特捐附捐办法》，载《申报》1911年3月10日，第1张后幅第3版。

④ 《诸暨乡民反抗自治捐风潮》，载《申报》1911年7月30日，第1张后幅第2版。

地方官的监督权还表现为对自治团体议决案件的监督。议事会开会时，"应请地方官亲临监督"①；凡重大议决案件由董事会呈报地方官后方能宣布实行，"无关重要者"，才能由自治公所自行宣布实行。② 但由于传统中国历来是行政权独大，所以地方官常常插手自治事务。如江苏崇明城议事会秋季常会开幕时，发现已被春季议事会议决斥退的议员陆灿昕，却由于县令的"慰留"而未离职，招致众议员的不满。县令反而指责议事会"无理取闹"，众议员不服，地方官遂动用监督权力，将议事会立时解散。③ 在这类冲突中，或者是官府越权，或者是官府漠视自治体的决议，显示了官治对自治权的侵犯。

依据部颁章程，在城董事会总董的任命上，是由城议事会选举正、陪董各一名，呈由该管地方官申请督抚遴选任用，显示官治对自治的监督责任。但正、陪之序列先由议事会提出，实际表明了议事会的态度。但江苏巡抚在遴选武阳城董事会总董时，却"舍正而用陪"，显然罔顾议事会的选举结果和意愿。武阳城议事会议长孟森认为抚宪"未免信用有缺"，向议事会提出辞职。议事会认为应辞与否不能自决，只得"呈请监督核示"④。

章程赋予地方官解散议事会之权。宣统三年二月（1911 年 3 月）民政部饬各省督抚的电报要求地方官加强对城镇乡地方自治的监督，

---

① 清代四川南部县衙门档案：《为县城议事会训辞规则事》，宣统二年十月，21-101-1016。

② 《论办理地方自治亟宜改变方针》，载《申报》1911 年 3 月 14 日，第 1 张第 2 版。

③ 《崇明城议事会解散风潮》，载《申报》1910 年 10 月 22 日，第 1 张后幅第 4 版。

④ 《武阳城议事会议长辞职》，载《申报》1910 年 9 月 19 日，第 1 张后幅第 4 版。

称"倘有假公济私、逾越范围者，应即立援奏章办理"①。这实际是为地方官执行解散权确定了一个非常宽泛的标准。不久湖广总督就饬令各属地方官，措辞极为严厉地称"各属创办城镇乡自治，议长议员多不谙自治法规，有应行兴革之事而干涉国家行政者，有因与自治事宜微有关系又不免侵入司法范围者；再或一面呈请地方官，一面又直禀督抚核办，甚或议事会议决事务并不送交董事会，辄自为执行，混淆权限种种，不免殊非办理自治之意"，故通饬各州县官照章严行取缔"混淆权限之自治"②。江西南昌、新建两县为同城，共同成立城议事会，但不久两县县令以假公济私、逾越范围禀巡抚要求解散议事会，另行改选，获批准。各议员不服，集议预备书函诘问两县令所禀假公济私证据，一面申诉官长要求严行查办，"以保议员名誉"③。因资料的关系，现在无法考订该城议事会是否真有"假公济私"之事，但解散权的行使则充分折射出官府行政权力的强势。

清末城镇乡地方自治章程赋予了自治团体处理地方公益事务的自治权限，但官治监督权的施行，又使自治团体和官府之间出于各自不同利益而形成矛盾和对立。在这些冲突中，议事会士绅的行为常常被官府视为"逾制"。如川沙新十车梵乡，宣统二年十二月（1911年1月），该乡议事会呈报筹集自治经费议案，适值县令赵病故，新任县令沈刚刚接任。自治诸绅以只有5日的时间限制，即付董事执行，并出告示，宣布茶捐、肉捐从正月初一日起加收，不想引起乡民抗议风潮。抚宪批示认为议案"轻于核准"亟须复议；而自治诸绅则要求惩办肇祸之首。自治诸绅将矛头指向地方官，抢先一步将情

---

① 《关于自治监督行政职权之手续》，载《申报》1911年7月6日，第1张后幅第2版。

② 《鄂督取缔混淆权限之自治》，载《申报》1911年10月9日，第1张后幅第2版。

③ 《监督解散城自治会之风潮》，载《申报》1911年4月16日，第1张后幅第3版。

况电禀省自治筹办处。筹办处回电唯该县令是问，而地方官则指责自治诸绅为"自乱种子"。松江知府批道："自治统于官治之内，并非离官治而独立。厅州县为监督，畀以查核之权。乃各区自治议员有声名恶劣之徒，滥竽充数，不知撤退，凡有议案，不问其不可行，该公所一概赞成，率而议决，往往议决案多至数十件……"所以认为此乱象之起因，是自治诸绅"离官治而独立"①。

《法政杂志》评价松江知府的这篇批词道："戚知府批词可以代表今日一般官府对于地方自治之观念。……今之办地方自治者，上不见谅于官府，下不见信于社会，其故安在？其亦与社会智识及生活之程度未尝考察，官府之心理未尝体验耶。"②将"自治辅佐官治"视为"自治统于官治之内"，是当时许多地方官的认识，也是他们做出种种干预自治行为的主要原因。

一般而言，自治团体与官府的抗争并不会逾越官府许可的范围，最极端的手段莫过于以辞职表示对抗。宣统三年五月（1911年6月），江苏武进循理乡议事会通过了一个禁止吃讲茶决议案，但遭到县令的批斥，全体议员遂愤然辞职，并在辞职书中揭露县令平日短处。③

自治与官治冲突的原因，首先是在制度设计上，没有赋予自治团体完全法人地位，一切活动要在官府的监督下进行。省咨议局对自治虽有指导之责，但无监督、评判之权力。因此，自治团体对官治的干预等越界行为常常无能为力，只能以辞职为抗衡之手段。

从另一方面而言，官府与自治诸绅对"自治辅佐官治"的理解差异，也是一个不可忽略的因素。宪政编查馆认为："凡属官治之事，

---

① 《戚知府批松江各乡区自治公所禀词》，载《法政杂志》1911年第3期，27～29页。

② 《戚知府批松江各乡区自治公所禀词》，载《法政杂志》1911年第3期，30页。

③ 《循理乡议员全体辞职》，载《申报》1911年6月28日，第1张后幅第3版。

自不在自治范围之中。"①江苏松江府知府的认识是："自治统于官治之内，并非离官治而独立。"但以绅士为主的江苏地方自治筹办处的解释是："辅佐官治者，官吏所应理国家行政事项分任之于地方也。"②在政府看来，自治权力应与官治权力划分清楚，自治只是官治权力的补充；而在自治诸绅看来，"辅佐官治"，不仅包括"地方公益事宜"，还应"分任国家行政事务"。正是这种不同的理解，一些地方自治团体议决案件常常包含争取和扩大自身权限的意图。如金山城厢议事会第一次会议在宣统二年五月初一日（1910 年 6 月 7 日）开会，会期 20 多天，讨论议案中有：宣布城区巡警呈请监督（县令）委任董事会办理；开列城区公款公产名目，呈请监督照会各该管理人移交董事会管理；凡公共之动产不动产属于本城区者均由董事会管理或监督等。之后县令答复议事会"巡警事件以警务长将次奉派，未便委任"，而议事会则议决"警务长未派以前仍请委任董事会代办"③，表现出争取或扩大自治权限的意图。本来城镇乡地方自治章程规定"本地方公款公产"为自治经费来源之一，但"以向归本地方绅董管理者为限"。金山县城厢议事会的决议力图将"城区公款公产"和"公共不动产"均移交董事会管理，显然突破了这一限制。

正如《申报》一篇文章分析官绅矛盾的原因时说的：

> 各省举行新政以后，其绅士得志之时代乎！若学务、若军备、若警察、若工程、若商业、若路矿，从前权力大半握于官场之手者，一旦举而委诸绅，非官场之肯放弃权利也。④

① 《宪政编查馆奏核议城镇乡地方自治章程并另拟选举章程折》，《清末筹备立宪档案史料》下，726 页。

② 《城镇乡地方自治章程解释》，江苏苏属地方自治筹办处编：《江苏自治公报类编》，199 页。

③ 《金山城厢议事会第一次议事录》，载《申报》1910 年 7 月 4 日、5 日、6 日，第 2 张第 2 版。

④ 《论绅》，载《申报》1908 年 6 月 15 日，第 1 张第 1 版。

绅士们力图维护自身的利益和扩展权利，而官府并不愿放弃权力和利益，这就是二者矛盾冲突的根本所在。

### 三、自治与民众

城镇乡地方自治在社会治理上的基本特点是"以本地之人、本地之财办本地之事"。这本是有利民生之举，但结果却在许多地方受到当地民众的反对，以致引发大规模的自治风潮。

清末的自治风潮大都发生在 1909—1911 年，也就是随着地方自治的兴办高潮而出现的。仅据《近代史资料》"清末民变年表"的统计，1909—1911 年武昌起义爆发前夕，发生的反对调查户口、捣毁自治局和绅董住宅等反对自治的风潮就有 60 余起。[①]

关于自治风潮出现的原因，近年来有学者做了深入的探讨。黄东兰在研究江苏川沙自治风潮时提出了一个关键性的问题：由地方之人办地方之事的地方自治，何以在地方上受到激烈的反对。她通过对川沙自治风潮的个案分析，认为事件的发生是多种因素相互作用的结果。即地方精英们积极推行地方自治，损害了一部分人的利益，致使基层社会的权力关系失去了平衡。最终，因实施自治而自身利益受到威胁的书吏、民间宗教信仰的首领等携手攻击自治公所，煽动乡民打毁自治公所、小学校和自治绅董的家宅。[②] 而台湾学者王树槐通过对江苏地方自治风潮的研究，总结民众反对自治的基本因素有三：捐款、迷信、新旧势力之间或为财或为权而发生的冲突。[③]

他们的分析为我们深入认识自治风潮提供了更为深入的思路。

---

① 其中 1909 年 16 起，1910 年 31 起，1911 年 17 起。张振鹤、丁原英编：《清末民变年表》，见《近代史资料》总第 50 号，77～121 页，北京，中国社会科学出版社，1983。

② 黄东兰：《清末地方自治制度的推行与地方社会的反应——川沙"自治风潮"的个案研究》，载《开放时代》2002 年第 3 期。

③ 王树槐：《清末江苏地方自治风潮》，载《"中央研究院"近代史研究所集刊》第 6 期，1977 年。

地方自治是乡村社会治理模式的重大转折，必然涉及权力结构的重新调整，必定触及相关人群的利益关系。自治风潮的背后，有着各种复杂的因素。但还有一个不可忽视的重要因素是：在从官府治理转为自治团体治理这一重大转变中，民众在心理上对这种新制度的排斥与难以适应。有舆论评述道：

　　各地举办自治，约分会议、执行两机关，如以城自治公所论，则议事会系会议机关，董事会即执行机关也。按自治章程所载，董事会以应行事件送交议事会会议取决后，再付诸董事会执行，其由议事会建议者亦如之，然后董事会再呈报地方官宣布实行。其无关重要者，且得由自治公所自行宣布实行。于是对于地方上利弊之兴革，遂大招人民之怨矣。盖未办地方自治之前，对于人民所施之命令，不过地方官之命令而已。而今以本地绅董之命令，或由地方官间接饬令人民遵守，或由自治公所直接饬令人民遵守，于是人民中有以此为有益地方而赞成者，亦有以此为有害一己而反对者。盖良莠之民对于地方上利弊兴革所受之利害各有不同也，因此一般反对自治者咸思破坏自治，以遂其私欲，而风潮即由之而起。且专制国之人民对于官吏之命令均视为应遵守者，故素有畏惧官吏之性习。至若对于本地绅董则惟存富贵贫贱之观念，实无上下尊卑之阶级，故常视为两相平等而不受其管辖者。今举办自治，而忽由本地绅董管理，人民故群萌反抗之志。如烟赌之禁令，发之于地方官并不为怪，若由自治公所呈请地方官出示禁止，或径由自治公所出示劝谕，则一般酷嗜烟赌之人，无有不意存反对者。此盖由于专制之势焰浸淫数千年，而人民自治之能力已斩削殆尽，故有此怪现象也。①

由于筹备地方自治的时间非常短促，大部分民众又都被排除在选举之外，因而并不能真正了解地方自治究竟是怎么回事。地方自治的建立又把绅董推到基层治理的前台，许多事务直接触及民众利益，从而招致与民众的矛盾激化。从现象上看，当时反自治风潮中数量最多、最为突出的是因自治绅董勒派捐税而引发的风潮，我们还有必要从这一角度做些分析，以进一步了解城镇乡地方自治在实施治理的过程中陷入困境的根源。

如宣统二年六月（1910 年 7 月）直隶易州乡民焚毁自治局和中学堂事件，就起因于该州自治局局绅张某借口措充自治经费，将义仓积谷尽行出售，又勒捐两万余吊，实则分饱私囊；后张某等又借调查户口为名，按户敛钱。乡民以天久不雨，秋收无望，不肯交纳，张某大言恐吓，谓顽民阻挠新政，非送官究不可。"各乡民既愤且惧，遂托词求雨，纠众进城，向州署要求免再摊派自治经费。唐知州匿而不见，相持数日之久，无人出而调停。众怒愈激，二十一日又纠众进城。唐知州仍不出署解散，乡民适见城中开元寺佛像尽被自治局销毁，以为久旱不雨，皆自治员警董等之毁弃佛像所致，遂蜂拥至自治局哄闹，局绅均闻风逃窜。乡民怒不可遏，遂焚烧自治局并该州中学堂。"还向知县提出归还义仓积谷，不再敛派钱文，将自治员、警务董治以死罪，永不许若辈再办学堂巡警等八项条件。

在这一起事件中，自治绅董被视为因分饱私囊、敛收钱财和威吓乡民而激起众怒，其背后，则是"近年因办理学堂警务自治等事，加捐筹款，民情久已愤恨"②。正是在这样的心境下，乡民将久旱不

①　《论办理地方自治亟宜改变方针》，载《申报》1911 年 3 月 14 日，第 1 张第 3 版。

②　《记载第一·中国大事记》，载《东方杂志》1910 年第 8 期，111～112 页。

雨归之于自治员绅毁弃佛像，遂发生焚烧自治局的举动。不久，浙江遂昌发生乡民滋事捣毁学堂及自治事务所事件，《东方杂志》是这样报道的：

> 是月初一日，浙江严州府遂昌南乡一带遍贴匿名揭帖，邀集乡人于初二日至东岳宫商议大事……朱知县兆蓉立即驰往东岳宫弹压，时乡民已各持枪械，蜂拥入城，结聚万寿宫地方，约五六百人，城绅辨认内有松阳来匪二百余人。见知县舆至，即放炮呐喊。朱知县步入万寿宫，传令推举明白事理者上前问话。众举某村骆姓禀称，遂邑学绅出入公门，鱼肉乡里，今番自治学员周寰来乡，诱称调查选民，勒派鸡猪牲捐，众心不服，誓灭学堂以安农业，并要求退还前任所捐学租。①

在这次事件中，乡民焚毁学堂并捣毁了自治事务所。其直接起因也是自治职员"勒派捐税"。

勒捐是清末自治风潮和多数"民变"的诱发因素。故当时报纸认为"中国举办新政以来，若预备立宪，若地方自治，皆不过涂饰耳目，敷衍众听，曾未尝有尺寸之成效，而惟理财一事，心思则层出不穷，进步则一日千里"。文章列举的捐名，有房捐、亩捐、烟酒捐、鱼虾捐、牲口捐、糖捐、加倍当捐、田房契税、婚帖捐、茶税、盐斤加价、钱粮带征各捐、规复浮收银两，等等。②

然而加捐加税带来的民众愤恨，还只是自治风潮的重要诱因。值得进一步思考的问题是，在当时的很多人眼中，地方自治与中国古代乡官和乡绅自治有一脉相承之处，在他们看来，这是中国能够实行自治的基本条件。有此基础，乡村治理由官治转向自治应该是

---

① 《记载第一·中国大事记》，载《东方杂志》1910 年第 11 期，159 页。
② 《论近日捐税之繁》，载《申报》1908 年 7 月 3 日，第 1 张第 4 版。

很容易实现的，但结果并非如此。地方自治在推行过程中遇到了来自民间的巨大对抗力量。这就有必要再进一步从清末地方自治制度带来的权力变化中去寻找原因。

我们看到，清末已成立的主要是城镇乡自治机构，而各地的自治风潮大都发生在城镇乡一级，反而府厅州县自治的风潮很少。这一方面是由于府厅州县自治成立较晚，很多地方只是完成了调查与选举，只有少数地方刚刚设立起自治机构，清廷就垮台了；另一方面则是因为清末府厅州县自治与城镇乡自治的职能与地位不同。府厅州县是以官治统辖自治，自治的权限较小；而城镇乡自治虽然也在官治的监督下进行，但却要"以自治补官治之不足"，所以拥有对于地方公益事务的广泛权力。从已成立的城镇乡议事会的议决案件来看，涉及面非常广泛。更重要的是，由于城镇乡地方自治制度的建立，自治绅董的权力来源已发生了根本性的变化。传统绅士的权力更多是以乡民的"认同"为基础，而自治绅董的权力则来自制度化的体制，来源于官府，这使他们的权力空间有了很大的扩展。另外，由于自治"提前赶办"，自治学员只是短期培训即赴各地筹办，许多人对于自治只是一知半解。就是各地经选民选举产生的议事、董事会成员，对自治能够真正了解的也不多。自治绅董本身素质不高，是一个较为普遍的现象。有人奏：

> 闻各省办理地方自治，督抚委其责于州县，州县复委其责于乡绅，乡绅中公正廉明之士，往往视为畏途，而劣监刁生，运动投票得为职员及议员与董事者，转居多数。以此多数刁生劣监，平日不谙自治章程，不识自治原理，一旦逞其鱼肉乡民之故技，以之办理自治，或急于进行而失之操切，或拘于表面而失之铺张，或假借公威为欺辱私人之计，或巧立名目为侵蚀肥己之谋，甚者勾通衙役胥差，交结地方官长，借端牟利，朋

比为奸。①

言语虽然有夸大之嫌，但却又是客观存在的现象。由于很多地方的城镇乡自治机构都是刚刚建立，所以对其职能运行还难以做出较为深入的考察，但是筹集自治经费权的取得，却是城镇乡自治的最重要的权力。

在城镇乡地方自治章程里，规定自治经费由本地方公款公产、本地方公益捐、按照自治规约所科之罚金组成。公款公产"以向归本地方绅董管理者为限"，而对无公款公产或为数寡少不敷用者，"得由议事会指定本地方关系自治事宜之款项产业，呈请地方官核准拨充"。"公益捐"则为附捐和特捐两类，附捐是"就官府征收之捐税，附加若干作为公益捐者"；特捐是"于官府所征捐税之外，另定种类名目征收者"。而公益捐的创办，可"由议事会拟具章程，呈请地方官核准遵行"。附捐由该官管理按章征收，交城、镇董事会或乡董收管；特捐由城、镇董事会或乡董呈请该管地方官出示晓谕，交该董事会或乡董自行按章征收。所有自治经费，由议事会议决管理办法，由城、镇董事会管理之。②

总之，章程对于特捐的征收范围"并无限制"，从而为各种捐税的征收打开大门。如江苏省咨议局议定的自治经费中的"附捐"，包括每地征银一两带征自治经费钱 20 文，漕米一石带征自治经费钱 40 文；此外还有田房契税每契价银一两扣收公益捐 3 分；锡箔捐每售价百文抽收钱 5 文。"特捐"，"应各以本地方能否通行为断"，为"奢侈消耗之品如烟酒捐、茶捐、肉捐之类"，"一切作为无益之事如戏捐、经忏捐之类"；甚至"本地方大宗物产如棉花、丝米、豆麦之

① 《御史萧丙炎奏各省办理地方自治流弊滋大拟请严加整顿折》，《清末筹备立宪档案史料》下册，757 页。

② 《宪政编查馆奏核议城镇乡地方自治章程并另拟选举章程折》，《清末筹备立宪档案史料》下册，738～739 页。

类，亦可酌量地方情形征收特捐，以助自治之进步"①。

通过上述情况可以看出：第一，城镇乡自治有自己的独立经费，其来源是公款公产、附捐、特捐；第二，城镇乡自治机构拥有对将某些产业纳入自治经费和征收公益捐的建议权；第三，城镇乡自治机构还有对特捐的直接征收权；第四，所有自治经费均由董事会管理。可见，城镇乡自治组织是拥有一定程度独立财权的。但是这种自治经费的筹措和管理，已与传统绅士筹集管理公产公款的传统格局有了很大的不同。民国初年的"自治调查"中说到山东沂水县："本县各项公益事业……前清未举办自治以前，均系本地绅士自行办理。""所有公款公产均由绅士共同筹集，自行管理收支，事峻开列收支清单，张贴周知，事后报具备案。"②这就是说，实行地方自治以前办理地方公益事业的经费是由绅士共同筹集管理的，并形成张榜公示制度。这其中，公款公产的筹集都是以本乡人的协商为原则的。

本来，由本地人筹款办理该地公益事业，是地方自治范畴之内的事，而清末城镇乡自治经费的筹集，却以"附捐""特捐"的形式举办，前者由官府征收交自治机构使用，后者由自治机构提出，官府出示晓谕，然后由董事会或乡董征收。这样，无论是附捐还是特捐，都具有了普遍性和强制性，江苏省自治局对公益捐的解释就是"以强制征收者为限"③。它打破了乡民对本乡公款公产的"认同"和"协商"原则，使他们在心理上产生了极大反感。并且很多地方在征收附捐和特捐时，并没有真正将这些钱用于本乡具体公益事业，而是更多地用于筹办自治公所、调查与登记选民、筹备选举等事务上。一方

---

① 《江苏咨议局议决抚台交议筹定自治经费案》，江苏地方自治筹办处编：《江苏自治公报类编》，宣统三年卷1～卷3，13～14页，沈云龙主编：《近代中国史料丛刊三遍》第53辑。

② 《山东历城等三十四县调查自治清册》，转引自魏光奇：《官治与自治——20世纪上半期的中国县制》，136页，北京，商务印书馆，2004。

③ 《自治章程疑义简释》，载《江苏自治公报类编》，宣统三年卷4～卷6，36页。

面，乡民对自治还不是十分了解；另一方面，乡民们并没有在缴纳
捐税后看到或者得到实实在在的好处，从而很容易产生这些钱被自
治绅董所私用或瓜分的误解。与此同时，在地方自治举办之时，各
项新政都已全面铺开，办学堂、办警政、调查户口、办理工商，在
在需要经费，各项新政无不以"就地筹款"的方式开展，各种捐税满
天飞。在这种局面下，自治捐税的征收无疑是雪上加霜，不仅加重
民众的负担，还进一步使他们由反感转而愤恨。

一方面，一些自治绅董自身素质不高；另一方面，自治章程又
赋予他们经费征收与管理权，这就带来了各种捐税不断增多的现象。
如此民众在对日益增多的捐税的反感与愤恨的心理作用下，形成了
对自治绅董"勒捐"的刻板印象，并进一步导致自治风潮的发生。如
浙江镇海各区自治联合会议决肉捐每斤捐银二厘，经地方官批准施
行。乡自治公所函知本乡各肉铺施行，激起各肉铺集体罢市。与此
同时，"今日要捐猪肉，来月要捐鸡、鹅、鸭、蔬菜及房屋椽柱人
口"等流言迅速传播，甚至出现"我等从此不能做人，非杀尽自治诸
人不可"的激烈言辞。他们冲进自治公所，将乡董议员打伤并打死一
人，焚烧自治绅董房屋、学堂。此事结果，是"自治职员及向办公益
之士绅均已迁徙一空①。

地方自治的推行在使绅士地位提高的同时，又使他们与民众产
生对立。民众把他们视为"陋绅劣董"，甚至有文章将绅士称为"平民
之公敌"，是政府利用他们，他们又利用政府的"同恶相济"之徒。②
而就一部分绅士而言，当自治风潮来临，他们一概将其视为愚民所
为，是"一二私人挟嫌寻隙"，又被好事之徒乘机煽惑的结果，常常

---

① 《镇海反对自治大风潮详志》，载《申报》1911 年 9 月 1 日，第 1 张后幅
第 3 版。

② 《绅士为平民之公敌》，《辛亥革命前十年间时论选集》第 3 卷，303 页，
北京，生活·读书·新知三联书店，1977。

会要求官府出面查究甚至弹压。① 正如当时舆论指出："绅董者不自咎办理之不善，专咎民心之不靖，或送官究办，或请兵弹压，视吾民如寇盗。"②这样一来，民众进一步得出了官绅勾结的印象，使绅士形象大跌，绅民矛盾凸显。

---

① 《札行常州府武阳二县乡董赵晋祺等公呈自治风潮迭起后患堪虞抚批文》，载《江苏自治公报》第 63 期，文牍类，15～16 页。

② 《论地方自治之障碍》，载《申报》1910 年 8 月 25 日，第 1 张第 2 版。

# 第六章　公费、经征与劝业：
## 州县财政和经济职能的调整

　　一般而言，清代州县没有独立的财政，州县官的经济职能也非常有限，主要是经征，即按照定例征收地丁、漕粮和其他杂税。所收绝大部分解送省布政司库，再由司按规定解交京城衙门，称"起运"；少部分留存州县，称"留支"。而留支的这部分主要用于维持州县衙门的行政运行。所以，在传统的州县衙门中，除了维持行政运行的办公经费以外，没有其他的开支款项。所谓"州县财政"，其含义不过是"州县所经理的财政事项"①。但是晚清以来，州县财政也在发生着变化，不仅表现在外销的扩大，而且表现为经征的局部改变。新政改革以后，更是出现了行政与税收分离的端倪。作为清理财政的重要一环，州县公费改革也在推进。与此同时，州县的经济职能从单一的经征向"劝业"转化，以发展农林工商为主要职责的劝业所在部分州县出现。关于清代州县的财政，魏光奇《有法与无法——清代的州县制度及其运作》（商务印书馆 2010 年版）和岁有生《清代州县经费研究》（大象出版社 2013 年版）均有论述。但学界关于清末州县的"外销""公费"，以及经济职能的转变，都还缺乏具体、深入的分析研究。因此本章的关注点主要集中在两个方面：州县财税体制在晚清所发生的变化，以及随着新政改革而带来的州县经济职能的变化和所产生的社会影响。

---

　　①　魏光奇：《有法与无法——清代的州县制度及其运作》，298～299 页。

## 第一节　州县财政紊乱与"外销"出现

### 一、州县衙门的经费

州县衙门经费,当时称"因公用款"或"办公经费",其来源主要有钱漕留支、廉俸、平余、陋规和津贴。

留支是地丁和漕粮征收起运中央后留存在地方的一部分,用于州县衙署的行政开支。具体为:州县官俸薪、吏役工食、祭祀礼仪经费、驿站经费、科举经费,还有养济院孤贫口粮、孝子节烈妇寿民建坊银等其他开支。① 实际上,自雍正后,各省州县留存几无大的变动。屈指可数的留支根本不够用,于是州县纷纷通过各种加派来应对各项经费开支,重要途径就是在田赋征收时附加耗羡和平余。

"耗羡者,恐地丁所解之银因倾熔之耗折而预收之,以为弥补之用"②,征收额度是税额本身的 10%~15%。③ 时人记载康熙时的耗羡时说:

> 州县官额征钱粮,大州上县,每正赋一两,收耗羡银一钱及一钱五分、二钱不等。其或偏州僻邑,赋额少至一二百两者,税轻耗重,数倍于正额者有之。不特州县官资为日用,自府厅以上,若道、若司、若督抚,按季收受节礼,所入视今之养廉倍之。其收受节礼之外别无需索者,上司即为清官;其止征耗羡,不致苛派者,州县即为廉吏。间有操守清廉,如陆陇其之

---

① 魏光奇:《有法与无法——清代的州县制度及其运作》,300 页。该书详细列举了州县的存留项目、法外支出与收入的情况,见该书第六章,298~343 页。

② 《福建财政沿革利弊说明书》,田赋类沿革利弊说明书,《清末民国财政史料辑刊》第 12 册,178 页。

③ 瞿同祖:《清代地方政府》,52 页。

知嘉定，每两止收耗羡银四分，并不馈送节礼，上司亦或容之者，以通省所馈节礼尽足敷用，是清如陆陇其，亦未闻全去耗羡也。①

各县任意征求，带来严重的民生与吏治问题。从雍正朝开始，实行"耗羡归公"，使耗羡征收合法化，并收归藩库，用于支发养廉、弥补亏空和地方公用，同时推行养廉银制度。② 知县的养廉银在各省高低有差，从400两到2259两。这些钱除作为州县官自己的补贴外，还要承担给幕友、长随的报酬，填补钱粮亏空，招待途径本县的上级官员，送给上司的到任礼、节寿礼，等等。③ 即用于个人、幕友胥吏报酬、上级规费和其他公务所需。④

平余也称"秤余"，最初为解户部之款，即为"补库平之不足"。定凡有解部钱粮，每千两随解余平银二十五两，饭银七两，俱于耗羡内动支起解。雍正时减去一半，另一半留予各省。乾隆时又将减半之平余一概停解户部，存贮本省司库以备荒欠赈恤之用。⑤ 可见平余本是耗羡内按比例解户部的钱粮，但留存各省以后，很快演变成地方借以弥补经费不足的一个主要来源。晚清时期，平余在州县经费中的地位更为突出，不仅钱漕有平余，税契也有平余。宣统年湖广总督陈夔龙说："州县为亲民之官，政务较繁，原有廉俸无多，

① 钱陈群：《条陈耗羡疏》，贺长龄：《皇朝经世文编》卷27，户政二，5页。

② 陈峰：《论耗羡归公》，载《清华大学学报》2009年第3期。

③ 参见瞿同祖：《清代地方政府》，41～43页。

④ 日本学者佐伯富认为：养廉银的用途大致有三端：一是日用薪水费，二是幕僚的工资，三是公务费。参见《清代雍正朝养廉银研究》（三），载《东洋史研究》1972年第30卷4号；另参见陈峰：《论耗羡归公》，载《清华大学学报》2009年第3期。

⑤ 朱云锦：《户部平余案略》，《皇朝经世文编》卷27，户政，6页。

向所恃以接济办公者，无非借丁漕各项平余稍资挹注。"①清末《湖南财政款目说明书》中也说："各厅州县俸银既属停支，养廉役食由库扣除减成减平，捐款外所得无多，其所恃以办公者，全在征收丁漕平余。"②据《福建财政沿革利弊说明书》中的统计，福建各属数年有平余五十万六千余两，征收额度各地不同，如闽县平余是地丁每两收银一钱三分、粮米每石收银四钱三分八厘、税契每两收银一分五厘。长乐县平余则地丁每两收银七钱三厘，折色米每石收银一两七钱三分七厘，税契每契价一两收银一分一厘。③ 各地平余的征收额度差距很大，实际成为上级官府认可的州县经费来源。

陋规是州县弥补经费不足的另一个主要途径，州县借办公为名向普通百姓收取的陋规更是名目繁多。瞿同祖在《清代地方政府》一书中总结道："几乎所有不能由政府预算供给的衙门费用，都必须以一种或另一种形式的陋规费即以当地百姓付费的形式来满足。当一个村长（庄头）或衙门雇员被州县官索要陋规费时，他就会转而向普通百姓索取，自己扣留一部分，其余上交州县官。"④这些钱成为州县衙门"因公杂支"的主要来源，用于支付"员友薪脩""书役工食"，以及添置器具、年节赏用、纸张灯油、一切酬应零星杂支等项，"各署支数之多寡悬殊"，而"伙食杂支则视其上下人口之多寡与其人之丰俭何如"⑤。

"津贴"虽可视为州县经费的一个来源，但并不是每个州县都有，

---

① 《湖广总督陈夔龙奏查明州县各项摊捐分别裁除折》，载《政治官报》第705号，宣统元年八月三十日，12页。

② 《湖南财政款目说明书》卷12，行政总费类，《清末民国财政史料辑刊》第13册，398页。

③ 《福建财政沿革利弊说明书》，杂款类，《清末民国财政史料辑刊》第12册，408～416页。

④ 瞿同祖：《清代地方政府》，55页。

⑤ 《广东全省财政说明书》卷11，行政总费，《清末民国财政史料辑刊》第9册，51页。

而是视"事之繁简"而定，一般给予"苦缺"。在有的省，州县虽征收米耗，但或因禁革陋规，或因缺分清苦，办公无资，先后由司(藩司)详准酌给补贴，称"津贴"。如山东历城县为省会首邑，因"差务殷繁""缺分清苦"，由各州县公摊津贴银两，以作办公津贴；范县则因"缺分清苦"，每年津贴银2600两，在藩库钱粮盈余项下动支。①也有的地方，以"公费"名义给予州县或经办某项公务以一定补贴。如光绪二十二年(1896年)，安徽巡抚福润以州县承办考试，供应繁多，议给公费，将浮费概行裁革。②

州县的经费支出中，不仅包括支用本官和官署的各种公私用度，还要应对上级部门的"摊派"和"规费"。

"摊派"，亦称"摊捐"，"凡关系一省公事用度，而例不能销，则科之州县者也"③，是上级部门向州县摊派的名目繁多的各种费用。在四川，就有闲员帮费、钦差帮费、南路夫马、西路塘兵、科场、施粥、酌盈济虚等。④ 尤其是"军兴以来，廉俸减成，加以摊捐坐扣"⑤，提款范围不断扩大。光绪八年(1882年)，张之洞谈山西州县解交两司及本管府州之摊捐尚有17款，约银十万两，"大率上缺所摊二千余金，下缺所摊亦数百两，州县无从取办，或移甲就乙，暗亏正供，或剜肉补创，苟且称贷，即使批解如额，固已力尽筋疲，

---

① 《山东全省财政说明书》，行政总费，《清末民国财政史料辑刊》第14册，577页、578页。
② 朱寿朋：《光绪朝东华录》，总3790页。
③ 朱寿朋：《光绪朝东华录》，总1362页。
④ 鲁子健：《清代四川财政史料》，107页，成都，四川人民出版社，1988。
⑤ 黄体芳：《请分别裁定陋规以肃吏治疏》，盛康辑：《皇朝经世文续编》卷20，64页。

亦惟有私征勒派，受赇鞫狱，以取偿于百姓"①。光绪十五年（1889
年），张之洞调任两广以后，发现广东"司库派解之摊捐各款，道府
之节寿陋规，各上司衙门之水礼门包办差杂费，一切如故"②。到光
绪末年，湖北州县的摊捐有案可稽查者还有丁漕提平余、丁漕减征
复旧、文科场经费、新增科场经费、各府办公经费、年额捐款，
等等。③

"规费者，各署收受之陋规也。"④它是"官僚中的一成员向另一
成员呈送固定数目的金钱和礼物"，常常是下级部门和官员向上级部
门和官员呈送，其来源则是州县。⑤ 光绪四年（1878 年）御史黄体芳
上折言陋规有妨吏治，其中提到州县承担的各种规费名目，有节寿
到任礼、季规、薪水、帮项等，各省名目不一，而"臬司及道府无不
仰给于此"⑥。在广东，州县每年向上级衙门送的节寿礼如金玉珠
宝、绸缎钟表之类，价值七八千金，此外门包亦有数百金。⑦

总体来看，州县衙门的经费有如下特点。

一是公私界限不清。此处的"公"，是指官府。"因公用款"，是
为官府办公事的用款。但是，由于"因公用款"来源多头，不仅留支、

---

① 张之洞所列山西摊捐有：平好铁不敷价脚、部饭部费等项、潞绸不敷
例价盘费、农桑绢不敷例价运脚盘费、生素绢不敷例价运脚盘费、呈文纸不敷
例价运脚盘费、毛头纸不敷运脚盘费、京饷津贴差费、科场经费、岁科考棚经
费、兵部科饭食、臬司兵部奏销印红饭食、秋审繁费、臬书饭食、省城臬府县
三监繁费、土盐公用、各府州岁科考经费、交代繁费。见朱寿朋：《光绪朝东华
录》，总 1362 页。

② 朱寿朋：《光绪朝东华录》，总 2691 页。

③ 《湖广总督陈夔龙奏查明州县各项摊捐分别裁除折》，载《政治官报》第
705 号，宣统元年八月三十日，12 页。

④ 《河南全省财政说明书》，岁入部·规费，《清末民国财政史料辑刊补
编》第 5 册，231 页。

⑤ 曾小萍：《州县官的银两——18 世纪中国的合理化财政改革》，董建中
译，51～54 页，北京，中国人民大学出版社，2005。

⑥ 朱寿朋：《光绪朝东华录》，总 607 页。

⑦ 朱寿朋：《光绪朝东华录》，总 959 页。

养廉中包含因公用款，就是非经制的陋规中也有"因公用款"。道光
年间的贺长龄指出，各州县"牧令办公有费，赡家应酬乡里亲朋又有
费，供给过往差使又有费，不知该牧令如何取办"①。自雍正实行
"耗羡归公"后，州县官养廉银既包含对官员自身的补贴，亦有"公
费"开支②；但此项"公费"又包含给幕友和佐杂等下属的补贴，实际
是将这部分人的私人补贴纳入"公"的用度之中。此外，州县因公用
款中还有应付上级部门的各种"规费"，包括上级官员的到任礼、节
寿礼、车马等费，这实际又是将私用纳入公费之中。这样，在每项
经费中，因公用款与州县官私人用费都是互相搅合的。预备立宪时
期东三省总督锡良有言："奉省各衙门惯例，凡个人自用之费与官厅
公用之费向不划分，领款收入之不敷，则取盈于规费。在贤者束身
自爱，赔累堪虞，而不肖者遂以蒙混滋弊。"③这种公私混淆的衙门
经费制度是吏治败坏的重要根源。

　　此外，既然官府代表"公"，这样，那些钱粮收款中所收的杂费，
词讼中所收呈规戳费，捐税收款中的照费票费都被认为是"私"，而
这些陋规恰恰是州县衙门书吏差弁的收入来源。这也是将本应是"办
公事"的吏役所得纳入"私"的范畴，其结果，必然是"无所不为，上
下相蒙，害滋甚焉"④。

　　二是上下不分，即州县还要承担相当一部分上级部门的经费。
在清代，中央、省、道、府同样存在办公经费不足的问题，因此只
有向州县索取。除各种"规费"外，更有各种"摊派""摊捐"，这种上

---

① 贺长龄：《州县养廉摊扣太多请酌量变通疏》，葛士濬辑：《皇朝经世文
续编》，卷16，吏政一，2页。

② 曾小萍：《州县官的银两——18世纪中国的合理化财政改革》，160、
166页。

③ 《东三省总督锡良奏清理财政局编成预算册表办理情形折》，载《政治官
报》第1051号，宣统二年八月二十八号，14页。

④ 《广东全省财政说明书》卷1，总说，《清末民国财政史料辑刊》第8册，
23页。

下不分的关系"俨为成例取之而不觉其非者"。由于缺乏明确的界限和操作规范，上下级之间常常"私扣授受"。上级部门为扩大自己的经费而任意向州县索取，"明目张胆、昌言不讳""巧立名目、借端敛派"。而有的州县为讨好上司，也"设计馈献，尝试逢迎"①，致使吏治败坏。对州县而言，负担日重，苦不堪言，"自俸银养廉以外，大小衙署办公费用名目纷岐，其指拨之烦苛，支派之苦累，殆有不可胜言者"②。

三是州县经费使用无确定限度和确定的原则。表现在三个方面：(1)因州县是一人政府，征收和使用皆由州县官一人负责，所以"用款亦视一人之俭奢为伸缩，往往因时变计，任意挥霍"。(2)经费的使用常常是"因事立项"，"每办一事必定一款，每定一款必立一名"。随着交办事情的增多，尤其是上级部门办事无不依赖州县提供经费，均以定额定款的"专项""摊派"形式下达。州县穷于应付，常常是"本款尚未征收，或款已用完而事件尚多"，只好多方腾挪。③ (3)养廉、规费中对官员个人的补贴和办公用度，以及"公费"与"津贴"等一切关于施行政务上之费用，均没有明确的数额和划定的界限，"或此有而彼无，或甲输而乙纳，承授辗转，取给近于纷岐，界限含胡，公私任为出入"④。

## 二、财政紊乱与州县"外销"

晚清时期，州县财政压力进一步加大，致使州县财政几近崩溃。有多种因素促成了这种状况：一是庚子事变后赔款无出，户部行令

---

① 《北洋大臣袁奏请将道府厅州所有各项陋规一律酌改公费折》，《大清新法令》(点校本)第2卷，414页。

② 《浙抚增奏遵章拟定各司道公费折》，《大清新法令》(点校本)，第9卷，38页。

③ 《广西财政沿革利弊说明书》卷1，总论，《清末民国财政史料辑刊》第5册，161页。

④ 《江苏省苏属财政说明书》，苏属省预算说明书，《清末民国财政史料辑刊》第16册，407页。

各省摊筹，各省大都分摊到州县，致使州县负担大增。如湖北摊筹的赔款达 120 万两，而摊归各州县的有 60 万两，各属搜罗办法不同，大都出自丁漕券票、税契、铺捐。①

二是铜圆充斥，银价增涨，使丁漕平余出现短亏。山东巡抚袁树勋称：自铜圆充斥、银价增涨后，丁漕不敷报解，致使州县亏累不能支。② 两江总督端方、江苏巡抚陈启泰奏称：光绪三十三年以银易钱每两尚抵一千六七百文，一年后已涨至一千八九百文，宣统元年又达到二千数十文，各县岁赔一二万、二三万串不等。③ 湖广总督陈夔龙称湖北州县因钱价日贱，平余无著，纷纷短解，已属有名无实。④ 州县办公经费相当一部分依赖丁漕平余，现在平余无著，州县经费更是捉襟见肘，不得已只有另行加收，如江苏请在征银解银的同时，每两随收公费钱六百文，苏属带征规费钱二百文。⑤

三是各省州县摊解之款不断扩大。光绪二十六年(1900 年)四川总督奎俊奏言：四川摊解各款，如贴补科场四厅经费、豫筹防夷、缉捕、考棚、廓番、帮站、木植、施粥、施棺、发审薪水等类，"无不取给于州县，岁将廉俸全扣尚多不敷，其通衢入藏各属，更有供支夫马之费，近又认缴昭信股票借款，计已解到司库者三十余万两，概行报效，分作十年摊还"⑥。山东州县的摊捐名目，有海防经费、臬司发审经费、济南府发审经费、司监改良用款、缉捕赏费；还有

---

① 朱寿朋：《光绪朝东华录》，总 5456 页。

② 《山东巡抚袁树勋奏东省州县异常亏累亟应变通办理折》，载《东方杂志》1909 年第 5 期，26 页。

③ 《两江总督端方江苏巡抚陈启泰奏银价益涨州县赔累更深请仍改征银解银另收公费折》，载《政治官报》第 552 号，宣统元年三月二十四日，10 页。

④ 《湖广总督陈夔龙奏查明州县各项摊捐分别裁除折》，载《政治官报》第 705 号，宣统元年八月三十日，13 页。

⑤ 《两江总督端方江苏巡抚陈启泰奏银价益涨州县赔累更深请仍改征银解银另收公费折》，载《政治官报》第 552 号，宣统元年三月二十四日，12 页。

⑥ 朱寿朋：《光绪朝东华录》，总 4493 页。

巡抚、藩臬各衙门书吏饭食、工料解饷津贴、府县医学药饵、历城办公津贴、栖流所经费、穷员津贴等①，皆纷繁复杂，名目不一。

总之，凡是上级衙门所不能承担的各项经费，均分摊至州县提解。广东情况也是如此：

> 州县官仰给于上者，曰俸银，曰养廉。然俸则例不得随时请领，廉则署缺只给半数，除扣摊各项，所余亦复无几。而州县任地方之大，因公之用款既多，循例之虚糜匪鲜，如幕友之薪脩，合署之伙食，即此两项，岁以千计。外此道府衙门则幕友有节敬，书办有房费，并有家丁、门号，亦食干俸，甚或道府因公之用，亦摊派于州县。②

宣统元年(1909年)浙江咨议局成立后，曾议决《禁革厅州县衙门供应案》，此"供应"，即指上级官厅的各种摊派，称："外省积习，上级官厅一切私用，均取给于下级之州县衙门，州县官不能自破私囊，则取之于浮收钱粮及差徭而已。"该文列举州县供应上级官厅及摊派的各项名目有：安衙费、换季费、修理衙署、杂用、新参道喜、各种门包、门随、道府办公经费、节寿送礼、幕友节敬、跟随节规、各委员程随、迎送费、各上房费、臬辕各项册费、臬辕秋录经费、审解命盗案犯费、同寅津贴、各种例差、漕规忙规、干脩，此外有类于以上例举各款及无关地方公益之捐款。其中"杂用"是"向来上官衙门需用一切"而向州县索取之费；"新参道喜"为上官到任之费；"迎送费"是大吏过境而令州县办差之费；"同寅津贴"则是给佐杂和候补人员的费用；"干脩"则是给上官所推荐，但又没有位置可安的

---

① 《山东全省财政说明书》，行政总费，各州县衙门经费，《清末民国财政史料辑刊》第14册，567～568页。

② 《广东全省财政说明书》卷2，岁入门田赋上，《清末民国财政史料辑刊》第8册，125～126页。

幕友的脩金。浙省州县每年供应之费，多者七八千，少亦二三千元。①

在上述情况下，尽管晚清以来屡屡推进"公费"改革，但州县财政始终无法走出困境，"入不敷出"成为困扰州县的最大问题。光绪三十四年(1908年)湖南某县县令给上级机关一个禀文，陈述了该县财政的窘况。

该县年入款主要来自钱粮平余2000两，漕米、南米、驴脚三项平余银7900两，此外还有督销局岸费银200两、税契银600两，总共银10700两。出款则有：

> 摊捐科场经费一百一十两；
>
> 漕余公费银九百八十八两；
>
> 盐辕公费银五百，门包随封银一百一十八两八钱；
>
> 府辕公费银一千两，门包随封银一百一十八两八钱；
>
> 府辕漕规银四百八十两，门包随封银一百零八两；
>
> 府辕各房书吏辛工禁卒更夫茶号房工食礼生膏火等项共银三十两零八钱三分；
>
> 同城文武衙门漕规并千总外委查河薪水共银二百两；
>
> 京城练兵经费银四百两；
>
> 各宪辕首领幕友三节节礼银五百两；
>
> 本署幕友脩金火食节礼及干脩共银一千四百两；
>
> 院辕火牌折差过境过山礼，及藩辕书吏解奏销册、赴鄂折水脚夫马约共银一百两；
>
> 京饷过境供应四次共钱四百串文(有由轮船起解者，故此款较三十年王令所开少钱四百串文)；

---

① 《禁革厅州县衙门供应案》，章开沅等主编：《辛亥革命史资料新编》第4册，218～219页。

本城及外站来往过境委员夫马火食约钱四百串文；

招解秋审相验及因公下乡夫马约共钱三百串文；

本署把门听事更夫各役口粮钱五百五十串文；

习艺所教习看役人犯口粮钱二百六十四串文；

押犯口粮约钱四百八十串文；

本署亲兵口粮钱三百六十串文；

本署火食酒席约钱二千四百串文（近日米粮及一切食用之物均异常昂贵，故此款较三十年前任所开多钱四百串文）；

本署油、烛、纸张、朱墨及刷信告示谕帖，并年节各役赏号及一切杂用，约钱一千串文；

津贴县城高等小学堂学费洋银四百元。

以上共计银 11912 两余，收支相抵，不敷银 1212 两余。①

该县出入款项是除留支以外用于"办公"的各项费用。该县令称，州县入款，除平余外，已"别无陋规杂费"，说明此时该县已对陋规杂费进行了一定的整顿。所入款项主要来自钱粮、漕粮的平余和税契。但开支方面，却仍然没有摆脱"公私不分"的状态，上级官府的公费和节礼规费等各项摊款仍然是州县负担的主要部分。财政的窘迫使该县令发出"州县等缺分太苦，不能久任"的感叹。

财政的困境迫使州县千方百计扩大财源，故而产生了州县"外销"。

外销，是除留支款以外的、各地自行筹款收支并不上报户部核销的各项收入。"各省外销名目相沿已久"②，然而在文献中，"外销"这个词的频繁出现却是晚清时期。光绪二十三年（1897 年），户部

---

① 《清末县民财政的一瞥》，载《京沪周刊》第 2 卷第 52 期，1948 年 1 月，13～14 页。

② 《宪政编查馆奏拟定民政财政统计表式酌举例要折》，《大清新法令》（点校本）第 5 卷，144 页。

有一道奏折就"外销"说道：

> 臣等窃查各省厘金中饱，弊在承办委员不肯和盘托出。各
> 省例不应支而事非得已者，辄于厘税收款提留济用，所谓外销
> 者也。各省院司类有案存，原非自谋肥己。然既有外销之事，
> 即有匿报之款，否则从何罗掘？无惑乎人言籍籍，佥谓各省厘
> 税实收之数，竟数倍于报部之数矣。①

在这封奏折中，户部指出各省外销来自"厘税收款提留"，要求各省
将外销"和盘托出"，并表示："拟乞圣恩宽其既往，并准将外销最要
之款切实声明，臣部量予留支。"表明户部不得不认同各省"外销"的
存在。

"外销"这一财政现象出现的原因，首先与清朝中央集权的财政
制度有关。诚如宪政编查馆所指出的："盖因部文拘执必以成格相
绳。而省用繁多，每出定章以外，遂至腾挪规避，创立此名目自用
自销，中外财政皆无此办法。"②即户部恪守严格的奏销制度，而19
世纪中期以后，各省因军需和办洋务而"就地筹款"，来源和用款常
常溢出奏销范围之外，故而产生自行筹款、自行使用的财政开支。

其次是各省财政压力不断扩大的客观事实。山西清理财政局在
《山西藩库内销外销收支各款表说明书》中云：

> 在嘉道以前，报销之文网未密，例外之支用无多。尔时晋
> 省库储除各属摊捐而外，概系内结之收支，倘非报拨，即应奏
> 销，他无所谓外销也。自有报部各种之息款，而外销遂以增加

---

① 朱寿朋：《光绪朝东华录》，总4015页。
② 《宪政编查馆奏拟定民政财政统计表式酌举例要折》，《大清新法令》（点
校本）第5卷，144页。

矣。自有节次抵摊及公用之息款，而外销遂又增加矣。自有筹
办新政之息款，而外销益复增加矣。①

该份说明书把"外销"的原因归结为中央各种摊派的不断增加和新政
需求的不断扩大，迫使各省不得已开辟新的财源予以应付。这些款
项，有的因户部恪守奏销制度而无法核销，有的则是督抚和地方官
员因"私用"方便而有意隐匿款项和规避核销，故而形成各种未报部
的"外销"款项。

　　总之，"外销"是清代高度集中的财政制度和僵硬的奏销制度不
能满足日益扩大的财政需求的产物，尽管相沿已久，但大规模扩大
则是新政时期，其重要标志就是州县外销的出现。《山西全省财政说
明书》云："各属（州县）留支向只内销，自光绪二十八年以来始有外
销留支。"②《广东全省财政说明书》认为，晚清"事变迭乘，国家财政
状况为之一变"，不仅各省收入有外销，而且"各州县新政待兴，往
往就地筹款，以为弥补之计"③。《广西财政沿革利弊说明书》在分析
财政紊乱之原因时，指出州县税捐征收已是"州自为政，县自为法，
员役不同，方法不同，银钱折算不同"④，极为混乱。可见清末各省
州县的"外销"确实是存在的。

　　鉴于晚清以来由于财权下移而带来的外销增长和财政混乱现象，
也由于清廷公布逐年筹备立宪清单中已将厘定国家税地方税、实行
预算决算制度列为宪政目标，光绪三十四年十二月十五日（1909 年 1

　　① 《山西全省财政说明书》，山西藩库内销外销收支各款表说明书，《清末
民国财政史料辑刊》第 2 册，40 页。

　　② 《山西全省财政说明书》，山西各厅州县内外销留支等款说明书，《清末
民国财政史料辑刊》第 4 册，335 页。

　　③ 《广东全省财政说明书》卷 1，总说，《清末民国财政史料辑刊》第 8 册，
15 页。

　　④ 《广西财政沿革利弊说明书》卷 1，总论，《清末民国财政史料辑刊》第 5
册，164 页。

月6日），度支部拟订、宪政编查馆核议的《清理财政章程》公布。清理财政以"截清旧案，编订新章，调查出入确数，为全国预算决算之预备"为总纲①，其实行办法，是度支部设清理财政处，各省设清理财政局，以藩司或度支使为总办，同时由部派正副监理官稽查督催该局一切应办事宜②。而清理财政的入手办法则是调查各省财政出入款项，其中的要害，正如十天后度支部在妥议清理财政办法折中所说，是要求各省"将该省出入款项无论向为报部、向为外销"，"通盘调查据实报部，不准丝毫隐饰"③。要求各衙门局所将出入各款按月编订报告册送清理财政局，由局汇编全省报告总册，并要求分别开列已报部和未报部各款，详考延革，分别性质。目的是"查明内销外销，免致夹杂"④。

然而州县的外销，即"未报部各款"不仅隐匿不彰，而且极为复杂纷乱，鉴于文献资料不足，我们只能从各省清理财政局汇总各方材料后形成的财政说明书中了解一二。

江苏宁属各州县的"未报部各款"中，除平余（包括丁漕平余、杂税平余、驿站平余、税契平余）、火耗、规费等用于补充办公的经费外，主要是"就地筹捐"各款，包括串捐（光绪三十四年起征，每征银一两米一石，各带收钱一百文）、铺房捐（光绪二十八年起征）、膏捐（光绪二十八年起征）、牙帖捐（光绪三十一年起征）、烟酒捐（光绪三十四年起征）、自治捐（光绪三十四年起征，每征银一两收钱三五十

---

① 《宪政编查馆奏核议清理财政章程酌加增订折并单》，《大清新法令》（点校本）第1卷，143页。

② 《奏定各省清理财政局办事章程》，载《北洋法政学报》1909年第99期，1页。

③ 《度支部奏遵旨妥议清理财政办法折》，《大清新法令》（点校本）第4卷，166页。

④ 《度支部咨请饬清理财政局续造各册按照部颁条款办理文》，载《四川官报》1910年第7册，公牍，1页；《江宁清理财政局办理各项报告册举例》，载《北洋法政学报》1909年第124期，1～2页。

文，米一石收钱六七十文不等，为自治局经费）、积谷捐（此捐历年已久，于钱粮内带征数十文、一二百文不等），均是在原有收税的基础上带征附加，"除抵充练饷和抵补新案赔款外，其余均作为未报部杂款充作地方要需"①。

四川省清理财政说明书提到，该省"自咸丰军兴而后，百务待举，始有征收肉厘以济公用者。逮光绪初年开办三费，各州县相续仿办肉厘，于是地方税遂视为各州县重要之收入。近年新政频兴，需用甚巨，各就地方出产物品酌征捐税以应要需"②。这段资料至少说明两个问题：一是在四川省，地方捐税成为外销的重要来源，起于咸丰军兴以后，而大规模扩大，则是在新政时期。据该省清理财政局的统计，此时各州县捐税已形成随粮征收附加税、田房契底、地方公用肉厘、食物税、谷物税、用物税、药材税、丝布税、牲畜税、木植税、矿产税、营业税、杂项税等十三大类。二是新政时期各州县地方捐税的征收，是循"各就地方出产物品酌征捐税"的原则，所以各地杂税杂捐五花八门。如成都嘉定各属的烟丝油米捐、资州雅州等处的盐糖牲畜税、潼川的布匹蓝靛税、龙安的木植药材税等。每年收数多者千金，少者亦数百金不等。各地征收多从其惯例，规则各殊，向无一定标准。③

其他省也有类似情况，如山西财政说明书将州县财政来源分内销留支和外销留支两个部分，分别开列：

① 《江苏宁属财政说明书》甲篇，各厅州县未报部各款，《清末民国财政史料辑刊补编》第 2 册，612～613 页。

② 《四川全省财政说明书》，川省各州县地方杂税说明书，《清末民国财政史料辑刊》第 3 册，821 页。

③ 《四川全省财政说明书》，川省各州县地方杂税说明书，《清末民国财政史料辑刊》第 3 册，821～830 页。

表 6.1　山西各州县留支各款使用情况

| 名称 | 性质 | 来源 | 数额 | 扣减和核销 |
|---|---|---|---|---|
| 进表什物 | 典礼经费 | 阳曲县地丁项下留支 | 银二两二钱五分 | 报部核销 |
| 呈文纸价脚 | 采办经费 | 潞泽两府属州县地丁项下留支 | 共一百二十四两 | 向归内销 |
| 祈晴祷雨 | 典礼经费 | 全省只阳曲一处，在该县地丁项下留支 | 二十一两 | 报部核销 |
| 迎春土牛 | 典礼经费 | 扣除成平在地丁项下留支 | 每年共需银九十二两五钱三分 | 报部核销 |
| 行香讲书 | 典礼经费 | 于各该属地丁项下留支 | 共银六百七两六钱七分 | 报部核销 |
| 各坛庙祭品 | 典礼经费 | 由各州县地丁项下留支 | 共银一万三千八百六十二两九钱二分 | 扣除三成并六分减平，另款解司报部核销 |
| 文职官俸 | 官厅俸给 | 巡抚藩司臬司冀宁道等官俸银由阳曲县地丁项下留支；巡警、支河东道、归绥道分别由代州、解州、右玉道地丁项下留支，其余各属正佐各官均由各该属地丁项下留支 | 年留支银二万一千二百七十余两 | 向扣除三成支给，报部核销 |
| 文职养廉 | 行政官厅经费 | 在各属库耗羡项下坐支 | 年共留支银七万八千一百八十九两一钱六分 | 向系扣除一成并六分减平另款解司报部核销 |
| 各州县繁费 | 各州县办公经费 | 在各该州县耗羡项下留支 | 乾隆二年章程内开各州县杂项繁费共银一万七千六百二十两，后若干县多有裁减 | 报部核销 |
| 各衙门役食 | 官厅夫役经费 | 在各该州县地丁项下留支 | 年工食银八万一千三百六十三两六钱六分 | 向系扣除三成并六分减平支给，报部核销 |

续表

| 名称 | 性质 | 来　源 | 数　额 | 扣减和核销 |
|---|---|---|---|---|
| 铺司工食 | 驿递经费 | 有驿各州县酌留工食银十分之二，无驿各州县留工食银十分之四，在各属地丁银两存留项下留支 | 共银四千四百一十两二钱 | 向系扣成支给，报部核销 |
| 驿站夫马工料 | 军政经费 | 在地丁内扣支，归入存留项下 | 共留支银一十一万四千四百八十七两九分四厘 | 向系扣除成平另款解司，报部核销 |
| 五台山喇嘛俸 | 宗教经费 | 在五台县耗羡项下留支，归内销 | 二千一百九十六两九钱二分 | |
| 贡生旗匾 | 贡举经费 | 在各州县征收地丁项下留支 | 各县自一十二两至三两不等，通省岁支七百六十二两 | 向系扣成支给，报部核销 |
| 廪生饩粮并膳夫工食 | 学宫经费 | 由地丁内留支 | 饩廪银八千六百六十四两，膳夫工食银一千五百三十九两九钱六分 | 扣除成平，另款解司，报部核销 |
| 廪生贫士学租 | 学校经费 | 各州县学田按亩征收租课，酌量发给廪生贫士 | 二十六州县共收租银二百五十七两二钱五分 | 尽数留支，向归内销 |
| 临晋县义学束脩 | 辅补教育经费 | 在田房契税盈余项下支给，如不敷由绅摊捐津贴 | 六十四两 | 向归内销 |
| 孤贫冬衣花布 | 恤政经费 | 于地丁项下动给 | 每名每年冬衣花布银九钱四厘，共支银一千二百五十五两 | 减成支给，报部核销 |
| 招解命盗人犯并缮详等费 | 司法经费 | 在解上一半斗捐项下动支 | 命盗案件解府解省犯人之口粮、解役之盘川、狱官之繁费、书吏之缮详，以一案一犯无翻供驳审耽延计之，需钱四五十千文，银数十金 | 向归外销 |

续表

| 名称 | 性质 | 来　源 | 数　额 | 扣减和核销 |
|------|------|--------|--------|------------|
| 巡警兵饷 | 地方民政经费 | 各属于抽收斗捐留用一半项下动支 | | 向归外销 |
| 学堂经费 | 地方教育经费 | 各属在留用一半斗捐内开支 | | 向归外销 |

资料来源：《山西各厅州县内销留支各款说明书》，《山西各厅州县外销留支各款说明书》，《清末民国财政史料辑刊》第 4 册，341～377 页

　　山西把州县财政分为"内销留支"和"外销留支"经费两部分，民政、司法、教育等新政开支已成为州县支出的重要部分，其来源已不是原来的地丁税契等项"内销留支"，而主要是各州县"外销"，即在抽收斗捐留用的一半项下开支。① 此外，还有各州县"就地"抽收的捐税，仅以阳曲县为例，就有戏捐、铺捐、加抽煤厘、麦草料折价、差马生息、差徭生息、高等小学堂地租、高等小学堂生息、高等小学堂斗捐、两等小学堂生息、掩埋狱囚生息、改良监狱生息等十数种"向归外销"之款，成为地方办理学堂、巡警和各项实业的经费来源。②

　　河南各州县的收入来源也主要是杂捐，一是"各属抽收"的斗捐、牲口捐、花布捐，"岁共收银二万九千七百七十一两三钱九分"。此外因举办新政，"各属就地"抽收各捐则包括四大类："抽之花户者"，有串票捐、契税捐、契尾捐、房捐、亩捐、随粮捐等；"抽之坐贾者"，有斗捐、商捐、铺捐、油捐、火柴捐、煤油捐、粮坊捐、变蛋

_____

①　山西省的"斗捐"是光绪二十七年巡抚岑春煊以"凑集大额赔款"为由奏请抽收的，定凡粮行牙行买进卖出粮食，每斗抽钱六文，以三文解司，充作大案赔款，以三文留地方，后作为巡警、学堂等经费。见《山西各厅州县外销留支各款说明书》，《清末民国财政史料辑刊》第 2 册，376～377 页。

②　《山西全省各府厅州县地方经理各款说明书》，《清末民国财政史料辑刊》第 4 册，109～117 页。

捐等；"就出产之物而抽收者"，有枣捐、瓜子捐、柿饼捐、柳条捐、芝麻花生捐等；"因特定之事而抽收者"，有戏捐、会捐、庙捐、巡警捐、册书捐等。总计银四万零九百四十九两九钱五分三厘，钱九万四千三百零八千一百四十二文。①

吉林省列举各州县抽收的捐税有：饷捐（每饷岁捐钱三百文、八百文、一吊五百文、二吊不等，均不解省，留本地作为警、学二费开支）、营业附加税（按货售百分之一抽捐，用于警、学、自治等事）、粮石公捐（即附加斗税，上等粮每石捐钱六十文，中等四十文，下等三十文，用于地方自治），此外还有船捐、车捐、屠捐、铺捐、戏捐、妓捐等，均用于新政各项开支。②

《陕西全省财政说明书》云，该省道府以至州县"杂捐各款均由本地抽收，以资备办新政之需，向无报解司库者。其款项以商捐为大宗，绅富次之，房捐、斗捐次之，脚柜呈捐、炭捐、货捐又次之"。该说明书详列各州县筹捐项目，多寡不一。如高陵县有票行、土行、五街商铺、棉花行等项筹捐，岁共捐银六百零八两余，钱四千九百八十八串。临潼县有斗行捐、银炉捐、当商捐、租捐、息捐、革捐、火钱捐、呈词捐、商捐、房捐等，岁收银六千八百七十六两。③

还有的省虽然没有专门列出州县的"未报部各款"，但列出了全省的"未报部各款"，如贵州财政说明书列出全省的"未报部各款"共121项，其中除属于各局所外，相当部分都为各州县所抽收。④ 也有

---

① 材料中的数据仅以光绪三十四年为断。《河南全省财政说明书》，岁入部，各属就地抽收各捐，《清光绪年二十二省财政说明书》（河南卷）第 1 册，208～209 页，北京，全国图书馆文献缩微复印中心影印本，2008。

② 《吉林行省财政各种说明书》，地方税之府厅州县税，《清末民初财政史料辑刊》第 4 册，568～577 页。

③ 《陕西全省财政说明书》岁入部，杂捐类，253、257～258 页，《清光绪年二十二省财政说明书》（陕西新疆卷）第 1 册。

④ 《贵州全省财政说明书》，岁入部，正杂款项已未报部之说明，《清光绪年二十二省财政说明书》（贵州四川卷），395～398 页。

一些省并没有特别指明"未报部各款"，但也列出了各项杂税杂捐名目。虽然各省财政说明书内容不一，但我们也能从上述材料中看出州县外销的基本特点。

度支部清理财政章程将"未报部各款"等同于"外销"，州县"外销"略而分之包括三个部分：一是平余、浮收、陋规等相沿已久的收入，主要用于补充办公经费，历经多次整顿裁革，收数和范围多少受到影响。二是在全省范围内抽收的各种附加（如斗捐、亩捐、税契附加等），这些项目往往由该省督抚奏请设立，或者需解交藩库，或者分成留用州县，虽然许多州县"往往任意增收"，但在数额和使用方面亦会受到一定限制。三是州县就地抽收的各种杂捐，它们大都"皆为兴办新政就地筹款而设"①，"各量地方所出以谋地方所入"②，这是构成州县"外销"的主体。正如《直隶全省财政说明书》中所说："各州县以捐名者不一而足，亩捐附加于田赋，各处皆同，其余若房捐、若花生捐、若肉捐之类，随地而异，琐屑不堪，殊难枚举。"③

州县杂捐征收皆"就地"而异。首先，抽收没有章制准绳，因时因地不同，"皆视地方有何项之必需与何捐之可抽酌量筹议"④。其

---

①　《直隶全省财政说明书》，第六编，杂税杂捐，《清光绪年二十二省财政说明书》（直隶奉天卷），135 页。

②　《奉天财政沿革利弊说明书》，正杂各捐说明，《清光绪年二十二省财政说明书》（直隶奉天卷），3 页。

③　《直隶全省财政说明书》，第六编，杂税杂捐，《清光绪年二十二省财政说明书》（直隶奉天卷），135 页。

④　《福建财政沿革利弊说明书》，杂捐款沿革利弊说明书，总说，《清末民国财政史料辑刊》第 12 册，306 页。

次，各地抽收款目不同，数额不一，各省份无法确切估算其收数。①
最后，各地征收办法也五花八门。就广东而言，屠捐、膏捐、酒甏
捐、戏捐、花捐"或以一商而独承一捐，或以众商而共承一捐，或就
一捐而包承一府属或数县一县不等，或一商包承分之各商，各商复
分之各行"。商人承饷，对于州县衙门有私费、例规，或州县官于包
饷之外另立税捐名目，"上下交征，民苦重税"，弊端无穷。②

关于州县外销的影响，御史赵炳麟曾一针见血地指出，各省经
费，各省自筹，"度支部罔知其数"，外销削弱了清廷中央集权的财
政力量。"至于州县进款出款，本省督抚亦难详稽，无异数千小国各
自为计。"③随着州县外销的产生，州县拥有了名目繁多的自行收支
的款项，自收自用的"州县财政"端倪开始显现④，并进一步加剧了
清末财政的紊乱。

---

① 陕西省估计通省州县杂捐岁入"约不下数十万金"，但也只能满足各项
需求的十之二三。见《陕西全省财政说明书》，岁入部，杂捐类，《清光绪年二十
二省财政说明书》（陕西新疆卷）第 1 册，253 页。奉天估计全省车捐、亩捐每年
收数为二百七十余万两，"较之盐粮统税三项收数足以相埒，诚为地方财政收入
之一巨宗"。此外，各州县自行就地抽收的捐税则"更扑难数"。见《奉天财政沿
革利弊说明书》，正杂各捐说明，《清光绪年二十二省财政说明书》（直隶奉天
卷），3 页。

② 《广东财政说明书》卷 1，总说，《清末民初财政史料辑刊》第 8 册，20 页。

③ 朱寿朋：《光绪朝东华录》，总 5921 页。

④ 晚清州县虽然有了自收自用的款项，但不能据此判断现代意义的"州县
财政"已经形成。因为第一，在中央集权体制中，地方必须有中央政府的授权或
者法律规定方能获得收税权力。而在当时，清政府虽然允许各地"就地筹款"，
并准备通过财政改革划分中央税和地方税，但这一工作还仅处于调查阶段，与
"州县财政"有直接关联的外官制改革方案和财政改革方案都没有最终出台，中
央和地方究竟如何划分财权并不清楚。各州县征收的税捐虽以出产大宗为依据，
有的省也制定了有关章程，但总的来说是根据需要而寻找税源、自定税率，没
有一定规则。第二，当时州县税捐的征收方法依然沿用旧有办法，以"包征"为
多，也有设局或由机构（如劝学所、巡警局、自治公所）征收的，并没有形成统
一的财税机构。后来四川等省设立经征局，也只限于少数省和部分税源。所以
此时州县虽然有了一部分自收自用的财政款项，但并没有形成有确定财源的、
有征收使用规则的、有专门机构征收的"州县财政"，只是"州县财政"的端倪。

### 三、财政困局与治理困境

财政为庶政之基，一定程度上说，财政是改革的基础，尤其是自上而下的改革，需要相对充裕的财政支持。九年筹备立宪清单公布后，御史赵炳麟在《请确定行政经费疏》中对外官体制改革中需费较繁的项目有个粗略的估算：巡警一项，大省岁略需银 300 余万两，小省岁略需银 200 余万两；审判厅，大省小省平均算之，岁略需银 50 万两，加上改良监狱、书记执事薪水，必在百余万以外；教育，每省非百余万之教育经费必不敷用；此外还有"需款尤繁"的地方自治费用。① 各省督抚所估算的新政用费更高，如河南巡抚宝棻估计该省设立审判厅需经费 242.4 万余两；办理巡警每年约需银 60 万；学务经费平均每年支出 130 万两至 140 万两；筹办各属地方自治开办事务所研究所年需费用 30 万金。② "财力奇绌""无米之炊""财竭事棼"成为督抚笔下的常用语。

在传统州县治理中，州县官并没有现代意义的财政之责，只是处理与财政相关的钱谷、杂课之类的具体事务，所收除"留支"很少份额外，其余均以"起运"形式上缴。州县财政开支，主要是办公经费。如前所述，州县官的实际收入并不多，但要应付衙门的各项开支和上级部门的"摊捐"，解决的办法就是扩大浮收平余和收取陋规。但到清末新政时期，随着公费改革的进行，一部分陋规"化私为公"，纳入省财政公项之内，也有一部分陋规被裁除，加上清理财政中各省"外销"都要和盘托出，州县财政的来源渠道变窄。

与此同时，教育、警察、自治、调查户口等各项新政在在需要州县去落实，州县财政根本无力承担，"就地筹款"成为解决困境的唯一办法。虽然强调要依靠"绅力"，或者设"绅董"负责筹款，但由

---

① 《请确定行政经费疏》，《赵柏严集》谏院奏事录卷 6，1～3 页，沈云龙主编：《近代中国史料丛刊》第 31 辑。

② 《河南巡抚宝棻奏遵旨并议御史赵炳麟等奏请确定行政经费折》，载《政治官报》第 1055 号，宣统二年九月初三日，9～13 页。

于各项新政均关乎州县官之考成，州县官不仅是监督，而且要负综核之责，各项筹款项目均要经州县官批准。四川总督赵尔巽曾说："百弊丛生，皆由地方官兼理财之故。"①这虽是针对各省财政紊乱而言，但也道出了一个基本事实，即筹款已成为州县官的新的重要职责。

那么，州县官是怎样"筹款"的呢？这里，我们从任浙江象山县令程稣的记载出发进行一些微观考察。

据民国象山县志记载，程稣于光绪三十三年七月（1907 年 8 月）到任，宣统元年正月（1909 年 2 月）离任调补石门，任象山县令的时间一年零五个月。

程稣是一个勤勉的官员。到任之后，禁种土浆、整顿学务、实行团练，严拿赌博、治理水利、倡导蚕桑、清理词讼，"事必亲裁"，"不避劳怨"。但是，令他最为头疼的是筹款。他在书信中屡屡提及："今知县财政之困难，有非可以楮墨形者。""目下新政迭兴，限期迫切，罗掘早尽，无米可炊。而上峰之督责日厉，虽有奇才异能，恐亦无从措手。"②

从州县收入来看，粮赋平余是一县各项开支的重要来源。但象山粮赋征额不过 13000 余元，到程稣任官之时，官垫民欠已及 7000 元，奏销时挪垫 8000 余元。他在呈上司信中说："今时阅四月续征之银抵解兵饷漕项苦不足，仍须筹垫，何能谋及还借？致息累日重一日，署用无着更不待言。"③在这种情况下，平余收入极为有限。

陋规是州县解决经费来源的主要渠道，此时象山陋规主要是渔团，原来年收 960 元，前任县令减至 800 元。待程稣到任之时，渔

---

① 《四川总督赵尔巽奏设局试办经征事宜折》，载《政治官报》第 359 号，光绪三十四年十月初一日，8 页。

② 《上宁波府夏太守书》《上宁镇船局同年王太尊书》，《浙鸿爪印》下卷，禀启类，11、23 页，沈云龙主编：《近代中国史料丛刊》第 80 辑。

③ 《禀颜方伯乞就医夹单》，《浙鸿爪印》下卷，禀启类，8 页。

汛大坏，领船炮照者至一月无一人①，收入已近无望。

象山公款无多，只有宾兴一项，此款已禀准抵拨劝学所及游学经费，"此外不名一钱"。

与入款无多相对应的，是"近来派款日见增多，而征收益疲"。程龢所提到的应办之事，除办学堂、巡警、工艺外，还有设局禁烟、倡导蚕桑、调查选举、设统计处，等等。此外，令程龢为之头痛的，还有各种"活支"，如当选咨议局议员之索取川资、求雨之设坛、教员死后无殓告帮、拘捕逃匪等，均无确定来源。各项经费难筹，但程龢对财政和公费改革均不抱希望，"今闻财政局专主搜刮提净，而公费一说仍不过镜花水月之口头禅"②，程龢深感"点金乏术，将何以应"，不得不想方设法，竭尽罗掘。他所采用的方法主要是：

个人竭力节俭，节省署用。程龢自称"恶衣菲食，自奉极俭"，幕中只一钱席，一征收带记账，一收付家丁，不过六七人。③

整顿学校，节约经费。清末之际，办学是州县官考成所系。程龢到任后，看到原来虽有公立学堂十八处，但经费奇绌，有一个学堂的年入款仅有四五十缗，而城内官立学堂岁用千余金，但学生仅十余人。④ 在经费紧张、无力办更多学校的情况下，他一方面鼓励私人出资办学，批文表彰设立女学的母女；另一方面认为"与其广劝立学用力多而求效难，不如改良私塾用力少而收效易"，将各村旧有祠堂庙中义学私塾一律改作蒙学堂。⑤

加租加捐是清末各地筹款的主要途径。程龢也不例外。他亲自

① 《上宁波府太守书》，《浙鸿爪印》下卷，禀启类，11页。
② 《致钱塘县盛大令书》，《浙鸿爪印》下卷，禀启类，23页。
③ 《上宁波府夏太守书》，《浙鸿爪印》下卷，禀启类，11页。
④ 《呈送颜方伯整顿地方情形折》《上各宪改良私塾整顿学堂添设蒙学禀》，《浙鸿爪印》下卷，禀启类，5、2页。
⑤ 《上各宪改良私塾整顿学堂添设蒙学禀》，《浙鸿爪印》下卷，禀启类，2～3页。

批准，就大泥塘公租每亩加 2 角钱，用于增加学堂经费。① 令戏班交纳戏捐，先认捐 100 元，随收随缴。以后每年认捐 200 元，分三月、八月两期各交 100 元，以补贴蚕学馆和蒙学堂。② 又令城中商号认捐，年捐钱 108 元，并对拖欠商户实施处罚，除限期缴纳外，以 120 元为度，不许减少。③

动员绅商捐钱筹款。这是既符合部颁章程，又是比较有效的办法，但象邑绅商并不配合。如渔团一月余无人领照，也无人肯包征。程稣不得已央商会代办，言之再三，商会答应代办，但不肯认数额。再如选举调查造册筹款一事，召集城绅与乡绅开会，但一哄而散。后来只能由知县亲自出马与公举之正副董担任借款。④

正在此时，县自治研究所又请增加津贴，程稣乘机大道苦水，并发牢骚道：

> 惟近来新政叠叠，上台无非责以就地筹款。向来官场以刮地皮为讳，今则上司且明目张胆命之刮地矣！庸知地已无可刮乎？即如扩充巡警也，查造户口也，羽檄交驰，限期迫切，而款至何来？上峰不问也。又如禁烟分所成立已将半年，皆皆由敝处筹垫，日迈月征，何能为继？税契加征以后，收数定将大绌，不特比较之考成有碍，且学堂巡警各费亦将因而短收，此亦稣所预为焦灼者也。又如学费巡警以入抵出，非不敷即不及，专恃县中挪垫。今以清理财政和盘托出，将来必致挪无可挪，垫无可垫。来日大难，为牧令者，必须有贝与无贝之才双裕方可措手。如稣之二者无一，惟有引退耳。⑤

---

① 《批吴祈式等求免加租办学禀》，《浙鸿爪印》上卷，批词类，18 页。
② 《批戏班领袖禀》，《浙鸿爪印》上卷，批词类，9 页。
③ 《批信城公等禀》，《浙鸿爪印》上卷，批词类，30 页。
④ 《上宁波府夏太守书》，《浙鸿爪印》下卷，禀启类，11 页。
⑤ 《复研究所某绅书》，《浙鸿爪印》下卷，禀启类，24 页。

程龢并不是一个不愿办事的人，他说自己对于分内之事，"焦心
老思，时刻不忘者，莫如工艺一事，终以地瘠民贫无款可筹，志不
得遂"，在"饬办诸事欲办则无米可炊"①的情况下，他"昼夜焦灼，
如坐针毡"②，无奈数度提出离职。

象山知县程龢的筹款困局很有典型性，反映了当时许多州县的
实际情况，其结果是既影响了新政的落实，也使官民之间产生了新
的矛盾与冲突。

首先，由于筹款困难，州县官在落实新政措施时普遍存在畏难
情绪，导致许多措施无法真正落实。如前所述，程龢迫于经费压力，
在办学方面竭力主张走私塾改良的路子，将私塾改为蒙学堂。另一
位在江苏句容任县令的许文濬在办学时也陷于左右为难的境地，一
方面他深感不能违背上命，另一方面又深知"学款棘手极矣"，不得
已千方百计节约开支。如削减劝学所职员，停止薪水，以各学区董
事兼任劝学所职员。③ 停支学堂毕业生京试川资，撙节以济要需、
补充学款。④ 当知道学堂欲组织学生参观工艺机器后，认为此项支
销是虚掷金钱，令其停止。⑤ 他还以经费难筹，谋求裁并县城简字
学堂。⑥ 当句容公立两等小学堂堂长禀请将学堂分为第一、第二两
所时，许文濬却表示反对，认为公立学堂不仅组织难，维持尤不易，
甚至还怀疑提出者"别有用心"⑦。本来办学堂数量直接关系州县官
考成，但许文濬却反对再扩办学堂，可见在经费难筹的情况下州县
官艰难处境。

其次，因筹款带来的官民冲突加剧，乡村治理难度加大。州县

---

① 《上宁波府夏太守书》，《浙鸿爪印》下卷，禀启类，11 页。
② 《上座师学部唐尚书书》，《浙鸿爪印》下卷，禀启类，22 页。
③ 《骆文凤呈》，《塔景亭案牍》卷 3，指令，39 页。
④ 《杨声远禀》，《塔景亭案牍》卷 3，指令，42 页。
⑤ 《骆文凤呈》，《塔景亭案牍》卷 3，指令，43 页。
⑥ 《金日铦呈》，《塔景亭案牍》卷 3，指令，47 页。
⑦ 《黄全益禀》，《塔景亭案牍》卷 3，指令，43 页。

官筹款常常依靠两个方面：第一是令绅商捐款，第二是加捐加税。虽然清政府在办理地方新政时常常强调"以本地之款办本地之事"，但正如当时报纸所评论的，"一切举行新政之费，莫不苛派于各省，各省于何取之？取之于民而已。……苛细杂物莫不有捐，层层剥削，处处搜罗，巧立名目，剥肤及髓，甚至一物三捐"。与此同时，"其用之也无节，其取之也无抵抗，其用之也无监督、无预算决算为之节制"，民生焉得而不困？① 此时州县官的筹款，是一种无监督、无计划、无节制的筹款，纵然有像程壎这样还算清廉的州县官，但在一个又一个新政措施的压力之下，自然无法避免运用强制搜刮的手段达到目的，而一旦这样做，又会使他们受到来自绅和民两方面的压力，致使原有的平衡被打破。

在清末风起云涌的反捐税斗争中，也有一些直接将矛头对准州县官。宣统二年（1910 年）河南长葛县乡民抗捐事件，起于县令"横征暴敛"。如税契原系 8 分加至 12 分 6 厘，粮票（串票）费每纸原系 3 文加至 8 文，呈词费每纸原系 150 文加至 300 文，戏捐每台原系 2400 文加至 3400 文，书院公产每亩课租 600 文加至 900 文，酒捐每家每月原系 350 文加至 800 文并缴酒百斤，烟税每家每月原系 1600 文加至 2400 文并缴烟 300 斤。为创办女子学堂、巡警教练所，又增加呈词费 50 文、粮票费 3 文。为筹办乡村巡警，又要求各乡随缴粮款，每粮一两，加巡警经费钱 300 文。乡民因"知县借口新政，设法敛钱不止一次，向已恨之切齿"，当即鸣锣聚众，包围县署并捣毁钱物，后营汛前往弹压，众始散去。②

又如该年山东莱阳民变，起因于"乡民因知县借辞办理新政，苛

_____

① 《论政府近日搜罗财政之手段》，载《申报》1908 年 5 月 14 日，第 1 张第 3 版。

② 《河南巡抚宝棻跪奏为查明印委被参各款据实复陈恭折》，载《京报》第 163 册，宣统三年二月初十日，46～49 页。《中国大事记补遗·河南长葛县乡民滋事详记》，载《东方杂志》1910 年第 8 期，63 页。

政重税，不堪其苦，又侦知仓中积谷已无余存，当纠集万余人至县署喧扰"，并提出将抽收人口税免去（闻私收丁税每人一口铜圆三枚）、将戏捐减去（此则奉官抽收已二三年）、征收钱粮铜圆不折不扣等要求。①

《东方杂志》刊登的河南叶县知县和裕州知州给巡抚宝棻的禀文，也折射了民众反抗捐税的情况：

> 因新政无款，自治亟宜兴办，初时议定由各乡集款，绅士赴乡劝导，并演说自治之利益。愚民不知，群起反对。适有人宣言，谓自治乃害百姓之举，从前不办新政，百姓尚可安身，今办自治巡警学堂，无一不在百姓身上设法。从前车马差使连正项每亩钱百三十文，今则每亩加至三百二十文，现在又要百姓花钱。花钱事小，将来自治办好，国家洋债无一不在百姓身上归还，此时万不可答应，官绅串通来逼民反云云。当演说时，听者甚多，及闻此语，咸表同情。二十五日，两县绅士议加酒税六陈税，乡人大哗。绅士无法，回县禀明请示，知县正在无可如何之时，各乡乡民均已纷纷聚众，倡言造反。半日之间，聚有乡民一二万人。②

官民冲突、官逼民反，自古有之，但如同清末这样频繁发生的反捐税事件则前所未有，其重要诱因则在于州县无节制、无监督的"筹款"。

劝导绅商捐款，本来是许多地方的通行做法，但也并不是每个地方的绅商都能积极配合。如上所述，程稣的筹款就没有得到绅商的配合，这使程稣对象山绅商产生了非常不好的印象。他直接批评：

① 《记载第一·中国大事记》，载《东方杂志》1910 年第 6 期，79～80 页。
② 《记载第一·中国大事记》，载《东方杂志》1910 年第 12 期，181～182 页。

"无奈巨绅久视狎玩官长为固然，一二公正者，则遇事退避不愿预闻，其不肖者则包揽词讼，把持公事，胁制官府……自知县抵任，若辈故技不得逞，乃挟谋中伤。"他斥责绅士不仅于议员选举中运动选举，还借进省为名，婪取川资。① 该年夏征之时，又有富绅起来抗浮，其上控之词即认为各项公费供应作为署用已经足够。程龢指责他们是"道听途说"，是"绅界独喜与官反对"②；还指责那些办学之人是"满口公益，一腔私利，非刮公款以饱私囊，即任私人以充要职，其甚者假兴学大题以鱼肉乡里，胁制官长转为害马"③。对绅士的不满甚至敌视跃然纸上。这虽是个案，但也从一个侧面反映当时官与绅之间的裂痕在扩大。

引起清末官、绅、民之间矛盾和冲突的原因有多种，但"筹款"无疑是其中的重要诱因，或者说是引发冲突的直接因素。本来，在乡村社会的治理中，州县官依靠绅士这个中介，了解民众的要求，协调和处理各种矛盾，实现平衡与稳定。而现在，平衡被打破，筹款成了可能引发矛盾的焦点。与此同时，随着新政的加快推行，州县官的筹款之责又不断加重，在这种情况下，逃避成了最好的选择。

程龢在一封信中就袒露了自己在长官和绅士两方面逼迫下的愤懑心境："今中国不从实业上着力，而但迫新政进行，譬犹尪羸病躯不扶元气，而杂投峻剂，欲其气体之强得乎？又譬之破败旧家家有果园竹山森林蔬圃，不逐一整顿以先裕其经济，而但辉煌其宅舍，修饰其花园，华丽其起居，衣物无钱则贷外债以济之，此岂惟不能富而已。近数年新政之耗费不赀，宪政未行而上下之交困益甚，是以外官之不可为者，上莫如藩司，下莫如州县。受业到此一年，心血呕尽，就使缺尚不致亏累。而新政繁兴，长官逼迫于上；绅权膨

① 《禀抚藩求去夹单》，《浙鸿爪印》下卷，禀启类，15 页。
② 《复詹绅熙函》，《浙鸿爪印》下卷，禀启类，24 页。
③ 《上座师学部唐尚书书》，《浙鸿爪印》下卷，禀启类，22 页。

胀，绅士劫持于下，亦且有不可终日之势。"①正是在这种心境下，他如坐针毡，请求调省差委，并数度提出离职。

这种畏难和离职心理绝不是个别现象，当时还出现不少还未到任期就离职的事例。如湖北"近年州县任署各员，或到任未久托故禀卸"②；江苏州县官也因赔累不堪，"自去年（光绪三十四年）以来委缺力辞者十余人，在任求去者数十县"③。

## 第二节　州县财政的局部整理

### 一、同治光绪年间"化私为公"的努力

州县财政的困境，实质根源于清朝不合理的政治经济体制和财政制度，但是，在很长的时间内，人们看到的还只是其所带来的严重的吏治问题，并从"化私为公"出发来寻求解决方案。

自雍正朝实施"耗羡归公"以后，历经乾隆、嘉庆，"耗羡"逐步又成为中央控制的正项的一部分。④ 在人口压力和州县事务不断扩大的情况下，在摊捐、摊派不断增长和养廉银不断扣减的情况下，州县入不敷出，复又转向经制外加收的办法解决经费来源。咸同年间，漕粮征收中的浮收又成为一个突出的问题。如咸丰年间，湖北漕粮征收中"征收本色每石浮收米或五六斗或七八斗，或加倍收，竟有多至三石零者。此外又有耗米水脚等项，分款另收；又有由单券票样米号钱等名，多端需索"。浮收过多，不仅民生日苦，而且吏治败坏。在这种情况下，一些省的督抚实施了裁剪浮收陋规以定公费

---

① 《上座师学部唐尚书书》，《浙鸿爪印》下卷，禀启类，22 页。

② 《湖广总督陈夔龙奏查明州县各项摊派分别裁除折》，载《政治官报》第705 号，宣统元年八月三十日，13 页。

③ 《两江总督端方江苏巡抚陈启泰奏银价益涨州县赔累更深请仍改征银解银另收公费折》，载《政治官报》第552 号，宣统元年三月二十四日，11 页。

④ 曾小萍：《州县官的银两——18 世纪中国的合理化财政改革》，282 页。

的改革。

较早实施改革并取得一定成效的是湖北巡抚胡林翼。他认为"楚北漕弊浮收之重，实由于冗费之多"，"粮道有漕规，本管道府有漕规，丞倅尹尉各官俱有漕规，院署有房费，司署有房费，粮道署及本管道府署书吏各有房费……种种蠹弊盈千累百，无不于州县取之……夫州县既多冗费，势不能不向粮户浮收"①。胡林翼的改革办法是革除道府漕规及上下衙门一切冗费，将从前每石浮收十六七千、十八九千或二十余千者，减至六千数百文或五六千文，革除其他耗米水脚票费，将裁减后的浮收补充各衙门以应办公之需。②

同治初年，巡抚沈葆桢在江西也裁剪浮收，明定限制，确定收数，所征地丁除完解耗羡征银一两五钱外，另提银一钱；漕米每石折收银一两九钱，提银二钱，"以为本省各项实在需用之捐款"；此外，地丁提三钱，漕米提四钱，"分别酌提存留作为司道府县办公之费"；其余"所有捐摊各名目悉予裁停，各项陋规概行停止"③。与此同时，闽浙总督左宗棠、浙江巡抚马新贻也奏请在杭、嘉、湖三府裁减浮收，并将一切摊捐名目及道府各属陋规概行禁革，另在正耗钱粮之外每两酌留平余以为各县办公之用。④

咸同年间的改革，总的趋向是从整顿吏治出发，裁革各地任意加收的浮收、摊捐、陋规，然后在征收钱粮时再确定一定的加收数额，作为"公费"补充办公之用。这些做法在一定时期、一定程度上对澄清吏治、减轻州县负担起到作用，但这个作用都只是一时的。

---

① 胡林翼：《革除漕务积弊并减定漕章密疏》，葛士濬辑：《皇朝经世文续编》卷 30，户政七，4 页。

② 胡林翼：《办理漕务大概情形片》，葛士濬辑：《皇朝经世文续编》卷 30，户政七，5 页。

③ 刘秉璋：《遵查江西征收丁漕疏》，葛士濬辑：《皇朝经世文续编》卷 32，户政九，1～2 页

④ 左宗棠、马新贻：《会奏杭嘉湖三府酌减漕粮分数折》，葛士濬辑：《皇朝经世文续编》卷 30，户政七，11 页。

其中一个重要原因就是"公费"含义和使用的模糊。也就是说，"办公之费"中包含着一定的给官员本身的补贴，而一旦个人私用与公用之款混用，假公济私、私用侵蚀公用就是一个必然的结果。尤其在官员廉俸不高且不断扣减的情况下，上述改革对于吏治的整顿效果是极为有限的。

同治八年(1869年)，时任江苏巡抚的丁日昌提出增加外官廉俸以澄吏治的主张，认为"今之道府，养廉之外，皆靠节寿；州县养廉之外，皆靠平余"。解决的办法就是"明定章程，给予办公之费，而挈私者而归之于公"，并且"司道以下，或酌量加增公费，而将所有陋规全以充公"①。丁日昌更为明确地主张增加外官廉俸，同时将陋规充公以作为办公之费，办法更为清晰。但由于无论"廉俸"还是"陋规"，实际都包含官员私人和公用两个方面，所以当它们都归入"公费"之后，所谓的"办公之费"实际也就包含私与公两个方面。在这种情况下，"公费"改革演变成一种"化私为公"的程序：将各种浮收、平余、陋规，或减少，或裁革，然后归入司库，官员再按规定数量支取。虽然很多时候都被称为"办公之费"，但在实际中，官员的"办公"中也包含"办公事时的私人用费"。所以光绪初年的一份官员奏呈就有这样的话："州县养廉，大者无过千两，盖与坐支各款，均属办公不可少之费。今皆减成发给，其公私之用，必至竭蹶。"②这里把养廉作为办公之费，又说减成后会直接影响公私之用，说明在当时养廉银在使用上是兼顾"公"与"私"的。官署的"公用之费"与官员的"办公事的私人开销"是联系在一起的。

但是也有官员对此表示担心，认为："外吏津贴，东南各省多有奏定章程，裁革陋规，以充公费，权益之举，立意未为不善。然取

---

①　丁日昌：《条陈力戒因循疏》，盛康辑：《皇朝经世文续编》卷18，吏政，21页。

②　朱寿朋：《光绪朝东华录》，总61页。

盈无术，仍不能不借资需索，于是公费而外，又有陋规，浸以重困。当日耗羡归公，言者已有耗羡之外复生耗羡之虑，是津贴之说无补吏治，徒伤政体。"①此批评在一定程度上看到了问题的症结，在官员俸薪过低、办公费用日涨的情况下，公私不分的州县财政制度必然催生出"借资需索""耗羡之外复生耗羡"的恶果。

果不其然，在改革较有成效的湖北，到光绪初年，就已经是"官吏日久生玩，夙弊潜滋"，在征收钱粮过程中，催役、柜书等上下其手，任意浮收的情况再现。② 江西巡抚刘秉璋也上折诉苦，因银价日贵，州县征收不敷报解，公费一无所出，不得不要求恢复丁漕浮收，将丁漕解部之余留作本省之公用，"借丁漕之浮收以应支销"③。此时四川、安徽、福建、河南等省进行了又一轮裁革节寿陋规，酌给公费的改革。但办法各异，如江西将丁漕解部余留作本省公用；安徽专出于漕粮；福建出于关税厘余；河南则于漕折项下每石提银二钱，留为本省办公之用，州县则在应领运脚项下动支。④

晚清以来，各种摊款、摊捐成为州县之困。针对州县摊捐过多而不堪重负的情况，光绪八年（1882 年），山西巡抚张之洞创办清源局，裁抵摊捐，改给公费。⑤ 他在《裁革公费馈送折》中说：

> 窃查外省臬司道府直隶州等官，办公每患不足，廉俸扣减，益形支绌，不得不仰给属吏。其岁时馈问，有三节、两寿、季规、到任礼、程仪诸目，各省大同，山西亦然。大吏之讲求吏

① 王堃：《请定外吏津贴公费疏》，盛康辑：《皇朝经世文续编》卷 20，吏政，62 页。

② 屠守仁：《请革除湖北钱粮积弊片》，葛士濬辑：《皇朝经世文续编》卷 30，户政七，6 页。

③ 刘秉璋：《遵查江西征收丁漕疏》，葛士濬辑：《皇朝经世文续编》卷 32，户政九，2 页。

④ 朱寿朋：《光绪朝东华录》，总 891～892 页。

⑤ 朱寿朋：《光绪朝东华录》，总 1362 页。

治者，知其足以累州县，而又无以处司道。府州于是乎别筹闲
款，明定公费，使上无匮乏，下无挟制。故近年各省遵旨议定
公费之案，屡见奏章。然其款必有所出，如三江、闽、蜀诸省，
或取之厘羡，或取之漕折，或取之盐平。倘别无可筹，亦必量
加裁减，然后著为定数。①

这段话至少给我们提供了如下信息：（1）因办公不足，乃"仰给属
吏"，又去索取"规礼"，这是以"私"济"公"之不足。（2）明定"公费"
款的来源一般是正项之外的各种浮收、盈余等，即来源于"私"，各
省情况不同，但都是包含"化私为公"之义。（3）在公费之前，各上级
部门向州县索取的陋规等是无定数的，确定"公费"，即"化私为公"
后，相应官员按岗位和级别领取一定的经费，且统一到司库支取。

综上所述，所谓"州县公费"，实际上是一种通过"化私为公"的
路径解决州县经费的办法。它将浮收、摊捐、陋规这样一些灰色收
入纳入省的财政收入之中，然后再以一定的数额补充州县公私之
用。② 这种办法没有从根本上触及旧的财政体制和官员俸薪制度，
因而无法走出周而复始的"公私不分"路径依赖。

及至光绪二十八年（1902 年），直隶总督袁世凯上折认为，陋规
存在，使"士习日坏，吏治日偷"，认为要将各项陋规扫荡而廓清之，

---

① 《裁革公费馈送折》，《张之洞全集》卷 4，108 页。
② 曾小萍认为，公费"是指所有由省里征收、不必像正项经费一样解往中
央，或是向官员个人以养廉银形式发放的经费"。至少从雍正年开始，一些省已
经于养廉外，分晰州县地方繁简，酌量给以公费，用以补助衙门支出。参见《州
县官的银两——18 世纪中国的合理化财政改革》，165～166 页。关晓红指出，
在"清廷的正式规制中，文职外官在俸禄之外有养廉银，却无公费"。并认为原
因与"各直省辖区范围、贫瘠丰裕、政务繁简、路途远近等均差异明显，确定标
准难度较大不无关系"。参见《晚清直省"公费"与吏治整顿》，载《历史研究》2010
年第 2 期。可见由于公费是属于省与地方政府的"正项"外收支，虽然需要将情
况上报朝廷，但又具有"因地制宜""因时制宜"的特点，差异很大，中央无法真
正掌握，故难以入典。

必须"筹给办公之费"。提出在这国帑空虚之际，不能另增公费，"莫如姑就旧有之陋规为化私为公之一法"，令道府厅州将旧有之规费据实开报，和盘托出，并"按其向来所得之多寡，明定等差，酌给公费"。各州县将向来应出节寿等项，一律径解司库，不加耗费，另款存储。道府厅直隶州应支公费，按月赴司库请领。① 上谕令各督抚"仿照直隶奏定章程，将各项陋规一律裁革，仍酌定公费，以资办公"②。袁世凯此法力图将陋规"化私为公""化暧昧为光明"，在思路上与同治年间丁日昌的建议一致。

事实上各省未见响应。但面临新政开始后州县行政用款陡然扩大的情况，有的省督抚也采取了一些补救措施，如光绪三十年(1904年)广西巡抚柯逢时因"缺之苦乐不均"带来"吏治不修"、州县不能久任的状况，请旨"视缺繁简道途远近月定公费，就本有入款均匀支给"，"各官到任之始，并准另给一月公费，作为资斧及置备什物之需"③。湖广总督赵尔巽曾在签捐盈余项下筹给"瘠苦各缺"津贴；其后任陈夔龙则奏准加收税契拨留地方一分，借资办公，但均为权时补苴之计，未曾普及。④

光绪三十二年(1906年)，翰林院侍读学士恽毓鼎奏请匀定州县公费，认为州县更调频繁，不能久任，就是"缺分肥瘠不均所致"，以致吏治无望。建议各省督抚将州县所入之款和盘托出，分为繁、中、简缺三级，确定公费数目，"总使公私略有盈余为准"，并说"盖公项有余则可为地方兴利除弊，私项有余则不忧事畜，可以专力办

---

① 《北洋大臣袁奏请将道府厅州所有各项陋规一律酌改公费折》，《大清新法令》(点校本)第 2 卷，414~415 页。

② 《八月十一日上谕》，《大清新法令》(点校本)第 1 卷，17 页。

③ 刘锦藻：《清朝续文献通考》卷 142，职官二十八，9026 页。

④ 《湖广总督陈夔龙奏查明州县各项摊派分别裁除折》，载《政治官报》第 705 号，宣统元年八月三十日，13 页。

公"，并定州县以六年为一任。① 实际上仍是沿着化私为公的思路，将各种名目的陋规和其他灰色收入合法化，以补充州县之用，只不过更进一步强调了根据缺之繁简确定公费数目，强调此举对整饬吏治和解决州县官久任的意义。上谕认为："所陈切中官场积弊，著各直省督抚体察本省情形，分别妥筹奏明办理。"②

也有的官员提出了依据州县缺分繁简明定数额和使用界限的办法。山东巡抚袁树勋在折中认为，"欲纾州县之困，莫如将历年提款一律豁除"，酌剂盈亏，一律改为公费。公费之定，拟以缺之繁简为衡，不以地之肥瘠为准。并说："将公费酌中定数，俾其赡身家给宾客而有余，买田宅长子孙而不足，使贪夫无所利以托身。"③在他看来，"公费"数额应是有限度的，虽可给予官员做一定的生活和公务补贴，但绝不可使之可用此钱购买田宅。

但州县公费改革的推进并不顺利。两广总督张人骏就对"尽提羡余"不满，认为这样"地方之事会无定"，并说自经前任疆吏题解粮米盈余酌给州县津贴后，粤省州县各缺已没有盈绌之殊，明确不办。④所以《东方杂志》评论道："各省复奏者寥寥，并非有意因循，实在不易办理。"⑤

光绪年间若干省的改革，或着眼于留用丁漕余留、关税厘金，或裁减州县摊捐陋规，遵循的是不断地"化私为公"的路子，力图以"公费"取代各种陋规、摊捐，也正是在这个过程中，"公费"的含义日益模糊。光绪三十一年(1905年)江苏巡抚陈夔龙在奏折中谈到江

---

① 《翰林院侍读学士恽毓鼎奏请匀州县公费折》，载《北洋官报》1906 年第 1241 册，奏议录要，2 页。

② 中国第一历史档案馆编：《光绪朝上谕档》第 34 册，132 页，桂林，广西师范大学出版社，1996。

③ 刘锦藻：《清朝续文献通考》卷 143，职官二十九，9044 页。

④ 《两广总督张人骏奏州县提缴盈余酌给津贴请照旧办理折》，载《政治官报》第 360 号，光绪三十四年十月初二，9 页。

⑤ 《记载一·宪政篇》，载《东方杂志》1909 年第 4 期，188 页。

苏州县办公困难，其中就有捐送知府三款，"或名公费，或名漕敬，或名座船工食，名目不一，多寡不同，沿为常例"，并认为"此等款项介在公私之间，究非名正言顺"①。

以上说明从同治一直到光绪末年出现的州县"公费"，乃至外省官员的"公费"，尽管时而定为"办公费用"，但在使用内容上常常包含官员廉俸之外赡养身家的"补贴"。当然，比之任意索取的陋规、无一定限度的"摊捐"，有确定来源的、有确定数额的"公费"在整顿吏治方面还是前进了一步。

### 二、宣统年规费清理和公费改革

宣统年州县公费改革是在清理财政这一大背景下进行的。清末清理财政还有一个重要内容，即"酌定外官公费"。度支部于光绪三十四年拟定的《清理财政章程》第7章第27条云："在官俸章程未经奏定之先，除督抚公费业由会议政务处议筹外，其余文武大小各署及局所等处，应由清理财政局调查各处情形，一面禀承督抚及度支部酌定公费，一面提出各款项规费，除津贴各署公费外，概入该省正项收款。"②

酌定公费的第一步是调查和清理各项规费。"规费者，各署收受之陋规也，而以州县衙门收受之名目尤多。"③清查的目的是"化私为公"，将各地规费等灰色收入纳入各省正项收款，以统一的"公费"取而代之。各省调查的对象，是"文武大小衙门局所"，由于州县是"天下财赋之所出"，因此，对各州县出入款目，尤其是规费的清查就成为调查的第一步。不过清查效果并不理想。正如四川总督所言："前

---

① 刘锦藻：《清朝续文献通考》卷142，职官二十八，9028页。

② 《宪政编查馆奏核议清理财政章程酌加增订折并单》，《大清新法令》（点校本）第1卷，147页。

③ 《河南全省财政说明书》，岁入部第二款，规费，《清光绪年二十二省财政说明书》（河南卷）233页。

饬将平余陋规和盘托出以充公用，无如各属开报多所隐饰。"①广东也是迭次饬行各属彻查陋规私费，"定章虽极严厉，而在下积弊仍难袪除，现查各属尚有收管米石及柴炭银两过山规礼等款……"②不仅如此，即便是已经报上来的各种表册，也是混杂不清，"或正杂不分，或出入淆混，甚或总散数目不符"③。度支部不得不承认："各州县财政造报，其中纷纭错杂，难以稽查。即如征完地丁，除解司道府库并一切费用外，究竟本官实得羡余若干，每年约共银若干，当此切实清厘财政之际，亟应逐一详列。"④可见上述问题不仅限于个别省份，而是普遍存在的。

但是在各省清理财政的过程中，对州县规费还是做了初步的调查。《四川全省财政说明书》中列举的规费包括两大类：一是"对于公家之烦费"，包括诉讼费（每审结一案，由两造各出讼费钱三千二百文）、呈戳费（代书承办词状盖戳取费四百文）、参费（六书房每届三年更换时顶参之人所交费用）、粮票捐（征收地丁时每地丁捐票一张，收钱数文至数十文不等）、当规（当商于完纳当课外对于官府另纳当规，以为保护之酬劳，多者五六十金，少者二三十金）、官膏牌费（售卖官膏店每月缴牌费钱二三千或一千数百文不等）。二是"使用公家之器物而有所报偿者"，有使用官砝码校准银块时收取的"平息"、市场交易时使用官秤的"秤息"、使用"官斗"量米谷的"斗息"，等等。⑤ 上述规费主要用于行政办公经费，此外也用于开办审判厅和习艺劝工所等。

表6.2为若干省财政说明书中关于州县规费收取情况的统计：

---

① 《督宪饬布政司清查各属平余陋规文》，载《四川官报》1910年第15册，公牍，2页。

② 《屏绝陋规之积弊》，载《北洋官报》1911年第2681期，选报，14页。

③ 《调查各州县款项之办法》，载《砭群丛报》1909年第1期，时事，1页。

④ 《再查州县羡余实数》，载《吉林官报》1911年第4期，时事类，78页。

⑤ 《四川全省财政说明书》，各州县手数料说明书，《清末民国财政史料辑刊补编》第1册，619～622页。

表 6.2  部分省州县规费收取情况

| 省份 | 州县规费名称 | 说　明 | 资料来源 |
|---|---|---|---|
| 福建 | 征收地丁粮米税契各项平余规费、书役催收丁粮所得规费、县丞所收粮串费、船牌照费、诉讼费、状纸费、罚款、节年丁粮加价等 | 计各属全数年有平余规费两万九千余两；诉讼和状纸费为各属惯例，诉讼每张一百文到五六百文不等；状纸费每张六十文至一百二十文不等，又有代书戳费数百文 | 《福建财政沿革利弊说明书》，"杂款类"，《清末民国财政史料辑刊》第 12 册，408～435 页 |
| 奉天 | 斗役规费、各保帮贴差役伙食、修船规费、肉铺津贴刑差费、火牌费、挂役规费、税票规费、斗荡规费、船照规费、查验粮车规费、商铺公送典史规费、更条规费、点卯费、告示费、札委费、补照费、户口表费、修狱费、醋票规费、乡约换照费、宪书规费等 | 此项收入有成为相沿之惯例者，且收支不敷之地方往往借此以弥补办公之经费 | 《奉天全省财政说明书》岁入经常类，第四项第十款"杂规"，《清光绪年二十二省财政说明书》（直隶奉天卷），237 页 |
| 河南 | 盐规、当规、折贴号马价、换领牙帖、验牙帖规、卯规、柜规、会规、巡勇规、煤窑规、钱规、米行支官、产行入卯规、折缴物价、酒规、杂收规费 | 其中当规为各属普遍抽收 | 《河南全省财政说明书》岁入部，第二款第七类"规费"，《清光绪年二十二省财政说明书》（河南卷），233 页 |
| 广西 | 船行、商包、锅厂帖费、纸蓬帖费、两墟押规、田夫折价、税契由单、夫马规费、采买兵谷等 | 各属规费以船行为大宗 | 《广西财政沿革利弊说明书》卷 10，第二章"各属规费"，《清末民国财政史料辑刊》第 5 册，413～417 页 |
| 贵州 | 丁粮随征规费：串票、管丁司事、票钱、公费、房书工食、仓书夫役斗级工食、斗级、加平、加色、伙耗、地盘米、地样米、串票费、请封加色等 | 黔省征收丁粮规费有名、无名难以枚举，官吏所不能尽述，绅民所不及详知 | 《贵州全省财政说明书》岁入部，丁粮，"规费"，《清光绪年二十二省财政说明书》（贵州四川卷），99 页 |

虽然这些省州县的规费名目五花八门，汇总的情况不尽完整，甚至有所隐瞒，但经过这一次的初步清理，以往隐匿的规费开始浮出水面，这也为进一步的州县公费改革提供了一定的基础。

宣统元年三月（1909 年）摄政王又颁发一道措辞严厉的谕令："匀定州县公费，关系吏治民生，亦宪政中应行筹备之事，岂得视为缓图。"要求各省自此次通谕之后，限六个月内"一律恪遵谕旨，迅速筹办"①。之后，随着清理财政工作的迅速推进，划分国税、地税工作迫在眉睫，预算、决算的制定也在资政院提上日程，各省才陆续推进州县公费改革。

与同治光绪年多次的公费改革一样，这次也是力图将规费等各种灰色收入"化私为公"，但目标已有根本的不同。之前的公费改革主要着眼于吏治整顿，克服因滥收规费而带来的吏政腐败现象，同时也解决州县办公经费不足的困难。而宣统年的公费改革，则与宪政和财政制度改革息息相关。因为财政制度改革的目标是"财政统一"，改变晚清以来财政的紊乱局面，建立统一的预算、决算和行政经费制度，作为行政经费重要部分的官员俸禄改革也就势在必行。俸禄改革的基础环节，是需要将公私不分的州县官各种用费加以清理，取消不合理的规费，对保留下来的规费从范围到数额都加以规范，使之纳入正项收支范畴。所以，这一次公费改革在一定程度上超越了以往，既是实行新的官俸制度的前奏，也是为编制预算案做准备。

但是从一开始，朝廷和决策部门都没有对"公费"的含义作出明确的解释，对何者为"私"，何者为"公"也没有明确划分，导致看法各异，各省州县公费的确定呈现不同面相。

第一种，是将州县各项陋规、平余等纳入省的正项收入，统一作为官员"公费"。广西巡抚张鸣岐将州县分三等，另援用分科治事

---

① 《记载一·宪政篇》，载《东方杂志》1909 年第 4 期，188～189 页。

的办法，县署分文牍、主计、庶务三科，确定从州县官、佐贰、杂职到各科科员每月支取公费数额。但在确定公费底款时，又将"各官原支公费养廉""各属原收平余规费"纳入其中，由公家按照原额征收，以"公费"名义发放。① 这样，将官员私人用度和官署办公用度都统一到"公费"名中，"公费"在实际中仍然是公私不分。

有的督抚明确把"公费"视为"办公之费"或"行政经费"。如河南巡抚宝棻说："诚以公费为各官行政所需，实居岁出大宗。"② 闽浙总督松寿也认为"公费为行政所必需"③。他们在做法上依旧是将一切平余、陋规，悉数归公，然后确定公费数额，各州县照章到司库支取，仍然体现了以往的"化私为公"的路径。

第二种，是区别"公费"与"经费"，分别核定。宣统二年六月，直隶总督陈夔龙率先提出"'公费'二字，解释范围宜求明确"，并电度支部询问。度支部电覆称："以'公费'二字本兼有办公经费各义，惟近来京外应支官员公费多与养廉津贴无殊，向不造报。现在官俸章程尚未颁行，骤议正名，恐多窒碍。至因公费用范围甚廓，令分别据实开列，俟查明各项规费，由局（清理财政局）酌定。"可见"公费"的本义在现实中发生了异化，即在实际运行中，外官"公费"往往被视为养廉银，而养廉银本身包含办公用费和私人用度在内，并可以不册报。因此，度支部也不得不屈就现实，含糊以待。陈抓住这一点，进一步提出："此次所定之公费，本与经费有殊，惟各署所用员司及因公之款，如果不为核实，是在官之稽禄虽有常经，而因公之开支仍无限制。"故而直隶的做法是分别核定省道府各级官员的公

---

① 《桂抚张奏酌司道以下文职各官公费折》，《大清新法令》（点校本）第 9 卷，55～56 页。

② 《豫抚奏酌定文职各官公费折并单》，《大清新法令》（点校本）第 9 卷，73 页。

③ 《闽浙总督松奏酌定司道各官公费折》，《大清新法令》（点校本）第 9 卷，289 页。

费和经费，一曰"公费"，"凡本官服食仆从车马及一切私用应酬杂支属之"；一曰"经费"，"凡该衙门因公费用与署内幕僚、员司、弁勇、夫役、修理房屋等项，皆属之"。并说：公费如何支用，无庸造报；经费动用细数，则每月造册送清理财政局，归入决算。划定公费与经费后，其余"除廉俸二项仍旧支给外，其旧有之心红津贴、公费、办公役食等项名目概行停革，盈余规费等项悉数归公"。至于州县，因经费一项一时难以确定，先按大、中、小治分别酌定公费。① 显然，直隶的"公费"是用于补贴官员个人"私用"的部分，"经费"才是办公用费。

湖广总督瑞澂受到陈夔龙的启发，在该年七月的酌定府厅州县公费折中明确认为，"公费所以养各官之廉"，是专供本官用度的。所以湖北仿直隶成案，将本官公费与本署经费分为两起次第筹定，凡火食、仆从、车马、应酬杂支，均赅括在本官公费之内；而幕脩员薪、书吏工食一切因公用款则为州县本署经费。② 次年三月，该省又拟定府厅州县"署用经费"，根据职掌繁简、用度多寡，视其公费数目分别各加一倍，数目从 3000 两至 4800 两，一些繁盛县又加给银 600 两至 1200 两，"统由藩库收支抵拨"，各州县原有岁入悉数归公。③

江苏巡抚程德全道出了当时"公费"含义的混淆和在实践中的变异，"公费名词缘于后起，申其义曰'办公经费'，似不应属于私人之范围……外省各衙门经费积习相沿，多界乎公私之际，公之所余即私人所入"，"公费"在实践中实际已是"公私兼顾"。在公费支取上，

———————————

① 《直督陈酌定司道以下各官公费折》，《大清新法令》（点校本）第 9 卷，48～50 页。

② 《鄂督瑞奏酌定湖北厅州县公费折》，《大清新法令》（点校本）第 9 卷，252 页。

③ 《湖广总督瑞澂奏拟定湖北府厅州县署用经费折》，载《政治官报》第 1251 号，宣统三年三月二十八日，11 页。

也是"除新设员缺向由司库支领，此外悉听自谋"，所以"不得不专恃规费以供取求"，而此种"间接之收入"无不归宿于州县。他认为，"苟公私非同时规定，既无相让相成之用，将有可出可入之嫌"，应将二者加以区分。鉴于此，江苏在确定司道公费时，仿照直隶办法，分公费、行政费为两项，前者用于官员服食、交际、车马、仆从等一切私人补贴，准其自行支销，无庸造报；后者用于官署幕员薪膳、勇役工食及一切因公用项目，照章报告，归入决算。①

此外，还有奉天、浙江、山西、山东、贵州等省援引直隶办法，将"公费"与"经费"分别核定。

表6.3 部分省酌定州县公费情况②

| 省份 | 奏报人与时间 | 州县酌定公费办法 | 数 额 | "公费"含义 | 资料来源 |
|---|---|---|---|---|---|
| 四川 | 四川总督赵尔巽光绪三十四年九月 | 分最繁要、繁要、繁缺、中缺、简缺为五等 | 最繁要每年公费银一万二千两，另给缉捕交涉等经费银八百两；繁要一万两，繁缺七千两，中缺五千两，简缺四千两 | | 《四川总督赵尔巽奏遵筹匀定州县公费折》，《政治官报》第357号，9页 |

---

① 《苏抚程奏酌定司道等公费并行政经费折》，《大清新法令》（点校本），第9卷，283～284页。

② 其余黑龙江、甘肃、新疆、湖南、广东、福建、江苏、江西、安徽、云南等省没有确定州县公费，有的省只定了司道公费。福建、安徽、江西称州县公费要"俟调查（规费）齐后再行酌定"；江苏称要等清理财政局筹算定额并列入预算后再加确定。参见《闽浙总督松寿奏酌定司道各官公费折》，载《大清新法令》（点校本）第9卷，290页；《皖抚朱奏酌拟皖省各司道公费折》，载《大清新法令》（点校本）第9卷，406页；《又奏州县公费俟调查整齐后再行酌定》，载《政治官报》第1113号，宣统二年十一月初一日，16页；《江苏巡抚程德全奏酌定司道等公费并行政经费折》，载《政治官报》第1046号，宣统二年八月二十三日，8页。

续表

| 省份 | 奏报人与时间 | 州县酌定公费办法 | 数　额 | "公费"含义 | 资料来源 |
|---|---|---|---|---|---|
| 直隶 | 直隶总督陈夔龙宣统二年六月 | 州县公费，按照大、中、小治分别酌定 | 大治岁给公费银五千四百两，中治四千八百两，小治四千二百两。州县所用经费，因各属册报需详细复查，尚未确定 | "公费"，凡本官服食、仆从车马及一切私用应酬杂支属之。"经费"，凡该衙门因公费用与署内幕僚、员司、夫役、修理房屋等项，皆属之 | 《直隶陈奏酌定司道以下各官公费折》，《大清新法令》（点校本）第9卷，50页 |
| 广西 | 广西巡抚张鸣岐宣统二年六月 | 同通、州县分五等，佐贰杂职分三等，而以其缺之繁简、道里之远近支配之 | 一等月支银八百两，二等六百两，三等五百两，四等四百两，五等三百两 | | 《桂抚张奏酌定司道以下文职各官公费折》，《大清新法令》（点校本）第9卷，54～55页 |
| 河南 | 河南巡抚宝棻宣统二年六月 | 州县分最繁要、繁要、繁缺、中缺、简缺五等 | 最繁要每月各支公费银六百两，繁要公费银五百两，繁缺四百两，中缺三百两，简缺二百四十两 | 公费为各官行政所需 | 《豫抚奏酌定文职各官公费折并单》，《大清新法令》（点校本）第9卷，77页 |
| 湖北 | 湖广总督瑞澂宣统二年七月 | 州县分为四等：最繁难一等一级，次者一等二级，又次者二等一级；最简者二等二级 | 公费一等一级每月四百两，一等二级每月三百五十两，二等一级每月三百两，二等二级每月二百五十两；经费各厅州县视其原定公费等级数目分别各加一倍，分别为四千八百两、四千二百两、三千六百两、三千两不等 | 公费专供本官用度，凡伙食、仆从、车马、应酬杂支，均赅在内。经费为幕脩员薪、书役工食一切因公用款 | 《鄂督瑞奏酌定湖北府厅州县公费折》，《大清新法令》（点校本）第9卷，252页；《湖广总督瑞澂奏拟定湖北府厅州县署用经费折》，载《政治官报》第1251号，11页 |

续表

| 省份 | 奏报人与时间 | 州县酌定公费办法 | 数　额 | "公费"含义 | 资料来源 |
|---|---|---|---|---|---|
| 奉天 | 东三省总督锡良宣统二年八月 | 州县按地方繁简分为五等 | 一等每年公费银五千四百两，经费银一万一千五百七十二两；二等公费银五千四百两，经费银九千二十两；三等公费银四千八百两，经费银七千八百九十两；四等公费银四千二百两，经费银七千一百三十九两；五等公费银三千六百两，经费银五千三百七两 | 公费为本官服食、车马、仆从以及个人酬应之需；该衙门自科长以下员司、弁勇、夫役及一切杂支预备费等为经费。公费开支由本官自便，无须造销；经费开支应按月册报清理财政局查核 | 《东督锡奏酌定奉省巡道府厅等公费折》，《大清新法令》（点校本）第9卷，360页 |
| 浙江 | 浙江巡抚增韫宣统二年九月 | 厅州县分为三等六级 | 一等一级每年公费银四千两，一等二级三千六百两；二等一级三千四百两，二等二级三千二百两；三等一级三千两，三等二级二千八百两 | 分"本官公费""行政经费"。公费系指在官之常糈而言。行政经费尚须详细覆查，悉行厘定，与公费同时实行 | 《浙抚增奏酌定府厅州县公费并拟厘定经费办法折》，《大清新法令》（点校本）第9卷，386页 |
| 陕西 | 陕西巡抚恩寿宣统二年九月 | 直隶州及厅州县分别事务之繁简与地方之冲僻，分为五等 | 第一等最冲繁者每年公费银一万二千两；二等繁要缺九千两，三等次要缺六千两，四等事简缺四千五百两，五等最简者三千两 | | 《陕抚恩奏酌定文职各官公费折》，《大清新法令》（点校本）第9卷，第423页 |
| 吉林 | 吉林巡抚陈昭常宣统二年 | 依繁简不同，各厅州县分三等 | 最繁缺公费银每月八百两，繁缺每月七百两，中缺六百两，由经征局按季拨给 | | 《吉林巡抚陈昭常奏创办经征局匀定府厅州县公费折》，载《国风报》1910年第8号，第8页 |

续表

| 省份 | 奏报人与时间 | 州县酌定公费办法 | 数　额 | "公费"含义 | 资料来源 |
|---|---|---|---|---|---|
| 山西 | 山西巡抚丁宝铨宣统三年三月 | 州县分四等 | 一等每年公费银二千七百两，经费银二千五百两；二等公费银二千二百两，经费银二千两；三等公费银二千两，经费银一千五百两；四等公费银一千七百两，经费银一千两 | 照直隶等省成案，以公费银为本官食用酬应所需，经费为衙署因公开支之用 | 《山西巡抚丁宝铨奏酌定府厅州县各官公费折》，载《政治官报》第1236号，第13页 |
| 山东 | 山东巡抚孙宝琦宣统三年闰六月 | 本省财源枯竭，别无他款，势不能不假收入以限支出，州县分四等 | 一等月支公费银七百两，以四百两为本官公费，以三百两为本署行政经费；二等月支公费六百三十两，以三百六十两为本官公费，以二百七十两为本署行政经费；三等四百九十两，以二百八十两为本官公费，以二百一十两为本署行政经费；四等四百二十两，以二百四十两为本官公费，以一百八十两为本署行政经费 | 本官公费供本官日用事畜之需；本署行政经费供本署延订幕友、募用勇役津贴、书吏饭食、办公纸笔及征收缉捕等用 | 《山东巡抚孙宝琦奏酌定东省厅州县正佐各官公费折》，载《政治官报》第1349号，10～11页 |
| 贵州 | 贵州巡抚沈瑜庆宣统三年闰六月 | 各府厅州县及杂职各员分三等，每等各分三级 | 三等一级岁支银四千六百两，二级三千八百两，三级三千两；四等一级三千五百四十两，二级三千两，三级二千六百两；五等一级八百两，二级四百两，三级二百两 | 各州县及杂职各员经费为"起支公费"，州县书差员役所用为"办公经费" | 《贵州巡抚沈瑜庆奏汇报通省各官起支公费并各属办公经费等折》，载《政治官报》第1345号，8页 |

　　从表中可以看出，各省的"匀定州县公费"极不统一。首先是所定标准差距很大。多的每年公费银数千两，甚至上万两，少的只有

三四百两。在明确将公费与经费分列的省份中，有的"经费"银超过
"公费"银，而有的省则是"公费"银多于"经费"银。其次是公费的来
源不一。各地以平余、规费归公后作为公费底数者为多，也有的以
税契牲畜税等为匀定公费之用。①再次是"公费"范围有别。有的以
平余规费数为底数，故强调实行公费后，"廉俸犹许并存"；有的将
廉俸、津贴、役食、规费盈余一切入款统统纳入公费之中，强调"以
后除公费外，别无他项进款"②。最后，由于是"化私为公"，所以有
的省声称"倘有不敷自当设法另筹"③，从而为新一轮的"私征"留有
了余地。

部分督抚明确提出将"公费""与"办公经费"分开，有一个直接因
素，即与财政改革制定预算案和"行政经费"的提出有关。预备立宪
中财政改革的基本要义是"统一"与"分明"，即"出入既有确数，捐滴
悉属公款"，"以酌定公费为杜绝瞻顾之路，以划分国家地方经费为
清理之要领，以编定预算、决算清册为清理之归宿"④。在度支部确
定的清理章程中，将廉俸、军饷、解京各款作为国家行政经费，而
将教育、警察、实业等项作为地方行政经费。这样，地方官府经费
都将纳入国家与地方的预算之中，这是已经通过外销拥有一定财权
的督抚所难以接受的。但是，在度支部清理财政章程"酌定外省公
费"时，又允许"各款项规费，除津贴各署公费外，概归入正项收

---

①　以规费、平余、盈余等款为公费底数的有贵州、江苏、福建、浙江、
广西、直隶、河南、山西、陕西等省；以税契为公费底数的有四川省；吉林以
税契、牲畜税为大宗。

②　声称实行公费后廉俸照支的有直隶、河南、陕西等省；声称将养廉、
津贴等一概并入公费的有江苏、福建、奉天、安徽等省。

③　《四川总督赵尔巽奏遵筹匀定州县公费折》，载《政治官报》第357号，
光绪三十四年九月二十九号，11页。

④　《度支部奏清理财政章程折》《宪政编查馆奏覆核清理财政章程酌加增订
折》，《清末筹备立宪档案史料》下册，1020页、1027页。

款"①。也就是说，津贴各署的这一部分"公费"可以不归入正项收款，这正好为督抚将"公费"转为"本官用费"并自收自用提供了一个合法的依据。督抚们可以通过这种区分"公费"与"办公经费"的方法，仍旧控制一部分外销收入，并使这部分钱游离于预算之外，可以不受任何制约。

由于各省拟定的公费标准极不统一，故资政院在议决京外各官公费标准时认为："近来各省暂定之外官公费参差尤甚。查此项公费，系廉俸之外各官本身所得，衙署办公经费并不在内，现在官俸章程尚未颁定，而本院覆核预算似此漫无标准，实属无从办理，故不得不拟一标准。"②资政院的决议将"公费"视为官员的职务补贴，故欲制定标准，但此举却立即招致督抚的不满。督抚在电商中强烈表示"现定京外各官公费标准诚不足以养廉"，"不能徒节主管官及得力人员薪公，使其不足养廉"，认为资政院"不谙各省情形，强为一致"，表示"实难遵办"。他们不仅认为资政院拟定的公费数额太少，而且反对各省统一标准。

晚清州县"公费"来源本身是"公""私"兼顾的。从耗羡、平余，到规费、陋规，最先无不以经制之外的"私"的形式出现，成为州县

---

① 《度支部清理财政章程》，《清末筹备立宪档案史料》下册，1031 页。
② 资政院拟定的外省官员公费标准如下表：

单位：元

| 外省各官 | 公费标准（年） | 督抚司道各科属员 | 公费标准（月） |
|---|---|---|---|
| 总督 | 繁者 24000，简者 20000 | 科长 | 80 |
| 巡抚 | 繁者 18000，简者 14000 | 副科长 | 60 |
| 布政使 | 繁者 10000，简者 8000 | 一等科员 | 50 |
| 民政、交涉、度支、提法、盐运各使 | 6000 | 二等科员 | 40 |
| 各道 | 繁者 5000，简者 4000 | 三等科员 | 30 |
| 各府 | 繁者 4000，简者 3600 | | |
| 州县 | 照原，不加修正 | | |

资料来源：《资政院会奏议决京外各官公费标准片》，载《政治官报》第 1173 号，宣统三年正月初九日，15～16 页。

官补贴个人收支及官署各项收支的重要来源。每当因此而带来吏治腐败需要改革时，从朝廷到提倡改革的官僚，无不认识到这些"私"的收入是无法完全取缔的，唯一的做法就是将其纳入"正项""公费"的轨道，但又无法用新的制度将其中包含的"私"的部分分离出来，所以只能一次又一次地"化私为公"。这样做致使"公费"虽然成为一种从一定渠道、按一定规格支取的费用，但它的使用对象却是官署公用开支与官员私人用度的津贴或补助并存，并没有明确的界限，完全"视其上下人口之多寡与其人之丰俭何如"。显然，这是不符合清末财政改革的方向和需要的。

从形式上看，宣统年公费改革并没有走出传统的"化私为公"的路径，正如当时留日法律科毕业生陆定的解释："盖欲酌定公费，则清提规费，自系化私为公、调剂盈虚之正当办法。"①故《东方杂志》称其"系在官俸章程未经奏定之先暂纾官困"之举②，是"苟且一时之计"③。但从另一方面来看，这次改革的直接目的，是摸清地方规费，将其纳入正项收支之中，为制定预算案、统一财政作准备，所以还是具有一定积极意义的。

通过这一轮改革，"公费"开始从笼统的"办公费""公用之费"转化为对官员的职务津贴，并依据职务繁简确定标准，由司库统一开支。这对防止官员需求无度和整顿吏治有积极作用，亦为下一步俸薪制度的改革做了初步的准备。④

---

① 陆定：《清理财政章程解释》，载《北洋法政学报》1910 年第 135 期，16 页。

② 《记载一·宪政篇》，载《东方杂志》1909 年第 3 期，189 页。

③ 《记载一·宪政篇》，载《东方杂志》1909 年第 4 期，252 页。

④ 清末官俸章程并未正式出台，但有研究者在第一历史档案馆发现了一份"官俸章程条议写本"，拟定官员俸薪由品俸、职俸、恩俸三个部分组成。知县职俸分五等，分别为 4800、4200、3600、3000、2400 元；州县衙门属官"视各部一等科员"，即 960 元。同时确定，"京外各官署所需办公用项，应于品俸、职俸、恩俸外另行酌定确实数目开支"，即办公经费在俸薪之外另行拟定。并定如章程实行，"原支俸廉、公费、津贴、车马费名目一律停支"。参见申学锋：《晚清财政支出政策研究》，127~129 页，北京，中国人民大学出版社，2006。

通过改革，州县衙门的办公经费开始与公费分离，并"悉予酌定限制"①，即用一定的标准限制和规范官署的公务开支。伴随着财政清理的步伐，许多省运用新的财政编制法，重新规划州县的办公经费。新的编制法一般将州县经费按照事类划分为行政费、教育费、巡警费、地方自治费、实业费、民政费等几大类，其中行政费又分官俸、公费、役食、杂支各类。这都将有助于推进行政机关的制度化、规范化进程。

在改革中，对各种规费加以清理，有的纳入国家正项收入，即"公"的渠道，有的予以裁革。与此同时，州县一切无名入款概要裁革。如河南省，经咨议局议决及巡抚批示，裁革了卯规抽厘、到任勒索、额外规费（包括行帖费、牌甲摊派等）、各种未列入预算的捐款及包差钱之浮收、乡保巡役包差（地方官出境下车时该处地保为夫役等出的茶饭钱）、各项手工小匠每年的包差钱、烟户册子钱、词讼罚款等费。② 浙江咨议局也做出决议，裁革州县衙门供应上级官厅的摊派各项名目，总共 20 项之多，经巡抚部院札准公布施行。③ 紊乱的州县财政开始有所转变。

虽然我们不能说各地都很好地贯彻了，但这一次公费改革确实具有与以往不同的面貌：它是在宪政的大环境下进行的，清理财政的背景、统一财政的大趋势，加上各省咨议局的成立以及立法监督功能的发挥，都使这一次改革比以往要深入。改革中初步形成的官员的职务津贴与官署行政运作中的"办公经费"分离的趋向，一直影

---

① 《东三省总督锡良奏清理财政局编成预算册表办理情形折》，载《政治官报》第 1051 号，宣统二年八月二十八日，15 页。

② 《公布札交复议各州县公费实行后一切无名入款应分别革除移拨案》，载《河南宪政月报》1910 年第 16 册，公牍，5 页。

③ 《禁革厅州县衙门供应案》，章开沅等主编：《辛亥革命史资料新编》第 4 册，218～219 页。

响到民国时期。①

### 三、经征的变化与经征机构的出现

经征，即依据定例征收田赋杂税并起运解交，是州县衙门最主要的经济职能。然而清代财政是一种缺乏弹性和增长空间的体制，自康熙朝"摊丁入地，永不加赋"以来，田赋征收数额和方法皆已固定，成为不可更改的祖制。国家为此还制定了一整套严密的法令法规，如有违反，则要受到严厉的惩罚。晚清时期，或由于筹措军费的需要，或由于分摊赔款，或由于新政所需，各种经征附加税大量增加，它们或者由各省督抚奏请而立，或者直接就是户部请旨而行，从而突破了经征定例。

田赋附加是各地在田赋征收过程中于定例外自行多征并留用的税收，除上文提到的耗羡、平余外，晚清时期则派生出了各种名目繁多的随"粮"或"亩"而征的、以各种捐税为名的附加税。如在四川，咸丰年以后便有随粮征收附加税之举，即每征粮一两，收银五钱或三钱不等，"每视其地方需费之多寡以为定"，后因漫无限制，光绪

---

① 进入民国以后，"公费"作为对一定官员或职务的公务津贴，存在了一段时间。如北洋政府时期司法部酌给高等审判厅厅长公费，以"对外事务较为繁数，因公交际及其他费用不能无所支给，故略定公费以资应用"（见《高等两厅应分给公费令》，载《司法公报》1917年第74号，例规，48页）。此时公费已列入行政预算，并依一定职务定额定时发放。南京国民政府成立后，于1929年发布第631号训令："政务官不得兼薪，事务官不得兼差职，并不得有支取夫马津贴类似兼薪之事。迭经命令禁止。惟查各机关预算计算尚有公费一项，所领之数有等于薪俸者，有超过薪俸者，且性质相同，名称各异，而领用此项费用之人又复漫无限制，统计总数为数颇巨。"为此特规定："嗣后各机关因执行职务时，所必需确实不能节省者，应准各支办公费若干，实报实销，其余京内外各机关所有一切公费交际费夫马费津贴等项概行停止。"即停止公费津贴，改为报销制度。广东将各机关长官"因公所需，不能节省者"改称为"特别办公费"（见《通令各机关长官公费应照财政部令办理案》，载《广东省政府公报》1929年第33期，公牍·财政，34～35页）。需要说明的是，现代意义上的"公费"已转化成泛指的"由国家或团体供给的费用"，如公费医疗、公费留学生等（见《现代汉语词典（第7版）》，451页，北京，商务印书馆，2016）。

初年曾一律革除。但因有的地方无他款所筹，不得不禀准酌留，改每粮一两收钱百数十文。① 后因预筹军饷，又劝谕绅民按粮津贴，由地方官选派绅耆设立公局经收。② 与官收官解的地丁征收不同的是，按粮津贴是绅收官解，所收主要提供饷源。③ 此外，其他省还有东北的饷捐，山西的赔款新捐，新疆的加收耗羡，广东的新加三成粮捐，山东的粮银折收，浙江、安徽、江西的丁漕加损，陕西的归复差钱，江苏的丁漕征价等名目。有的地方附加税超过正税。如四川，咸丰初年按粮津贴已是每粮一两征津贴一两，是原数的一倍，同治初年为三倍，到光绪二十七年(1901年)则增至五倍。④

至于各种附加的用途，咸同年间主要用于提供饷源，后来则用之偿付赔款，少量用于补充办公经费。到20世纪初，又用以应付新政之需。如宣统三年(1911年)江苏泰县的一个漕米执照，计正税每石足钱4833文，附税则每石脚费52文，学堂经费100文，积谷钱60文，自治经费40文，券票捐钱100文，串捐10文，新政费35文，改良串费5文，总共402文。⑤

除田赋外，州县经征的税收还有杂税，包括田房契税、牙帖、商行、当铺税、芦课、茶课、鱼课、落地税、牛马猪羊买卖税等。⑥这些都必须按照定例征收，属于尽收尽解的项目。这些税项除田房税契、牙帖当铺税各省都有外，其余各地征收有别，且杂税收入在整个税收体系中所占比例不高。⑦

田房税契是各省州县都有的税种，也是归州县官经手的税种，

① 《四川全省财政说明书》，各州县地方杂税，《清末民国财政史料辑刊补编》第1册，607页。

② 席裕福、沈师徐辑：《皇朝政典类纂》卷27，征收事例，5页。

③ 《宣汉县志》卷6，津贴捐输，12页，民国二十一年铅印本。

④ 胡钧：《中国财政史》，346～348页，上海，商务印书馆，1920。

⑤ 转引自陈登原：《中国田赋史》，225页，上海，商务印书馆，1936。

⑥ 《钦定大清会典事例》(光绪朝)卷242，1～8页；卷245，1～9页。

⑦ 瞿同祖：《清代地方政府》，242页。

亦有严格的要求。早在顺治四年(1647年)就规定"买田地房屋，必用契尾，每两输银三分"，即按成交价百分之三的比例征收。田房税契覆盖面广，一般由布政司颁发契尾，编制刻号于骑缝处，钤盖印信，发至各州县，"俟民间投税之时填注业户姓名、契价、契银数目，一存州县备案，一同季册送布政使司查核，如有不请粘契尾者，经人首报，照漏税之例治罪"①。州县官要登填契尾，经管征收，并将征收实数按季造册报部查核，一应税银均尽收尽解。

晚清时期，财政困难，户部屡次奏请扩大筹款。光绪二十五年(1899年)，户部拟定筹款六条，令各省加倍征收烟酒税，并整顿田房税契。② 光绪二十九年(1903年)又将应征田房税契320万两派定各省。这样一来，田房税契税率大幅度增加。本来例定契价每两纳税三分，但因赔款之增加与新政之迭举，各省督抚纷纷奏请，于是买契之税有加至四分五厘、五分、六分六厘者。四川税契征税率在三四分以至八九分不等。到宣统元年(1909年)，户部重新厘定税则，定各省买契，无论旗籍民籍一律征税九分，典契一律征税六分，并准各省于加收项下扣提一成作为办公经费。③

税率的提高使税契收入增加，也使税契附加成为州县扩大收入的重要来源。如浙江、福建、直隶等地的契尾捐，每发契尾一张，再多收银三钱、五分、一两不等。④ 湖北于光绪二十八年(1902年)奏请每契价一两于例正税三分外另征契捐三分，以一分留作州县办公经费。到宣统元年(1909年)，湖广总督陈夔龙又以司局州县入不敷出为由，奏请再加征契捐三分，此外还有契纸经费，每纸取银三

---

① 《钦定大清会典事例》(光绪朝)卷245，户部杂赋，1页。

② 《中国清代外债史资料》，244页，北京，中国金融出版社，1991。

③ 刘锦藻：《清朝续文献通考》卷48，征榷二十，8027页。

④ 何汉威：《清末赋税基准的扩大及其局限——以杂税中的烟酒税和契税为例》，载《"中央研究院"近代史研究所集刊》第17期下册，1988年。

钱二分。① 四川则有"炮税"，即州县官于行将届满离任时，通过给纳税人一定折扣的方式，吸引民间踊跃纳税，借以弥补亏空。② 此外，各地征收税契时还有种种陋规，如四川就有门礼、小号、使费三项陋规，是经办胥吏借端任意多收的部分。③

晚清经征的问题不仅仅是田赋和税契的附加大量增加，还表现在征收制度的紊乱上。就田赋而言，存在州县官通过吏役直接征收、依靠吏役保正征收、包商征收等多种形式。就是杂税，其征收方法也是五花八门。如广东的商税，广州府是派委员征收，潮州廉州二府用司友征收，高州府用书巡征收，雷州府由库书包征包解，琼州府则由商人包征。④ 种种混乱现象不仅加重了民众负担，带来吏治的腐败，而且进一步影响国家的财政收入。

四川总督赵尔巽率先认识到种种弊端的症结，他说："从前凡有税捐新增之款，无不归地方官经征。贤者例取平余，不肖者多所侵蚀。而丁书差役之染指，不知凡几。驯至聚众滋事，隐匿漏捐，百弊丛生，皆由地方官兼理财政之故。"⑤所以他力图通过改革，将税收职责与州县官的行政职责分离。

光绪三十四年（1908年），四川总督赵尔巽奏请在省城设立经征总局，由藩司主持，各州县设经征分局。他在通饬地方官稽查经征事宜的札文中说："现在设局经征，专理财政，原恐地方官统治民事，兼顾为难，是以委员分任，其实督催、稽查、保护责任仍在地

---

① 刘锦藻：《清朝续文献通考》卷48，征榷二十，8027页。

② 何汉威：《清末赋税基准的扩大及其局限——以杂税中的烟酒税和契税为例》，载《"中央研究院"近代史研究所集刊》第17期下册，1988年。

③ 《税契陋规一律裁革通饬文》，四川经征总局编：《经征成案汇编》第2期，税契，235页。

④ 《广东全省财政说明书》卷1，总说，《清末民国财政史料辑刊》第8册，20～21页。

⑤ 《四川总督赵尔巽奏设局试办经征事宜折》，载《政治官报》第359号，光绪三十四年十月初一日，8页。

方官。"①也就是以专门的机构和专职人员承担税收之责。

四川省城设经征总局，州县各设分局，专司经征税契、肉厘、酒税、油捐四项。分局设委员一员，由总局呈明督宪后札委；委员就事之繁简酌用绅士司事、书手、杂役等人。各分局无论官职大小，均受总局管辖。各州县经征分局成立后，凡以往绅士经征后由地方官转报，或由地方官自行经征的上述捐税，统由分局办理。过去由地方官经手的平余，也要解缴经征总局。地方行政有在税契、肉厘、酒税、油捐内抽收经费者，也由局代收后指拨。②

各州县经征分局成立后，州县官不再经手税契和部分捐税，但对于经征负有督催稽查之责。即查民间有无偷漏、委员有无侵欺，"如果委员呼应不灵，办理不善，地方官仍当负其责任"，并可密禀查办。反过来，如果州县官对民间偷漏查办不力，委员也可据实密禀。③

四川各州县经征分局成立后，停用从前所用之契尾，更定格式，改为盖有藩司印信的官契。民间买卖田房，自立契之日起，限两个月内遵章赴局投税，呈换官契。④ 如有逾期或有心漏税，则由局员并地方官谕令乡约团保警察设法稽查，并准知情者赴局告发。至于肉、油、酒税的征收，则由局延用司事在各乡场分收，每月初五前缴送分局。分局每个季度将各项税收批解总局，并按月将收数移请地方官会衔张贴衙署照壁。

---

① 《通饬地方官稽查经征事宜札文》，四川经征总局编：《经征成案汇编》第 2 期，统案，95 页。

② 《详定总分各局章程规则》，四川经征总局编：《经征成案汇编》第 2 期，统案，19～31 页。

③ 《通饬地方官稽查经征事宜札文》，四川经征总局编：《经征成案汇编》第 2 期，统案，95～96 页。

④ 宣统元年三月赵尔巽又奏变通办法，将两个月时间改为 20 日。见《四川总督赵尔巽奏创办经征局现在变通办法折》，载《政治官报》第 546 号，宣统元年三月十八日，14 页。

据赵尔巽的报告，经征局成立仅一年，就收税契正杂各款共银二百余万两，"较之从前地方官原收之数实多三倍以外"，这些钱用于各官府公费、提补摊捐及总分各局经费。有此成效，赵尔巽发出"窃意无论如何，人不善可易人，法不备可加备，而独此收税之权，终不可复归于地方官绅之手，而后政治乃得清平，财权乃得整一"的感叹。他甚至准备督同藩司，将丁粮津捐逐渐妥筹，并入经征各分局办理，"务使铢金勺粟永无册籍之或淆，抚字催科各有准绳之可守"①。但是否实施未见记载。

继四川之后，广西、吉林、新疆等省先后设立经征总局、分局。广西经征局宣统元年正月（1909 年 2 月）开办，经征税契、酒锅油糖榨帖费、牛捐、土膏牌照捐四项，第二年财政公所成立后并入。②新疆则在宣统元年十月（1909 年 11 月）于藩司署内设经征总局，专收田房税契，与四川省不同的是，总局下的契税衙门设于道而不是州县。③吉林经征总局于宣统二年二月（1910 年 3 月）开办，各府厅州县设分局，将所有契税牲畜税概归经征局征收，并责成地方官稽查，使其互相监察。各州县公费就近由经征分局按季拨给。④由于各地分局所收多寡不一，而用于人员的开支却溢出所收二成，鉴于此，吉林又分别局所繁简，就近归并，除保留收税较旺的七处作为专局外，其余各处均就近合并至统税局兼办。⑤

① 《奏为创办经征成效昭著谨将办理出力各员择优酌保恭折》，载《政治官报》第 807 号，宣统元年十二月十三日，13 页。

② 《广西巡抚张鸣岐奏办理经征局出力各员请奖折》，载《政治官报》第 994 号，宣统二年七月初一日，16 页。

③ 《甘肃新疆巡抚联魁奏设立经征总局催收田房税契折》，载《政治官报》第 850 号，宣统二年二月初四日，5 页。

④ 《吉林巡抚陈昭常奏创办经征局匀定府厅州县公费折》，载《国风报》1910 年第 8 号，文牍，7～8 页。

⑤ 《吉林行省财政各种说明书》，各种税费，《清末民国财政史料辑刊》第 4 册，509 页。

经征分局的开办是州县财政制度和州县官行政职能的重要变革。正如赵尔巽所说，设局经征专收税契各款，"所以分地方官之责，即以专地方官之权，兼为地方官筹应得之财，不欲地方官取非法之利"①。现在，一部分税收从州县官的行政之责中分离出去，"州县入款，全数归公"，州县官除了田赋以外，对税契等税收只有监督之权，没有具体征收之权，这有利于州县官经济职能的转型。

## 第三节  州县经济职能的转换

### 一、经济职能的转换与农林工艺的发展

传统州县的经济职能比较狭窄，除确保国家赋税征收、倡导开荒种植外，主要是对手工业和工商活动的管理，而这种管理往往是通过牙行一类中间组织实现的。所谓牙行，是指取得官府认可的从事商业贸易的中间人。他们代客商交易货物，收取中间费并按照一定比例向官府交税；登记核查客商船户的各种信息，"每月赴官查照"，负有代官府监督管理客商船户的职责。②

在传统体制中，州县官也有维持工商业秩序的责任，以江苏元和县为个案，可看到几种情况：一是维护牙行的特定地位。如咸丰元年(1851年)有举人、监生等禀报，称有米铺自行定价售米，而"米价素由领帖之牙行呈报，与各铺无涉"，要求禁止。县令随即出示："自示之后，凡应报米价仍听牙户呈报。如有借端滋扰，许该铺户禀县提究。地保徇隐，察出并处。"并立碑以示。③

二是禁止以非法名目向行户索扰。同治十三年(1874年)，该县

---

① 《奉院札通饬各属印委和衷共济札文》，四川经征总局编：《经征成案汇编》第2期，统案，91页。

② 魏光奇：《有法与无法——清代的州县制度及其运行》，284页。

③ 《元和县示谕牙户呈报米价碑》，王国平、唐力行主编：《明清以来苏州社会史碑刻集》，603页，苏州，苏州大学出版社，1998。

有人以津贴差徭为名，聚集多人，向行户索扰。县令应牙户之请刻碑示禁："自示之后，各米行须用脚夫，概听行主自便，断不准借端差徭，任意把持需索。倘敢日久玩生，仍蹈前辙，甚或故违禁令，种种诈扰，许该牙户随时指名禀县，以凭究办。地保容隐，并处不贷。"①

三是对行业组织及其善举予以保护。该县粉业建立牛王庙粉业公所，用以安葬同业中年老残废和贫无依靠者。但因该处冲繁人杂，恐有脚夫、地棍勾串游兵散勇乘间滋扰，县令依据公所职员等人的禀请，特示谕刻碑，严厉禁止滋扰公所善举，如有，许即"指名禀县，以凭提究"②。

四是禁止假冒牌记图利。该县有沈丹桂堂，制造祖传白玉膏丹，专治一切肿痛等症。但发生假冒该堂图记，或换字同音，粘呈牌记等情事。县令应该堂传人沈立芳所请，刻碑示禁："仰该店及诸色人等知悉，自示以后，如有棍徒敢于假冒沈丹桂堂图记，以及换字同音混卖者，许即指名禀县，以凭提究。"③

元和县位于苏州府治，是商品经济和工商业发达之地。通过上述事例我们可以看出，在传统体制中，州县官对工商经济的管理并不是直接管理，而是通过牙行、公所等中间机构实现管理，或者通过示谕、立碑等形式维持和保护工商业的运行秩序。一旦有违背行为，则通过审讯等司法手段予以解决。虽然朝廷一再强调州县官要"劝农""重农"，但内容则不外是"或兴屯田，或修水利，或赈贷牛种，或亲行田野相劝，或分督里役地方摘举游惰，或开垦荒之法，

---

① 《元和县示禁脚夫索扰米行碑》，王国平、唐力行主编：《明清以来苏州社会史碑刻集》，602 页。

② 《元和县示谕保护牛王庙粉业公所善举碑》，王国平、唐力行主编：《明清以来苏州社会史碑刻集》，287 页。

③ 《元和县示禁保护沈丹桂堂碑》，王国平、唐力行主编：《明清以来苏州社会史碑刻集》，575 页。

而首在不以工役妨农时，不以讼狱扰农家，如此则农事举矣"①。所谓"农田之法""治水之术"，都是以"安民""养民"，确保赋税征收为前提。所以不仅中央政府对州县官没有发展农林工商经济的具体要求，州县官自身也没有经征之外的发展地方经济的动力。

这一状况在晚清有了改变。甲午战争以后，尤其是实行新政以来，清政府推行振兴工商农林的经济政策。光绪二十九年（1903年），商部奏请通饬各省实力振兴农务，要求各省督抚通饬各州县编造土地性表，"实力劝导，广兴艺植"，并多设农务半日学堂。②

光绪三十二年（1906年），商部行文表示，在提倡商政方面，"地方官为办事关键，而以商务辅之"，并要求凡设立公司及各项商业赴部注册后，各省督抚接到部文后都应即行文该州县，州县官于文到一个月内查照原案，"出示晓谕，妥为保护"，以去"官商隔阂之习"③。即要求州县对于所设公司、商业行保护之责。

宣统元年（1909年），农工商部又制定了推广农林章程，要求各省厅州县先从查荒入手，开垦荒地，或者由地方官筹办农林，或者酌拨官款兴办，或就地方公款遴委公正殷实绅董经办，或于官股外招集商股按照公司章程作为官民合办，均可体察情形，因势利导。凡绅商、农民均可认领荒地、荒山，地方官填给印照，准令开办。地方官一方面要查明收支账册，承担监督之责，另一方面对阻挠侵占的刁绅劣衿、豪绅地痞、奸胥猾吏等立予究办，按律严惩。对成绩卓著富有成效者给予奖励。与此同时，还应筹办水利、蚕桑、畜牧等一切事宜。④

---

① 魏禧：《救荒策》，《牧令书辑要》卷4，筹荒上，23页。

② 《商部奏请通饬各省实力振兴农务折》，《大清新法令》（点校本）第4卷，247页。

③ 《商部咨南洋嗣后公司及商业注册咨行保护之文该州县限期示谕具报咨复文》，《大清新法令》（点校本）第4卷，251页。

④ 《农工商部奏筹议推广农林先行拟订章程折并单》，《大清新法令》（点校本）第5卷，295～296页。

宣统元年(1909 年)，农工商部厘定了分年筹备宪政事宜清单，其中与州县有关的事项有：第二年(1910 年)筹议开垦和林业事宜；第三年(1911 年)筹设农林学堂、农事试验场；第四年(1912 年)各州县筹设习艺所；第五年(1913 年)筹议改良棉业、丝业、茶业事宜，筹设农事半日学堂、农事演说会场；第六年(1914 年)实行开垦办法；第七年(1915 年)实行改良棉业，振兴丝业、茶业办法；第九年(1917 年)各州县成立商品陈列所。[①]

为加快农林工艺的发展，农工商部要求各省督抚每年年终将办理情况专折奏明，向部汇报。州县实行事实考核后，宣统二年(1910 年)宪政编查馆奏请由各主管衙门办理。[②] 农工商部随即制定了《考核各省府厅州县办理实业劝惩章程》十三条，确定凡府厅州县关于实业之行政由农工商部考核；每年举行一次；各府厅州县每年须将所办实业事宜及所属实业之状况遵式填写表册，由该省督抚加具切实考语，于次年三月以前咨报到部。农工商部考核后依据办理成绩列为最优等、优等、平等、次等四个等次。列入最优等者奏请传旨嘉奖，优等者由督抚记功一次，列入平等者照旧供职，次等者暂准留任。但如三次皆列入次等，则实缺者开缺，候补者扣补。[③] 农林工艺成为对州县官事实考核的重要内容。

上述章程条文的颁布，不仅描绘了一幅振兴和发展农林工艺的蓝图，而且也标志着州县官经济职能的转换，即从过去的"维持、保护"转为"推广、劝导、保护、监督"，发展农林工艺成为州县官的重要职责。

---

① 《农工商部奏厘定筹备事宜分年列表呈览折附表》，《大清新法令》(点校本)第 5 卷，220 页。

② 州县事实考核原由宪政编查馆主持，宣统元年由宪政编查馆与民政部会同主持，宣统二年十二月改为由各主管衙门办理。参见关晓红：《清末州县考绩制度的演变》，载《清史研究》2005 年第 3 期。

③ 《农工商部会奏考核直省府厅州县办理实业劝惩专章折》，载《南洋五日官报》1911 年第 187 期，5～6 页。

　　当然，上述章程条文只是标志着州县经济职能转换的基本方向，而具体实施与否，以及实施的具体状况却是受多种因素制约的。州县本地的经济发展程度、财政力量的多少、州县官本人的认识，以及该省督抚的认识和督催，都直接间接地决定着该地方的落实状况。因此，各地实施的情况很不一样。

　　直隶是新政的试点地区，加上直隶总督袁世凯于光绪二十八年（1902 年）至二十九年（1903 年）之际就在天津、保定等地创办工艺总局、农务局、农事试验场、农务学堂等，起了很好的倡导作用，因此各州县也有所动作。如唐山县，县令首先捐廉倡首，邀集僚绅富商集股，创办种树官会。① 束鹿县县令认识到："种植为工艺之源，材木与谷食兼重，值兹时局维艰，既拟讲求工艺，以恢商业，必须设法种植，以开农务。"他一面遍谕乡村广植树木，厘定种植章程 7 条、保护章程 6 条、利益章程 11 条，刊布各村，使家喻户晓；一面在城内添设种植公所，以教谕为督办；还设法购置或租地办试验场，一半用于试验各种植新法，一半作棵桑园，以种植桑株；还从省城农业学堂处领取桑秧数万株，参酌中外新法栽种，民间有愿种者亦可领取桑秧，丝毫不准索费。②

　　在平谷县，县令接见绅民，劝他们广植各种树木以开利源，尤以种桑养蚕之利，设法开导，不遗余力。除按户摊发桑秧十余株，令其种植外，还选择勤廉绅董二人筹款设立桑蚕局，租购空地十余亩，建蚕桑试验场牌坊一座，两旁护以短垣，供人参观，使人人皆知桑之易成活。③

　　在宁津县，县令有感于"近年外货输入日益加多，非扩充工艺不

---

　　① 《唐山县拟呈创办种树官会章程请立案禀并批》，载《北洋公牍类纂》卷 23，种植，9 页。

　　② 《束鹿县筹兴树利禀并批》，载《北洋公牍类纂》卷 23，种植，10～11 页。

　　③ 《平谷县建场植桑推广蚕桑禀并批》，载《北洋公牍类纂》卷 23，种植，20～21 页。

足以挽利权"，特与自治会绅商会商办法，筹措京钱七千吊，将原教养局改扩为工艺局，设染色一科，添购铁机，招收工徒，学织各种时式花布。还添设了毛巾及线带一科，工徒学成后再传习各乡妇女。还在局内设立了工艺研究所和工艺学堂各一处。①

由于工艺局多由官拨款成立，其经营常遇到经费困难的瓶颈，庆云县令不得不改变方针，与劝业员及管理员绅筹商后将工艺局改为实业工场，设织机生产布匹，官督商办，招商承领。商人经理收支账目用人各事，地方官和劝业员则有随时考查之权。所定章程规定："本场布匹禀请地方官告知警学管理员，以后凡警学两界颁发官衣，不准外买布匹，以重公益而保利权。"②

可见在直隶的一些州县，州县官确实把推广农林工艺作为自己的重要职责。而这些地方农林工艺之所以有一定成效，往往又与州县官的认知水平和积极作为有关。

清末最后这几年，借着宪政改革的势头，在农工商部的一再催促下，各省出现了一个大办各种农林工艺局、所、场的高潮，其中相当一部分设在各府厅州县。当时农工商部要求各省督抚每年将所办实业情况奏报到部，这就使我们能够对各省州县的农林工艺发展情况有一个粗略的了解。

北方除直隶外，山东省宣统二年(1910年)各属筹设农务分会附设半日学堂、农事试验场计已报成立者90余州县；还办有蚕桑学堂、肥料公司、农林畜牧公司、植木公司等，各州县所办之工艺学堂、局厂共93处。③ 山西巡抚丁宝铨宣统三年二月奏报，该省已设

---

① 《宁津县禀改设工艺局及扩充情形文并批》，载《北洋官报》1911年第2928册，公牍，7～8页。

② 《庆云县详工艺局更名实业工场文并批》，载《北洋官报》1911年第2960册，公牍，8～9页。

③ 《山东巡抚孙宝琦奏汇报农林工艺情形折》，载《政治官报》第1168号，宣统二年十二月二十六日，17～18页。

立农务分会 7 处、桑蚕和农林试验场 3 处，另有 10 处州县均设立工艺局，"大率以纺织布匹为主"①。

东部及沿海地区，安徽省到宣统二年年底，已有 8 个州县设立了独办或集资的种植公司，"各州县若农事试验场，若农会，若织布，若织麻、烛皂，及机器榨油、机器砖等厂亦所在多有"②。江西省各州县士绅合办树艺畜牧等公司呈请注册的有 23 处，"或由地方官督率教佐劝办，或由农务分会分所集资栽植"；所办之学堂公司局厂共 101 所，"皆就本地所产择民生日用要需改良推广"③。浙江省到宣统三年上半年，各厅州县的农会、劝业员都已设齐。集股而成的民办农林公司有 6 处，官办习艺所已成立者 24 处，此外还有蚕桑讲习所、试验场等。④

中部地区，据《河南全省财政说明书》对该省 43 个州县的统计，共办有各种农林实业实体数目如下：农林会、实业会社 6，桑园 5，工艺局厂 24，农林试验场 8，艺徒、桑蚕、实业学堂各 1，纸厂 1，织绸公司 1。⑤ 湖北省各州县也有官办民办实业 79 处，其中不仅包括蚕桑讲习所，蚕业、渔业、森林等各种农林公司，还有一批工业企业，如通山县的机器织业公司、枝江县的机器织布公司、松滋县

---

① 《山西巡抚丁宝铨奏办理农林工艺情形折》，载《商务官报》1911 年第 3 册，公牍，9 页。

② 《安徽巡抚朱家宝奏查明皖省办理农林工艺情形折》，载《政治官报》第 1221 号，宣统三年二月二十七日，16 页。

③ 《江西巡抚冯汝骙奏汇报历年办理农林工艺情形折》，载《政治官报》第 1223 号，宣统三年二月二十九日，12～13 页。

④ 《抚院增奏办理浙省农林工艺情形折》，载《浙江官报》1911 年第 15 期，奏折类，47 页。

⑤ 《各属筹办实业款项表》《河南全省财政说明书》，地方行政经费，《清末民国财政史料辑刊补编》第 6 册，552～558 页。据该书称，统计的数字只是经过禀报和动用公款创办的实业，并不完整。

的造纸厂、东湖县纺纱织布厂等。① 湖南省各州县官立民立工艺实业艺徒各学堂及女学堂 17 处；省垣及各属州县习艺所 36 处，工艺局厂 33 处。②

两广地区，据总督张鸣岐的奏报，广东省自光绪三十四年（1908年）九月起至宣统元年（1909 年）底止，各属创办农林局厂公司 32 处，农林学堂及讲习所 9 处，农林试验场 7 处，农务分会 43 处，农务分所 18 处，工艺局厂公司 26 处，工艺传习所 4 处，工业会社 3 处，工业学堂 5 处。③ 广西省筹办实业以注重开辟荒地振兴林业为宗旨，其中由绅商集合巨资设立公司承垦荒地有 27 起，各属成立农务分会 10 处，初等农业学堂 9 所，蚕业讲习所 29 所，还有民间设立的蚕业会社公司十数处，"皆以营业而兼施教育"④。

东北地区的奉天省各州县实业逐年增设，如商办之锦县第一工厂、镇安集义公司、彰武东升碱业公司、广宁工艺局、广裕实业公司、辽源碱业公司、义州实业工厂、营口等处的机器榨油厂，以及官办的锦县八旗工艺厂等。其"出品尤以锦县民立工厂所织爱国布最受社会欢迎"⑤。吉林的宾州府、滨江厅、农安县、珲春、新城等地已设立了习艺所或传习所，分有皮革、缝纫、染织等科。五常、双城、延吉、敦化等府县亦将开办工艺学堂、贫民习艺工艺教养各

---

① 《湖广总督瑞澂跪奏为胪陈鄂省办理农工实业情形恭折》，载《京报》第163 册，宣统三年三月初六日，152～153 页。

② 《湖南巡抚杨文鼎奏查明湘省办理农林工艺情形折》，载《政治官报》第1224 号，宣统三年三月初一日，5 页。

③ 《两广总督张鸣岐奏筹办农林工艺情形折》，载《政治官报》第 1259 号，宣统三年四月初六日，7～8 页。

④ 《护桂抚魏奏筹办农林工艺各项要政折》，载《北洋官报》1911 年第 2718 册，奏议录要，3～4 页。

⑤ 《东三省总督锡良奏办理农林工艺大概情形折》，载《政治官报》第 1223 号，宣统三年二月二十九日，9 页。

所。① 黑龙江虽以招徕垦殖和发展林木为主，但呼兰、绥化、巴彦、兰西等处也都设立了工艺局厂。②

西南地区，四川总督赵尔巽在任时，"以农务会为进行之机关，以试验场为实地之指导，以选生游学为完全之计划，以开所讲习为急进之前（驱）"。到宣统三年二月，各厅州县报设立农务分会者99处，另在乡场设立分所21处，农业试验场已设74处。③ 云南省地处偏远，宣统元年47个府厅州县中已创办劝业公所3个，农业学堂或艺徒学堂14个，实业学堂2个，农业和桑蚕研究所2个，工艺局所3个，种植局或桑蚕局9个，染织公司和纺织局4个，其余均在筹办之中。④ 在贵州省，亦有遵义、都匀等7个州县的工厂、桑蚕学堂、桑蚕讲习所、艾粉百合粉公司、茶业、漆业等均有进步。⑤

西北地区如陕西长武县县令于光绪三十二年（1906年）就开办女织纺工艺所，聘请工匠改造纺车，延聘女师教诸女学习织布，自8岁至15岁者共40人，每日学习纺织半天，半天学习浅近文字。半年以后，办理已见成效，不仅织出布匹，而且已见赢利。遂又开男织纺工艺所，以商主办，官则从中提倡，主持一切，于织纺之外兼织羊毡。⑥ 另外据《陕西全省财政说明书》提到，扶风、渭南、大荔、

---

① 《吉林巡抚陈昭常奏筹办农林工艺各要政情形折》，载《商务官报》1911年第3册，公牍，7页。

② 《黑龙江巡抚周树模奏筹办农林工艺情形折》，载《商务官报》1911年第3册，公牍，5页。

③ 《护理四川总督王人文奏办理农林工艺情形折》，载《政治官报》第1229号，宣统三年三月初六日，12～13页。

④ 《云南各府厅州县近年办理实业经费表》，《云南全省财政说明书》，岁出部，实业费，《清末民国财政史料辑刊补编》第3册，598～602页。

⑤ 《贵州巡抚庞鸿书奏陈明贵州办理农林工艺情形折》，载《政治官报》第1245号，宣统三年三月二十二日，6～7页。

⑥ 《藩司樊批长武县令开办男女织纺工艺所禀》《藩司樊批署长武县李令呈赍女工织成布匹并推广男工艺所禀》，载《秦中官报》丙午年闰四月第一期，秦事汇编，351页；十月第五期，秦事汇编，391～392页。

定边等县均办起了工艺厂，十余个州县办了蚕桑局、种植试验场。①
新疆省在宣统二年(1910 年)已有 12 个府厅县创办了农务研究所、农
林试验场、农业学堂等。伊犁、温宿、疏勒、莎车四府，吐鲁番厅、
哈密厅、巴楚州，以及于阗、拜城、洛浦等县设立艺徒学堂、劝工
所、工艺局、织造局。② 甘肃省各州县到宣统三年都设立了习艺所，
有 5 处设立了农务分会，有 11 个地方设立了工艺学堂、女工艺所、
工艺局、纸坊等。③

　　各省州县创办的农林工艺实业有官办、官倡商办、官商合办、
商办等不同形式④，一般劝工局所和农林试验场多为官办，它们既
是经营实体，又在推广良种、新式种植、新式器械、工艺等方面起
到模范和样板的作用。如河北省昌平州牧捐资创办的工艺局，局中
分四科：印纸科，制造各种银花纸及染色各纸；纺织科，仿照东洋
织布木机，参以中法织造花布被面、毛巾、粗细洋布；荆条科，编
造筐篓及各种农具；织席科，织造芦苇席片及篓囤等物业。⑤ 总之，

---

　　① 《陕西全省财政说明书》，岁出部，实业费，《清末民初财政史料辑刊补
编》第 8 册，667～668、672～673 页。
　　② 《新疆巡抚联魁奏新省筹办农林工艺情形折》，载《政治官报》第 908 号，
宣统二年四月初三日，18 页。
　　③ 《陕甘总督长庚奏胪陈办理农林工艺暨矿务情形折》，载《政治官报》第
1335 号，宣统三年六月二十四日，11～12 页。
　　④ 以上所列各省情况中，未查到福建和江苏两省州县兴办农林工艺的资
料。1911 年农工商部汇核各省农林工艺情况折中，列举江苏有农业、实业学堂
2，试验场 4，农务分会 15，各种农业、桑蚕、垦牧、树艺公司 29，工艺局、习
艺所、陈列所 8，各种织布、米厂、造纸、油饼、玻璃等公司、厂 23 处。福建
有各种农林农桑学堂、试验场、讲习所 10，农务分会 13，各种农林公司 20 余
处，工艺学堂、传习所、工艺局所 9，织布局 5，蔗糖、罐食、玻璃、染织、炉
皂等公司、厂 5 处。但未具体说明州县情况，故录此参考。《农工商部奏汇核各
省农林工艺情形折》，载《政治官报》第 1231 号，宣统三年三月初八日，6～7 页。
　　⑤ 《各省工艺汇志》，载《东方杂志》1905 年第 11 期，实业，197 页。

各州县劝工所"各就本地物产所有,择民间日用要需"①,体现地方特色,易为当地百姓接受,也易见成效。

清末各省州县农林工艺的发展情况差别很大,一般来说,经济基础比较好,绅商力量比较强的地区发展更快一些,而边疆地区则弱一些。实际上,由于各省州县创办农林工艺的时间很短,或者仅仅为了考核需要而匆忙建立,各种统计数据中的水分很大,加上清政府很快就灭亡了,故而许多场、所、局是否真正运作都很值得怀疑。但从清末各省清理财政局编的财政说明书和一些地方志来看,这一时期各省州县的农林工艺已经产生并有所发展却又是真实存在的现象。州县农林工艺的发展,其意义在两个方面:一是促使州县官经济职能转换,劝导农林工商实业成为他们的重要职责,也成为他们业绩考核所系。尽管这一切都是刚刚开始,但已是州县政府职能转型的开始。二是进一步促使社会风气发生变化。陕西长武县令创办织造局时,延聘工匠造作了一种新的织机纺车,"见者诧为奇观,无不訾议于后。既经试验,则始信其灵巧"②。以往我们考察清末农林工商实业的发展,往往集中于省城商埠,但如果能进一步把这一时期的州县纳入视野,或许会获得新的认识。

## 二、劝业员和劝业公所的陆续建立

州县经济职能的转变使发展农林实业成为州县的重要工作;与此同时,农林实业经济实体的出现,也需要有专职的人员予以管理。光绪三十三年(1907年)《直省官制通则》中,就确定设劝业员为州县佐治员之一,"掌理该州厅县农工商务及交通事宜"③。

---

① 《山东巡抚孙宝琦奏汇报农林工艺情形折》,载《政治官报》第1168号,宣统二年十二月二十六日,17~18页。

② 《藩司樊批署长武县李令呈赉女工织成布匹并推广男工艺所禀》,载《秦中官报》丙午年十月第五期,秦事汇编,389页。

③ 《总司核定官制大臣奕劻等奏续订各直省官制情形折》,《清末筹备立宪档案史料》上册,509页。

光绪三十四年(1908 年)宪政编查馆奏考核直省劝业道官制中进一步具体规定："各厅州县应按照奏定直省官制通则，设劝业员一员，受劝业道及该地方官之指挥监督，掌理该厅州县实业及交通事宜，劝业员得参用本地绅士，由各该地方官采取舆论素孚廉能公正者，详请督抚照章考取委用。""各厅州县每届年终应将所办实业及本境交通情形分门别类制成统计表册，申报劝业道查考。"①

这个章程实际是按照直省官制通则将劝业员定为州县官的属官，并受劝业道和地方官的指挥监督。但当时的现实状况却使此章程难以很快实现，主要原因一是当时各省督抚鉴于经费和人才的缺乏，对州县设置劝业员并不热心；二是清政府预备立宪的重要内容是府州县和城镇乡的地方自治，各州县的工商实业发展到底是自治范围之事还是官治职权并不明确；三是当时工商实业主要集中在一些经济比较发达的地区，且以通商口岸、城镇为重点，除少数地区外，尚未普及多数州县。上述种种都使各省州县劝业员的派委远远不如州县设置劝学员那么迅速。

此外还有一个客观因素，即学部成立于光绪三十一年(1905 年)，各省学政改设提学使是光绪三十二年，随即就制定各省学务官制，确定建立上下贯通的教育行政体制。而农工商部制定各省劝业道官制的奏折光绪三十四年七月(1908 年 8 月)才经宪政编查馆考核后公布，各省劝业道的遴选派委大都是该年下半年至宣统元年。到宣统二年九月(1910 年 10 月)，已设立者有直隶等 18 省，还有山西等省未设。② 这就导致各地州县劝业公所的设置普遍晚于劝学所。

但在有的省，州县劝业员的设置已陆续展开。广东于光绪三十四年设置劝业道，随即拟定详细办法，准备在各厅州县设置劝业公

---

① 《宪政编查馆奏考核直省劝业道官制细则酌加增改折并清单》，《大清新法令》(点校本)，第 2 卷，198 页。

② 《农工商部会奏续订直省劝业道职掌事宜折》，《大清新法令》(点校本)第 9 卷，407 页。

所，定"地方上所有农工商矿，悉由公所经营"，并具体拟定各项发展实业的职责。每个公所设一名劝业专员，工作人员若干名，均"酌照地方情况禀明派任"，"一切劝业上大小事项均由劝业专员直接劝业道禀呈核办"。当时劝业道还准备请咨赴京朝见，并顺路前往北洋各处调查现办劝业情况，回粤后参酌举办。① 此后，一些地方劝业公所陆续设立。如新会县于宣统元年举行劝业分所成立大会，是日除县令外，商会、农会、教育会、劝学所各员均到会祝贺。② 丰顺县劝业公所于宣统二年八月（1910年9月）成立，劝业员兼所长李唐由省劝业公所派委，并分全县为26农区，每区设农务会一所。③ 民国年间修订的《乐昌县志》称："有清之际，各省设劝业道，粤亦如是也。各县设劝业分所，乐昌亦如是也。"④可知广东相当一部分州县都有设置。

浙江属比较发达的地区，行动较快。宣统元年八月（1909年9月），浙江劝业道董元亮遵章拟具试办劝业章程7章，札发11府各厅县，"饬令迅速选择合格员绅出具切实考语，详请札派。一俟劝业员委定，即由各该县监督"⑤。章程定劝业员在廉洁公正、享有清誉的本地官绅中选拔，并以有举办实业或交通者优先。还定劝业员职掌为：实力劝课农工商，推广交通；调查本省境内农桑工艺商业矿产，人民生计与风俗的相关情况，并将各项工作造册上报劝业道。⑥该省泰顺县县令随即"邀集城乡绅董会议，先就县署统计处附设劝业

① 《筹设各属劝业公所》，载《农工商报》1908年第47期，报告，43～44页。
② 《新会劝业分所开幕纪事》，载《广东劝业报》1909年第79期，报告，47页。
③ 《新修丰顺县志》卷3，大事记，13页，民国三十二年铅印本。
④ 该县劝业分所亦成立于宣统元年。《乐昌县志》卷9，实业，1页；卷19，大事记，16页，民国二十年铅印本。
⑤ 《通饬各属保举劝业员》，载《申报》1909年9月16日，第2张第4版。
⑥ 《浙省各厅州县劝业员试办章程》，载《浙江官报》1909年第13期，54～60页。

公所，公推现办统计编纂员齐凤鸣兼任劝业员，一切职掌宜循章次第举办"①。萧山县劝业公所于"宣统二年奉浙江劝业道文设立于火神庙，设立劝业员一人，助理一人，三年停办"②。另外据《申报》的点滴报道，山阴县、仁和钱江两县、永嘉县、石门县、海宁县等地先后委派了劝业员。

在直隶，宣统二年(1910年)劝业道鉴于各处风气渐开，已增设工厂70余处，但规模粗具，尚有诸多改良之处，设立劝业员刻不容缓，于是制定简章，定厅州县各设劝业员一员，受劝业道及地方官之指挥监督，掌理该厅州县实业及交通事宜。劝业员得参用本地士绅，由各该地方官采用舆论素孚廉能公正者，详请督抚照章考取录用。劝业员办公之地为劝业公所，得设调查员4人，由农工商各界人兼办，不支薪水，另设书记员、庶务兼会计员各一人。这些人由劝业员选择并呈明地方官札派，条件是曾办过实业及交通事宜，或办过地方公益卓有名誉者。③ 如乐亭县劝业公所于次年7月成立，劝业员由劝业道考试后委派，并拟将牛肉捐款作为劝业公所常年经费。④

在四川，鉴于"劝业员所管实业交通各事非其人品学俱优不能胜任"，而专门学问之官绅不可骤得，于是成立劝业员养成所，由各州县经绅士推选，县令考察后遴选"稍具普通知识、才品尚可信用"之人入学，故充选者"多系本地略有年望绅士、曾经担任地方公益之人"。四川劝学员养成所第一、二班于宣统元年三月初四日(1909年4月23日)开学，第一班学员188人于六月十八日(8月3日)毕业，

---

① 《泰顺组织劝业公所》，载《申报》1909年12月24日，第1张后幅第4版。

② 《萧山县志稿》卷7，建置上，局所，32页，民国二十四年刊本。

③ 《直隶劝业道详请设立劝业员拟订劝业所简章请查核文并批》，载《北洋官报》1910年第2621册，章程类，27～28页。

④ 《乐亭县详劝业所开办日期并酌筹经费文并批》，载《北洋官报》1911年第2921册，公牍录要，7～8页。

与第二班学员一起以就地委任、彼此互调、暂缺三种方式分配，其中担任矿务理事者 33 人，任各州县劝业员者 129 人。第三班学员于六月下旬（8 月上旬）毕业，因各属劝业员已经派定，该班学员只能暂作候补。① 由于准备工作比较充分，故四川各州县劝业员和劝业公所的设置比较普遍。②

江苏宁属劝业公所亦制定各厅州县劝业员暂行章程，要求厅州县各设劝业员一人，或由地方官选拔后报劝业道札派，或者由劝业道直接派遣充任。条件是"通晓实业、熟悉商情"。劝业员的职责是实行劝导，推广地方实业交通；详细调查地方农业、工艺、商务、矿产、邮传等各项情况，并将办理报告以定期、专件、秘密等形式上报劝业道③。此后一些繁盛地方先后设立劝业员和公所。如泰兴县"劝业分所附设商会内，宣统二年知县王元之设。此项亦奉部章设立，额定劝业员一人，以商会会员选充之"④。

各省章程在劝业员的选拔培养、经费来源的表述上略有不同，但劝业员的来源和职责则基本相同，即绅与学是劝业员的主体，劝

---

① 《督宪批劝业道详拟呈劝业员养成所详细章程课表》，载《四川官报》1909 年第 5 册，公牍，2 页；《督宪批劝业道详第一次拟派各地方劝业员并各员卒业成绩分别列表文》，载《四川官报》1909 年第 21 册，公牍，7 页；《三班劝业员毕业》，载《四川官报》1909 年第 16 册，新闻，1 页。

② 在清代四川南部县衙档案中，有多份省劝业道给州县衙门的札文，对劝业员和州县官的关系进行规范，如定地方官与劝业员之间以"监督""劝业员"称呼，不得再用"该绅""父台""公祖"名目；劝业员因公事晋谒地方官时，地方官应立即接见；劝业员为佐治员，各项事件均应由地方官直接申详等。参见《为通饬奉批佐治员文牍程式拟照视学员往来行文办法事饬南部县》，宣统二年七月二十六日，21-1034-1；《为遵批详复拟议各地方官及各劝业员称呼事》，宣统二年三月二十六日，21-482-2；《为以后劝业员非有公事不得轻谒地方官因公谒见地方官应立即接见当办理应立予赞助不当办者可予驳斥事饬南部县》，宣统二年正月十八日，21-485-1。

③ 《本公所拟定设立劝业员暂行章程》，载《江宁实业杂志》1910 年第 2 期，规章，1～10 页。

④ 《泰兴县志续》卷 2，建置志第二，3 页，民国二十二年刻本。

导推进地方实业交通是他们的主要职责。

不过从整体来看，还只是局部州县设置了劝业员和劝业公所。面对各地不甚得力的状况，宣统二年五月（1910 年 6 月）农工商部札饬各省劝业道，称"振兴实业为现在开辟利源之要端，惟事极繁难，非专由官力所能办理"，要求各省遵照部章在所属各府州县选举劝业员绅，以便襄赞一切，并将选定各员之详细资格履历开列清册覆部存查①，即进一步强调借助绅力来加快劝业员的设立。但成效并不理想。即便是浙江省，劝业道在该年八月还称，各州县"应设之劝业员亦多未举定"②。在清末云南的清理财政书中，列举了各州县办理实业情况，其中只有一府三县设立了劝业公所，其他州县多只办理了蚕桑局、农林场、工艺局、实业学堂、农业学堂等实业。③ 此后在农工商部的宪政成绩汇报中，也主要是各省农林工矿的办理成绩，很少涉及各州县劝业公所和劝业员。

州县劝业员"掌理该州厅县实业及交通事宜"，受劝业道及各该地方官之指挥监督。④ 如四川就规定，除调查农事，创办农事试验场、桑蚕传习所，倡导工商实业之外，"地方原设之农政劝工等局及矿务委员农会商会所办之事务"，劝业员均得稽查。⑤ 各属劝业公所每旬终要将旬内发生之事、奉办之事及拟办之事禀明劝业道，每月

---

① 《京师近事》，载《申报》1910 年 6 月 14 日，第 1 张第 6 版。

② 《限期设立农务分会通饬》，载《申报》1910 年 9 月 29 日，第 1 张后幅第 4 版。

③ 《云南全省财政说明书》，岁出部，实业费，《清末民国财政史料辑刊补编》第 3 册，598～602 页。

④ 《宪政编查馆奏考核直省劝业道官制细则酌加增改折并清单》，《大清新法令》（点校本）第 2 卷，194 页。

⑤ 清代四川南部县衙门档案：《为将原设农工商矿各局归并劝业员察核事饬南部县》，宣统三年闰六月二十二日，22-166-1。

月终再将各事件以填表的形式汇报到省。① 劝业道分别给各劝业员记功记过。同时，劝业员又是州县官的"佐治员"，要将所从事的各项事件向州县官申详并核转②，州县官要定期对劝业员办事成绩考核后填表加考语上报到劝业道。③

因职责所在，劝业员在倡导农林实业方面做了一些实际工作。如浙江永嘉县的劝业员张焕鉴于连年水旱灾害，民众谋食困难，于是联络绅董，在县属设立手艺传习所，专收无业游民及贫家子弟，"教以工作，课以简易识字及浅近算学理化诸科，以开智识而辟生计"④。四川省曾于光绪三十四年(1908 年)设立矿务公司，并向各州县派出理事担任各属矿产查勘标记工作。各属劝业员设立后，随即取消原有理事，由劝业员作为公司委托代表，执行矿产查勘标记之事。⑤ 遂宁县郑氏族人筹集资金，开办治族工厂和夜学，教育族中贫寒子弟学习工艺和文字，劝业员得知后"深为嘉许"，立即禀请劝业道立案并出示保护，还建议把"治族"改为"郑族"⑥。四川定有森林保护章程，但相应条款并不完善，如规定官有及公有森林均可注册，私有森林不得注册，也得不到保护。仁寿县代理劝业员王成为

① 《劝业报告之规定》，载《四川官报》1910 年第 15 册，新闻本省近事，3页。在四川南部县衙门档案中，亦有多份劝业公所的逐月报告表单，分别罗列了调查农事、办理农事试验场和蚕桑传习所的具体情况。见清代南部县衙门档案，宣统三年三月至闰六月，22-162-1~6。

② 清代四川南部县衙门档案：《为通饬奉批佐治员文牍程式拟照视学员往来行文办法事饬南部县》，宣统二年七月二十六日，21-1034-2。

③ 清代四川南部县衙门档案：《为通饬遵照章程考核填注劝业员成绩表事饬南部县》，宣统三年二月，22-353-2。该县令呈报的考核表罗列了劝业员王懋槐在农务、工务、商务、矿务等方面的工作，所加考语为"襄办实业略有基础"。参见《为造呈考核劝业员成绩表事》，宣统三年(原件无确切日期)，22-353-3。

④ 《提倡习艺所之批奖》，载《申报》1910 年 5 月 27 日，第 1 张后幅第 4 版。

⑤ 《督宪咨农工商部取消矿务公司理事由劝业员代任文》，载《四川官报》1909 年第 34 册，公牍，3 页。

⑥ 《劝业道批遂宁劝业员易登云禀本县职员郑泽周等为筹办治族工厂兼设夜学陈请申详一案文》，载《四川官报》1910 年第 10 册，公牍，10 页。

此禀请劝业道，指出条文不合理之处，认为"民间林业日衰，亟望保护有加"，期望修改章程条文，"同沾保护"，以利林业之发展。①

在朝廷的压力之下，一些省匆忙设立州县劝业员，导致许多地方的劝业员都只是名义上存在②，或者只有劝业员，而无公所。但无论怎样，将促进农林工商的发展作为政府职能和考核指标，并设置专官予以负责，将有助于改变州县政府职能。

---

① 《劝业道批仁寿县代理劝业员王成办理林业禀请示遵一案文》，载《四川官报》1910 年第 17 册，公牍，12 页。
② 《乐昌县志》称，该县虽然成立了劝业公所，但"乃有劝之名，无劝之实，其裨于民生国计者几何"。参见该志卷 9，实业，1 页，民国二十年铅印本。

# 第七章　选任与监督：
## 州县官人事制度的变更

　　州县官，向被视为亲民之官，直接关系王朝统治的基础。因此，对州县官的选任与监督，也是历代统治者极为重视的问题。关于州县官的选任和监督制度，瞿同祖《清代地方政府》、艾永明《清朝文官制度》、魏光奇《有法与无法——清代的州县制度及其运作》等著作中均有论述。但晚清是这一制度发生重要变更的时期，涉及问题较多，故仍有较大的研究空间。晚清州县官选任和监督制度变更有两个明显的特点：第一，它是在时代变化背景下对旧有制度不断调整的结果，其中19世纪的同光时期和20世纪初的预备立宪时期是两个重要阶段，在变更的内容和形式上既有连续性，又有差异性。第二，由于州县官的选任和监督涉及中央与各省督抚，所以制度的变更与权力的变更纠缠在一起。尤其是晚清以来，随着督抚权力的扩大，原有的部选与外补并存的州县官选官结构受到冲击，致使选任和监督制度的每一步变化，都与督抚权力的消长有关，或者成为吏部与督抚之间博弈的结果，表现出鲜明的新制与旧制纠葛的色彩。

## 第一节 同治光绪年间州县官选任制度的嬗变

### 一、捐纳保举扩张对州县官选任制度的冲击

《清史稿》云："清制，入官重正途。自捐例开，官吏乃以资进。"①所谓"正途"，即通过科举考试，获得进士、举人、贡生出身并任官者。凡"新科进士，均著交吏部掣签，分发各省，以知县即用"②。在清初吏部双月选班中，进士有5个名额，单月选班有4个。举人则通过6年一次的"大挑"，一、二等者以知县用。③此外，贡生、荫生亦可出任州县官。据瞿同祖先生对乾隆十年(1745年)与道光三十年(1850年)州县官出身的统计，知州中进士和举人出身分别占总数的36.8%和39.2%，知县则分别是66.9%和60.9%。④可见正途是州县官，尤其是知县的主要来源。

捐纳是州县官来源中的"异途"，即"使民出资，给以官职，或虚衔，或实授，用以充朝廷之急需也"⑤。清代捐纳始于康熙平定三藩之时，以后各朝皆有因袭。及至咸同年间，"军兴饷绌，捐例繁多"⑥。即以"暂行事例"(也称"大捐")而言，单从光绪十年(1884年)李鸿章请开海防捐起，至光绪二十七年(1901年)清廷令"即行永远停

---

① 《清史稿》卷112，选举七，3233页。
② 《大清会典事例》(光绪朝)卷72，吏部除授·进士授职，1页，上海，商务印书馆，光绪戊申冬月初版。
③ 《清史稿》卷110，选举五，3212页。
④ 瞿同祖：《清代地方政府》，37页。
⑤ 《清代捐纳制度》，许大龄著：《明清史论集》，16页，北京，北京大学出版社，2000。
⑥ 《清史稿》卷112，选举七，3237页。

止"为止，其间实官捐纳共有 8 次。① 而各种捐虚衔的"现行常例"（也称"常捐"）则始终未能停止。与此同时，"各省争请捐输，遍设捐局，绅民凡纳银者，皆可补官铨选"②。如此无复限制，致使通过异途进入候补官员行列的人员大增。

晚清时期，由于捐例增多，"凡历届新开一事例，必特设名目，改定银数，另立班次"，导致班次名目繁多。如光绪十年（1884 年）海防例开，就有新立海防新班先用、海防新班即用、海防新班分缺先、海防新班分缺间、海防新例本班尽先诸名目。十三年（1887 年）郑工事例，又添郑工新班遇缺先、分缺先、分缺间、本班尽先用诸名目。每一种新的名目均以"以新压旧"的原则列入班次，"先用新例四人，次用旧例一人，分别轮转"，致使班次日益纷繁。据许大龄先生《清代捐纳制度》所列光绪二十五年单月知县铨选轮次表，计 114 缺方得一轮。③ 如此使递补时间延长，使报捐者往往几十年未能得缺。

为吸纳资金，晚清捐纳往往减成收取。同治年间，"计由俊秀捐纳知县，至指省分发不过千金"。各省所定减成章程，均无过三成者，有的只收一二成。④ 光绪年间的海防、郑工等大捐，亦是将捐数减至七成之多。⑤ 由此降低了州县官准入的门槛，致使捐纳人员大增，铨补困难。捐纳者为求补缺迅速，又"于本班上输资若干，俾班次较优，铨补加速"，形成了分缺先、本班尽先、分缺间、不积

① 许大龄：《清代捐纳制度》，《明清史论集》，69 页。具体包括：台防经费事例（光绪十年）、海防事例（光绪十年）、郑工事例（光绪十三年）、新海防事例（光绪十五年）、江南筹办防务例（光绪二十年）、江宁筹详事例（光绪二十六年）、秦晋实官捐（光绪二十六年）、顺直善后实官捐（光绪二十七年）。

② 《清史列传·劳崇光传》卷 48，36 页；许大龄：《清代捐纳制度》，《明清史论集》，55 页。

③ 许大龄：《清代捐纳制度》，《明清史论集》，139、131～138 页。

④ 阎敬铭：《道府州县四项毋庸减成疏》，《皇清道咸同光奏议》卷 23，吏政类官制，7 页，沈云龙主编：《近代中国史料丛刊》第 34 辑。

⑤ 许大龄：《清代捐纳制度》，《明清史论集》，163 页。

班、新班遇缺、新班尽先、分缺先前、分缺间前、本班尽先前、不论班尽遇缺选补等"花样"。① 按说各种"花样"都只是权宜之计，现在列入班次序补，是"以权宜混入常例"②，选班轮次日益混乱。各种捐纳不仅使州县官的候选队伍鱼龙混杂，也使吏治腐败，当时就有官员说："持千余金之本，俨然为数万生灵托命之官，宜其只计及州县之有钱粮，未必计及地方之有百姓。"③

保举是异途为官的另一路径。保举为"国家酬庸之典，所以励劳勚、待有功也"。保举作为一种奖励措施，可以起到激励官吏和弥补铨法之不足的作用。保举虽然由来已久，但咸同之前，军功、河工保奖，"不过加级，或不俟俸满即升，名器非可幸邀"。而咸同年以后，"以保荐为捷径，京、外奖案，率冒滥不遵成例"④。保举在为人才提供机会的同时，也出现种种"冒滥"现象。

如例载书吏不得捐保知县，但有书吏为求保举，转军营差使，然后由保举层层递加至铨选知县。⑤ 例定革员开复不得回原省原官复任，而同治年间，"革员等有赴军营投效，经各路统兵大臣暨各省督抚以劳绩保举开复原官者"⑥。更有州县实任官员因嫌其官职之卑，通过投效军营以求保举，"于实官上并加升衔"，"推原其故，州县官阶虽卑，利权较重，求保者欲揽其利权之重，而又嫌其官职之卑，于是无人不求升衔顶带"⑦。这种现象不仅破坏了铨法，而且败

---

① 《清史稿》卷112，选举七，3241页。

② 朱寿朋：《光绪朝东华录》，总1467页。

③ 阎敬铭：《道府州县四项毋庸减成疏》，《皇清道咸同光奏议》卷23，吏政类官制，7页。

④ 《清史稿》卷110，选举五，3214页。

⑤ 于凌辰：《请禁书吏捐保知县疏》，《同治中兴京外奏议约编》卷2，25页，上海，上海书店出版社，1984。

⑥ 崇实：《奏开复人员不宜仍发原省疏》，《同治中兴京外奏议约编》卷2，29页。

⑦ 周恒祺：《请整饬吏治疏》，《同治中兴京外奏议约编》卷2，4页。

坏了吏治。

更有一值得注意的现象，即保举与捐纳的交叉混合。例载，由军功保奏以州县补用者，"均归于候补班补用"。在吏部的铨选班次中，候补班最优，即"一经到省，遇有题调署缺悉准补用，其升调遗病故休致中简缺以及丁忧参劾之缺亦占缺最多，用是特重"。这种制度安排的用意是"奖有功，戒躁进"①，但候补班的优越地位也成为人们觊觎的对象。咸丰年间的筹饷新例中有："凡得有应升人员准其指项加成捐归候补班，虽定以三年之限，而减成银数仅得十分之二三。"②如此低的门槛，使各种保举应升人员纷纷通过捐纳"花样"加快升迁步伐。另一方面，捐纳人员又攀缘附会，力图再通过保举增加获得官缺机会。同治十二年（1873年）福建巡抚王凯泰言："军兴以来，保案层迭，开捐以后，花样纷繁。军营保案，借花样以争先恐后，各项保举，又袭军营名目以纷至沓来。名器之滥，至今已极。"③名器冗滥，是保举班次与捐纳班次的交叉甚至混合的状态，带来候补人员的流品混杂。

进入光绪年后，随着洋务、新政的开展，朝廷又屡屡下旨要求内外诸臣破格保举人才，光绪十年（1884年）的谕旨称"保荐文武两途，不必拘其官阶及已仕未仕"④，各种名目的保奖纷纷涌现。如随着洋务活动的展开，出现了各种洋务保奖、出洋随员满三年保奖、与外国交涉保护地方保奖等。光绪十一年（1885年），李鸿章保奖中西教习，其中将候选知县李竞成"以本班留于直隶，归候补班前补用"⑤。此外还有拿获会匪保奖、拿获马贼保奖等。

---

① 恽世临：《请慎重选择州县片》，《同治中兴京外奏议约编》卷2，16页。
② 恽世临：《请慎重选择州县片》，《同治中兴京外奏议约编》卷2，17页。
③ 《清史稿》卷110，选举五，3214～3215页。
④ 《谕饬中外诸臣奏保人才》，《光绪政要》卷10，10页，沈云龙主编：《近代中国史料丛刊》第35辑。
⑤ 《肄习西学请奖折》，《李鸿章全书》奏稿卷53，20页，光绪戊申五月金陵印行。

在清代的铨选制度中，保举有异常劳绩与寻常劳绩之分。军功为异常劳绩，可越级保举；河工抢险、大工合龙、海船沉溺救生出险也为异常，但不得越级保举。其余寻常劳绩只得保候补缺后升阶，或加衔，或封典，或议叙加级，严格分明。然而，行使保举权力的是各省督抚，而督抚则需要借保举或搜罗人才，或任用私人，所以并不遵部章行事。同治年，左宗棠就上折提出"所谓干戈起而文法废，文法废而人才出，人才出而事功成"，所以认为部章"窒碍难行"，要求朝廷对甘肃新疆保案从宽核议。① 当时正是军兴用人之际，朝廷对疆臣奏请多予准许，因此各省"有凡地方应办之事，几无一事不请保举"。各种冒混现象也日益突出。光绪十七年（1891年），因长江流域哥老会的发展，清廷令各省镇压，并允准"如有访获会匪首犯，准将出力员弁照异常劳绩随案奏请优奖"②，这样一来，各省请奖漫无限制。朝廷又定"拿获开堂立会首要不烦兵力"为异常，于是各省保案"均指为拿获开堂立会首要匪犯，竟无一案肯照寻常者"。保奖之言，也"粉饰而韬虚"③。而那些求保者则"交转相乞"，甚至出现"此处出力乃保过班，而他省著绩又请加衔者"④。

捐纳保举扩大的直接后果，是州县官仕途壅塞，候补人员激增。同治八年（1869年）江苏巡抚丁日昌说，江苏府州县同通可由外补之缺亦不过数十余员，而候补同通州县有一千余人，"夫以千余人补数十员之缺，固已遥遥无期，即循资按格而求署事亦非十数年不能得一年，其捷足先登者非善于钻营即有所系援者也"⑤。边远地区也是

① 左宗棠：《请变通部章广搜人才疏》，《皇清道咸同光奏议》卷4，8页。

② 《谕各省严缉会匪》，《光绪政要》卷17，9页。

③ 《保奖新章全稿》，《光绪壬寅年（二十八年）政艺丛书》内政通纪卷7，10页，沈云龙主编：《近代中国史料丛刊续编》第27辑。

④ 瑞洵：《历陈外省附保积弊疏》，《皇清道咸同光奏议》卷22，吏政类铨选，2、4页。

⑤ 丁日昌：《条陈力戒因循疏》，《皇清道咸同光奏议》卷20，吏政类吏论，7页。

如此，如光绪初年云贵总督岑毓英奏报，贵州额设府州县 73 缺，佐贰杂职 93 缺，但在省实缺候补府厅州县合例人员，连正途出身暨劳绩捐纳两途共有 351 员，合例之佐贰杂职连实缺共有 307 员。① 光绪十四年(1888 年)吏部官员奏称："自捐例开而事倍蓰，保举多而事更繁。每月投供人员有多至四五百人者，每月分发人员有多至三四百人者。"②吏部投供人员拥挤，各省等待补缺人员也形成积压，"仕途壅滞"成为当时州县官选任中的突出矛盾。

## 二、督抚权重对州县官选任的违例与变通

州县官的任命权集中于中央，但提名选拔权又分属于吏部和督抚。一般来说，吏部选缺多为中、简缺，外补缺即督抚题调缺数少于吏部选缺数，但多为要缺与最要缺。这套制度安排不无互相补充、制衡的合理因素。因为吏部铨选依据的是资格与身份，按班序轮补，虽然也有考验与引见，但常常会出现所派之员无法胜任州县工作的情况。刚毅说："部选州县各员，大半初入仕途……部臣总掌铨衡，止能按格拟注，凭签掣缺，不能预计其人地之如何，倘以未经历练之员遽膺冲要，即令才具稍优，势不得不假手幕友丁胥，以致长奸丛弊。"③注重身份，势必会有一部分官员不了解下情，到地方后，不得不依靠胥吏、幕友，带来吏治问题。在各省，督抚拥有考核地方官吏的权力，他们对州县官的表现拥有最直接的发言权。所以，在清朝制度安排中，给予督抚题调权，特别是将繁、难、冲等要缺州县的提名选拔权交给督抚，正蕴含了弥补上述局限的含义。

另一方面，中央又通过一定的制度安排限制督抚的权力行使。首先，选缺与题调缺严格分别，督抚不得随意调换，如有擅自调换，

① 岑毓英：《遵旨整顿吏治缘由折》，葛士濬辑：《皇朝经世文续编》卷 17，吏政二，5 页。

② 朱寿朋：《光绪朝东华录》，总 2460 页。

③ 刚毅：《敬陈管见疏》，葛士濬辑：《皇朝经世文续编》卷 17，吏政二，10 页。

则要受降三级调用、罚俸九个月的处分。① 其次，在期限方面，规定题调缺出，限一个月内拣员升调，同时咨部。② 再次，在选任对象方面，规定冲、繁、疲、难四项、三项相间者，必须于现任属员中拣选调补③；候选人必须在本任内历俸三年以上方准拣选题调，而如果由佐贰提升州县，必须历俸五年以上④；还必须按照一定轮序递选。如规定应题缺出，先尽候补正途人员题补，如候补正途无人，方准以应升人员提升，如无合例堪升人员，始准以现任人员请调。⑤ 最后，督抚题调州县必须上奏报告，吏部具有复议、驳议之权。

然而晚清时期，伴随着督抚权力的扩大，种种在州县官选拔任用中的"变通处理"与违例现象日益突出。

以"人地相需"为名，选拔突破成例。同治元年（1862 年），左宗棠奏请将候选主簿杨鼎勋、廪生郑锡澍以知县留于浙江补用，吏部复议认为与定章不符，左宗棠即上折认为二人"颇著战功"，坚持原议，获上谕允准。⑥ 光绪二十二年（1896 年），湖北天门要缺出，按例应于现任人员拣选调补，总督张之洞则以即用人员请补，称"与例稍有未符，但人地实在相需，例得专折奏请"⑦。光绪三十四年（1908 年），福建惠安县知县缺出。惠安为"冲繁难三要缺"，按例应在外拣员调补，闽浙总督松寿则强调"该县地处海滨，民俗刁悍"，

---

① 《钦定大清会典事例》（嘉庆朝）卷 64，吏部处分例，16～17 页；沈云龙主编：《近代中国史料丛刊三编》第 65 辑。

② 《钦定大清会典事例》（光绪朝）卷 59，吏部汉员遴选，4 页，上海，商务印书馆宣统乙酉年再版。

③ 《钦定大清会典事例》（嘉庆朝）卷 47，吏部汉员遴选，23 页。

④ 《钦定大清会典事例》（嘉庆朝）卷 46，吏部汉员遴选，23 页；卷 47，4 页。

⑤ 《护理安徽巡抚沈曾植奏请以萧仁丙调补阜阳令折》，载《政治官报》第 364 号，光绪三十四年十月初六日，11 页。

⑥ 《请将应保出力文员仍以知县县丞留浙补用片》，《左宗棠全集·奏稿》（一），97 页，长沙，岳麓书社，1996。

⑦ 《奏陈拣员请补繁缺知县折》，《张之洞全集》卷 44，1178 页。

兼有巡防海口之责，必须用熟悉海疆风土民情之人，在即用人员中遴选。① 在调补问题上，依例调补州县以上官员，必在本任内历俸满三年方准调补，然光绪三十四年（1908 年），湖南巡抚岑春蓂以历俸未满三年的祁阳知县调补衡山知县，称："与例稍有未符，第人地实在相需。"② 清制，候补分发人员到省，向有一年试用期，期满由各省督抚分别奏留补用，原期详加考察以定去留。但晚清时期，各省常以"人地相需"为由，视例为具文，"凡试用期满人员，概请留省补用"③。此外，指名奏调、奏调隔省人员等种种违例现象也频频出现，致使旧例在无形中瓦解。

当时最突出的现象是题补调补州县突破"酌补"成例。督抚行使题调权时必须按"例"规定的次序递选，与此同时，清廷也允许督抚可以根据人地相宜的原则不依轮次"酌补"州县，但是有限制的。如乾隆年间规定，"各省应题之缺，知县以上官员，其原系例应题补及烟瘴地方，准升调兼行，不拘一格，听该督抚酌量具题"；"奉旨命往补用（州县）及督抚题明留于该省候补者，无论应题应调应选之缺，均准该督抚酌量具题"④。也就是说，酌补限于奉旨命往人员、督抚已奏明留省人员及烟瘴地方。但晚清以来，上述限制开始被突破。咸丰七年（1857 年），时任湖北巡抚胡林翼以军兴以来吏治废弛为由，奏请由巡抚"酌补"州县，其中提出，原有酌补之例是就"无事时言之"，而在非常之时，当由巡抚酌量拣选人地相宜之人。⑤ 这是"酌补"突破成例的开始。同治五年（1866 年），李鸿章奏请"将同治四年

① 《闽浙总督松寿奏请以许中杰补惠安令折》，载《政治官报》第 193 号，光绪三十四年四月十三日，14 页。

② 《湖南巡抚岑春蓂奏请以孙秉清调补衡山令折》，载《政治官报》第 302 号，光绪三十四年八月初三日，11 页。

③ 朱寿朋：《光绪朝东华录》，总 623 页。

④ 《钦定大清会典事例》（嘉庆朝）卷 47，吏部汉员遴选，8、10 页。

⑤ 《鄂省员缺久悬请变通办理疏》，《皇清道咸同光奏议》卷 22，吏政类铨选，5 页。

十二月以前苏省所出沿海沿江沿河各要缺，及升补事故所遗各选缺，援照皖浙成案，准臣等督同两司秉公遴员酌补，期于人地相宜"①。这一奏请把"酌补"扩大到沿海沿江沿河各要缺。同治十一年（1872年），李鸿章又奏请将河工要缺均改为"酌补"，即"不拘序补章程，或由现任升调，或由候补试用内通融拣补"②。光绪二十七年（1901年），李鸿章上《直隶要缺变通酌补折》，内中说道"直隶道府、直隶厅州、州县等缺向分咨留二项，择其人地相宜者，酌量请补，内除捐纳人员仍补简缺外，余俱不论繁简酌补"，并说"兵燹之余与新设之缺，由外酌补一次，从前胡林翼在湖北、崇实在奉天、左宗棠在新疆，均经奏蒙恩准有案"③。此外，知县丁忧参革遗缺"专以军功候补人员酌补"④，也成为同治光绪年间督抚"酌补"的定例。"酌补"已成为一种由各省督抚择人地相宜之人具奏请补的权力，其选任的对象，除现任人员外，主要是军功劳绩候补人员，被视为督抚对劳绩保举人员的一种奖赏。

至光绪中后期，随着新政的开展，朝廷一再下旨要督抚保举人才，"慎选贤员补署"，致使督抚进一步突破成例"酌补"州县。光绪二十九年十一月（1903 年 12 月），袁世凯以"政绩卓著"为由，请将正在署事的两名知县"无论繁简何项班次缺出，由臣奏明请补"；第二年，他又请将两名候补知县列入"无论何项班次"均由自己请补之列。⑤ 两次奏请均得到朝廷允准。在光绪后期督抚的奏折中，已将"酌补"称为"部章"，俨然成为常态："各府州县凡系繁难要缺例定为题调题补，是曰题缺，题缺则用酌补。中简缺由部选，扣留外补者，

① 《江苏地方悬缺请准遴员酌补折》，《李文忠公全书》奏稿卷 10，9 页。
② 《河工要缺变通酌补折》，《李文忠公全书》奏稿卷 20，6 页。
③ 《直隶要缺变通酌补折》，《李文忠公全书》奏稿卷 80，11 页。
④ 《知县外补缠滞恳量予变通折》，《张之洞全集》卷 8，233 页。
⑤ 《知县唐则瑀罗正钧请不论班次补缺折》《知县谭世振赵惟庆请无论繁简何项班次缺出均准叙补片》，《袁世凯奏议》中，868 页、963 页。

是曰选缺，选缺则用轮补。酌补则为地择人，按班酌请；轮补则不问人地，惟班次名次先后之是。"①

不仅如此，督抚还常常借"委署"违例任用。委署即当州县官缺出而新任尚未到任之时，各省督抚有权遴员暂时代理，尽管清政府有严格的限制②，但晚清时期，它常常成为各省督抚自行任用权的一个重要途径。同治八年（1869年），左宗棠奏请陕甘两省委署府厅州县各缺，暂准督抚臣遴才委用，勿拘以例法。上谕允准其"斟酌情形，变通办理"③。吏部委署章程规定实缺署别缺不得超过十分之一，但光绪二年（1876年）湖南巡抚王文韶上折提出这一规定大有窒碍，要求将其变通为十分之二。④ 另据光绪十二年（1886年）四川总督刘秉璋奏报，四川委署则是另立章程，按名递署，"其实缺调署更逾一成之数"⑤。委署成为督抚调剂属员的工具，光绪二十四年（1898年）的一道上谕指斥道："近见各省往往以实在人员调署别缺，甚有缺分稍优，不令实缺到任，调剂候补轮流接署，此等积习，州县居多。"⑥

在委署问题上，一些边疆省份还获取了"不拘文法"的权力。光

① 《广西巡抚张鸣岐奏请将选缺各府州县分别改为题调题补要缺折》，载《政治官报》第695号，宣统元年八月二十日，7页。光绪三十四年《河南巡抚林绍年奏请以俊明等补林县令各缺折》将"知县参革选缺专用军功候补人员，由督抚酌量请补"称为"部章"，载《政治官报》第241号，光绪三十四年六月初一日，16页。

② 如规定州县佐杂不得无故调署正印，如有必须将实缺州县佐杂调署者，州县与佐杂分计，各不得逾十分之一；委署州县必须与该员原籍住址在五百里以外；委署佐贰为正印，应历俸五年以上；督抚委署州县，应每届三月汇奏一次，由吏部严行查核；如任意调委，一经查出，将督抚参奏。见《大清会典事例》（光绪朝）卷63，吏部汉员遴选，2～3页。

③ 《遴员署理府州县办理赈垦抚辑事宜折》，《左宗棠全集·奏稿》（四），110～111页。

④ 《请变通委署州县章程疏》，《皇清道咸同光奏议》卷22，吏政类铨选，6页。

⑤ 朱寿朋：《光绪朝东华录》，总2193页。

⑥ 朱寿朋：《光绪朝东华录》，总4282页。

绪二十九年(1903 年)广西因"游匪滋事"，巡抚柯逢时奏请变通补署章程，要求三年内委署州县"勿拘文法"。光绪三十二年(1906 年)，巡抚林绍年又请将广西"不拘文法成案"推广两年。两年后，巡抚张鸣岐又奏请将此变通章程再展期两年，"所有在省候补各员准于酌量随时委署"①。"不拘文法"成为广西州县委署中的常规，并为他省所援例效法。②

在边疆地区，依据加强边疆和社会发展的需要，将军督抚常常奏请变通官制，或立新章，将增设州县奏为题调缺，或将原来中简缺转为题调缺。新疆军兴之时，督办新疆军务刘锦棠奏请新疆北路实缺由关内调补，请将甘肃候补曾经引见验看领照到省以及实缺人员，如遇有人地相宜缺出，由巡抚分别请补请调赴新疆差遣，"毋庸先行奏留"，道员以下各缺"毋庸回避"③。建省之后，又奏请将新疆南路各员缺也照变通章程"由外酌补一次"④。台湾建省后，巡抚刘铭传也奏请添设改设厅县暂准不拘资格，"一体变通酌量补署"⑤。吏部复议时只同意台湾要缺知县酌量请补以三年为限，新设知县以一次为限。而闽浙总督卞宝弟和台湾巡抚刘铭传则马上上折要求仍照原议，以十年为限，中简缺则要求"一咨一留"⑥。

---

① 《广西巡抚张鸣岐奏州县以上补署员缺不拘文法请援案展限折》，载《政治官报》第 443 号，光绪三十四年十二月二十六日，15 页。

② 如光绪三十四年，云贵总督锡良请照广西成案，"凡道府州县各缺两年之内补署均暂行不拘文法，咨选各缺拟请扣留外补"。参见《云贵总督锡良奏请变通补署成例折》，载《政治官报》第 295 号，光绪三十四年七月二十六日，10 页。

③ 刘锦棠：《酌议补署各缺章程疏》，葛士濬辑：《皇朝经世文续编》卷 17，吏政二，9 页。

④ 《奏为酌议新疆补署各缺留省补用人员章程恩俯准饬部立案折》，《光绪朝朱批奏折》第 1 辑，97 页，北京，中华书局，1995。

⑤ 《奏为台湾烟瘴地方水土恶劣现在知县员缺乏人遴委请旨饬部暂宽例章变通补署以资治理折》，《光绪朝朱批奏折》第 1 辑，135 页。

⑥ 《奏为请定缺目暨各官养廉折》，《光绪朝朱批奏折》第 1 辑，160 页。

在东北，吉林将军铭安于光绪四年(1878 年)奏请将吉林三厅设民官划疆而治，添设厅县，统归外补。光绪七年(1881 年)，他又奏请凡吉林新旧州县各缺，由部拣发曾任实缺正途人员来吉差遣人员，均由将军等考察并试以事功后"不分满汉，酌量补用"①。光绪三十四年(1908 年)东三省建省后，总督徐世昌奏准东三省职司官制及督抚办事要纲，取得各项员司"皆准变通补署"的权力。② 三省对于州县官的任命，皆由总督会同巡抚对候补人员询事考言，缺出后遴员试署，再请补授。③

在云南，总督丁振铎于光绪三十一年(1905 年)奏请将八个原部选州县改为冲繁要缺，"由外于实缺应升应调并候补人员内，择其才具人地相宜者酌量升调补用"，理由是滇越铁路的开办，使这些地区"事务纷杂，交涉繁难"，"非得精明干练情形熟习之员难以胜任"④。

总之，自同治光绪年以来，州县官选任制度面临两个突出矛盾：一是督抚题调权扩展并不断侵夺部选权，使原来严格分明的部选与外补并存的选官结构受到极大挑战。二是捐纳、保举扩大造成选补困难，州县官队伍品质低下。光绪三十四年(1908 年)的一道谕旨称"吏部职司铨选，自例章繁密，仅以班次资格为定衡，大失量能授官之本意"，"闻各省选缺州县，骤膺外任，不谙吏事者十居七八"，这些人"专凭年资入选，一旦任事，大率听命于幕友，纵容丁胥，百弊丛生"；同时"保举捐纳冗滥甚多，治理民情，多未明达，检查法律，亦不能通解"。⑤ 在以资格为主要依据的繁密的选官制度下，难以产

---

① 朱寿朋：《光绪朝东华录》，总 1160 页。

② 《拟定东三省职司官制及督抚办事要纲折》，《退耕堂政书》卷 8，29 页，沈云龙主编：《近代中国史料丛刊》第 23 辑。

③ 《东三省总督锡良奉天巡抚程德全奏援案变通补署各厅州县员缺折》，载《政治官报》第 655 号，宣统元年七月初九日，11 页。

④ 《奏为州县繁简情形今昔异宜拟请酌量改定缺项以资治理折》，《光绪朝朱批奏折》第 1 辑，480 页。

⑤ 朱寿朋：《光绪朝东华录》，总 5914 页。

生合格人才；而保举和捐纳的举办，又致使官员流品混杂、仕途壅滞，带来吏治的腐败。州县官的选任制度已到了必须改革的地步。

### 三、同光年间的整顿

#### 1. 加强正途，强化部选

为克服因捐纳保举扩张而带来的流品混杂、仕途壅滞的局面，清廷不断试图通过加强正途和部选的办法加以解决，并由此引发了同治光绪年间督抚与吏部之间对参革丁忧等缺的争夺。

关于丁忧、参革、终养、降补、修墓、葬亲、撤回、改教、回避各项缺出，定例各有区分，即用、候补两项遇有升调、病故、休致遗缺，各按轮次序补；终养、改教、撤回、降补、回避遗缺，以即用、候补两班相间酌补；而丁忧、参革遗缺，则专以军功候补人员酌补。① 太平天国时期，军功、保举人员增多。同治七年（1868年），据御史李德源条奏变通选法，吏部议复将参革缺出归于外补，丁忧缺出通归部选。② 这立刻引起督抚的极大不满。同治十一年（1872年）李鸿章上奏认为，各省丁缺多于参缺，致使"军功候补一班几无序补之期"，壅滞愈甚，故而要求将丁忧、参革两项中简缺悉改为"一选一留"③。这一次的力争，使吏部不得不同意丁忧、参劾缺出之时，准军功人员扣留题补。④

光绪初年，又不断有御史上折提出州县吏治问题，要求强化正途出任州县，将部分知县员缺拨归部选。光绪九年（1883年），吏部议复给事中戈靖等奏，将原归于各省以军功人员请补的丁忧、参革等缺收回划归内选，只将升调、病故、休致、撤回、改教、回避等

---

① 《知县外补壅滞恳恩量予变通折》，《张之洞全集》卷 8，233 页。

② 朱寿朋：《光绪朝东华录》，总 999 页。

③ 《军工补缺壅滞折》，《李文忠公全书》奏稿卷 19，3 页，光绪戊申五月金陵印行。

④ 《奏为军功候补知县补缺无期拟请将丁忧遗缺量为变通以免壅滞而励人才折》，《光绪朝朱批奏折》第 1 辑，210 页。

缺归于外补。在督抚看来，不仅丁忧、参革遗缺最多，而且这一规定直接影响军功候补人员补班，因此纷纷上奏反对。直隶总督李鸿章上折请将各省知县选缺内丁忧、参革、终养、降补、改教、撤回、回避等七项暨修墓、葬亲等项缺出，合并计算，统改为一选一留，"第一缺归部选，第二缺留归外补"。其中，丁忧、参革两项专归军功候补人员酌补，其余归进士即用与各项候补人员分班酌补。① 而四川总督丁宝桢则认为，丁忧、参革等缺归部选将致使候补知县望补已难，"军功候补一班将同废弃"，要求将参革一项仍归外补，其余六项留补四次、咨选一次，或二留一咨。② 张之洞也上折请将丁忧、参革在内的各项缺出，统改为一咨一留，"于咨报开缺时，随案声明"③。虽然这一次督抚抗争的声势更大，但结果却是吏部以"未便纷更"为由，只准将参劾、降补二项改为一咨一留④，"参革之缺仍专用军工候补人员，降补之缺仍以即用、候补两项人员相间轮补"，其余均为部选，并要求各省督抚"不得再行渎请"，成为定例。⑤

2. 强化委署章程

委署是晚清督抚违例用人的重要途径，为扭转这种现象，吏部多次强化调整委署章程。同治十一年(1872 年)，吏部定州县委署轮次，"先委正途一人，次委劳绩一人，再将各项委用试用人员轮委一次"，并允准"按出缺先后，察看人地相宜，酌量委署"；也就是在认可"酌委"的条件下要求将正途放在劳绩之前，按序轮委。光绪三年(1877 年)，吏部咨会各省，强调各省不得违例委署州县，并严格规

---

① 《变通选补章程折》，《李文忠公全书》奏稿卷 47，37 页。

② 《变通补缺章程疏》，《皇清道咸同光奏议》卷 22，吏政类铨选，6 页。

③ 《知县外补壅滞恳恩量予变通折》，《张之洞全集》卷 8，233 页。

④ 《奏为军功候补知县补缺无期拟请将丁忧遗缺量为变通以免壅滞而励人才折》，《光绪朝朱批奏折》第 1 辑，第 210 页。

⑤ 《奏请知县参革等缺改为一咨一留例册》，《福建省例》铨政末集卷 5，40 页，光绪间刻本；《钦定大清会典事例》(光绪朝)卷 59，吏部汉员遴选，5 页。

定委署比例，其中如有必须将实缺州县佐杂调署者，州县与佐杂分计，不得逾十分之一；候补委用试用人员，如委署有人之缺，州县与佐杂分计，每年各不得逾十分之一。①

但这些规定仍无法解决督抚委署中的违例问题。光绪三年（1877年），就在吏部重申委署人数限制之时，云南巡抚潘鼎新上奏以滇省地居边远，善后事务烦难，必用熟悉之人为由，请将云南委署章程予以变通，即委署人员可不照例行使。② 针对各省借委署更调频繁的问题，光绪十九年（1893年）御史郑思贺上折称，"闻山东州县向有年终纷纷调缺之说，近来顺天各属亦多辗转调署"，请严遵旧章，即各省委署应补应选各缺，仍以一年为率；如有"为缺择人量才移调者，均当试署二年，如果人地相宜，方可酌为调补"③。建议对委署章程略加变通，将委署中有才能的人通过试署调补，以解决借委署自行更调纷繁的状况。但"各省习为故常，相沿无改，往往以缺分之优劣为属员之迁移，更调频繁，几若传舍，其中实心办事者未始无人，到任或半年或一年，遽行交卸"④。

吏部虽然力图强化委署章程，但章程本身也有漏洞，即在确定"轮委"的同时，又准许督抚依据人地相宜"酌委"，这样，到光绪年间，就出现了各省制定的"轮委"与"酌委"相间的委署章程。这些章程在总体上并没有逾越吏部的原则，但各省在运行中也形成了自己的游戏规则。一般中、简缺用"轮委"，要缺、优缺用"酌委"。⑤ 光绪二十四年（1898年），张之洞定湖北委署章程，称凡遇轮委之缺，将轮委一班前十名于藩署官厅榜示，遇有缺出，先尽前三名委署，

①　《钦定大清会典事例》（光绪朝）卷63，吏部汉员遴选，3页。

②　朱寿朋：《光绪朝东华录》，总425页。

③　朱寿朋：《光绪朝东华录》，总3286页。

④　朱寿朋：《光绪朝东华录》，总3692页。

⑤　关于各省委署章程，肖宗志《候补文官群体与晚清政治》（巴蜀书社2007年版）有一定的论述，并认为轮委与酌委在清朝中期就已建立。参见该书63～71页。

"其或实在人地不宜，再将以后之员酌委"①。也就是说，督抚在"人地不宜"的名义下，可将轮委转为酌委。到了 20 世纪初年，由于新政的展开，"人地相宜"更是成为各省督抚委署州县官的重要借口，在这种情况下，委署人员早已超过了数量限制，朝廷也只能强调每三个月汇总报告一次了。

3. 规范保举

同治年间，不断有御史奏请严定保举章程，以解决冒滥的问题。他们有的请严禁书吏保举州县，有的建议"只准保举以应升之阶加以应升之衔，其余班次花样一概删除"；还有的主张保题时"必举其一二事以实之"；亦有主张提高保举门槛，"非举贡文生概不准以州县请奖"②。吏部也多次奏定章程。同治元年（1862 年）吏部议定章程，限制军营劳绩保举班次，"只准其就现在官阶，保奏补缺后以何项升补；续有劳绩，只准加级、加衔、加班，不准层递预保"③。光绪元年（1875 年），吏部又奏整顿军功劳绩保举，规定所保人员应令其在所保之项候补，并将该员底缺开缺。④ 但这些枝节的调整并没有严格执行与落实。

光绪九年（1883 年）吏部又奏定《严核保举章程》，强调保举军营人员必先咨部。但章程仍留下了漏洞。光绪十二年（1886 年），李鸿章因派往朝鲜防护定乱出力保举山东补用知县严道洪等 7 人，吏部以他省人员不得在省列保和未先咨部驳回。李鸿章复奏称，自己保举对象为"海外军务，向不论何项人员均准立功保奖"，自不在严核

---

① 《札北藩司等轮委到班各员饬司报查并在藩署榜示》，《张之洞全集》卷 132，3659 页。

② 王凯泰：《应诏陈言疏》、周恒祺：《请整饬吏治疏》、王道埔：《慎用牧令疏》，《同治中兴京外奏议约编》卷 1，36 页；卷 2，4、7 页。

③ 《清穆宗实录》卷 17，《清实录》第 45 册，478 页，北京，中华书局，1987。

④ 朱寿朋：《光绪朝东华录》，总 163 页。

之例，故而"再行声明并开清单"，请朝廷敕部给奖注册。①

光绪二十年（1894 年），又有官员奏陈外省保案积弊。在朝廷的谕令下，吏部奏严定保举章程，这一次力图在程序上加强对外省保举的控制与审核，强调各省应将保案先行奏咨，由吏、兵二部依据部章严行查核，如发现有一名不合格者则将全案驳回。② 但事实上也没有严格执行，吏部后来不得不承认，各省保举实际上都是于开保时随案咨部。③

新政开始后，清廷一再谕令各省督抚保举人才，各种新学、新政、洋务保举纷至沓来，各种违例现象层出不穷。如部章把军营保举作为异常劳绩，可保越级；而河工抢险、大坝合龙等保举虽然也是异常劳绩，但不能保越级。这样一来，"各项异常皆欲冒混军营异常"；拿获会匪可照异常劳绩优奖，于是各省请奖又"漫无限制"。针对这些新的情况，光绪二十八年（1902 年），吏部制定保举新章 10条，严格区分"寻常劳绩"与"异常劳绩"，如"拿获会匪保奖"条规定凡"调兵剿灭者照异常"，"缉捕余匪为数无多者照寻常"。办理教案及交涉事件三年无过均"照寻常劳绩保一次"，等等。此外，还对各种保奖的等级、人数做了规定。④ 吏部的规定尽管越来越细密，但始终无法跟上形势的发展变化与需要。随着新政的开展，对各种新政人才的需求也在日益扩大，保奖名目越来越多，部章难以实行。如光绪三十三年（1907 年），袁世凯保举直隶游学日本法政速成科毕业各官 13 人，其中包括候补和试用知县 8 人，"不论繁简何项班次，

---

① 《复奏李成鳌等奖案片》，《李文忠公全书》奏稿卷 58，7 页。

② 《吏部奏严定保举章程事》，《光绪政要》卷 20，15 页。

③ 《保奖新章全稿》，《光绪壬寅（二十八年）政艺丛书》内政通纪卷 7，11 页。

④ 《保奖新章全稿》，《光绪壬寅（二十八年）政艺丛书》内政通纪卷 7，10～11 页。

一律由臣奏明请补"①，即不仅在程序上是随案咨部，而且在任用方面也是不依班次由督抚请补。

我们看到，在晚清吏部与督抚的矛盾争夺中，旧有之例在不知不觉中发生变通，即便是吏部，也不得不在"例"与"现实"中寻求一种平衡。光绪八年（1882年），给事中黄元善上奏指出各省首府首县例应先用正途人员，而各省往往以"正途不宜"为词，率以各项人员拣调，故而要求对保举非正途人员严定章程。吏部在复议中不得不承认"省会首府首县繁剧要缺，非拣调得人，难期治理"，提出的办法是："上司若保非正途人员越次以各项人员列保者，如果所保之员犯此贪酷劣迹，别经发觉，即将原保之上司，于滥举非人降二级调用，私罪例上加等。"吏部的意图是通过严定处罚措施，"庶要缺不至滥保"②。在以后的材料中，虽然我们也发现若干因督抚保举不力而受到处罚的例子，但总体而言，在晚清督抚于政治生活中的作用日益扩大的背景下，在缺乏有效制度的背景下，通过"严惩"遏制"滥保"这一方法所起的作用是极其有限的。

## 第二节　清末州县官选任制度改革

### 一、通过学习考试以定去留

清末新政是新旧制度交替之际，各种新旧矛盾聚集在一起，使原本已经存在的矛盾更为突出。与此同时，新政中不断推出的制度改革也促使州县官选任制度必须随之变革。其中最直接的是科举制度的废除，一方面切断了州县官的正途来源，另一方面也切断了"学"与"出仕"的制度联系。而新学制的确立和新政的推行又带来了

---

① 《游学日本法政学堂速成科毕业各官不论班次尽先补用折》，《袁世凯奏议》下，1469页。

② 朱寿朋：《光绪朝东华录》，总1478页。

许多新的问题。清政府推行奖励新学人员的政策，对高等学堂毕业生和办学出力人员奖励州县实缺，使一部分新学人员得以进入州县官行列。如光绪三十四年(1908 年)，闽浙总督松寿奏奖励高等学堂学生毕业暨出力员绅折中，保举 7 员，或以知县分省补用，或以知县不论双单月尽先选用。① 与此同时，还需对原来拥有功名之人安排出路。光绪三十二年(1906 年)，政务处拟定《宽筹举贡生员出路章程》6 条，规定"各省举人不必限定三科，均准以拣选州县注册"②。这些都扩大了选拔州县官的来源。

同时，清末州县官考绩制度改革也使州县官选任标准发生了变化。③ 光绪三十三年(1907 年)，宪政编查馆奏定以实事为标准的新州县官考绩法。依据这一新的制度，州县官考绩分成卓异等四等，"凡州县列入最优等者，令各该督抚加具切实考语，送部引见，实缺者请旨升用，候补者发回原省，遇缺即补"④。次年，吏部拟定卓异人员录用章程，"知府以至佐杂等官如经保荐卓异奉旨候升人员，均拟请以升阶在任候补"⑤。新的考绩制度确定了依据"实事"分等作为选拔州县官的新标准，并且把"卓异"即最优等人员定为"遇缺即补"，表明选拔州县官从注重资历出身转向注重能力与实绩。这种变化也直接冲击到原有的首重资历的铨选制度。

新政以来的种种变化与改革，一方面继续扩大了州县官的来源，使流品混杂、仕途壅滞的矛盾进一步加深；另一方面选官的标准向注重能力与实绩方面转化，政府又需要建立一定的机制予以选拔。

---

① 《闽浙总督松寿奏高等学堂学生毕业暨出力员绅分别奖励折》，《政治官报》第 300 号，光绪三十四年八月初一日，9 页。

② 朱寿朋：《光绪朝东华录》，总 5489 页。

③ 参见关晓红：《清末州县考绩制度的演变》，载《清史研究》2005 年第 3 期。

④ 朱寿朋：《光绪朝东华录》，总 5955 页。

⑤ 《吏部奏酌拟卓异人员录用章程折》，载《政治官报》第 368 号，光绪三十四年十月初十日，3 页。

这一切都迫使清政府尽快采取措施来加以解决。

实际上，从同治年间开始，就已经有官员对候补人员实施考试之法予以裁汰以定去留，以解决流品混杂、仕途壅滞的问题。同治年，云南巡抚岑毓英对府厅州县佐贰杂职中凡捐纳军功出身者皆"面试论策定列等第，分别停委、回籍、休致者不下三四十员"①。光绪初年，山西巡抚刚毅采用开馆课吏之法，即"每日传集在省候补及部选初到各员，分班到馆"，教以各项居官办事之法。刚毅由此提出，"部选州县各员无论何项出身，到省后均先交藩臬道府各衙门，限三个月令将地方应办一切事宜悉心学习"，期满再赴本任。② 光绪五年（1879 年），吏部在复议御史戈靖条陈的奏折中提出，要将捐纳劳绩两项官员，由府厅州县试论一道，定列等第，其四等不列等者，予限学习。此后各省陆续展开，如福建由总督与司道对府厅州县 154 员进行考试，择其文理通顺者取留五成，"现任照旧供职，候补试用各班照常补署差委，其余分别开缺，饬令回籍"③。但总的来说，各省因循守旧为多。据光绪八年（1882 年）御史陈启泰奏，"贵州抚臣林肇元奏请将考不列等之员，仍准留省学习"，他的感叹是"部章将成虚设"④。

本来，清廷对分发到省的捐纳、劳绩人员任用时有"试署"一年的制度，对部选即用人员也有督抚考核制度，但在晚清"捐纳保举人员日见增多，倍形拥挤"，而各省"期满甄别，类皆宽泛注考，全数留补，无一斥退者"⑤的局面下，都趋于松弛。而同光之际的考试，又缺乏明确的操作规程。所以，伴随着新政的开展，清廷开始尝试

---

① 梁景先：《请饬考核群吏疏》，《同治中兴京外奏议约编》卷 2，11 页，上海，上海书店，1984。

② 刚毅：《敬陈管见疏》，葛士濬辑：《皇朝经世文续编》卷 17，吏政二，10 页。

③ 朱寿朋：《光绪朝东华录》，总 1299 页。

④ 朱寿朋：《光绪朝东华录》，总 1293 页。

⑤ 朱寿朋：《光绪朝东华录》，总 4863 页。

通过设立学习教育机构和通过考试分等来建立一种重定流品、汰劣选优的机制。

光绪二十八年(1902 年)，清廷令各省设课吏馆。学界一般将课吏馆视为对候补官员进行考核和教育的场所①，但还要看到，考核和教育中无不蕴含甄别任用的目的。这一年，朝廷先后下了三道有关谕旨。正月的谕旨强调，各省课吏馆"自应一体通行考核人才，视其才识，察其品行，其贤者量加委任，不必尽拘资格，其不堪造就者即据实参劾，咨回原籍，统限半年具奏一次"②。四月又下谕旨："自道府以至州县，凡初到省，必躬亲面试。其鄙俚轻浮者，即行咨回原籍，其尚堪造就者，均令入课吏馆讲习政治法律一切居官之要，随时酌予差委……即选授实缺之捐纳保举各员，亦应一律考试查看，分别办理。"③十一月又发布上谕："即用知县签分到省，亦必入各省课吏馆学习，由该省督抚按时考核，择其优者立予叙补。"④连续的谕旨，明确提出对正途人员的考验之法和对候补人员的考试之法。根据编查馆的解释，"考试第试之以言，而考验必验之以事"⑤，考验的标准是"才识"和"品行"，考试则区分等级，按等进行差委和淘汰。可见课吏馆"开官智"的目的，是通过考试考验对候补和选补州县官进行甄别分流和任用。

许多省课吏馆的课程主要是针对州县官而设计的。如广东课吏馆章程所列课程皆"为州县而设"，包括刑法(要求讲习律例，深悉地方情形)、财赋(要求研究如何振兴之法)、交涉(要求学员熟谙约章，

---

① 徐保安：《清末地方官员学堂教育述论——以课吏馆和法政学堂为中心》，载《近代史研究》2008 年第 1 期。

② 《吏治文牍辑要·江宁开设课吏馆致各处咨文》，邓实辑：《光绪壬寅年政艺丛书》内政通纪卷 3，23 页，沈云龙主编：《中国近代史料丛刊续编》第 28 辑。

③ 朱寿朋：《光绪朝东华录》，总 4863 页。

④ 朱寿朋：《光绪朝东华录》，总 4960 页。

⑤ 朱寿朋：《光绪朝东华录》，总 5817 页。

通达交涉）、武备（要求明晰中外兵制，熟悉新式武器），并指出后两者虽非州县职权，但具备相关知识，也可借备任事。①

然而章程与实际运作并不是一回事，实施的结果不尽如人意。各省虽然纷纷设立课吏馆，但考试差委各不相同。如江宁课吏馆章程中将正途劳绩捐纳各班候补人员，以同通州县为一班，佐贰杂职为一班，一年考 4 次，分别由总督、藩司、粮道和巡道考试。其中总督的春考最重要，取前列同通州县 20 名、佐杂 30 名，各得有差缺。录取方法是，经考试后分等，有才识通达坐言起行者列为超等，给予酌委繁缺一次；如一时无酌委缺出，准将其名列于本班之首，定予轮委一次；列一等者也给予酌委一次；其劣者列为四等，如记大过三次者即停止差委；如文理荒谬见识猥琐者则勒令回籍学习。②山西也以酌委为主，即将每月功课分数多者和季课名列前茅者，"遇有差缺即行尽先酌委"③。而河南则只笼统提到："每月由司道轮考一次，每季由巡抚考课一次，均试以公牍或策论等题。"优等而才又足以任事应予破格保奏，列下等轻则记过，勒限学习，重则咨回原籍。④ 广东也是将优异者奏保或奏请破格录用。

课吏馆虽然规定了学习课程，但松散无序，"既无讲堂授课之事，即乏群坐习业之仪"⑤，久之必"徒具虚名，毫无成绩"⑥。

从光绪三十一年（1905 年）开始，各省遵旨纷纷把课吏馆改成法

① 《吏治文牍辑要·广东课吏馆章程》，邓实辑：《光绪壬寅年政艺丛书》内政通纪卷 8，16 页。

② 《吏治文牍辑要·江宁课吏馆章程》，邓实辑：《光绪壬寅年政艺丛书》内政通纪卷 4，23 页。

③ 《吏治文牍辑要·重定山西课吏馆章程》，邓实辑：《光绪壬寅年政艺丛书》内政通纪卷 8，15 页。

④ 《吏治文牍辑要·河南课吏馆章程》，邓实辑：《光绪壬寅年政艺丛书》内政通纪卷 6，4 页。

⑤ 袁世凯：《拟定法政学堂章程条规折》，《袁世凯奏议》下，1355 页。

⑥ 《组织法政学堂》，载《申报》1906 年 7 月 9 日，第 3 张第 17 版。

政学堂。① 光绪三十三年十二月（1908 年 1 月）宪政编查馆奏定切实考验外官章程六条，进一步强调，除正途出身及本系高等以上学堂学生及历任重要差使各员外，凡捐纳保举两项之道府同通州县以及佐杂各员，"无论月选分发到省，一律俱入法政学堂"②。较之于课吏馆，法政学堂采用学堂办学模式，有较为系统的课程，聘请学习法政等人员充任教师讲课，其中特设别科与讲习科以培训、选拔官员。这样，法政学堂实际具有了两种功能：一是培养法政人才，二是通过考试甄别分流候补人员。吏部还奏定对候补人员的考试分等办法："凡在省候补人员，除正途出身及高等以上卒业学生与历任重要差使各员统归考验办法外，余均由督抚率同司道严行考试一项，分别五等，其考取一二等者分别差委，三四等者令入法政学堂分别速成长期两班，其不列等者即饬令回籍。"③这样，通过入学考试分等，对候补人员进行了一次甄别选用。而入学毕业者通过考试考验，亦可进入请补行列。

此后各省遵旨相继举办。如光绪三十四年五月（1908 年 6 月）贵州巡抚庞鸿书奏报，贵州于这年二月进行考试，由提学使先行阅卷，巡抚复阅，27 名同通州县应考者通过考试分列五等，三四等即入法政学堂。④ 江苏巡抚陈启泰奏报，江苏法政学堂定正额 200 名，此外还设旁听员不计数额。由巡抚督率司道将在省府道以下各员分次考试，考列一二等者饬令听候差委，三四等者分作长期、速成两班，

---

① 关于将课吏馆改设为法政学堂的原因和课程情况，可参见徐保安：《清末地方官员学堂教育述论——以课吏馆和法政学堂为中心》，载《近代史研究》2008 年第 1 期。

② 《宪政编查馆奏酌拟切实考验外官章程折并清单》，《大清新法令》（点校本）第 2 卷，438 页。

③ 《贵州巡抚庞鸿书奏遵章考试正佐各员折》，载《政治官报》第 219 号，光绪三十四年五月初九日，3 页。

④ 《贵州巡抚庞鸿书奏遵章考试正佐各员折》，载《政治官报》219 号，光绪三十四年五月初九日，3～4 页。

送入法政学堂。① 在山西，举办情形略有不同，在省城设考验处，"将在省及新到候补道以至佐贰杂职分起调处，考以文字批判，验其品格才识"，然后分等差委或送法政学堂。② 法政学堂毕业后则择优委用，如广西就确定，法政学堂别科考列中等以上、讲习科考列优等以上先供差一年，期满考验，在平等以上者即归入候补班按班请补。③

然而，实际运行中也暴露出一些问题，如湖北法政学堂考试官班学员，报名者 60 余名，而考试时未到者 40 余名。总督陈夔龙大怒，立即札饬藩司，令未到各员于 5 日内到藩辕禀报，有故意规避者停委差使一年。④ 更有雇枪手代考者。⑤ 这反映许多应该参加考试的候补人员的踯躅观望和考试中的腐败现象。不仅如此，各省执行的力度不一。宪政编查馆对各省做了一些调查后指出，各省"仍有任听各员不报名赴考者，又有随时委一差使即借口免其考试者，此外如今年新到省各员复迟不即予考试"，为此电咨各省考试外官不得敷衍瞻徇。⑥ 这不能不使这一改革的实际效果大打折扣。

但另一方面我们也看到，通过学习考试进行甄别然后任用的做法，使一部分候选人员得以进一步学习提高，体现了选优汰劣的原则，也反映出清政府在旧有制度难以照旧的情况下，"宽取严用"的努力。

---

① 《江苏巡抚陈启泰奏遵章考试职官令入法政学堂学习折》，载《政治官报》第 260 号，光绪三十四年六月二十日，4 页。

② 《山西巡抚宝棻奏到省各员分别考验片》，载《政治官报》第 443 号，光绪三十四年十二月二十六日，22 页。

③ 《广西巡抚张鸣岐奏法政学堂毕业州县各员请归候补班叙补片》，载《政治官报》第 694 号，宣统元年八月十九日，8 页。

④ 《鄂督考试官班学员之现象》，载《申报》1908 年 9 月 12 日，第 2 张第 2 版。

⑤ 《奏革应试枪替之知县》，载《申报》1908 年 10 月 9 日，第 2 张第 3 版。

⑥ 《通咨考试外官不准敷衍瞻徇》，载《申报》1908 年 10 月 3 日，第 1 张第 4 版。

## 二、变通掣签回避制度

在清代地方官员的任用中，有严格的回避制度，包括亲属回避、籍贯回避、师生回避等。① 这套制度在防止官员利用各种社会关系拉帮结派方面起到一定的作用。但久而久之，也由于官员不熟悉地方情况，不得不依靠胥吏行政，带来严重的吏治问题，所以不断有人对此质疑。清廷宣布官制改革后，一些官员陆续提出改革回避制度。光绪三十二年七月（1906 年 8 月），出使各国考察政治大臣戴鸿慈等奏请改定全国官制，提出："各国通制，多以本籍之人任地方之事，不独民选之乡市各长为然，即长官亦初无歧异。中国宋元以后始有回避之条，以数千里风俗殊绝言语不通之人，来尹斯土，岂能熟其情状，因应咸宜。然其为此制者，徒曰避嫌防弊耳。"所以他们提出"嗣后地方各官，不必更问籍贯，皆可简补"②。出使德国大臣杨晟也提出："变通知县回避之例，别定选任专章，以重其资格，非本省人不得与选，他省人非入籍若干年有田宅者，不得与选。"当然，并不是完全不要回避，"除督抚、诸司知府仍回避本省外，其他官吏不论籍贯，知县只回避本府本县及本县境界紧接之邻县，及本人田宅、工商业所在之县"③。

改革回避制度，以本地人任本地之官之所以为这些官员所重视，不仅仅在于这是各立宪国的通制，还在于地方自治的推行使其有了现实的紧迫性。地方自治的理念，就是"以本地人办本地事"，这样一来，言语不通、不谙当地习俗的外籍州县官与由本地"乡官"组成的自治机构之间必定会产生矛盾，甚至会导致官治的虚化。而把自治置于官治的监管之下，则是清政府推行自治的基本原则，这样，

① 参见艾永明：《清朝文官制度》，99～101 页。
② 《出使各国考察政治大臣戴鸿慈等奏请改定全国官制以为立宪预备折》，《清末筹备立宪档案史料》上册，381 页。
③ 《出使德国大臣杨晟条陈官制大纲折》，《清末筹备立宪档案史料》上册，400 页。

原来那种严格的回避制度势必要进行调整。当时就有人在条陈立宪的奏折中直接提出"地方官应用近省人员，并请免回避本省"的主张。认为以本省之人任本省之州县各官，除熟悉当地情况外，其便之处在于"本省为官与地方自治相辅而适相成"①。光绪三十三年五月（1907 年 6 月）奕劻等人在奏折中也说："州县为天下根基，欲求自治完全，则佐治各官以下，势必遍用乡官……而取才之道，莫若即于中等学堂以上毕业学生考试任用……由乡官渐擢至佐治各员，以至州县以上。"②他们虽没有明确提出以本地人为州县官，但也预计到地方自治中"乡官"的推行，必定会突破州县官任用中的籍贯回避原则。

上述主张着眼于学习立宪国之法来改造本国制度，与此同时，也有不少官员纷纷上折提出官制不可骤改的问题。光绪三十二年八月（1906 年 9 月），载泽等会奏提出应以"更张必分乎次第，创制贵合乎时宜"为官制改革的宗旨，先"就行政司法各官以次厘定，此外凡与司法行政无甚关系各衙门一律照旧"。其中特别提到实行新官制后各种人员的安排问题，"所有应行分发人员均优列尽先班次以昭体恤"③。依照这个宗旨，吏部还将存在一段时间，旧有分发人员的安排还将是其工作的重点，回避制度难以进行全面的改革。

正是在这种情况下，光绪三十四年五月（1908 年 6 月）河南巡抚林绍年提出变通改革之法。他指出，河南州县佐贰差缺不过二三百，而候补人员多至千余，分发者尚源源而来，这些候补者"言语不通，风土不习，痛痒不关，怨谤不恤"。他认为，要达到"以本地人办本地事，可以渐立地方自治基础"的目的，应使"同通州县以下各官概照驻防人员例免其回避本省，一切差缺只回避本府或仍以距原籍五

① 《举人阎毓善条陈预备立宪应先剔除吏治积弊八策呈》，《清末筹备立宪档案史料》上册，252～253 页。

② 朱寿朋：《光绪朝东华录》，总 5688～5689 页。

③ 《泽公等会奏厘定官制宗旨折》，载《申报》1906 年 9 月 25 日，第 4 版。

百里为限"①。即州县佐贰等官的任用可不必回避本省，只需回避本府或距原籍五百里之外即可。

　　回避制度的变通，必然直接影响吏部的掣签，随之，御史吴纬炳请改分发指省掣签章程。他指出，"近来改定新官制，佐治各官概听辟举，是回避本省之成例本已意在消除"，故此要求准许同通州县"比照告近之例，概准其签掣近省"②。清廷令吏部复议。六月，吏部拟定变通分发章程，不得不承认："旧时掣签章程已多不便，亦不可不量予变通。"章程中确定佐贰中缺分之较多者，如府经历、县丞、州吏目、县主簿、巡检、典史六种，"嗣后准其添配本省之签"，但仍不得在本府、本州当差。关于州县官回避的内容有两点变通：一是州县正印"有愿归近省者，即专配近省之签，未经声明即仍以远近省统掣"；同时又提出，如"自愿捐指一省并捐离改指他省者，无论远近省均听其便"。二是近省中距本籍三百里以内之缺亦不得辄请补署；"有应行回避之人，仍令回避"，祖籍、商籍、游幕经商省份概请勿论。吏部也许预料到此后的官制改革会突破原有制度，所以章程也留了一点变通余地："如有不甚相宜之处，即由该督抚随时酌办。"③

　　这次变通，只允许州县佐贰可在本省除籍贯所在的府州之外的地方任用，并没有改变州县官不得在籍贯地任职的制度，但将离籍贯五百里内俱行回避调整为可在近省任职，距离以三百里为限，属于小幅调整。自籍贯回避变通后，吏部的掣签之法随之变通为"配签"，即州县分发愿归近省者准其呈明，吏部以原籍界连省份配签。

---

　　①　《河南巡抚林绍年奏请议免回避原籍敬陈管见折》，载《政治官报》第229号，光绪三十四年五月十九日，8页。

　　②　《掌陕西道监察御史吴纬炳奏分发各员拟请将指省掣签章程分别变通折》，载《政治官报》第245号，光绪三十四年六月初五日，4页。

　　③　《吏部奏酌议变通分发章程并案覆奏折》，载《政治官报》第268号，光绪三十四年六月二十八日，3~4页。

但在运行中又出现新的问题,即腹省(中部省份)界连省份多,而沿边省份界连省份少,这样一来,告近者多为腹省,边省不愿配签统分者往往通过捐指"道里适中"之省,出现各省不均的情况。光绪三十四年(1908年)停止部选,所有部选人员皆归入改选班分发各省。八月,吏部拟定改选班章程时,提出州县改选班人员照实在员数分别省份大小配签匀分,如出现一二省缺员无签可配之时,则将该省之缺"暂行统归外补",由督抚酌用"人地相宜"之人。① 也就是说,在这种情况下,所有缺分统归督抚"酌用"。

然而州县选任制度的每一步变革都伴随着利益之争。宣统年间,又有督抚提出应除州县回避之例,"用其地方之人"。但此时他们的着眼点是"一省之权,寄于督抚","集权分权,必以督抚为机轴而归纳于中央"②。咄咄言论的背后,包含着破除回避制度限制、使督抚拥有更大的选任权的诉求。

### 三、停止部选

早在光绪二十七年(1901年),张之洞、刘坤一在会奏中提出整顿中法十二条,其中就有"改选法"。会奏直接指出吏部部选之官的弊端"皆系按班依次选用,查册之外,辅以掣签,并无考核贤否之法",以至于选缺到省之人对本省情形茫然无知。且"班次纠纷,章程繁细,各官但算计得缺之迟早,班次之通塞,心思识解,日趋鄙俗",败坏吏治。提出的改革方案实际涉及两个方面:一是权限下放,即州县同通统归外补,"无论正途、保举、捐纳,皆令分发到省补用试用",即将州县官的提名选拔权全部交给督抚,而吏部的职责则是依选缺章程予以核准,始行验看,奏请引见发往。二是到省候补人员均要学习政治,经督抚试用考核后补用,遇有缺出,"按照部

---

① 《吏部会奏遵拟改选章程折》,载《政治官报》第308号,光绪三十四年八月初九日,8页。

② 《山东巡抚孙宝琦奏厘定直省官制谨陈管见折》,载《国风报》1910年第4号,文牍,9、2页。

章应补何班，即于本班内统加酌量拟补，不必拘定名次"；同时，
"如有重要难办之事，并班次亦可不拘"，即督抚可在特定情况下
"酌量遴委"①。

刘张会奏后，朝廷在上谕中指出："刘坤一、张之洞会奏整顿中
法以行西法各条，其中可行者，即著按照所陈，随时设法择要举办，
各省疆吏，亦应一律通筹。"②态度是基本认可。会奏中关于候补人
员学习政治、考试后试用的建议，随着各省法政学堂的推行而逐步
展开。但值得注意的是，最为关键的制度性变革，即州县官"通归外
补"却迟迟没有动作。究其原因，主要是新政开始后至1905年，改
革主要停留在中央官制层面，还没有涉及外官制改革问题。

然而预备立宪开始后，"改选法"却很快成为一个现实问题提上
日程，其中最为关键的因素，是新政中各项制度变革的推进已经动
摇原有铨选制度的基础。

首先，吏部铨选依托的是科举制度，1906年科举制度的废除，
既切断了州县官的正途来源，也抽去了吏部铨选的制度依托。

其次，吏部铨选运行的规则是双、单月选制，但随着晚清以来
捐纳、保举的推行，候补人员增多，仕途壅滞，单双月选已难以照
旧运行。吏部在光绪三十三年十一月(1907年12月)的一道奏折中不
得不承认，原来单月知县平时插班只有特旨卓异，不过三四年即可
一周，而自咸同以来各项捐开，又以各种"花样"插入选班，于是单
月知县变成"二十六缺一周者递广至五六百缺而犹未已而坐补"，二
十年都难得一轮。③ 为解决仕途壅滞的问题，吏部试图酌加删并，
奏请将单双月知县选轮均改为三缺一周，即一进士、一遇缺先、一
各项相间轮用，如进士用尽则以截取拣选举人接选。吏部重申，这

① 朱寿朋：《光绪朝东华录》，总4747页。
② 朱寿朋：《光绪朝东华录》，总4771页。
③ 《吏部奏议复御史叶蒂棠奏请限制应补知县选班折》，载《政治官报》第
66号，光绪三十三年十一月二十六日，7页。

样做的目的是使"正途之气日升"①。但这样做，不仅表现出吏部观念的落后，而且事实也证明并没有起到疏通州县仕途的作用。

最后，更直接的因素是随着预备立宪的开始，吏部面临被裁撤的境地。吏部既要被裁撤，则州县官的选任全归外补也在情理之中。光绪三十二年(1906年)出使各国考察政治大臣戴鸿慈、端方在改定全国官制的奏折里，提出中央设置九个部，独不包括吏部；提出州县分三等，受监督于督抚，"皆可为地择人，分途并用"②。据《申报》报道，宣示立宪后，会议政务处讨论中央官制改革问题，拟"并内阁、政务、军机、吏部为内政部"，"改县为五品，各归外补，裁部选旧制"③。至八月，又有传闻厘定官制王大臣会议已在商讨内阁设庸勋局并设文官考试处，专办文官考试事宜。④ 在这种局面下，吏部岌岌可危，"铨选各事亟须另筹办法"。⑤

当然，也有部分官员极力反对裁撤吏部。就是清廷议改官制会议上，也是意见两歧，"泽公载少怀袁慰庭等议将中国官制全体改订，名目各归专责，裨补政治；世伯轩铁宝臣张治秋等拟先略加删改，渐次更张，以存体制而裨治理"⑥。但值得注意的是，在光绪三十三年(1907年)外官制改革方案的讨论中，又有督抚提出改革州县官选任制度问题。广西巡抚林绍年称"官制铨选，有如形影"，"改定之法，似当阶级务简，内外互用，实行久任，严杜幸进，其可听外省自辟之掾属并听自辟，不必概归部选，惟严举主之罚"。两广总督

---

① 《吏部奏拟改双月并单双月知县选轮折》，载《政治官报》第140号，光绪三十四年二月十八日，5页。

② 《出使各国考察政治大臣戴鸿慈等奏请改定全国官制以为立宪预备折》，《清末筹备立宪档案史料》上册，372～377页。

③ 《本馆接到王大臣会议改官制专电》，载《申报》1906年9月4日，第2版。

④ 《拟设文官考试处》，载《申报》1906年10月16日，第3版。

⑤ 《议调查吏部候选人员数目》，载《申报》1906年9月24日，第4版。

⑥ 《诸大臣改订官制之意见》，载《申报》1906年9月22日，第3版。此六人分别指载泽、戴鸿慈、袁世凯、孙家鼐、铁良、张百熙。

周馥则提出："铨政亦关紧要，汉唐征辟纵不能行，亦当如今之提学司，准自选官绅，以为僚属。若仍按旧制，凡一命之官，仍论班次论花样选补，虽添官改制，亦徒具形质而已。"①他们的要求虽然比较谨慎，但改革旧制的意图却很明显，不能否认这些要求壮大了州县官全归外补的声势。

州县官铨选改革虽有争论，但就预备立宪改革的实际需要而言，建立内阁、裁撤吏部已是大势所趋。光绪三十四年五月（1908 年 6 月），清廷发布上谕：州县两途著将部选旧例限三个月后即行停止。并称"吏部职司铨选，自例章繁密，仅以班次资格为定衡，大失量能授官之本意"，"闻各省选缺州县骤膺外任，不谙吏事者十居七八"，这些人"专凭年资入选，一旦任事，大率听命幕友，纵容丁胥，百弊丛生"；同时"保举捐纳冗滥甚多，治理民情多未明达，检查法律亦不能通解"。② 从清廷的谕令来看，"停部选"改革的目标实际是两个方面：一是权限方面，将州县官的提名选拔权外放到各省，以图疏通仕途；二是任用方面，酌量删减归并候补班次轮次，强调由督抚率同三司考察甄择，以解决流品混杂的问题。

然而停止部选涉及众多候选人员的实际利益，有报载他们"罔知所措"，并有数人终日奔走，约集候选之州县等数百人，推举代表恩溥赴都察院呈请，却被拒绝。③ 官僚中也有人先后封章请从缓实行，均遭留中命运。④ 改革终于得以启动。

"停部选"在形式上改变了部选与外补并存的选官结构，但吏部认为，用舍举劾之事虽操之督抚，但"督抚亦仍不能不本之部章，是

---

①　《广西巡抚又电》《两广总督来电》，侯宜杰整理：《清末督抚答复厘定地方官制电稿》，《近代史资料》总 76 号，61、73 页。

②　朱寿朋：《光绪朝东华录》，总 5914 页。

③　《州县停选展限记详》，载《申报》1908 年 7 月 18 日，第 1 张第 5 版。

④　《御史谏阻停选》，载《大公报》1908 年 6 月 24 日，第 1 张第 3 版。

改弦更张之中仍不可无总汇划一之制"①。这就说明,"停部选"只是提名选拔权的归一,但并没有触动任命权在中央的选官体制。

然而,停部选涉及数万候选人员的安排问题。据吏部调查,当时候选知州一千二百五十员,候选知县则三万五千五百五十六员,平均计算分发各省的改选人员一千七八百员之多②,对各省原本就拥挤不堪的仕途来说无疑是雪上加霜。对此,清政府采取了分步进行的方法。

第一步,将部选候补人员作为改选班人员分发到各省,由督抚选用并试署。光绪三十四年八月(1908年9月),吏部制定改选章程八条,确定选用规则:(1)改选人员到省仍按单双月选轮用,但略有变化,即如"察看人地不宜,准其以次酌用在后之员";"如双月无人可用酌,可用单月人员",反之亦如是,即可以打破单双月的界限。(2)在省改选班人员轮用到班者,由各省题明先令试署,俟试署果能称职,再奏请补授。(3)关于改选人员如何分发各省的问题,改变吏部之前确定的"配签"办法,强调"毋庸按缺配签",如一二省出现无签可配时,可将该省之缺暂行通归外补。(4)对劳绩捐保人员,亦改定班次,即将捐保州县选用,或不论双单月选用及尽先选用者,均改为指分到省后试用及试用班先用。③

在这种情况下,州县官提名选拔程序发生了一些变化。以《政治官报》登载的宣统元年(1909年)若干省的奏报为例,如陕西有延长等三个简缺出,巡抚恩寿均以改选班轮用到班者试署;河南巡抚吴重憙奏请以改选班人员补河南虞城县中缺和济源县简缺;江西巡抚冯

① 《吏部奏妥拟筹备事宜折》,载《政治官报》第540号,宣统元年三月十二日,5页。

② 《停选州县问题》,载《广益丛报》1908年第178期,纪闻,1页。

③ 《吏部会奏遵拟改选章程折》,载《政治官报》第308号,光绪三十四年八月初九日,3~8页。

汝骙奏请以改选知县接署简缺龙南县。① 两江总督端方和江西巡抚
冯汝骙还奏请将原德化县简缺改为四字最要缺，作为由督抚"酌补"
之缺，另将玉山、信丰改为要缺、中缺，归入改选班轮补。② 可见
各省多以中、简各缺，即原来属部选之缺用改选班人员，依据部定
双单月表轮用，并将轮用到班者题明咨报，先令试署，如称职再奏
请补用。

虽然轮补、酌补的运行规则依旧，但原部选州县人员皆由督抚
在改选班中选择，主动权扩大了。在改选班试署期限方面，亦可由
"各督抚就缺分之冲僻、道里之远近随宜酌定，一并声明立案"③，
有较大的灵活性。

总的来看，停止部选之后各省州县官的提名选拔，还是遵循"轮
补"与"酌补"的运行规则，原有的题缺用酌补，原有的选缺则用改选
班轮补，在实际运行中是新旧例并存，督抚权力仍受到一定限制。
与此同时，各省仍然面临候补人员众多、仕途壅滞的局面，再加上
新政推行中对"人地相需"人员的需求也在扩大，在这种压力下，督
抚依然循着旧有路径力图突破限制：一是奏请将中简缺转为题补缺。
如宣统元年(1909年)，广西巡抚张鸣岐奏请把22个原属中简缺的知
县改成题调题补要缺，全部由巡抚酌补。④ 二是破格奏调奏留人员。
同年云贵总督李经羲以边疆交涉防务繁重为由，奏调江苏补用知府、

---

① 《陕西巡抚恩寿奏请以邢其翰试署麟游令折》，载《政治官报》第572号，
12页；《河南巡抚吴重憙奏请以史元选等拟补虞城县等缺折》，载《政治官报》第
574号，16页；《江西巡抚冯汝骙奏请以改选知县沈锡绥署理龙南令折》，载《政
治官报》第577号，17页。
② 《两江总督端方江西巡抚冯汝骙德化等县各缺繁简今昔情形不同请酌
改折》，载《政治官报》第624号，宣统元年六月初八日，7页。
③ 《河南巡抚吴重憙奏请以史之选等拟补虞城县令等缺折》，载《政治官
报》第574号，宣统元年四月十七日，16页。
④ 《广西巡抚张鸣岐奏请将选缺各府州县分别改为题调题补要缺折》，载
《政治官报》第695号，宣统元年八月二十日，8页。

安徽补用知县等 10 人到滇省差委。① 同年十一月，护理云贵总督沈秉堃又以新政需人为由，奏请将捐款助学之周子佑以知县选用，又将候补班 7 人奏请留省补用②；而湖南巡抚岑春蓂则奏请将历俸未满三年的知县调补他县③。三是奏请变通补署。同年东三省总督锡良、奉天巡抚程德全奏请变通补署各厅州县，均"为地择人，按照缺分衡量人才"④。四川总督赵尔巽则援照广西成案，要求川边地区补缺时也"不必拘以常例"，由其"因才使任"⑤。

面对督抚破格选拔的现象，吏部试图有所整顿。宣统元年二月（1909 年 3 月）吏部定考核调用人员切实办法，拟通过加强分发对各省奏调人员进行限制。东三省总督徐世昌马上上折，认为东三省与各省不同，而吏部分发"不问才智"，难以胜任，提出要求除举贡考试授职人员和游学及专门学堂毕业授职人员外，其余"概免分发"⑥。种种事实表明，州县部选虽停，但州县选补中的旧问题并没有解决，督抚与吏部的矛盾依然存在。

第二步，归并删减外补州县班次轮次。宣统元年十二月二十七日（1910 年 2 月 6 日），吏部制定外补州县班次轮次归并办法，定于宣统二年正月起实行。这一办法值得关注的地方有两点：一是采取"以渐推除之法"，改配、重订、删减班次，将"遇缺先""分缺先"等列为"插班"；即用进士、大挑举人、候补等项列为"正班"。"插班无

---

① 《云贵总督李经羲奏请调人员折》，载《政治官报》第 558 号，宣统元年四月初一日，13~14 页。

② 《奏请将修名传等七员分别留省补用片》，载《政治官报》第 784 号，宣统元年十一月十九日，16 页。

③ 《湖南巡抚岑春蓂奏请以殷廷鄂调补攸县令折》，载《政治官报》第 695 号，宣统元年八月二十日，12 页。

④ 《东三省总督锡良奉天巡抚程德全奏援案变通补署各厅州县员缺折》，载《政治官报》第 655 号，宣统元年七月初九日，11 页。

⑤ 《四川总督赵尔巽奏川边用人援照广西成案折》，载《政治官报》第 471 号，宣统元年二月初二日，7 页。

⑥ 《奉省调用人员变通分发章程折》，《退耕堂政书》卷 25，13 页。

人，即用各项。各项内某项无人，则用其次之班。"二是"各项"人员任用时可不论科分名次、到省先后、何项出身，到班时均"一体统酌"，即"无论何项到班均令酌补"，"实行拣选"①。这一新章程不仅大大减少了班次轮次②，而且允许督抚在选拔中简缺知县时也可依据"人地相宜"的原则在一定班次内实行酌补。

　　但改革进行到这一步，仍然没有完全消除部选与外补的界限，原来的选缺拣选时，还必须按吏部的双单月法进行。升、调、补的界限还在，且未经奏调、未经开复引见各员均不准酌补。对于吏部与督抚争夺最为激烈的参革、降补、丁忧、终养、葬亲、修墓等缺，经过同治光绪年间的争夺，光绪十年（1884 年）只允许"参革、降补之缺分别咨补"，第一缺咨部归选缺，第二缺扣留外补。现在虽将部选丁忧、终养、葬亲、修墓四项统定为一次咨选，一次留补③，但任用时还须按一定程序咨报，故而督抚并不满意。在实际运行中，他们通过奏请变通章程将权力进一步扩展。如宣统二年四川总督赵尔巽就奏请将四川打箭炉厅州县各缺均可择人地相宜者"酌量补用"，补用时可不受升、调、补的限制，也可不拘试俸、未经实授等年限

---

　　①　《吏部奏议复桂抚奏选缺各府州县分别改要议驳折》，载《政治官报》第894 号，宣统二年八月十八日，10 页。

　　②　旧制知县升调所遗选缺是五缺一轮，以一缺题补各项候补并进士即用人员，以一缺题补各项委用人员，以一缺题补各项试用人员，第四缺为海防即用与海防先分班轮用，第五缺为"各项"。各种"花样"的插入，使得"各项"名目纷繁，"全轮四百五十缺始行用遍"。知县病故休所遗选缺"亦须六十缺始行用遍"。新的轮次表中"知县升调撤回轮次表"和"病故休致轮次表"均只有第一缺"插班"和第二缺"正班"两层，各有三十二个轮次，"四缺为一小轮，三十二缺一大轮"。而"杂项轮次表"（参革、降补、丁忧、终养、葬亲、修墓）则"五缺为一轮"。《吏部奏定外补州县班次轮次归并办法折》，《大清新法令》（点校本）第 7 卷，267、271～277 页。

　　③　《吏部奏定外补州县班次轮次归并办法折》，《大清新法令》（点校本）第7 卷，270 页。

的限制。① 同年在外官制改革方案的讨论中，各省督抚联电筹商官制，乘势提出："一省之权，统于督抚，地方之政，起于州县，集权分权，必以督抚为机轴"，"府厅州县进退，决于督抚，各就事务繁简，酌设佐治员缺，由府厅州县自辟"②。其目的，不仅是要求全权掌握选任权，而且要求全权掌握罢免权，表达了进一步扩大权力的意图。

与此同时，由于新的形势需要扩大了州县官的来源，而原来的科举、捐纳人员需要安排，所以在一系列新的章程推出的同时，一些旧例仍在运行，旧的拖住新的，改革的内在矛盾也显露出来。如清政府为扩大新政人才，不断出台奖励新学人员的措施，对高等学堂毕业生和办学出力人员奖以州县实缺。为推行新政，又不断下令督抚保举人才，致使洋务出力保举、报效学款保举纷纷出现。停止科举，但为安排旧的科举人员，又增加"考职"一项。选用权集中到了督抚，但考职和前捐纳人员仍要通过吏部分发到省，使得各省候补人员不减反增。宣统元年九月(1909 年 10 月)江西巡抚冯汝骙在奏折中说，江西候补同通州县已达 500 多员，佐贰杂职则多至 980 余员，"以通省缺数比较，人数相去几及十倍"，复又要求请停分发。③宣统二年六月(1910 年 7 月)陕西巡抚恩寿奏陕省有候补同通州县400 余员，数量是光绪二十四年(1898 年)的三倍，故而要求停止分发两年。④ 州县仕途壅滞的情况较光绪年间有过之而无不及。

清廷原指望通过改革解决同光以来州县官选任中的矛盾与问题，结果却是不仅旧的问题未能解决，新的矛盾复又产生，故而受到统

---

① 《四川总督赵尔巽奏请将打箭炉厅照越嶲等厅设缺成案变通酌补折》，载《政治官报》第 947 号，宣统二年五月十三日，14 页。

② 《各省督抚筹商官制电》，载《国风报》1910 年第 30 号，20～21 页。

③ 《江西巡抚冯汝骙奏江西候补各官拥挤请暂停分发折》，载《政治官报》第 719 号，宣统元年九月十四日，8 页。

④ 《陕西巡抚恩寿奏陕省人员拥挤援案请暂停分发折》，载《政治官报》第 988 号，宣统二年六月二十四日，10 页。

治集团内部保守势力的抨击。御史谢远涵直接指出是"朝廷急于求治，不惜破除成格以鼓励贤豪，而成效未收，弊端百出"①。把原因归之于改革过于激进。而社会舆论则认为改革并没有抓住根本。停部选谕旨颁布不久，《申报》就有专论认为，州县官的品格低下、吏治败坏，病根在于捐纳太滥、保举太宽。停部选是"不揣其本而齐其末，不清其源而治其流"；认为解决问题的根本之道，在于削减州县官的职权，严定考成，并与地方自治相辅行之，使州县官"得以尽力于民事而不敢滥用其职权"②。关于考试候补州县以分流之事，报章认为并不能解决问题，不仅各省督抚"漠然若无其事"，而且在奔竞之风日盛的官场风气之下，督抚委用之人仍然只会是"平日所亲信与亲友所推引者"，考试只能沦为"敷衍之局"③。这些评论无疑触到了改革的痛处。在官场积弊已深，各种流弊难以化除的情况下，改革难以取得实质性的成效。

宣统三年内阁成立后，吏部被裁撤，铨选权移交内阁叙官局执行。面对州县官选任中的种种问题，内阁力图有所整顿。六月，内阁酌拟暂行章程，将原吏部所管事件划分归并，变通州县以上外补各缺，提调要缺缺出时，"除坐补原缺即行补用外，应无论何项缺分、何项班次，悉准择其人地相宜者升、调、补三项兼行"。但同时又强调，"惟特旨发往及卓异、候升、截取、记名分发人员应先尽酌量升补，如果人地不宜方准以他项人员升补，应扣甄别。考验未经期满留省者，仍不准补用。其中、简各缺补班暂按现行例章办理。至初任候补试用及河工人员补缺试署试俸名目应一并化除"④。这一

① 《御史谢远涵奏吏治窳败请严饬整顿折》，载《政治官报》第553号，宣统元年三月二十五日，第13页。

② 《论停止部选州县》，载《申报》1908年6月22日，第1张第3版。

③ 《论考试候补人员之新章》，载《申报》1908年5月4日，第1张第3版。

④ 《内阁奏接收吏部印信文件分别归并酌拟暂行章程折》，载《政治官报》第1323号，宣统三年六月十二日，14页。

决定仍带有过渡特点，一方面取消督抚题补、调补、升补员缺的限制，以笼统的"人地相宜"作为选用标准；但另一方面又说"中、简各缺补班暂按现行例章办理"，题调缺与选缺的界限仍没有完全取消。保留这些旧的痕迹，实是对督抚的制约。

官员的铨选制度与整个政治体制是紧密联系、相互适应的。新政以来的各项制度变革，必然会带动官员铨选制度的改变。然而我们看到，清廷虽然于 1908 年决定停止部选，但在很长的一段时间内，依然是新旧例并行，所以，"停部选"实际只是一个从"部选与外补并存"向"全归外补"过渡的过程，并没有完成。在这一过程之中，由于官制涉及众多部门与官员的既得利益与权力，所以，"停部选"也呈现出一幅各种矛盾重叠缠绕的图景：面临被裁撤命运的吏部力图坚守自己的地位，因而在被动应变中又表现出对旧制的难舍难弃；处于官制改革统领地位的宪政编查馆由于内部意见不一和外部各种势力的牵制而难以有所作为；已经坐大的各省督抚力图借此进一步扩展权力，而朝廷在不得不加大督抚权力的同时，又力图通过加强中央集权实现对他们的限制。正是种种利益与权力的冲突不仅使旧制得以延缓，使新制偏离设计者的初衷，而且也使改革难以取得预期的效果。《清史稿》云，废捐纳、停部选，原"为疏通仕途，慎选州县之计。然捐例虽停，而旧捐移奖，层出不穷。加以科举罢后，学堂卒业，立奖实官。举贡生员考职，大逾常额。且勋臣后裔，悉予官阶，新署人员，虚衔奏调。纷然错杂，益难纪极"①。这段话揭示了改革中新制创行，而旧制仍存所带来的新旧矛盾的纠葛。

清廷希望借停止部选解决州县官仕途壅滞、流品混杂的问题，但事实证明，在体制未变的情况下，仅靠选拔权的下放是难以达到目的的。这一点，清廷也预见到了。宣统元年三月（1909 年 4 月）会议政务处会奏中说："求其本原，则俟宪法成立以后，实行文官任用

---

① 《清史稿》卷 110，选举五，3215～3216 页。

试验章程，与一切自治机关完备法度详明，则官吏贤否既在与众共见之中，举措公明，自无任己独行之理。"①依据吏部奏拟的筹备事宜清单，定于宣统三年（1911 年）实行文官考试章程、任用章程，并遵旨与宪政编查馆开始章程的拟订工作。但由于内外官制尚未厘定编定，文官考试章程也因"无所依据"而迟迟未能出台；更进一步的原因是此时清政府已陷入内外交困之中，无暇顾及文官考试问题。改革虽然未能进一步推行，但旧制随着时代所发生的变革，却也在昭示着时代的变迁趋势，并为民国时期文官考试制度的建立提供了基础。

## 第三节　州县官监督制度的变化

### 一、考核制度之演变

州县官是"亲民之官"，是国家政治体制运行的基础和保障，所以清廷十分重视对州县官的监督考核，并建立了一套完备的制度。考绩，则是对州县官的一种定期的监督制度②，主要方式是大计。

> 州县察其属出考详府，直隶州之属县亦察其属出考详直隶州知州；知府、直隶州知州复遍察其属出考详道，直隶厅亦察其属出考详道；道复遍察其属出考移司，司汇核加考详总督、巡抚。③

这是一种"递察其属之职"的办法，即由府察州县，然后移道、移司，最后由督抚"遍察而注考"，对地方官加考语上报。考核的标准是"四

---

① 《会议政务处又奏议复谢远涵奏请严赏罚叶苕棠奏请定举劾失实处分片》，载《政治官报》第 553 号，宣统元年三月二十五日，13 页。

② 艾永明：《清代文官制度》，213 页，北京，商务印书馆，2003。

③ 《钦定大清会典》（嘉庆朝）卷 8，吏部，10 页。

格"：守(有清、有谨、有平)、才(有长、有平)、政(有勤、有平)、年(有青、有壮、有健)。考核后分为卓异、供职两等，作为提拔任用的依据。①

这种考核办法比较宽泛抽象。平心而论，在清代前中期的实施过程中，也并不是完全不注意官员工作的实绩，政治上的清廉和实际工作中"无加派，无滥刑、无盗案、无钱粮拖欠、无亏空仓库粮米，境内民生得所，地方日有起色"②亦是考核的具体标准。

然而久而久之，这一考核制度越来越流于形式。《清史稿》云："光绪间，言者每条奏计典积弊，请饬疆吏认真考察，屡诏戒饬。然人才既衰，吏治日坏，徒法终不能行。"其中的原因，首先是咸同以后，保举捐纳的扩大，督抚权宜行事，"用人不拘资格，随时举措"，每每突破大计常例。③ 其次，晚清以来州县官奏调频繁，"州县通计不及一年者，或十之三四成，或十之四五成，且有至十成以上者"，州县官不能久任，遂"人人萌五日京兆之心，即事事有一暴十寒之虑"，不肯实心任事；"在长官者，不过为属员规避处分调剂优瘠起见"④，处处维护属下，大计出具考语敷衍了事。最后是制度本身的局限，大计三年一次，四格的标准空洞抽象，行之既久，极易变成一种空泛的、千篇一律的文字功夫。

旧有考核制度的松弛反映了这种制度本身不能适应新的社会变化。因为在督抚保举扩大的情况下，保举人员更看重的是军功实绩，这已大大超出了原来的仅仅以履行职责为中心的考核内容。而保举捐纳的扩大，又使州县官品流不一，原有的标准显然过于宽泛，也需要用更为确定的标准以代之，以使考核不至于失去激扬与整饬吏

---

① 参见艾永明：《清代文官制度》，222～226 页。

② 艾永明：《清代文官制度》，226 页。

③ 《清史稿》卷 111，选举六，3228～3229 页。

④ 《政务处奏考核各省州县事实分别劝惩并拟画一章程折》，《大清新法令》(点校本)第 2 卷，432 页。

治的作用。

光绪十年（1884 年），就有御史郑嵩龄奏道，"近闻各省亦有考吏之法，惟大率以文字试之，不知为吏之要，在政事不在文章"，建议饬下各省督抚，于所属州县课以实政，"以政令之得失，人品之邪正，办事之勤惰，秉公举劾，力除瞻徇迁就之习。即无缺者亦当责令藩司排日接见，询以治民之策，如有才识优长者，分别存记"。这是晚清时期最早主张以"实政"考核州县官的建议。与旧有的"四格"不同的是，它更注意结果和态度，而不仅仅是常规履职。该奏折立即得到上谕的认可，要求各直省督抚对于所属州县"随时课以实事，分别勤惰贪廉，秉公举劾"①。但这一次并没有形成具体的制度，地方官员考核制度的形式化局面并没有从根本上扭转。

光绪二十五年四月（1899 年 5 月），御史潘庆澜上折建议"拟请饬下各督抚，嗣后保荐人才，无论文武实缺者，必指明有何善政，因何劳绩有裨国计民生，方许保荐"，"无论何项人员，不得仅以器识宏通、才具开展等空言荐举"②。奏折虽然是针对督抚保荐而言，但也强调要以"实政""实绩"作为考核评定官员的标准。

新政开始后，许多新政都需要州县落实，州县官担当的事务日益繁多，办事能力成为对州县官考核的重要方面。光绪二十八年正月（1902 年 2 月）上谕要求："著该将军督抚两司等，勤见僚属，访问公事，以觇其才识，并察其品行，其贤者量加委任，不必尽拘资格。"三个月后上谕又要求："嗣后各该督抚务当破除情面，严加考核，自道府以至州县，凡初到省者，必躬亲面试。其鄙俚轻浮者，即行咨回原籍；其尚堪造就者，均令入课吏馆，讲习政治、法律一切居官之要，随时酌予差委，以觇其才识。期满甄别，一秉大公，

---

① 朱寿朋：《光绪朝东华录》，总 1759 页。

② 转引自关晓红：《清末州县考绩制度的演变》，载《清史研究》2005 年第 3 期。

优者留补，劣者斥罢，平等者再勒限学习，均各出具切实考语，不得仍前含混。"①朝廷一再要求督抚注重对地方官实际能力的考核，方法为加强面试、差委察看，以及通过课吏馆学习试用，反映对官员的考核重心从"四格"向注重实事的转化。但仅仅依据能力考核仍有局限，一是"能力"缺乏具体的衡量标准，二是新政的推行需要州县官来落实，故而需要更为具体的考核标准。光绪三十年五月（1904年6月）清廷颁布懿旨：

> 颇闻各省州县官多有深居简出，玩视民瘼，一切公事漫不经意，以致幕友官亲，朦蔽用事，家丁胥吏，狼狈为奸，公款则舞弊浮收，刑案则拖累凌虐，种种鱼肉，为害无穷，小民何辜，受此荼毒。……嗣后责成各省督抚，考查州县，必以为守俱优，下无苛扰、听断明允、缉捕勤能，为地方兴利除害，于学校农工诸要政，悉心经画，教养兼资，方为克尽厥职。著自本年为始，年终各该督抚将各州县胪列衔名、年岁、籍贯清单，注何年月日补署到任，经征钱粮完欠分数，及有无命盗各案，词讼已结未结若干起，监禁羁押各若干名，均令据实开报。其寻常公罪处分，准予宽免，不准讳饰。任内兴建学堂几所，种植、工艺、巡警诸要政是否举办，一并分别优劣，开列简明事实，不准出笼统宽泛考语。奏到后著交政务处详加查核，分起具奏，请旨劝惩。②

这道懿旨确定了新的州县官考核制度。与以前相比，有几个新变化：一是考核的具体内容，从"四格"转为实事，除一般政务外，还将兴建学堂、种植、工艺、巡警等列入；二是考核的具体办法，从出具

---

① 朱寿朋：《光绪朝东华录》，总 4829、4863～4864 页。

② 朱寿朋：《光绪朝东华录》，总 5193～5194 页。

宽泛考语转向"开具简明事实"；三是考核时间，从三年一次转为每年年终开列事实报告；四是考核的汇总单位，由吏部转向政务处。

这是清廷对州县官的考核制度做出的重大调整，即将考核落实到了"政绩"上，以"政绩"作为评定州县官办事能力、办事态度的标准。做出这一调整的主要原因并不仅仅是既往"四格"考绩的形式化，而是伴随新政的推行，学堂工艺巡警诸事都要州县落实，清廷欲以每年一次的考核加快新政的步伐；同时这种考核方法与各种册报制度也是相一致的。此外，还是为了整顿吏治，即通过每年一次的考核，改变州县官任事中的种种不作为和不端行为。

事实考核的特点是详列工作实绩，以作为评定等级的基础。光绪三十一年十二月（1906 年 1 月），政务处拟订了考核州县事实章程五条：（1）"开报宜核实"，即必须依照政务处拟订的表式，将已办、未办各事一一核实填写。（2）"咨报宜按限"，即咨报时间，近省延至次年三月，远省延至五月，一律奏结。（3）"前后任宜界划分明"，即开报时将前任原有若干，以及后任添办若干分别清楚。（4）"优次等级宜有一定限制"，即学堂、警察、工艺、种植、命盗、词讼、监押、钱漕各项均以完成情况的优劣分为上、中、下三等，分别列出。（5）"州县宜久任"，即改变州县更调频繁的状况，使之久任以利考核。

章程除把册报时间落实外，还把考核与州县官的升职与处罚结合，即将考核结果分为最优、优等、平等、次等四个等级，列入最优者由督抚出具切实考语后，实缺者以应升之缺在任候升，署缺者遇缺即补；列入优等者交部议叙；列入平等者准照前供职；列入次等者，先仍由督抚督饬该员认真举办各事，如始终不知奋勉，即行分别参撤。①

---

① 《政务处奏考核各省州县事实分别劝惩并拟画一章程折》，《大清新法令》（点校本）第 2 卷，431～432 页。

　　有学者研究，从光绪三十年(1904 年)起至清亡，七年间进行了六届州县事实考核。① 第一届考核由政务处主持，嗣后政务处归并考察政治馆，遂由后者主持了第二届考核；旋即由于考察政治馆改为宪政编查馆，由编查馆主持了第三届州县事实考核。由于考核具有请旨劝惩的权力，所以光绪三十四年三月(1908 年 4 月)民政部上了一道奏折，称"凡直省民政等官臣部皆有统属考核之权"，而现行制度地方管理铨选除授之事属于吏部，而激扬举核之权又分属于各省督抚，"臣部虽有统属之名，曾无考核之实"，所以要求各省督抚将州县事实表册除照章咨送宪政馆外，"另造一分咨送臣部详细考核"，由宪政编查馆"会同臣部具奏请旨劝惩"②。这样，由宪政编查馆和民政部在宣统元年、二年主持了第四、第五届的考核。③

　　宣统元年(1909 年)九月，御史麦秩严奏各省警察腐败，民政部在议复时欲以强化对各地巡警的监督，定各省巡警道办事成绩及所属各员，每届六个月，分别造册列表申报，并出具考语，如逾期则由部指名纠参。④ 宣统二年六月，学部奏请饬下各省督抚并责成提学使，于地方官吏办学功过严行考核，分别举核。⑤ 上述做法得到宪政编查馆的认可，认为"现在司法既已独立，而提学使及巡警、劝业两道又复各设专官，将来府厅州县官制尚须改订，职掌必有变更，若仍照从前奏定章程，责令奏效推行，恐未能适合"。所以请自本届考核竣事后，原定章程即行停止，由各该主管衙门各订考核章程，

---

① 关晓红：《清末州县考绩制度的演变》，载《清史研究》2005 年第 3 期。

② 《民政部奏实行考核各省民政通饬造册送部折》，《大清新法令》(点校本)第 3 册，2 页。

③ 参见关晓红：《清末州县考绩制度的演变》，载《清史研究》2005 年第 3 期。

④ 《民政部咨各省巡警成绩造册报部办法文》，《大清新法令》(点校本)第 10 卷，411 页。

⑤ 《学部奏声明定章请饬各省考核地方学务折》，《大清新法令》(点校本)第 9 卷，79～80 页。

会同督抚督饬司道认真办理。①

这样，从宣统三年开始，州县事实考核的主持部门由宪政编查馆和民政部转向各个职能部门。随即，农工商部制定了一个各省府厅州县办理实业劝惩草案，定每年考核一次，程序为各府厅州县先将每年所办实业事宜及所属实业之状况遵式填表册，专呈各该劝业道申报该省督抚，由该省督抚加具切实考语，于次年三月以前咨报到部；农工商部依据表册考核列为最优等（实业改良最发达者）、优等（成效昭著者）、平等（稍著成效者）、次等（毫无进步者）四个等级，最优者请旨嘉奖，优等者由督抚记功一次，平等者照旧供职，次等者暂准留任。②

由宪政编查馆的汇总考核转向各职能部门的分别考核，是清末州县考核制度的又一变化。部门考核的内容更为细化，更有利于中央各职能部门掌握各省地方新政的进展和加强监督。同时我们也看到，在清末外官制改革中，中央各部逐渐拥有了各直省司、道的人事权③，而州县官的事实考核与劝惩有关，所以此举又进一步加强了中央各部对地方官员任免的影响力。

州县事实考核的项目涉及民政、教育、自治、农工商各个新政领域，以及词讼、钱粮、善政等各个方面。考核的程序是一般先由各属依式查报，由该管道府核明转送到省，督抚与司道复加详核后

---

① 《宪政编查馆奏嗣后考核府厅州县事实另由各衙门办理片》，《大清新法令》（点校本）第 10 卷，277～278 页。

② 《农工商部会奏考核直省府厅州县办理实业劝惩专章折》，载《南洋五日官报》第 187 期，京朝法政，5～6 页；该章程原准备自宣统四年正月初一日起施行。由于各省奏报要在次年三月咨达各部，所以直至清政府覆亡，并没有来得及落实。

③ 如各省提学使由学部以京外所属学务职员开单奏请简放，法部亦可开单预保各省提法使，度支部要求考核各省财政，对不得力的布政使可随时奏请撤换，而民政部和农工商部则可就各省巡警道、劝业道预保存记。参见刘伟、苏明强：《宣统年外官制改革方案的讨论》，载《甘肃社会科学》2013 年第 4 期。

加考语并分别等级奏咨。虽然有些省因各种情况奏请延缓，但该项工作大体开展起来了。① 四川南部县衙档案中保存了两份宣统三年夏季和秋季由知县伏衍羲呈报的考察州县事实表，包括学堂、巡警、工艺、自治会、简易学塾、保息善政、监押、钱粮、种植、命案、盗案、词讼等项。各项内容非常具体，如学堂要分别列出处所、开办年月、教员姓名、学生人数、学生程度；巡警要列出巡警学堂、巡长原数、巡丁名数、警务办法；工艺局除列出局所名、开办时间外，还要详列所出货物；种植则要列出各种桑树株数清单②。两份表在时间上相隔半年，除若干数字有变化外，诸多内容又是重复的。这种频繁的表册填报，极易演变成一种应付上司的文字形式。

有的省为了使评价等级更为细化，还采取一些新的办法。山东省在评定州县官工作等级时以程度高下分为三等：学堂以认真推广科学完备者为上，具有规模者为中，或少或不振或虽多而办未合格者为下；巡警公益种植以办有成效者为上，开办者为中，未办者为下；命案词讼以全无或全结者为上，未结不及二成者为中，逾二成者为下；盗案以全无或全获者为上，获已办者为中，不及半者为下；监押以无人者为上，人少者为中，人多者为下。另定"一表之内，上事过半列优等，其次列平等，下事过半列次等，若办理尤为出色成效昭著者列优等"③。更为具体的如江西用"积分之法"，每项上等者作为 3 分，中等 2 分，下等 1 分，如总分得 10 分至 13 分者为次等，14 分至 21 分为平等，22 分至 27 分为优等，28 分至 30 分为最优等。为体现学堂、巡警、工艺、种植四项新政的重要，凡做得好的还酌

---

① 详见关晓红：《清末州县考绩制度的演变》，载《清史研究》2005 年第 3 期。

② 清代四川南部县衙门档案：《为计开宣统三年夏季分考察州县事实事》、《为计开宣统三年秋季分考察州县事实事》，宣统三年（原件无具体日期），22-2-21。

③ 《山东巡抚袁树勋奏考核州县事实折》，载《政治官报》第 452 号，宣统元年正月十二日，14 页。

量加分，最后依据分数定等级。①

从评定结果来看，能列为最优等者是极少数。如山东省第二届州县事实考核，最优等者共 5 员，优等者 8 员，平等者 43 员，次等 1 员。② 在四川考核光绪三十四年（1908 年）州县事实表中，列入最优等 1 员，优等 18 员，次等 9 员。③ 同年云南因经济困难"达于极点"，"用力多，成功少"，所以该年州县的事实考核"并无堪列优等之吏"，仅列平等者 36 员，还有在任不及一年而不列等者 52 员。④ 经过事实考核后，州县官中的最优等得到提升的机会，而列入优等者交吏部议叙，一般给予寻常加一级的奖励，平等者照旧供职，次等者交各督抚详加察见，照例处分降罚。⑤

既往的"四格"考绩制度注重日常政务，而州县事实考核更注重实际工作的成绩，尤其是新政工作的政绩，这对于激扬官员、推进新政事业在州县的落实，起到了一定的积极作用。但是这一制度并没有从整体上改变中央集权官僚制度的监督体制，虽然考核有章程，但缺乏严格的规程，实际运行中差别依然很大；加上执行考核的主体是督抚、司道，从而使官官相护之风气不可避免。作为诸多新政

---

①　《江西巡抚冯汝骙奏考察州县事实折》，载《政治官报》第 498 号，宣统元年二月二十九日，11 页。

②　《山东巡抚袁树勋奏考核州县事实折》，载《政治官报》第 452 号，宣统元年正月十二日，14 页。

③　清代南部县衙门档案：《为计开四川省州县各官等应予升列最优等员各事》，宣统三年，22-6-3。光绪三十四年南部县知县史久龙亦列优等，其业绩为学堂：两等小学堂二所，高等小学堂一所，初等小学堂一百零八所，师范传习所一所，女学堂一所，半日学堂一所，学生三千四百四十名。巡警：学堂一所，巡长二名，巡警四十五名。工艺：局二所，制木器，织布匹、毛巾。种植：试验场二所，种植松柏桑十万六千余株。命盗：命案六起，已定二起，未定一起，盗案无。词讼：六百七十六起，已结六百七十三起。监押：十九名。钱粮：全完。

④　《护理云贵总督沈秉堃奏开报各厅州县简明事实折》，载《政治官报》第 756 号，宣统元年十月二十一日，12 页。

⑤　《吏部奏考核州县事实列入优等各员议叙折》，载《政治官报》第 333 号，宣统元年九月初五日，9 页。

改革执行者的州县官，事务本来就应接不暇，极易对填报表册应付了事；或者为了规避处分，在填报数字上弄虚作假。以上种种，都会使州县官考核本身与事实之间存在很大的距离，极易流于形式。对于这一点，考察政治馆也早有觉察："各省咨报之件有与章程不甚符合者，如学堂但有处所而无人数，巡警但云筹办而无员名，或以团防练勇为警察，或以罪犯习艺为工艺，或混监押不分，或漏钱粮不报，淆杂纷歧，比比皆是。"①这不仅是州县事实咨报的情况，也是州县改制中存在的实际状况。

值得注意的是，随着地方自治、咨议局的举办，在州县官的监督体制方面出现了一些引人注意的新动向。光绪三十三年公布的《天津县地方自治公决草案》中，议事会的议决之事第32条规定"议事会得上条陈于地方官"，第33条中特别强调"议事会对于地方官所办之事得上书质问，地方官应解答之"②，表现出议会对地方官的监督意识。湖北省咨议局成立后，在第二次常年会议上，就提出了三个纠举有关县令案，内容涉及任意课罚、滥征、吞赈、匿灾枉征之事，要求总督复查并按律惩办。③虽然咨议局的纠举必须呈候督抚查办，但也反映了清末宪政改革中地方官监督制度的一些新变化。

**二、交代制度之乱象**

所谓州县交代，主要是钱粮交代，指州县官在调任、升迁之时对自己任内完成的钱粮收缴查清结报，造册移交给接任官员。这是官员离任的审核监督。④

---

① 《考察政治馆奏考核州县事实并酌拟办法折》，《大清新法令》（点校本）第2卷，435页。

② 《试办天津县地方自治公决草案一百一十一条（督宪袁批附）》，《北洋公牍类纂》卷1，自治一，84页。

③ 《纠举前署襄阳县徐令久绪案》《纠举前署建始县金令策先案》《纠举前署广济县何令庆涛案》，吴剑杰主编：《湖北咨议局文献资料汇编》，562～576页。

④ 州县交代包括州县官任职时间内各项政务的移交，其中钱粮交代是最重要的项目之一。参见艾永明：《清朝文官制度》，247～249页。

早在顺治十八年（1661年）就规定：升转官员钱粮未清不准即赴新任，违者革职。经康熙、雍正、乾隆等朝，关于州县交代问题的规定日趋严密，如离任者限两个月完成交代；升任官员钱粮未清者限一年完结，交代未完不准离任；前任未交代而新任官员徇隐不揭者，照徇隐亏空例革职；督抚题参延迟，受罚俸、降级等处分；知府、道员对州县交代督催不力者，则分别受罚俸六个月或三个月的处分。① 历代皇帝对州县交代的这些详细而严格的规定，一方面说明朝廷对官员离任审核监督的重视，另一方面也折射出州县交代不清是一个一直存在并难以从根本上解决的问题。

光绪初年，军务渐平，州县交代问题又被提上议事日程。当时主张严查州县交代，主要是从增加库存方面考虑的。光绪元年（1875年），候补同知直隶州知州薛福成在《治平六策》中就指出："降及晚近，州县交代不尽依限完结，上司惮处分之繁，亦遂不依限题参，往往借辗转驳查，宕延岁月……于是交代不结者什有八九。"②第二年户部上折要求各省严查州县交代，原因就是，自咸丰起，军务河工迭起，库款存储无多，严查交代，正可以"充库款"。据户部的奏报，此后除山东稍有成效外，各省并没有实心办理。有的请展期限，有的要求分案结报，而专折严参者寥寥。③ 三年后，即光绪五年（1879年）上谕还申斥直隶、广东等省州县交代"从不结算，任意亏挪"，要求各省"严定章程，逐一盘查"④。

光绪六年（1880年），户部奏请筹款办法，把清理州县亏欠交代作为扩充财源的重要途径，再次重申："自此次奉旨之日起，凡州县官卸事交代未清者，实缺人员不准到任，调署候补人员不准委署他

① 《钦定大清会典事例》（嘉庆朝）卷71，吏部处分例，6～7页。
② 薛福成：《治平六策》，葛士濬辑：《皇朝经世文续编》卷12，治体三，9页。
③ 朱寿朋：《光绪朝东华录》，总865页。
④ 朱寿朋：《光绪朝东华录》，总728页。

缺，并不准派委各项差使。如此后交代案内有两任亏短，即系前任未清再行调署委署之弊，应议督抚藩司以徇庇属员之咎，并将亏项著落分赔。"①

在朝廷的一再严催下，各省才在清理交代积案方面有所动作。光绪九年(1883年)山西制定清查章程，要"速结交代"，称晋省未结交代上下30余年，悬积800余案，"尘牍如山，官累如海"。提出的解决方法，是以光绪五年(1879年)至八年(1882年)为旧案，光绪五年以前为陈案，分别进行确查，并严格进行处分。② 河南查出未结交代之案170余起③；陕西查出同治十三年(1874年)以前未结之案470余起④。

光绪十年(1884年)，户部又一次制定章程，规定以光绪十一年正月为界，之前为旧案，限于五月内一律解清；之后为新案，要将州县官到任名册咨部备案，同时前后任交代时要"扫数批解"⑤。此次批谕各省遵办后，各省参劾的州县官明显增多。仅据《光绪朝东华录》的统计，光绪十年，浙江省9名州县官受到参劾，山东则处分了5名知县。第二年一月至四月，有6个省的18名州县官被参劾。⑥十三年(1887年)四月至十一月，8个省至少有45名州县官被参劾。⑦十四年(1888年)正月至七月，广西、山西又参劾了21名知县。⑧被参劾官员均被查抄家产，即便本人已死而家居外省者，也令当地督抚进行追缴。

---

① 朱寿朋：《光绪朝东华录》，总865页。
② 《山西清查章程》，《清末民国财政史料辑刊》第2册，9～12页。
③ 朱寿朋：《光绪朝东华录》，总883页。
④ 朱寿朋：《光绪朝东华录》，总969页。
⑤ 朱寿朋：《光绪朝东华录》，总1877页。
⑥ 朱寿朋：《光绪朝东华录》，总1904、1907、1921、1923、1933、1934页。
⑦ 朱寿朋：《光绪朝东华录》，总2250、2259、2263、2286、2340、2341、2356、2382页。
⑧ 朱寿朋：《光绪朝东华录》，总2413、2474页。

实际上，州县官亏欠数额多的数万，少则也有几千，即使用家产作抵，也难以抵亏清欠，这样的追查难以达到"以充库款"的目的。正如御史张廷燎所说："各省所参亏短正杂钱粮州县，俱系已革已故，其于现任人员据实弹劾者实属寥寥。"①对追查行动效果不明显的原因，光绪皇帝的谕旨一再指责是各省督抚办事不力，"有心因循，含糊了结"。为加强各级官员对州县交代的责任与监督，光绪十三年（1887 年），户部在议复御史胡俊章的奏折中又从严制定了一个分赔章程，即州县交代亏空，该管知府直隶州分赔五成，出结之道员分赔二成，失察之藩司分赔二成，督抚分赔一成，并要求督抚在题参折内开列该管上司分赔各节。②但如此严密的制度安排，最终也因各省"奉行不力"而成效不彰。无奈光绪十六年（1890 年）户部又奏请以十五年三月为界，之前一切未结案件"即行销案"，以后"仍由上司分赔"③。规定虽然做出，但自光绪十六年（1890 年）以后，督抚参劾州县亏欠交代案复又寥寥了。

虽然有清一代州县交代问题始终存在，但正如当时官员所指出的，光绪年间这一问题尤为突出。从这次清查的过程可以看出，朝廷对清查不是没有决心，清查的制度安排也很周到，但实际上最后不仅不了了之，也没能杜绝州县交代不清的问题，这里有许多值得深入探讨的地方。

州县官离任时不能把钱粮查清报结，直接原因是钱粮积欠。冯桂芬早就撰文指出："今直省积欠之数以千万计，前此未有也。积欠之故在于亏空，亏空之故在于挪移，挪移之故在于漫无稽考。以一县之主，独操出纳之权，下车之日，公用后而私用先，室家妻子之百需，旧逋新欠之交集，大抵有收管而无开除，惟所指挥，莫敢过

---

① 朱寿朋：《光绪朝东华录》，总 1857 页。
② 朱寿朋：《光绪朝东华录》，总 2294 页。
③ 朱寿朋：《光绪朝东华录》，总 2820 页。

问，追上司知之而亏空久矣。于是因亏空而清查，清查一次，亏空又增多一次。"①钱粮积欠只是表面现象，根本原因则在州县官"独操出纳之权"，办公用度公私不分，致使挪移"漫无稽考"，必然带来亏空与积欠。

其次与清朝的财政制度不无关系。因为在清朝，州县承担着征收赋税、为国家提供主要财政收入的职责，但收入均要"尽收尽解"，留作地方行政开支的存留是极为有限的。同时州县以上各级地方政府乃至中央政府，还要通过"摊派""摊捐"向州县索取各种费用，州县只能靠各种"陋规"和侵挪钱粮予以应付。到了光绪年间，州县钱粮积欠问题尤为严重，反映侵挪钱粮的现象日益普遍。而侵挪钱粮之根由是摊捐太滥，张之洞就一针见血地指出："交代缪辖，多因摊捐。"他列举山西的摊捐多达 17 项，通计约银十一二万两，均从州县索取。② 光绪十五年(1889 年)，时任两广总督的张之洞在一份奏折中谈到广东的情况，"司库派解之捐摊各款，道府之节寿漏规，各上司衙门之水礼门包差杂费，一切如故"，凡"本省需用而不能开销者，于是派之府厅州县，此百余年各省相沿之痼习。大缺在一千金内外，小缺亦在二百金内外。属吏之力既不能堪，于是百计宕欠"③。晚清时期遭遇财政危机，中央与各省的财政关系发生变化，即变"报部奏销"为中央将所需经费以"指拨"方式分摊到各省，同时令地方"就地筹款"。这样，在财政困窘的情况下，摊捐已成为从中央到各省谋取财源的重要渠道，连朝廷也不得不承认"州县摊捐各款，原难尽裁"④。

光绪年间州县交代问题之所以较以往更为突出，还与州县官的

---

① 冯桂芬：《杜亏空议》，《校邠庐抗议》，33 页，上海，上海书店出版社，2002。

② 朱寿朋：《光绪朝东华录》，总 1362 页。

③ 朱寿朋：《光绪朝东华录》，总 2691 页。

④ 此为光绪五年八月己酉上谕，见《光绪朝东华录》，总 793 页。

任用有关。按清制，为防止州县官在一地任职太久而易滋贪污现象，所以任职有一定期限，一般是三年。但到晚清时期，在镇压太平天国运动的过程里，清政府为筹措经费，大开捐输之风，造成晚清候补官员的大量增加。而另一方面，各级官员的官缺并没有增长。缺少人多，由此带来"仕途雍滞"的状况。与此同时，各省督抚的保举权扩大，其部下纷纷凭借军功、河工等被保举为官，州县官成为督抚安置部下、属吏的重要渠道。在这种情况下，各省督抚突破了州县官的题补调补限制，自行"定轮委之章"，有的缩短州县官任用期限为一年，有的以委署代理为调剂之具，以致出现"更调频繁"的情况。"到任或半年或一年，遽行交卸"，甚至有州县"年终纷纷调缺之说"。州县调动如此频繁，"彼来此往，两处交代，既已缪辖难清"①。

晚清地方官员任用机制的深刻变化使得地方官员中形成了私人性的利益关系网络，上司或"惮于处分"，故而遇有交代不清时并不依限题参。或因前任州县"亏空已多"，但"上司以为难于追缴，则责令新任认欠，始委接任，而其剥民归款不计也，而其复至亏空又不计也。乃更为亏空者设法调剂，委以美缺，冀其完缴，愈至亏空，愈为弥缝，愈为差委，是率属以效尤而不顾库款之日细也"②。上下相护，造成州县钱粮亏空、交代难清的局面。

为防备地方官员互相包庇，清廷也制定了严格的分赔制度，但实际上是"久未遵循"。原因是地方官并不愿为此损害自己的利益，最好的做法就是隐瞒不报。这样，大量的亏空和交代不清都被隐瞒下来，旧案未结，新案又出，成为难以解决的痼疾。

州县官交代不清的问题日益严重，反映了晚清吏治的败坏。就各级官员而言，他们借"摊捐"名义向州县科派，"如力不能应，有时

---

①　朱寿朋：《光绪朝东华录》，总 3692、3287 页。
②　朱寿朋：《光绪朝东华录》，总 181～182 页。

延缓，上司即于其征解钱粮时作某项捐款，而钱粮则批令另解，是以国家惟正之供抵私款也"①。就州县官而言，他们则以征多报少，任意侵挪为应付手段，"迨新旧交代之时，辄将侵挪之数列款滥抵，并将征存未解混入民欠项下，希图豁免"②。

清末清理财政时，《福建财政沿革利弊说明书》就"交代短款不清"问题说道：

> 州县交替，例由前任官将在任经手之正杂钱粮造具籍册，移交后任，吊齐一切簿具，按款盘查，凡应行驳诘之款，或另造驳册，或开具清单，凭同督盘监盘会算清讫，再由现任编造，达部册送。经监督盘加结核转，限两个月内交接清楚。如有欠解银款，亦随册解清，谓之初限，再过两个月，谓之二限。凡在二限以内银册两清者免予议处，否则开具职名，详请开参，谓之二参。如自交卸日起，迟至六个月未结，或册到而银未到，则须开报三参。视欠数之多寡，将欠解之员暂予革职，俟其解清，随案开复。乃日久玩生，但由后任造册送司，欠款多寡，辄置不顾。迨藩司委员守提始择要批解，而计其时日，已久逾二参限期，由司考成收官，遂为通融结报，其实短欠甚多。虽间有详请参追，而惩一不足儆百。约计每年交代所欠之款，少亦数万两，实为藩库之一大漏卮。③

"日久玩生"，官员互相包庇，成为交代难以真正实行的根源。对于越来越严重的州县交代不清，以及由此影响的钱粮征收问题，在严查交代的过程中，官员们也提出了许多如何防止的建议。如御史张

---

① 朱寿朋：《光绪朝东华录》，总 264 页。
② 朱寿朋：《光绪朝东华录》，总 1969 页。
③ 《福建财政沿革利弊说明书》，田赋类，《清末民国财政史料辑刊》第 12 册，192 页。

规准认为州县交代不清，是由于上司没有遵章办事，所以朝廷应严厉督饬督抚。① 也有的主张整顿吏治，防止捐纳太滥，应定章让州县官久于其任。有的提出防止督抚任意更调属员，规定督抚调委不得过十分之一。其中也不乏见解深刻者，如张之洞认为州县交代不清的原因是摊捐太多，所以创办清源局，专门办理裁抵摊捐。② 薛福成则提出"酌复养廉以欲其力，禁止摊赔以清其流"的办法。③

光绪末年新政开始后，为解决州县积欠问题，各省纷纷制定新章，清查交代。江苏藩司端方认为州县交代纠葛违延，原因是劣幕主持，"往往隐匿现银，或饰称自解，或混抵别项"，故重定整顿州县交代章程，严禁滥抵，严责现任清还。④ 江西藩司则定"凡委缺人员悬牌之后即须将以前交代欠款缴清，方下札令其到任，否则停委参追"⑤。河南则规定欠交代银两者限半年内缴解，届时不缴者或撤差，或奏参，并允将可领之廉俸作抵。⑥

应该说，这些办法都触及问题的一个方面，但都只是一些枝枝节节的修补措施。实际上，在薛福成的《治平六策》中，有一句话揭破天机："彼曾任州县者，亦以挪移甚便。"⑦在清王朝的官制中，州县为亲民之官，之上的府、道、督抚却都是"治官之官"，上级负有监督下级之责，形成了一个严密的地方行政监督体制。但在清王朝

---

① 朱寿朋：《光绪朝东华录》，总 263～264 页。

② 朱寿朋：《光绪朝东华录》，总 1362 页。

③ 薛福成：《治平六策》，葛士濬辑：《皇朝经世文续编》卷 12，治体三，10 页。

④ 《禀准州县交代新章》，载《北洋官报》1908 年第 1691 册，新政纪闻，10 页。

⑤ 《清理州县交代办法》，载《北洋官报》1909 年第 2219 册，新政纪闻，10～11 页。

⑥ 《清查历年州县交代》，载《北洋官报》1910 年第 2382 册，各省近事，11 页。

⑦ 薛福成：《治平六策》，葛士濬辑：《皇朝经世文续编》卷 12，治体三，10 页。

的行政运作中，不仅中央财政要依靠州县，省内各级官府也要依靠州县的支撑。清政府为了加强对地方的控制，又制定了一套"分赔""究失察之咎"的制度，却反过来使地方官员之间形成性命攸关的利益关系。他们只有互相包庇，才能免除朝廷的追查和危及自身利益，这就从内部瓦解了看似严密的地方行政监督体制。而这，就是州县"以挪移甚便"的真正原因，也是晚清州县交代问题始终未能解决的根本原因。

# 结　语

## 一、清季州县制度变革是近代县制转型的滥觞

清季州县制度变革包含了 19 世纪后半期的制度调整和 20 世纪初的体制变革两个互相区别而又联系的阶段。

就区别而言，19 世纪后半期的制度变化是在变化了的局势下的应变与调整。其促进因素，常常是各种内外危机，以及由这些危机所带来的权力结构变化，主要是局部的调整和改革。而 20 世纪初则是清王朝自上而下推进的改革，它服从于宪政改革的整体要求，是一场涉及州县体制的全面改革。

就联系而言，20 世纪初的改革是在 19 世纪后半期制度调整的基础上展开的。如 19 世纪后半期团练和保甲都强调使用绅士，促使绅士的地位上升，他们先官府一步创办新学堂、警察、地方自治，成为推动州县改革的力量。19 世纪后半期的许多措施，如"化私为公"的公费改革、设迁善所改良监狱、在州县官的选拔中强调学习考试和实绩考察等，都成为新政中进一步改革的基础和本土资源。

制度的变革是一个延续的过程，原有的调整和改革在提供基础和积累的同时，也会造成困难。团练保甲的存在、"就地正法"之制的难以停止、各种州县"外销"的产生、州县官选任中的违例和变通，都成为进一步改革的阻力，使发生在社会转型之际的州县改制具有自身的特有面貌。

尽管如此，晚清以来的州县制度变革，尤其是预备立宪时期的州县制度改革，却是两千年来中国县制的一次重要转型。编纂官制

大臣载泽等为厘定直省官制事致各省督抚电中云:"亲民之职,古今中外皆所最重,我朝承明制,管官官多,管民官少。州县以上府道司院层层钤制,而以州县一人萃地方百务于其身,又无分曹为佐,遂致假手幕宾,寄权书役,坏吏治酿祸乱。"①总司核定官制大臣奕劻等在续订直省官制情形折中说:"今使州县各官,不司审判,则尽有余力,以治地方。又于佐治各员,各界以相当责任,更次第组织议事董事各会,期如谕旨所云,严防流弊,务通下情者,则其收效之多,或不致如今日之敷衍从事,而自治范围,亦必能渐求恢扩。"②

由此说明,20 世纪初预备立宪时期的州县制度改革要解决的问题有三:一是改变"州县一人萃地方百务于其身,又无分曹为佐"的混沌状况,设置各职能部门和佐治官员,建立科层化的行政部门;二是每省设立各级审判厅,使行政官不司司法,以为司法独立之基础;三是建立府厅州县和城镇乡两级地方自治,"以助官治之不足"③。

在清朝最后短短的五六年中,这几个方面的改革取得了不同的进展:就行政改革而言,劝学所、巡警局在大多数州县建立,劝业所在部分州县建立。就司法改革而言,各省首县已率先成立地方审判厅或初级审判厅,流徒以下案件开始用罚款取代笞杖,州县监狱改良也在进行之中。就地方自治而言,相当部分州县的城、镇、乡议事、董事会已告成立,而府厅州县自治也已在部分州县设立。而伴随着这些改革的进行,州县裁革陋规,建立"公费"制度并纳入行政预算;在铨选和考核方面停止部选,实行州县官的事实考核,向新的文官制度和考核制度方向迈出了一步。

---

① 《附编纂官制大臣泽公等为厘定直省官制事致各省督抚电》,载《东方杂志》1907 年第 8 期,414 页。

② 《总司核定官制大臣奕劻等奏续订各直省官制情形折》,《清末筹备立宪档案史料》上册,505 页。

③ 《宪政编查馆奏核议城镇乡地方自治章程并另拟选举章程折》,《清末筹备立宪档案史料》下册,725 页。

　　与此同时，州县衙门裁改六房，裁撤佐贰杂职，改造胥吏、门丁等旧制的工作也在逐渐展开。贵州、广西、吉林、湖北、奉天等地均有州县裁改六房，有的设行政（或文牍）、庶务、主计三科，或行政、会计、执法三科，各设科长一员；有的设总务、度支、刑法、教育、典礼、实业、交通、外交八科，各设正写生一名，副写生一至二名，均分科治事。① 裁撤佐贰巡检方面，光绪三十四年（1908年）两广总督张人骏奏裁南雄州州同及三水县三水司巡检。② 宣统元年（1909年）湖南裁巡检、州判、县丞共 6 缺。③ 同年广西裁撤通判、经历、州同、州判、吏目、典史、巡检等 30 缺。④ 宣统二年（1910年）湖南裁撤同知、通判、州同 3 缺，县丞 7 缺，巡检 13 处。⑤ 宣统三年（1911年）江西报告，该省有县丞 48 缺，裁汰 32 缺，各府州县教职 117 缺，全部裁去。⑥ 在改造与裁汰吏役门丁方面，吉林农安县于光绪三十三年（1907年）就裁撤幕友门丁，改设文案及收支委员。⑦ 三十四年奉天令各属裁撤庸劣幕友，选拔"素识品优"之人为文案委员，裁撤门丁改为收发委员。河南各属也将门丁裁革，改为收发委员。山东宁阳县则裁门丁，改用承启官，专办"承转代递"

---

　　① 见《贵州巡抚沈瑜庆奏汇报通省各官起支公费并各属办公经费等折》，载《政治官报》第 1345 号，宣统三年闰六月初四日，8 页；《桂抚张奏酌定司道以下文职各官公费折》，《大清新法令》（点校本）第 9 卷，55 页；《通化县志》卷 3，政事官署，4 页，民国十六年铅印本；《详请裁房设科之批示》，载《吉林官报》1910 年第 6 期，政界纪闻，4 页；《华署亦分科治事》，载《申报》1910 年 9 月 27 日，第 1 张后幅第 3 版。

　　② 刘锦藻：《清朝续文献通考》卷 135，职官二十一，8954 页。

　　③ 《吏部会奏议复湖南茶陵州州判等缺裁撤片》，《大清新法令》（点校本）第 5 卷，239 页。

　　④ 刘锦藻：《清朝续文献通考》卷 135，职官二十一，8951 页。

　　⑤ 《湖南巡抚杨文鼎奏酌裁湖南同通佐贰各缺折》，载《政治官报》第 1075 号，宣统二年九月二十三日，9 页。

　　⑥ 《江西巡抚冯汝骙奏裁撤藩司属官暨同城佐贰佐杂教职各缺折》，载《申报》1911 年 9 月 19 日，第 2 张后幅第 2 版。

　　⑦ 《农安县志》卷 3，行政，60 页，民国十七年铅印本。

之事。①

虽然分科治事、改造胥吏门丁的工作只在部分州县实行,但却是州县行政体制改革的起点。它以经过选拔的专职人员取代胥吏,作为州县官的辅助官员;以职责清晰的分科治事取代传统的六房,从而打破了既往的州县"一人政府",是现代办公制度的肇始。

清季州县制度改革随着清王朝的覆亡而夭折,但不能据此认为这就是一场完全失败的改革。如果我们放大视域,就会发现许多改革措施并没有因清政府的垮台而终止,而是延伸到民国以后,换句话说,民国以后的县制是在清末改革的基础上发展的。

以县行政制度而言,民国以后,县公署基本建立了佐治员和分科治事的办公体制,如山东于1912年在清末改革的基础上制定州县暂行分科治事章程,定州县设佐治员,分总务、民政、财政、司法四科。② 后来各地在前清劝学、劝业、巡警等局所的基础上发展成教育、巡警、实业、财政局所。③

在地方自治方面,"县地方自治开始标举于清末,民国成立后,各省临时议会仍多沿袭仿行,有的并订出地方单行的自治章程"④。以后虽然经历反复(如1914年2月袁世凯下令停办自治,但12月又公布了地方自治试行条例),但地方自治的制度建设没有完全停止,

---

① 《浙江巡抚增韫奏裁汰书吏办理情形折》,载《政治官报》第910号,宣统二年四月初五日,17页;《裁汰书吏之通饬》,载《北洋官报》1910年第2490册,11页;《实行裁汰书役计划》,载《北洋官报》1910年第2545册,12页;《署两广总督袁树勋奏裁汰书吏酌留分科改称一二三等录事等片》,载《政治官报》第1102号,宣统二年十月二十日,9页;《各省内务汇志》,载《东方杂志》1908年第1期,52页;1907年第4期,177页。

② 《山东州县暂行分科治事章程》,《续修巨野县志》卷2,食货,4页,民国十年刊本。

③ 详细情况可参见魏光奇:《官治与自治——20世纪上半期的州县行政》第三章的内容。

④ 钱实甫:《北洋政府时期的政治制度》下册,293页,北京,中华书局,1984。

成为县制和基层组织变革的内容与方向之一。

在司法方面，北洋政府延续了清末司法改革的趋势。1912 年 9 月，司法总长许世英提出司法计划书，准备每县筹设一地方法院，五年完成。此后虽然出现曲折，位于省城和通商口岸的高等和地方审判厅数量多有增减，除少部分县设置了地方审判分厅外，绝大部分县则实行县知事兼理司法制度。① 但上级行政机关的转审复核制度已经终结，行政与司法分离依然是此后司法改革的价值取向。

清季的改革"改变了中国长期以来建立的政府组织，改变了形成国家和社会的法律和制度"②，这些制度并没有因为清政府的垮台而就此终结，而是一直影响到民国，乃至整个 20 世纪。所以，从改革的趋势而言，清末的县制改革是近代县制转型的滥觞。

**二、清季州县制度变革的困境**

就清季州县制度变革的具体进程而言，是不太成功的。因为任何制度变革都是一个系统的改革工程，各个方面的改革是环环相扣、互相联系的，同时又必须是有步骤、有先后地推进的。而晚清州县制度变革却主要是在外部压力下被动应变的结果。19 世纪后半期是如此，20 世纪初更是如此。20 世纪初，革命运动和立宪运动的兴起与发展，使改革的压力陡然增大，形势的急迫性使改革无法在相对宽松的情况下逐步推进，反而成为清王朝急切地拿来作为挽救统治危机的手段。在这种压力和无奈中被动进行的改革，很难有对改革的整体考虑。

清政府预备立宪启动初期力图先从基础做起，即从州县改革和

---

① 唐仕春的研究说明，设有新式审判机关的县在多数时间里只有不到 100 处，实行县知事兼理司法的虽是绝大多数，但与传统的州县官管理司法的制度已有区别，是"在传统旧制上的新发展"。参见《北洋时期的基层司法》，177～178、90 页，北京，社会科学文献出版社，2014。

② 任达：《新政革命与日本——中国，1898—1912》，215 页，南京，江苏人民出版社，1998。

地方自治入手，但财政和人才的巨大压力又使州县先行改革难以实现。中央各部官制改革后，加强中央集权的力度明显加大，在实现统一的名义下，中央各部门分别制定了对应各个部门的、上下贯通的省级和州县的各个部门官制，这样就使州县改革在自上而下由中央部门各自推进的局面下进行。机构改革、财税改革、司法改革、地方自治几乎是同时并举，相互之间缺乏有效的沟通和联系，造成一些新制度含义不明，实施过程与制度的设计差异很大。如直省官制通则定各州县设佐治员，负责各个方面的行政工作，而学部、民政部、农工商部成立后，又在省提学使、巡警道、劝业道官制中分别确定了州县劝学所、巡警局、劝业所官制，其中劝学所、劝业所又依从地方情况，经费自筹，总董、董事等又由本地人担任，从而使这两个机构具有了官治与自治的双重特征。制度的不明和权限不清，又给运作带来很多问题。

各部门为了加快改革，采取册报制度，各省要对照筹备清单，每届半年汇总向宪政编查馆汇报一次；州县各个方面的工作又要造册填表分别向府、司道、督抚汇报，督抚再向中央有关部门汇报。与此同时，又将州县各个方面的工作列入考成，不能定期完成则要受到相应的处分。这种工作带来的结果，是很多地方为了达标而匆匆了事。一些地方议事会董事会选举完成即告自治完成，基本没有真正地运作起来。很多地方的新学堂匆匆设立，但无学生无老师，不得不很快终结。

财政困难和人才缺乏是制约州县改革的两大主要困难。为了解决经费不足的问题，州县改革采取了"就地筹款"的办法，不仅造成捐税的增加，而且形成了州县财政——外销的扩大。就地筹款使有权力涉足钱财的人员增多，而相应的监管制度没有很快建立起来，致使中饱、挪用经费等腐败现象丛生，也使改革的声誉度大大降低。由于各项新政的推进缺少专门人才，但举办期限又十分紧迫，所以常常是将旧有人员改换名称充当新职。

任何改革都是要由人来推动的，州县官是改革的当事人，他们对改革的认知和态度与改革的进展密切相关。在清末的改革过程中，由于整个选官制度没有根本性的变化，所以州县官仍然是通过旧的途径任官，或者为科举正途出身，或者由督抚题调保举，或者为捐纳，新政对于他们来说，只是需要完成的任务而已。光绪末年，直隶在总督袁世凯的主持下先后分四期选拔地方官员赴日本考察学习，其中有些州县官学习后接受了一些新思想，提出了一些新建议，在各自州县的教育、巡警、地方自治改革中起到积极的作用。但就整体而言，这样的州县官太少，大多数人都是"旧人办新政"①，对新政的理解只是停留在谕令上，被动应付者居多，致使很多改革的形式大于内容，有名无实。

督抚是各省州县制度变革的直接领导者。我们看到，19世纪后半期的许多州县制度变革，实际就是督抚权力扩大的表现和结果。如州县官的就地正法权的获得、州县财政紊乱和"外销"形成、州县官任用中督抚在"人地相宜"名义下的种种违制行为，等等。这些变化往往从突破旧制开始，通过督抚的"请旨""变通"而演变成一种新的成例。这些变化一方面反映了某些旧制不适应新的历史条件变化的事实，另一方面也使督抚在权力扩展的过程中演变成一个既得利益群体。他们既成为预备立宪时期州县制度改革的推进者，同时又为维护既得利益而集结起来，动辄"函电交驰"，力图影响或者左右改革，甚至成为某些改革的阻碍力量。

20世纪初州县改制的总体目标是要与宪政一致，即建立符合宪政要求的行政体制、司法审判制度和基层组织制度。但是，由于改革的步骤过快，由于当事人的认知无法跟上，由于既得利益者的影响，很多旧制度并没有来得及废除和转换，就被纳入新制度中。如

---

①　陈旭麓：《近代中国社会的新陈代谢》，254页，上海，上海人民出版社，1992。

很多地方在建立巡警时，为了在期限内赶办，就简单将旧有的捕快、团丁纳入巡警队伍。有的干脆使旧制与新制并存，如司法审判中，传统的州县审判的转勘复核制度仍然存在，即使在已成立地方及初级审判厅的首县，一些审判厅的负责人仍由地方官兼任。就州县官的选任制度而言，在停止部选之后，也是新旧例并存，遵循"轮补"与"酌补"的规则运行。这样，在整个制度变革进程中，旧制与新制纠缠在一起，旧的拖住新的，制约着变革的成效。

这一特征提示我们，一切制度变革，尤其是自上而下的制度变革，都是在旧制度的基础上展开的，这既是"旧人办新政"所致，也是相关利益集团之间博弈和利益权衡的结果。新旧制度的纠缠削弱了改革的公信力，以致当时的舆论就直接批评这仅仅是一场"形式上之改革，名称上之变易""调和而双方保全之""新旧参半"的改革。①

### 三、清季州县制度变革与地方社会

清季州县制度改革在使中国传统州县体制开始发生变化的同时，进一步引起了地方治理方式的变化和权力关系变化。光绪三十二年（1906 年）出使俄国大臣胡惟德在奏请颁行地方自治制度折中总结中国传统州县体制的弊端是：

> 中国幅员辽阔，户口殷繁，一省之中，州县数十，大或千里，小亦数百里，统治之权，仅委诸一二守令，为守令者又仅以钱谷、狱讼为职务，民间利病漠不相关，重以更调频仍，事权牵掣，虽有循吏，治绩难期。至于编户齐民，散而不群，各务私图，遑知公益，为之代表者，不过数绅士，又复贤愚参半。其出入官署因缘为奸者无论矣，即有一二缙绅，表率乡里，或由望族科名之殊众，非必才能学识过人，以故府县之中，遇有应兴应革事宜，守令以一纸公文移知绅士，绅士以数人武断对

---

① 《论新官制之前途》，载《申报》1911 年 9 月 3 日，第 1 张第 3 版。

付守令，转辗相蒙，而事终不举。①

清代国家对地方社会的治理主要是通过州县官行使朝廷赋予的职权来实现的，除赋税征收和司法审断外，还包括维持保甲以实现治安、实施乡约以教化人心。与此同时，州县官又是依靠官府的书吏、衙役等来执行和完成公务，依靠缙绅维系乡里社会，这是一种以官治为中心的治理模式。

而经过清季的改革，"官治"本身得到改观：劝学所、劝业所、巡警局等职能部门的出现，打破了"一人政府"独治州县的局面。有的地方开始设置佐治员并分科治事；或裁撤幕友、门丁，改用各种委员，出现了行政组织的科层化倾向。与此同时，建立警察制度，划分警区，裁撤佐贰、巡检，消解了原来的分防制度，取代了衙役、保甲和团练的部分职能。这一切都在无形中切断了旧有的国家深入基层社会的各种权力体系，使之削弱甚至断裂。

在旧有的官府控制基层社会的种种制度和权力关系逐渐消解的同时，清政府又力图通过地方自治把基层社会纳入统一的组织化、制度化轨道。②

---

①　《出使俄国大臣胡惟德奏请颁行地方自治制度折》，《清末筹备立宪档案史料》下册，715 页。

②　杜赞奇在《文化、权力与国家——1900—1942 年的华北农村》一书中谈到了"国家政权建设"这一概念，并把"深入基层和吸收下层的财源"作为国家权力扩张的重要方面，其途径则是抛开，甚至毁坏农村原有的"文化的权力网络"，并认为这一过程始于清末（见该书"前言"，江苏人民出版社 1996 年版）。但通过对清末州县制度改革的分析，我们发现，清末具有与民国以后不同的特点。如果说民国时期的表现是村、区、乡镇等行政制度建立的话，那么，清末时期则是国家力图通过地方自治，将基层社会纳入统一的组织化轨道。从国家权力下移的实现途径上看，民国时期主要是通过培植新的代理人的方式，逐步排挤和取代了传统绅士的权力。但清末则在州县和城镇乡地方自治中吸纳和利用了传统资源——绅士力量，从而在组织和制度上确立了绅权的合法地位，形成官治和自治结合的治理模式。

清末地方自治确立了府厅州县和城镇乡两种不同的官治与自治模式。在府厅州县，采取"官治与自治合并之制度"，设置议事会作为议决机关的同时，又设置由州县官担任会长的参事会。参事会是一个常设的议决机关，其执行机关委诸府厅州县长官，州县长官仍由上级任命而非选举产生，充分体现了官治与自治结合、以官治统率自治的特点。在城镇乡，地方自治团体以"专办地方公益事宜，辅佐官治为主"①，享有较为广泛的举办地方公益事务的权力，并接受地方官的监督，体现了以自治补官治之不足、以官治监督自治的特点。

尽管清末地方自治的官治色彩非常浓厚，但是相较于传统体制，仍表现出新的特点与进步性。

第一，在府厅州县一级，州县官一方面执行国家交办的行政职能，另一方面作为参事会会长，还要"掌执行自治事宜"②，这样，州县官的职能本身就具有了双重性。由于其他参事会成员由议员中选举产生，而议事会有审议预算决算的权力，这就使州县官的自治行政权限受到一定的制约。由于直至清王朝覆亡，府厅州县自治才刚刚启动，我们无法了解其运作情况，但是州县官官治和自治双重职能的制度安排，却预示着州县治理方式的一个重要的变化。

第二，随着城、镇、乡自治的推行，各地议事会、董事会纷纷成立，凡重要公益事件均经议事会讨论议决、董事会执行，地方士绅参与社会公益事务有了制度化的平台，从而改变了过去缺少法律、地方绅士仅凭"个人影响力"办理公益事务的局限。与此同时，地方自治的举办，使城治有了独立的建制，使县以下有了镇、乡两级建制，改变了过去各省县以下没有统一建制、各县乡地极不一致的状

---

① 《城镇乡地方自治章程》，《清末筹备立宪档案史料》下册，728 页。

② 《宪政编查馆奏覆核府厅州县地方自治暨选举各章程折并单》，《大清新法令》（点校本）第 7 卷，240 页。

况，为 20 世纪国家权力向基层社会的延伸提供了制度条件。

地方自治实施的结果，一方面改变了基层社会的治理模式，使原来单一的官治向官治与自治结合的模式转化；另一方面，由于改革是在吸纳和利用了传统资源——绅士力量的条件下展开的，从而在组织和制度上确立和提高了绅权的合法地位。

本来，在传统社会，绅士是地方利益的代表，在民众中居于领袖地位。[①] 但是清末州县改革中绅士地位的提高，却没有相应地提高其声誉和认同度，相反，却引起绅、民关系的变化，在风起云涌的"民变"中，相当一部分把矛头指向了"绅董""学绅""议董"。[②] 导致这一现象的深层次因素就是双方利益关系的变化。具体而言就是：通过组织化、制度化的平台，绅士开始进入体制内，从而导致身份的异化；而普通民众却没有能够从改革中获得实实在在的利益。

其一，地方自治以"就地筹款"的方式进行，绅士们随之得到了筹款权。本来以本地之款办本地之事是自治的特点，其筹款权力应在议事会，然而多数地方议事会并没有来得及或没有能够真正行使这项权力。相反，由于官权的强大，在实际中许多学董、绅董、议董都是直接从州县官那里获取筹款权，使乡民们认为学董、绅董收捐税是代官府所为，故而站到与绅董对立的位置。

其二，兴办的新学堂大都集中在县城和繁盛镇，虽然划分学区设置劝学员以劝办学堂，但许多学区的学堂都没有办起来。另一方面，初期劝学所兼有自治和官治的特征，故而带上了衙门作风，引起社会的反感。

---

① 张仲礼：《中国绅士——关于其在 19 世纪中国社会中作用的研究》，48 页，上海，上海社会科学院出版社，1991。

② 王先明在《士绅阶层与晚清"民变"——绅民冲突的历史趋向与时代成因》一文中指出："据《清末民变年表》资料，直接标示出和内容能够体现出的绅民冲突事件至少有 300 次，且呈逐年递增的态势。"参见《变动时代的乡绅——乡绅与乡村社会结构变迁(1901—1945)》，5 页，北京，人民出版社，2009。

其三，州县警察建立起来，但强调的是"防患保安"，负有"保卫地方监察人民之责"①，"防范"是警察的第一要务。清末的许多新政措施，如禁烟、禁赌、禁止摊贩等事都利用了警察的强制力量，这就常常使警与民处于紧张状态。而绅士在州县巡警局中则担任了收警捐的工作，也给民众留下了"绅士凭借官势"收捐的恶劣印象。

导致绅、民关系变化的因素还来自这场改革自身的局限与特征。清末的州县改革是自上而下推进的，官方不仅拥有制定各种章程法令的全权，而且主导改革模式和路径，而自身的利益导向必定会使他们从有利于自身的角度对改革方向进行选择。就以地方自治而言，清政府面对欧洲和日本两种不同的自治模式，选择了官治色彩最浓的日本模式。城镇乡自治虽然赋予自治职广泛的地方公益事务权，但所有议事会议决事件须呈报州县官查核后才能交董事会或乡董执行；州县官要随时检查自治职工作，有解散议事会、董事会及撤销自治职之权。反过来，由于选举条件的限制，大多数普通民众被排斥在选举之外，有选举权和被选举权的主要是绅士群体。普通民众不仅不了解自治的含义，反而将那些议董视为官府的代言人。清末时期，"学绅出入公门，鱼肉乡里"，"诸绅遂出入衙署，甚且借以牟利，为众所侧目"②，成为社会中较为普遍的认识。

普通民众并没有享受改革的成果，反而成为改革成本的承担者，他们是办学校、巡警、地方自治等各项改革费用的主要提供者，但在提供捐税的同时，他们却基本没有从改革中得到什么好处。清末州县改革主要停留在官制和各项制度建构的层面，而对下层民众来说，与他们最为密切相关的是税收。而现在，不仅田赋有附加、有亩捐，与他们生活密切相关的柴、米、纸张、杂粮、牲畜、菜蔬等，

---

① 《宪政编查馆奏考核直省巡警道官制细则折并清单》，《大清新法令》（点校本）第 2 卷，191 页。

② 《记载一·中国大事记》，载《东方杂志》1910 年第 11 号，159、164 页；王先明：《变动时代的乡绅——乡绅与乡村社会结构变迁(1901—1945)》，27 页。

"几乎无物不捐"。不仅如此，通过州县"公费"改革，许多陋规浮出水面并取得了合法地位，在"归公"的名义下被纳入"公"的范畴；而地方自治中"特捐""公益捐"的规定，也为滥收捐税提供了合法的渠道。

　　本来，在传统社会里，绅与民处于社会的不同等级，具有各自不同的利益，但绅士在举办地方公益、维护本地方利益方面，俨然又成为民的代言人。他们之间的利益在代表地方方面有关联性。而在清季的州县制度改革中，绅士成为利益获取者并向官府靠拢；民众不仅没有获得好处，反而承担了改革成本，二者在利益上的关联性逐步削弱，民众开始以激烈手段进行反抗。与传统社会的反官府不同，现在是将官、绅联系起来加以反对。绅、民的分离和对立加剧了地方社会的矛盾冲突，客观上有利于辛亥革命的爆发和胜利，但也进一步造成了 20 世纪上半期乡村社会的持续动荡。

# 参考文献

## 一、档案与文献资料

《清代四川南部县衙门档案》，四川省南充市档案馆藏。

《钦定大清会典事例》(嘉庆朝)，托津等纂，沈云龙主编，《近代中国史料丛刊三编》第 64 辑。

《钦定大清会典事例》(光绪朝)，昆冈等纂，商务印书馆光绪戊申初版。

《光绪朝朱批奏折》，中华书局，1995。

《清朝文献通考》，嵇璜等编纂，商务印书馆，1936。

《清朝续文献通考》，刘锦藻编纂，商务印书馆，1936。

《光绪朝东华录》，朱寿朋编纂，中华书局，1958。

《光绪政要》，沈桐生辑，沈云龙主编，《近代中国史料丛刊》第 35 辑。

《清史稿》，赵尔巽等撰，中华书局，1976。

《同治中兴京外奏议约编》，上海书店出版社影印版，1984。

《皇清道咸同光奏议》，王延熙、王树敏辑，沈云龙主编，《近代中国史料丛刊》第 34 辑。

《皇朝经世文编》，贺长龄辑，沈云龙主编，《近代中国史料丛刊》第 74 辑。

《皇朝经世文续编》，葛士濬辑，光绪十四年图书集成局印行。

《皇朝经世文续编》，盛康辑，沈云龙主编，《近代中国史料丛刊》第 84 辑。

《皇朝经世文新编续集》，杨凤藻辑，沈云龙主编，《近代中国史料丛刊》第 79 辑。

《皇朝政典类纂》，席裕福辑，沈云龙主编，《近代中国史料丛刊续编》第 91 辑。

《道咸宦海见闻录》，张集馨撰，中华书局，1981。

《曾国藩全集》，岳麓书社，1987。

《张之洞全集》，张之洞撰，苑书义主编，河北人民出版社，1998。

《袁世凯奏议》，袁世凯撰，廖一中、罗真容整理，天津古籍出版社，1987。

《李文忠公全书》，李鸿章撰，吴汝伦编，光绪乙巳金陵刻本。

《左宗棠全集》，岳麓书社，1996。

《骆文忠公奏议》，骆秉章撰，沈云龙主编，《近代中国史料丛刊》第 7 辑。

《毛尚书奏稿》，毛鸿宾撰，沈云龙主编，《近代中国史料丛刊》第 61 辑。

《赵柏严集》，赵炳麟撰，沈云龙主编，《近代中国史料丛刊》第 31 辑。

《勤慎堂自治官书》，刘如玉撰，沈云龙主编，《近代中国史料丛刊》第 77 辑。

《退耕堂政书》，徐世昌撰，清末民初史料丛书第 15 种，台湾成文出版社影印本，1968。

《校邠庐抗议》，冯桂芬撰，上海书店出版社，2002。

《庸书》，陈炽撰，光绪二十二年刻本。

《从政遗规》，陈宏谋撰，中华书局四部备要本。

《学治臆说》，汪辉祖撰，辽宁教育出版社，1998。

《福惠全书》，黄六鸿撰，光绪癸巳印行。

《牧令须知》，刚毅撰，沈云龙主编，《近代中国史料丛刊》第

65 辑。

《牧令书辑要》,《续修四库全书》编委会,《续修四库全书》755 册,史部职官类,上海古籍出版社,2002。

《浙鸿爪印》,程鼎撰,沈云龙主编,《近代中国史料丛刊》第 80 辑。

《鹿洲公案》,蓝鼎元撰,沈云龙主编,《近代中国史料丛刊续编》第 41 辑。

《宰惠纪略》,柳堂撰,《续修四库全书》编委会,《续修四库全书》884 册,史部政书类,上海古籍出版社,2002。

《安吴四种》,包世臣撰,同治壬申刻本。

《保甲书》,《续修四库全书》编委会,《续修四库全书》859 册,史部政书类,上海古籍出版社,2002。

《政艺丛书》,邓实辑,沈云龙主编,《近代中国史料丛刊续编》第 28 辑。

《北洋公牍类纂》,甘厚慈辑,文海出版社影印本,1990。

《宝山县劝学所光绪三十三年学事一览》,上海公益印刷所光绪三十四年印行。

《经征成案汇编》,四川经征总局编。

《清末筹备立宪档案史料》,故宫博物院明清档案馆编,中华书局,1979。

《清末督抚答复厘定地方官制电稿》,侯宜杰整理,《近代史资料》总第 76 号,中国社会科学出版社,1989。

《清末筹备立宪档案史料补遗》,《历史档案》1993 年第 3 期。

《辛亥革命前十年间民变档案史料》,中国第一历史档案馆、北京师范大学历史系合编,中华书局,1985。

《清末民变年表》,张振鹤、丁原英编,《近代史资料》总第 50 号,中国社会科学出版社,1982。

《中国近代教育史资料汇编——教育行政机构及教育团体》,朱有瓛、戚名琇、钱曼倩、霍益萍编，上海教育出版社，1993。

《湖北咨议局文献资料汇编》，吴剑杰主编，武汉大学出版社，1991。

《清政府镇压太平天国档案史料》，第一历史档案馆编，光明日报出版社，1990；社会科学文献出版社，1992。

《清末教案》，第一历史档案馆、福建师范大学合编，中华书局，1996。

《义和团运动档案史料续编》，中国第一历史档案馆编辑部编，中华书局，1990。

《四川教案与义和拳档案》，四川省档案馆编，四川人民出版社，1985。

《反洋教书文揭帖选》，王明伦编，齐鲁书社，1984。

《教务纪略》，李刚已辑，沈云龙主编，《近代中国史料丛刊三编》第 45 辑。

《塔景亭案牍》，许文濬著，俞江点校，北京大学出版社，2007。

《各省审判厅判牍》，汪庆祺编，李启成点校，北京大学出版社，2007。

《辛亥革命史资料新编》，章开沅、罗福惠、严昌洪主编，湖北人民出版社，2006。

《苏州商会档案丛编》第一辑，华中师范大学历史研究所、苏州档案馆合编，章开沅、刘望龄、叶万忠主编，华中师范大学出版社，1991。

《明清以来苏州社会史碑刻集》，王国平、唐力行主编，苏州大学出版社，1998。

《清代四川财政史料》，鲁子健编，四川人民出版社，1988。

《清末民国财政史料辑刊》，北京图书馆出版社影印室辑，北京图书馆出版社，2007。

《清末民国财政史料辑刊补编》，中央财经大学图书馆辑，国家图书馆出版社，2008。

《大清新法令（1901—1911）》（点校本）第1～11卷，上海商务印书馆编译所编纂，华东政法大学法律史研究中心点校整理，商务印书馆，2010—2011。

### 二、报纸杂志

《申报》、《大公报》、《顺天时报》、《东方杂志》、《国风报》、《教育杂志》、《法政杂志》、《京报》（邸报）、《湖北地方自治研究会杂志》、《山东自治报》、《江苏自治公报类编》、《中华报》、《政治官报》、《内阁官报》、《吉林官报》、《北洋官报》、《四川官报》、《甘肃官报》、《浙江官报》、《云南官报》、《江西官报》、《南洋官报》、《秦中官报》、《四川教育官报》、《甘肃教育官报》、《湖北教育官报》、《广东教育官报》、《福建教育官报》、《河南教育官报》、《贵州教育官报》、《湖南教育官报》、《教育官报》（吉林）、《江西学务官报》、《广东警务官报》、《四川警务官报》、《河南宪政月报》、《吉林司法官报》。

### 三、地方志

民国时期地方志：《大名县志》、《盐山县志》、《南宫县志》、《临榆县志》、《卢龙县志》、《定县志》、《迁安县志》、《磁县志》、《无极县志》、《冀县志》、《广宗县志》、《献县志》、《南皮县志》、《邯郸县志》、《青县志》、《涿县志》、《阳原县志》、《文安县志》、《满城县志略》、《沧县志》、《景县志》、《川沙县志》、《嘉定县续志》、《青浦县续志》、《吴县志》、《新修丰顺县志》、《乐昌县志》、《潮州志》、《顺德县志》、《香山县志续编》、《萧山县志》、《平阳县志》、《象山县志》、《巨野县志》、《昌乐县志》、《齐河县志》、《临沂县志》、《续修广饶县志》、《续安丘新志》、《临朐续志》、《东明县志》、《东阿县志》、《高密县志》、《寿光县志》、《德县志》、《续平度县志》、《德平县续志》、《万源县志》、《巩县志》、《荣经县志》、《双流县志》、《长寿县志》、《宣汉县志》、《钟祥县志》、《咸丰县志》、《澄城县志》、

《通化县志》、《农安县志》、《延吉县志》、《安东县志》、《芜湖县志》、《宁乡县志》、宣统《泰兴县志续》、光绪《华容县志》、光绪《沔阳州志》。

## 四、论著

许炳宪：《清代知县职掌之研究》，东吴大学中国学术奖助委员会丛书，1974。

钱实甫：《北洋政府时期的政治制度》，中华书局，1984。

刘子扬：《清代地方官制考》，紫禁城出版社，1988。

张仲礼：《中国绅士——关于其在 19 世纪中国社会中作用的研究》，上海社会科学院出版社，1991。

陈旭麓：《近代中国社会的新陈代谢》，上海人民出版社，1992。

侯宜杰：《20 世纪初中国政治改革风潮》，人民出版社，1993。

郭松义、李新达、李尚英：《清朝典制》，吉林文史出版社，1993。

吴吉远：《清代地方政府的司法职能研究》，中国社会科学出版社，1998。

任达：《新政革命与日本——中国，1898—1912》，江苏人民出版社，1998。

孔飞力：《中华帝国晚期的叛乱及其敌人》，中国社会科学出版社，1999。

许大龄：《明清史论集》，北京大学出版社，2000。

关晓红：《晚清学部研究》，广东教育出版社，2000。

郑秦：《清代司法审判制度研究》，中国政法大学出版社，2000。

马小泉：《国家与社会——清末地方自治与宪政改革》，河南大学出版社，2001。

赵树好：《教案与晚清社会》，中国文联出版社，2001。

张研、牛贯杰：《19 世纪中期中国双重统治格局的演变》，中国人民大学出版社，2002。

赵秀玲：《中国乡里制度》，社会科学文献出版社，2002。

瞿同祖：《清代地方政府》，法律出版社，2003。

黄宗智：《中国研究的范式问题讨论》，社会科学文献出版社，2003。

艾永明：《清朝文官制度》，商务印书馆，2003。

柏桦：《明代州县政治体制研究》，中国社会科学出版社，2003。

魏光奇：《官制与自治——20世纪上半期的中国县制》，商务印书馆，2004。

杨国安：《明清两湖地区基层组织与乡村社会研究》，武汉大学出版社，2004。

［美］曾小萍著，董建中译：《州县官的银两——18世纪中国的合理化财政改革》，中国人民大学出版社，2005。

潘星辉：《明代文官铨选制度研究》，北京大学出版社，2005。

那思陆：《清代州县衙门审判制度》，中国政法大学出版社，2006。

何朝晖：《明代县政研究》，北京大学出版社，2006。

李凤鸣：《清代州县官吏的司法责任》，复旦大学出版社，2007。

王志明：《雍正朝官僚制度研究》，上海古籍出版社，2007。

肖宗志：《候补文官群体与晚清政治》，巴蜀书社，2007。

郭冬梅：《日本近代地方自治制度的形成》，商务印书馆，2008。

［荷］冯客著，徐有威等译，潘兴明校：《近代中国的犯罪、惩罚与监狱》，江苏人民出版社，2008。

［美］李怀印著，岁有生、王士皓译：《华北村治——晚清和民国时期的国家与社会》，中华书局，2008。

［美］王业键著，高风等译：《清代田赋刍论(1750—1911)》，人民出版社，2008。

徐建平：《清末直隶宪政改革研究》，中国社会科学出版社，2008。

谢如程：《清末检察制度及其实践》，上海人民出版社，2008。

汪太贤：《从治民到民治：清末地方自治思潮的萌生与变迁》，法律出版社，2009。

王先明：《变动时代的乡绅——乡绅与乡村社会结构变迁（1901—1945）》，人民出版社，2009。

周保明：《清代地方吏役制度研究》，上海书店出版社，2009。

里赞：《晚清州县诉讼中的审断问题——侧重四川南部县的实践》，法律出版社，2010。

魏光奇：《有法与无法——清代的州县制度及其运作》，商务印书馆，2010。

李治安主编：《中国五千年：中央与地方关系》，人民出版社，2010。

张研：《清代县级政权控制乡村的具体考察——以同治年间广宁知县杜凤治日记为中心》，大象出版社，2011。

苟德仪：《川东道台与地方政治》，中华书局，2011。

蔡东洲等：《清代南部县档案研究》，中华书局，2012。

苗月宁：《清代两司行政研究》，中国社会科学出版社，2012。

迟云飞：《清末预备立宪研究》，中国社会科学出版社，2013。

高峻：《清末劝学所研究——以宝山县为中心》，上海辞书出版社，2013。

吴佩林：《清代县域民事纠纷与法律秩序考察》，中华书局，2013。

关晓红：《从幕府到职官：清季外官制的转型与困扰》，生活·读书·新知三联书店，2014。

萧公权著，张皓、张升译：《中国乡村——论19世纪的帝国控制》，台北联经出版事业股份有限公司，2014。

唐仕春：《北洋时期的基层司法》，社会科学文献出版社，2014。

杨开道：《中国乡约制度》，中华现代学术名著丛书，商务印书馆，2015。

胡恒：《皇权不下县？——清代县辖政区与基层社会治理》，北京师范大学出版社，2015。

冯贤亮：《明清江南的州县行政与地方社会研究》，上海古籍出版社，2015。

**五、论文**

张玉法：《清末民初的山东地方自治》，《"中央研究院"近代史研究所集刊》第 6 期，1977 年。

王树槐：《清末江苏地方自治风潮》，《"中央研究院"近代史研究所集刊》第 6 期，1977 年。

沈怀玉：《清末地方自治之萌芽(1898—1908)》，《"中央研究院"近代史研究所集刊》第 9 期，1980 年。

柏桦：《从历史档案看清代对州县官吏的惩处制度》，《北方论丛》1994 年第 4 期。

杜家骥：《清代官员选任制度论述》，《清史研究》1995 年第 2 期。

贺跃夫：《晚清县以下基层行政官署与乡村社会控制》，《中山大学学报》1995 年第 4 期。

[日]高田幸男：《清末地方社会教育行政机构的形成——苏、浙、皖三省各厅、州、县教育行政机构的状况》，《史林》1996 年第 3 期。

汤钦飞、杨忠红：《清末教育行政机构的改革》，《云南社会科学》1996 年第 5 期。

李映发：《清代州县财政中的亏空现象》，《清史研究》1996 年第 1 期。

李映发：《清代州县储粮》，《中国农史》1997 年第 1 期。

魏光奇：《地方自治与直隶"四局"》，《历史研究》1998 年第 2 期。

魏光奇：《清代州县财政》(上、下)，《首都师范大学学报》2000 年第 6 期、2001 年第 1 期。

黄东兰：《清末地方自治制度的推行与地方社会的反应——川沙"自治风潮"的个案研究》，《开放时代》2002 年第 3 期。

张瑞泉、朱伟东：《清末民初陕西司法改革初探》，《唐都学刊》2003 年第 1 期。

孙海泉：《清代中叶直隶地区乡村管理体制——兼论清代国家与基层社会的关系》，《中国社会科学》2003 年第 3 期。

魏光奇：《晚清的州县行政改革思潮与实践》，《清史研究》2003 年第 3 期。

黄宗智：《中国革命中的农村阶级斗争——从土改到文革时期的表达性现实与客观性现实》，《中国乡村研究》第二辑，商务印书馆，2004。

魏光奇：《清末至北洋政府时期区乡行政制度考略》，《北京师范大学学报》2004 年第 2 期。

关晓红：《清末州县考绩制度的演变》，《清史研究》2005 年第 3 期。

王瑞成：《就地正法与清代刑事审判制度》，《近代史研究》2005 年第 2 期。

邱捷：《知县与地方士绅的合作与冲突——以同治年间的广东省广宁县为例》，《近代史研究》2006 年第 1 期。

王日根、王亚民：《从〈鹿洲公案〉看清初知县对乡村社会的控制》，《华中师范大学学报》2006 年第 4 期。

刘福霖、王淑娟《劝学所沿革述论》，《重庆社会科学》2006 年第 12 期。

柏桦：《清代州县司法与行政：黄六鸿与〈福惠全书〉》，《北方法学》2007 年第 3 期。

邓建鹏：《清代州县讼案的裁判方式研究——以"黄岩诉讼档案"为考查对象》，《江苏社会科学》2007 年第 3 期。

李贵连、俞江：《清末民初的县衙审判——以江苏省句容县为例》，《华东政法学院学报》2007 年第 2 期。

刘福森：《劝学所与私塾改良》，《教育史研究》2007 年第 2 期。

徐保安：《清末地方官员学堂教育述论——以课吏馆和法政学堂为中心》，《近代史研究》2008 年第 1 期。

廖斌、蒋铁初：《清代州县刑事案件受理的制度与实践——以巴县司法档案为对象的考察》，《西南民族大学学报》2008 年第 5 期。

邱捷：《同治、光绪年间广东首县的日常公务——从南海知县日记所见》，《近代史研究》2008 年第 4 期。

娜鹤雅：《清末"就地正法"操作程序之考察》，《清史研究》2008 年第 4 期。

李治亭：《清代基层官员铨选制考察——以〈清史稿·循吏传〉为例》，《社会科学战线》2008 年第 3 期。

王日根、王亚民：《从〈梅令治状〉看清初知县对乡村社会的治理》，《华中师范大学学报》2008 年第 1 期。

张振国：《清代文官选任制度》，《历史教学》2008 年第 4 期。

魏光奇：《清代州县官任职制度探析》，《江海学刊》2008 年第 1 期。

魏光奇：《晚清州县官任职制度的紊乱》，《河北学刊》2008 年第 3 期。

岁有声：《清代州县衙门经费》，《安徽史学》2009 年第 5 期。

张研：《对清代州县佐贰、典史与巡检辖属之地的考察》，《安徽史学》2009 年第 2 期

陈锋：《论耗羡归公》，《清华大学学报》2009 年第 3 期。

吴佩林：《万事胚胎于州县乎：〈南部档案〉所见清代县丞、巡检司法》，《法制与社会发展》2009 年第 4 期。

陈兆肆：《清代自新所考释——兼论晚清狱制转型的本土性》，《历史研究》2010 年第 3 期。

胡恒：《清代佐杂的新动向与乡村治理的实际——质疑"皇权不

下县"》,《新史学：清史研究的新境》（第五卷），中华书局，2011。

关晓红：《清季府厅州县改制》,《学术研究》2011 年第 9 期。

刘彦波：《晚清两湖地区州县"就地正法"述论》,《暨南学报》2012 年第 3 期。

申立增：《清代州县佐贰杂职研究》，首都师范大学硕士学位论文，2006。

刘彦波：《晚清两湖地区州县行政研究》，华中师范大学博士学位论文，2010。

黄俏凤：《官治与自治的悖论与困境：清末天津县地方自治研究》，华中师范大学硕士学位论文，2013。

# 后　记

　　作为一个在上海长大的学生，我对"县"开始有所了解，是 1968 年作为知青到江西省新干县插队落户以后。

　　我们下放的生产队，是一个只有 30 多户人家的小村庄，位于两个小山之间。然后再由 7 个差不多大小的村庄组成大队，其中地势较为平坦、人户稍多一点的村庄（40 多户）就成为大队部的所在地。离我们大队十多里的地方有一个镇，当时是公社所在地，除公社机关外，有一个供销社，一所卫生院，一个中心小学。镇上平时比较冷清，只有逢五、逢十赶集的日子才热闹一点儿，农民会把自家平日省下的鸡蛋、蔬菜之类拿到集市上出卖，换点现钱或买回急需的日用品。

　　离镇再有十多里的地方就是县城。当时的新干县，只是江西井冈山地区（今吉安市）所属的一个小县。整个县城内只有一个丁字街，街口面临省道的两端分别立着百货大楼和新干饭店，主街的两边分布着各个机关，只有不多的几家小饭店、小商店。县城虽不大，却是当时全县 20 多万人的政治中心。每年春节过后农忙开始前，生产队长都要到县里开四级干部会，回来后再向社员传达当年的生产与征购任务；每到农忙和收割季节，都有县、社干部下乡，检查督促各项任务的完成，同时也给予一定的指导。那时的县，除了农机修配厂，没有其他工业。县的运作，更多是围绕农业而展开，种粮、收粮、征购，构成年复一年的繁忙图景。

　　正是下放的这几年，才使我知道我们国家除了城市之外，更多的还是散布在每一个省的县，以及组成县的无数乡镇和村庄。县，才是构成我们这个国家的细胞，是支撑城市运转的基础。

后来考入大学，离开了新干，开始了历史教学与研究生涯，但曾经生活过的"县"始终是我心中的难以忘怀的情愫。县在中国存在了两千多年，它是怎样演变的？县的组织和运作机制究竟是怎样的？县以下的基层社会组织在过去和现在都发生了怎样的变化？这些问题都在激发着我，想去寻找答案，想去进行研究，但都因其他研究课题的关系，迟迟没有动手。十多年前研究晚清政治，阅读资料时，发现其中竟有不少州县的材料，我一一抄录下来，不知不觉积累了好几本。在完成晚清督抚政治的课题后，我决心将研究重心转到州县，但由于手头资料很零散，一时竟不知从何处入手。此时，先后看到瞿同祖先生的《清代地方政府》和魏光奇所著的《官治与自治——20世纪上半期的中国县制》《有法与无法——清代的州县制度及其运作》等书，我豁然开朗，开始对清代州县制度有了清晰、完整的了解。鉴于自己以往的研究方向主要集中在晚清，于是我把对州县的研究重点放到了清末州县制度改革方面。先是申请了一个教育部社科基金项目，完成并发表了相关系列论文；结项后又以此为基础，申请到了一个国家社科基金项目，于是就有了现在的这本书。

需要补充的是，2015年，我回了一次新干县。使我惊讶的是，新干发生了巨大的变化：宽阔的马路取代了昔日的丁字街，购物中心和大超市取代了传统的百货大楼。更重要的是，县里已经开建了多个市场，分别集中了许多农产品和农机、建材、五金商品的生产与经营户；平整的水泥大道已经把县城与各个乡镇村联系在一起。现在的县，已经不再仅是一个地区的政治中心，也成为工业和农业产品的集散地和物流中心。

从文献资料中的晚清州县，到20世纪60年代末至70年代末生活其中的县，再到21世纪所见到的县，不正是时代变迁的写照吗？今天的县与大城市相比，还有很大的距离，但我始终期待着，期待每一个县城都能成为空气清新、环境优美、交通方便的美丽城市，每一个乡镇与村都能成为同样的美丽乡村。

本书出版之际，正是我 72 岁之时，回顾自己的人生道路，心里充满了感激之情：感谢我的父母双亲，是他们养育了我，并言传身教，赋予我做人的基本品质。感谢当知青时期村里的父老乡亲，他们的关心和照顾，是我度过艰苦生活的勇气和力量。感谢我的所有老师，是他们给我知识和能力，给我插上思想的翅膀，指导我走上教学与科研的道路。还要感谢我的丈夫，他虽然研究的是古汉语，但文史不分家，有他的激励，我才能一步一步向前走。

最后，在研究此课题的过程中，受到许多老师与同人的启发与帮助，在此一并表示深深的感谢！还要感谢北京师范大学出版社谭徐锋、王艳平编辑为本书出版所付出的辛劳，谢谢你们了！

刘伟

**2019 年 4 月于桂子山**

**图书在版编目(CIP)数据**

清季州县改制与地方社会 / 刘伟著 . —北京：北京师范
大学出版社，2019.6
（中华学人丛书）
ISBN 978-7-303-24114-9

Ⅰ. ①清… Ⅱ. ①刘… Ⅲ. ①地方政府—行政区划—体制改
革—研究—中国—清代 Ⅳ. ①D691.2

中国版本图书馆 CIP 数据核字(2018)第 188757 号

营 销 中 心 电 话 010-58805072 58807651
北京师范大学出版社谭徐锋工作室 http://xueda.bnup.com

QINGJI ZHOUXIAN GAIZHI YU DIFANG SHEHUI

出版发行：北京师范大学出版社 www.bnup.com
北京市海淀区新街口外大街 19 号
邮政编码：100875

印　　刷：北京京师印务有限公司
经　　销：全国新华书店
开　　本：730 mm×980 mm　1/16
印　　张：31.25
字　　数：450 千字
版　　次：2019 年 6 月第 1 版
印　　次：2019 年 6 月第 1 次印刷
定　　价：89.00 元

策划编辑：谭徐锋　　　　　　　　责任编辑：王艳平
美术编辑：王齐云　　　　　　　　装帧设计：王齐云
责任校对：段立超　包冀萌　　　　责任印制：马　洁